中国印刷产业技术发展路线图
（2016 ~ 2025）

陆长安　主编

中国印刷及设备器材工业协会　组编

科 学 出 版 社

北 京

内 容 简 介

本书是在对当前国内外印刷产业发展现状、环境、条件进行系统研究的基础上，对未来5～10年内我国印刷产业发展方向和目标进行科学研判，在明确发展基础和发展目标的前提下，科学分析从今天到明天的发展路径和在发展过程中可能遇到的困难、障碍和问题，并提出切实可行的解决措施和对策，以期引导我国印刷产业在发展过程中少走弯路，进而保障产业能够按照科学、可持续的道路健康发展下去。

图书在版编目（CIP）数据

中国印刷产业技术发展路线图（2016～2025 ）/ 陆长安主编. —北京：科学出版社，2016

ISBN 978-7-03-049208-1

Ⅰ．①中… Ⅱ．①陆… Ⅲ．①印刷工业－技术发展－研究报告－中国－2016-2025 Ⅳ．①F426.84

中国版本图书馆CIP数据核字(2016)第147025号

责任编辑：赵丽欣 张瑞涛 / 责任校对：刘玉靖

责任印制：吕春珉 / 封面设计：《印刷工业》杂志社有限公司

科学出版社 出版

北京东黄城根北街16号
邮政编码：100717
http://www.sciencep.com

北京利丰雅高长城印刷有限公司印刷
科学出版社发行　　各地新华书店经销

*

2016年9月第 一 版　　开本：787×1092 1/16
2016年9月第一次印刷　　印张：18
2017年5月第二次印刷　　字数：442400
定价：280.00元
（如有印装质量问题，我社负责调换〈利丰雅高〉）
销售部电话 010-62136230 编辑部电话 010-62134021

编　委　会

（以姓氏笔画为序）

顾 问 组

（以姓氏笔画为序）

陈镇然　华新（佛山）彩色印刷有限公司 总经理

罗学科　北京印刷学院 校长

武文祥　中国印刷技术协会 名誉理事长

栗延秋　北京盛通印刷有限公司 总经理

钱　薇　江苏省印刷行业协会 副会长兼秘书长

郭　健　北京利丰雅高长城印刷有限公司 总经理

常林桐　北京星汉特种印刷有限公司 董事长

谢普南　北京印刷学院 原副院长、教授

蒲嘉陵　北京印刷学院 副校长

褚庭亮　中国印刷科学技术研究院 院长

黎　雪　江苏凤凰出版传媒股份有限公司 副总经理

特邀顾问：杨金溪　香港印刷业商会 永远荣誉会长

　　　　　周绍湘　澳门印刷业商会 会长

　　　　　朱　勇　台湾区印刷暨机器材料同业公会 会长

序

　　活字印刷术作为我国享誉世界的四大发明之一，为人类社会发展做出了巨大贡献，是世界古代科技史上的丰碑。对于印刷，孙中山先生在1916年撰写《实业计划》时指出："据近世文明言，生活之物质原件共有五种，即食、衣、住、行及印刷是也，……印刷为近世社会之一需求，人类非此无由进步"。孙中山把印刷列为民生的五大要素之一，足以显示印刷在近代工业不可替代的显赫地位。在电子与网络媒体蓬勃发展之前，印刷作为传承文明和传播文化的最主要甚至是唯一的生产技术，是推动近代教育、科技和文化发展的动力和源泉，是现代文明的代孕母。

　　在20世纪90年代初，中国科学家王选研制成功世界首套汉字激光照排系统，解决了汉字信息化处理问题，使中国印刷业告别了"铅与火"，进入了"光与电"时代，极大地提高了印刷效率，实现了用高新技术改造传统印刷产业的重大历史进步，使我国进入了世界印刷大国行列。

　　今天，随着科学技术的发展，印刷业又迎来了"数与网"时代，互联网、移动互联网改变着信息传播和呈现的途径、方式和手段，传统纸媒体产业发展不断受到冲击和严峻挑战，读者和市场需求空间被不断压缩和蚕食。不仅如此，传统印刷产业经历了20世纪黄金发展期后，已进入产能相对过剩、产业转型、技术升级、经济增长方式发生重大变化、增速放缓等多重因素影响的关键时期。这种形势，使为数不少的印刷从业者陷入迷茫状态，传统印刷企业如何应对这种局面，下一步究竟如何发展，印刷产业新的发展道路在哪里？这是印刷产业界急需进行深入研究并作出回答的问题。

　　为积极探索我国印刷产业未来发展之路，为国家和各级地方政府编制出台印刷产业发展相关政策提供依据和智库支持，为行业企业发展及其战略选择做好宏观引导，中国印刷及设备器材工业协会本着高度的历史责任感和使命感，组织编写了《中国印刷产业技术发展路线图》。

　　中国印刷及设备器材工业协会作为一个全产业链的行业协会，具有重视技术进步、推进产业发展的传统。协会成立30多年来，先后在不同时期提出了"电子分色、激光照排、胶印印刷、装订联动"16字方针，以及"印前数字、网络化，印刷多色、高效化，印后多样、自动化，器材高质、系列化"28字方针，为行业技术进步、经济发展明确了战略方向。在本次路线图编制过程中，协会纵观中国印刷产业发展大局，按照"中国制造2025"战略导向，大体勾勒了"**印制方式多样化、生产过程绿色化、技术支撑网络化、装备制造智能化、服务产业专业化**"发展趋势，对我国印刷产业的基本状态、主要方向、关键技术、新兴业态、发展基础作出了初步概括，对我国印刷行业面对"双向挤压"（发达国家实施"再工业化"和"制造业回归"战略，发展中国家凭借低成本优势实施产业转移）态势下的创新发展提供了战略指引。本次路线图的编制是我国印刷行业从战略层面主动研究印刷产业未来发展路径，并提出相应的解决措施和政策建议的一项系统工程，为我国由印刷大国迈向印刷强国做出积极有益的探索，具有非常重要的意义。

《中国印刷产业技术发展路线图》的编制工作在我国印刷行业尚属首次。经过两年多时间的编写工作，书中不乏真知灼见，希望本书能为我国印刷及其相关产业健康发展发挥积极的指导和借鉴作用。由于编写时间有限，书中难免存在不足之处，希望在路线图实施过程中，集中全行业的智慧和力量，使之不断完善。

于珍

中国印刷及设备器材工业协会名誉理事长

2016年5月

前　　言

作为制造业不可或缺的一环，印刷产业始终与我国国民经济建设和文化事业发展一同前行，并在其中发挥了极为重要的作用。改革开放前，我国印刷业主要服务于书报刊印刷；改革开放后，随着我国经济快速发展、市场经济日趋活跃，印刷产业在满足书报刊等纸媒体需求的同时，也在向包装印刷、商业印刷、印刷电子等新的领域快速拓展。进入21世纪，由于新一代科技革命，尤其是互联网技术的爆发式增长，以及智能手机的迅速普及，印刷产业一方面经受着严峻挑战，一方面又面临着发展机会。面对新的变革，印刷产业如何瞄准未来发展方向，实现经济转型、产业升级？这是全行业共同关心的重大问题。

在印刷产业转型发展的关键时期，中国印刷及设备器材工业协会组织编制《中国印刷产业技术发展路线图》（以下简称《路线图》）。此项工作受到工业和信息化部、国家新闻出版广电总局、环境保护部、各省市（含港澳台）印刷行业协会、印刷企业及印刷装备制造企业、相关高校和科研院所的广泛关注和鼎力支持，先后有130多位业界领袖、企业领导、专家和学者参与了路线图编制工作。在路线图整个编制过程中，先后组织召开专题研讨会60多场次，到行业企业调研100多场次。在深入调研、充分论证的基础上，分产业板块编写了各产业板块路线图，并经历数次讨论修改和三次集中研讨，最终合稿形成了初稿。之后，又经历了反复修改才形成了终稿。这个历程凝结着政府有关部门领导、协会领导、企业领导以及来自行业产业界、相关高校和科研院所专家和学者的诸多心血和智慧。这些成果是各位领导、企业家、专家和学者为发展我国印刷产业所做出的最开放、最无私的奉献。作为路线图编制工作的组织者、亲历者，我为大家富有真知灼见、坦诚相对的深度研讨的态度以及忘我工作的精神而深深感动。在此，对他们一并表示最诚挚的感谢！

路线图的编制坚持"科学性、前瞻性、创造性、引导性相统一"这一基本原则，按照"印刷传媒、包装印刷、印刷制造、数字印刷、绿色印刷、印刷设备与器材"六个主要产业板块，分析市场、技术、管理、投资与风险管控等几大方面的需求变化，不仅着眼于解决当前产业发展问题，更重要的是着眼于未来中长期技术发展趋势和方向。可以说，凝聚行业智慧和社会力量来组织编制技术路线图，对于我国众多印刷企业认清发展趋势、寻求发展路径、直面产业变革的挑战、把握产业发展的机遇，具有积极而重要的意义。

回首路线图编制的过程，我们深刻感受到，这是国内印刷界首次历时最长、涉及领域最广、触及难点最直接、引起社会关注度最高的行业产业发展探索和实现印刷强国之梦的一场思想大碰撞、大讨论的过程；也是一个凝聚共识、开放交流、共同提升和全面受益的集智过程、一段饱受煎熬和顽强坚守的心路历程。

要推进经济转型、产业升级，关键在于推进技术进步。以组织编写路线图的方式来推动技术进步，是协会一次全新的尝试。我国经济建设和社会发展正在从以要素和投资驱动为主转向以创新驱动为主的发展道路。我们衷心期望《路线图》发布之后，在指引产业健康发展方面发挥积极作用，同时也期望广大读者对《路线图》中存在的不足甚至偏颇之处，予以包涵并不吝赐教。

让我们勇毅地肩负起"坚守和创新"的历史使命，矢志不渝地推进技术进步，为实现印刷强国梦做出新的更大的贡献。

中国印刷及设备器材工业协会理事长

2016年5月

目　　录

第一章 总 纲

印刷产业技术发展路线图（以下简称《路线图》）是在对当前国内外印刷产业发展现状、环境、条件进行系统研究的基础上，对未来5~10年内我国印刷产业发展方向和目标进行科学研判，在明确发展基础和发展目标的前提下，科学分析从今天到明天的发展路径和在发展过程中可能遇到的困难、障碍和问题，并提出切实可行的解决措施和对策，以期引导我国印刷产业在发展过程中少走弯路，进而保障产业能够按照科学、可持续的道路健康发展下去。当前，全球新一轮科技革命和产业变革风起云涌，互联网与印刷产业加速融合发展已成为不可阻挡的时代潮流，印刷产业发展正在积极拥抱互联网，带动产业发展模式、商业经济模式变革和技术升级，积极借力已经积聚起来的产业规模优势和制造优势，不断激发印刷产业新的发展活力，在融合发展好传统优势的同时，大力拓展印刷产业新的产业领域和服务领域，培育新兴业态，打造新的增长点，提升参与国际竞争的实力和水平。而路线图的制定，对印刷产业的转型升级，实现印刷强国之梦具有非常重要的作用。

第一节
编制路线图的基本要求

针对我国印刷产业"十三五"期间乃至今后较长时期内的发展趋势、行业产业重大技术需求、重大战略举措等关键问题，为促进我国印刷产业顺利实现转型发展和升级，引导我国印刷产业健康发展、少走弯路，中国印刷及设备器材工业协会（以下简称印工协）在充分调研、广泛讨论的基础上，于2014年2月正式启动了路线图的制定工作。这项工作一方面可以更好地引导行业企业发展，使各企业能够充分了解国内外印刷产业发展的总体趋势、主要技术路径，解决企业发展定位等战略问题，正确应对急剧变化的社会对行业企业发展带来的机遇和挑战；另一方面为国家和地方政府部门制定相关产业政策提供参考，更加充分地了解印刷产业在我国经济和文化建设中的重要地位，给予印刷产业发展所必需的政策和资金支持，共同推动我国印刷产业健康发展。

制定产业技术发展路线图要求通过分析国内外市场需求及技术发展趋势，准确反映本产业发展现状及存在的主要机遇与问题；通过分析产业技术现状及存在的主要问题，找准发展方向，着力解决影响和制约行业产业技术发展与进步的主要问题；结合国内外印刷产业发展新兴业态及市场需求情况，总结提炼出我国印刷产业发展的总体趋势和技术路径，并通过问卷调查、网上信息检索、企业一线实地考察，以及召开多种形式的座谈会等方式，在掌握翔实数据和科学分析、预测的基础上，对未来印刷产业及其技术发展给予科学指导。

一、编制路线图的基本原则

在组织专家广泛讨论的基础上，确立了本次编制路线图的基本原则是坚持科学性、前瞻性、创造性、引导性相统一。

（一）科学性

要求遵循科学发展规律，在准确掌握国内外印刷产业发展实际状况的基础上，充分借鉴行业内外技术专家和企业家的意见和建议，应用科学分析和科学预测方法，准确把握印刷产业中长期发展总体方向，制定出具有现实指导意义的路线图。

（二）前瞻性

制定路线图要用发展眼光看问题，不仅着眼于解决当前产业发展问题，更重要的是着眼未来中长期技术发展趋势和方向；不仅要考虑到国内技术现状与发展趋势，而且要考虑国外印刷产业领域内发达国家（德国、日本、美国等）的技术现状及其发展方向；不仅要看到已有的科学技术，还要看到未来印刷产业领域内可能出现的新兴科学技术；不仅要培育和发展印刷技术，而且要注意培育和发展交叉融合技术。

（三）创造性

制定路线图尽管在国外有一些可以借鉴的经验，但具体到我国印刷产业发展尚无先例，因此，从市场预测到提出措施和对策本身就是一项创造性工作。一定要充分了解国情、产业实情，应用好行业内外专家和企业家的智慧，突出采用"政产学研用"相结合的方法，在充分调查研究、解剖典型案例、总结提炼的基础上创造性地编制好路线图。

（四）引导性

路线图要求能清晰描绘印刷产业未来发展趋势和技术进步情况，以及产业发展相关的基础问题、共性技术问题及其系统解决方案，努力成为引领我国未来印刷产业发展的行动纲领。

同时，在编写过程中，还提出了"两高一重点"的要求。"两高"即高度概括和高水平提炼，一方面要求高度概括国内外市场和技术现状，另一方面要求高水平提炼新的发展趋势，描绘起引领作用的新技术、新商业模式、新业态；"一重点"是指重点突出企业最渴望、政府最关注的产业技术发展路线及其措施和对策。

二、编制路线图的基本要求

编制路线图的基本要求是，既要满足特殊性，又要满足一般性。所谓特殊性是指专门研究印刷产业技术发展路径趋势，解决的是印刷产业发展前途问题；所谓一般性是指编制印刷产业技术发展路线图应该遵循编制产业技术路线图的基本原则和方法。下面结合特殊性和一般性，从印刷产业板块划分、印刷产业技术发展的体系架构、印刷产业技术发展的保障条件、印刷产业发展的两个技术维度共四个方面进行介绍。

（一）印刷产业板块划分

经过广泛调研与论证，我们把印刷产业划分为印刷传媒、包装印刷、印刷制造、数字印刷、印刷设备与器材、绿色印刷六个主要产业板块，并明确了各产业板块的主要研究领域，如图1.1所示。这样划分产业板块的主要原因是可以对同一属性的细分产业进行更为深入的研究，便于分析各产业板块发展的生态、产业链，进而可以更加具体地开展市场需求分析和发展趋势预测，对接国家和地方相关产业政策。各产业板块通过发展现状分析、未来发展趋势预测，提出产业技术发展趋势和路径，进而提出具体的解决对策和措施，一方面有利于积极调动印刷企业自身力量，另一方面有利于积极争取国家和地方政府的支持，对印刷产业发展尽可能提供支持和条件保障。

（二）印刷产业技术发展的体系架构

路线图的编制是一项系统工程，要求对国内外影响印刷产业技术发展的众多因素进行综合研究和分析，从支撑产业发展的条件延伸到技术层，再由技术层上升到支撑产业发展的产品层，最后到产业层，构成一个完整的印刷产业技术路线图的体系架构，如图1.2所示。

产业基础层主要涉及国家经济、文化、产业政策以及已有的产业发展基础和技术基础，包括国家相继出台的媒体融合发展、中国制造2025、"互联网＋"等指导意见和发展规划，以及"十二五"时期我国印刷产业技术发展和在国际竞争中所处的地位等。在分析清楚我国印刷产业发展支撑条件的前提下，在技术层面对印刷产业技术发展路径进

绿色印刷产业
绿色认证监管
清洁生产
废弃物资源管理

印刷设备与器材产业
胶印机
凹印机
柔印机
胶装联动线及数码胶装
模切烫金机
高精度成像制版设备
印刷器材

数字印刷产业
数字喷墨印刷
数字印刷应用

印刷传媒产业
国家出版工程
媒体融合
全民阅读

包装印刷产业
软包装印刷
折叠纸箱纸盒印刷
标签印刷
VOCs治理

印刷制造产业
印刷电子3D打印

印刷产业板块划分
及重点领域

图 1.1 印刷产业板块划分及重点领域

基础（机械、控制、信息、材料、工艺）
应用技术（共性关键技术、成套解决方案）

技术层

传媒产业
制造业（生活与生产、电子产业、新兴产业）

产业层

支撑体系
经济、文化、政策基础
技术基础

产品层
印前、印刷、印后
ICT技术（端、网、云）
产业链延伸与增值服务

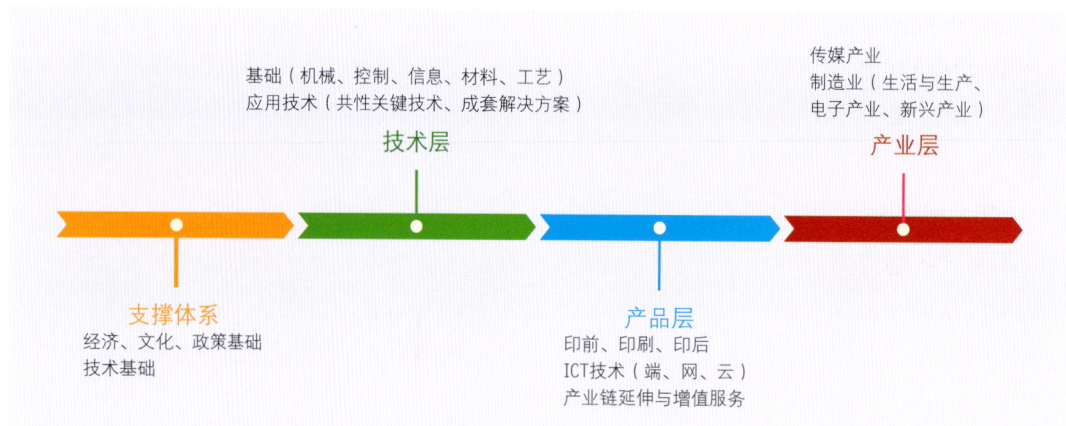

图 1.2　印刷产业技术路线图的体系架构

行进一步分析，主要涉及基础技术部分（机械、电气控制、信息处理和软件、器材与材料、印刷工艺等）和应用技术（重点是影响和制约印刷产业发展的共性关键技术和技术壁垒、技术解决方案等）。在技术层支撑下的是产品层，涉及印前、印刷、印后设备和成套生产线，以及基于互联网的端、网、云技术平台，产业链的延伸、衍生和增值服务。在产品层上是产业层，只有好的产品，先进、高效的经营管理，才能支撑健康的产业发展。传统的印刷产业主要是印刷装备、器材制造产业和印刷生产产业，新的印刷产业根据最新发展情况，一方面可以分为两个产业领域——传媒产业和制造业，其中传媒产业以纸媒体（书、报、刊和商业印刷）为基础，融合跨界发展，制造业指以印刷特殊的图案化和增材制造为基础发展起来的包装、装饰装潢、电子信息、新能源和其他新兴产业；另一方面，也可以分为印刷产业本身（如印刷装备、器材、数字印刷、绿色印刷等）和印刷支撑的其他产业（如传媒产业、包装产业、制造业等）。

（三）印刷产业技术发展的保障条件

印刷产业技术发展路线图编制完成后，需要从产业层面、技术层面、人才层面和政策法规层面共同为印刷产业发展提供支持和帮助。

（1）产业层面：主要研究应用好政策、法规，鼓励企业间合作、兼并重组，联合进行技术创新和服务模式创新，共建产业发展公共平台和生态系统，带动产业持续发展。

（2）技术层面：继续提高国产印前、印刷、印后产业和设备制造技术，解决好生产端技术问题；建设印刷物联网和工业互联网共享系统；构建云服务数据、资源和服务平台，重视数据处理和数据资源开发应用、增值服务拓展，建成基于端、网、云的新一代印刷产业技术支撑体系。

（3）人才层面：培养现代企业管理和运营人才，在技术人才方面重视培养软件架构设计与开发人才，培养跨界和跨境合作的人才，培养高级技能人才。

（4）政策法规层面：支持印刷绿色化和以人为本的发展理念，努力为印刷产业发展争取到良好的政策支持和必要的项目经费，以及税收减免和发展平台的支持，政策层面鼓励和支持企业之间跨界、跨境合作或兼并重组。

（四）印刷产业技术发展的两个技术维度

印刷装备制造及印刷生产过程所应用的技术可以从两个维度来表述：一个维度是宽度或广度，主要是指印刷产业集成应用了光、机、电、信息、材料等多个学科的先进技术，所涉及的技术领域非常广博，产业发展依赖于众多领域的先进技术及综合应用水平，发展趋势是涉猎领域将会越来越宽、越来越庞杂；另一个维度主要指技术成熟度，印刷产业所使用的技术如同其他产业一样，可以用图1.3所示的Gartner:Hype Cycle技术成熟度曲线说明。该曲线描述了一项技术从诞生到成熟的过程。图中，横轴表示技术成熟度，纵轴表示技术受关注程度。其中的曲线表明：在相关领域里，每项技术的发展过程均可分为五个阶段：①上升期、②快速发展期、③下降期、④爬坡期、⑤稳定应用期。其中，上升期和快速发展期属于理论研究阶段，在这两个阶段新的技术理论从出现到快速成长，并很快到达巅峰。下降期是到了快速发展期的顶端，理论工作者对该项技术的关注程度逐渐降低，技术在产业上的应用尚未成熟，受关注程度进入下降期。爬坡期是随着新技术在产业应用中的逐渐成功，产业技术关注程度再次增加，并进入一个持续发展的爬坡期。稳定应用期是随着基本产业技术的成熟，应用技术研究进入稳定应用期。

对国内印刷产业来说，建议将视野放在技术的上升期和快速发展期，关注技术原始创新，把主要精力放在爬坡期，注意新技术的应用推广，把定力和信心放在技术稳定应用期，相信一个成熟的产业不会轻易地在短时间内消失，从而增强信心，进而在国际竞争中获得持续的发展动力。

第二节　印刷产业发展概况

本节从全球印刷市场和国内印刷市场两个层面介绍印刷产业的发展概况。

一、全球印刷市场概况

在经济增长乏力和数字与网络技术颠覆替代的双重压力下，2010～2015年全球印刷

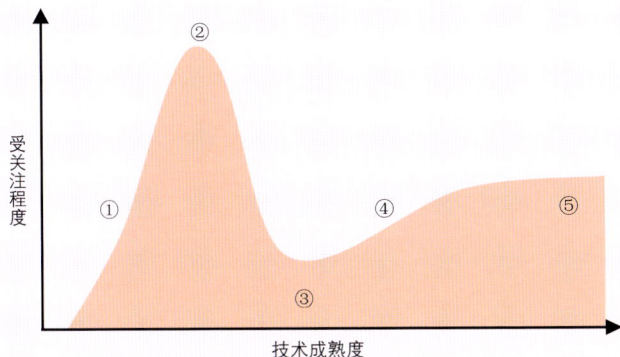

图 1.3
Gartner:Hype Cycle 技术成熟度曲线

市场增长处于徘徊状态。

（一）全球印刷市场规模

尽管全球印刷销售总额从2010年的8062亿美元增长到2015年的8243亿美元（年平均增长率0.4%），但从印刷承印物实际生产量来看，全球印刷市场的规模却是处于萎缩状态。根据斯密瑟·匹勒（Smithers Pira）（下同）的测算，2010年全球印刷生产总量折合50.5万亿A4印张，而2015年全球印刷生产总量估计为49.1万亿A4印张。价值量和实物量产生的增长差别来源于印刷增值服务，特别是数字印刷产品与服务所带来的低印量和高附加值。

（二）全球印刷市场结构

如果将全球印刷市场细分为出版物印刷（包括报纸、期刊、图书、字典等）、商业印刷（包括宣传册、广告页、票据、证卡、账单、办公印刷品等）、包装和标签印刷（包括标签、纸盒、纸箱、柔性复合材料、塑料、金属等），2010～2015年期间，上述三个细分市场的变化是不同的，如图1.4所示，2010～2020年全球印刷市场规模及增长预测如表1.1所示。

■ 2010～2015年全球出版物印刷市场的年销售总额从2109亿美元下降到1785亿美元，下降幅度达15%，年平均下降速度为3.3%，如表1.1所示。

■ 2010～2015年全球商业印刷市场的年销售总额从2580亿美元下降到2519亿美元，

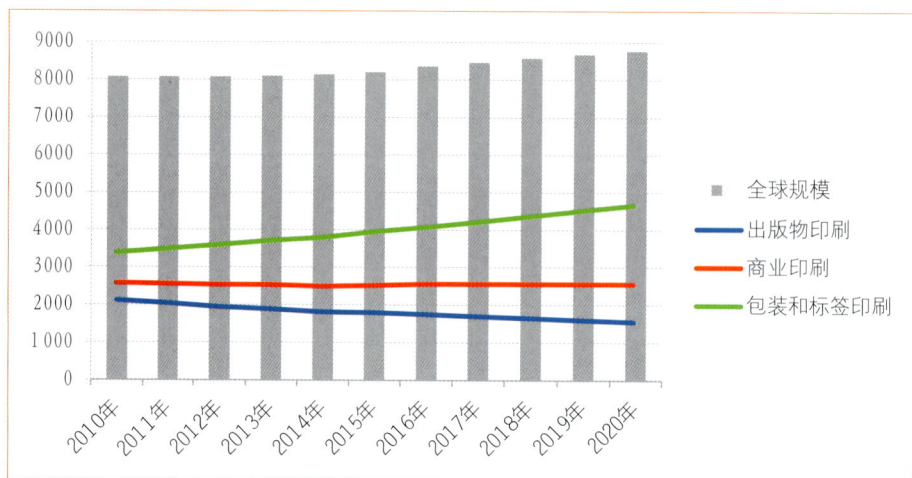

图 1.4　2010～2020年全球印刷市场变化趋势（金额单位：亿美元）

表 1.1　2010～2020年全球印刷市场规模及增长预测（金额单位：亿美元）

	2010 年	2014 年	2015 年	2010～2015 年平均增长率	2016 年	2020 年	2015～2020 年平均增长率
全球市场规模	8062	8139	8242	0.4%	8364	8765	1.5%
出版物印刷	2109	1823	1785	−3.3%	1744	1555	−2.7%
商业印刷	2580	2508	2519	−0.5%	2540	2547	0.2%
包装和标签印刷	3373	3809	3939	3.2%	4079	4663	3.4%

下降幅度达2%，年平均下降速度0.5%。

■ 2010～2015年全球包装和标签印刷市场的年销售总额从3373亿美元增长到3939亿美元，增长幅度达17%，年平均增长速度3.2%。

2015年全球印刷市场结构（出版物印刷、商业印刷、包装和标签印刷所占全球印刷市场总额的比例）为，出版物印刷22%，商业印刷31%，包装和标签印刷47%，如图1.5所示。

（三）全球印刷市场布局

西欧、北美是全球印刷市场中的成熟市场，亚洲是近20年来快速发展的新兴市场。三个区域在全球印刷市场的份额在80%以上。

2010～2015年期间，全球印刷区域市场也在发生着细微的变化。从年平均增长率看，这期间印刷市场快速增长的区域有中东（4%）、非洲（2.9%）、东欧（2.8%）、亚洲（2.2%）和拉丁美洲（2%）。大洋洲印刷市场处于停滞状态（0%），而西欧和北美印刷市场则在萎缩，五年间分别下降的速度是1.7%和1.1%。

2015年全球印刷市场区域份额分布从大到小分别为亚洲36%，北美26%，西欧21%，拉丁美洲7%，东欧4%，中东3%，大洋洲2%，非洲1%，如图1.6所示。

（四）全球印刷市场预测

未来五年（2016～2020年）全球印刷市场预计将以1.5%的年平均速度增长，到2020年全球印刷市场的规模将可达8765亿美元，如图1.4所示。

2016～2020年全球印刷市场结构的变化将继续。出版物印刷总量还将进一步萎缩（年平均下降速度2.7%），商业印刷总量基本稳定，而包装和标签印刷总量则会保持续增长（年平均增长速度3.4%）。而到2020年，出版物印刷、商业印刷与包装和标签印刷占全球印刷总量的比例将分别为18%、29%和53%。全球印刷市场的增长动力主要来自包装和标签印刷市场。

2016～2020年的北美、西欧印刷市场将可能停止下滑，如表1.2所示。亚洲印刷市场将因为其规模（39%）和增长速度（2.8%）成为带动全球印刷市场增长的主要力量。

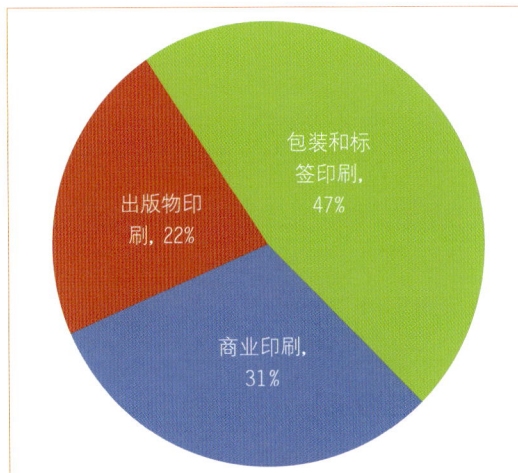

图 1.5　2015 年全球印刷市场结构

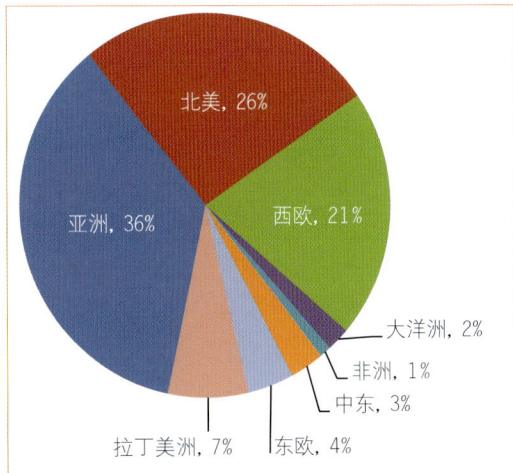

图 1.6　2015 年全球印刷市场分析

表 1.2　2010～2020 年全球印刷市场区域布局及变化预测（金额单位：亿美元）

区域	2010 年	2014 年	2015 年	2010~2015 年平均增长率	2016 年	2020 年	2015~2020 年平均增长率
西欧	1909	1769	1751	−1.7%	1754	1747	−0.2%
北美	2282	2158	2161	−1.1%	2166	2151	−0.1%
亚洲	2706	2936	3020	2.2%	3090	3364	2.8%
拉丁美洲	516	557	569	2.0%	588	638	2.7%
东欧	264	295	303	2.8%	309	333	2.4%
中东	177	205	215	4.0%	228	284	6.7%
非洲	85	94	98	2.9%	104	128	6.3%
大洋洲	124	124	124	0.0%	123	119	−0.8%
全球	8062	8139	8242	0.4%	8364	8765	1.5%

二、我国印刷业发展概况

2004～2013年，伴随中国经济的高速发展和跌宕起伏，中国印刷业经历了一个规模快速扩张、结构急剧变化的过程。这一时期，中国印刷业全行业主营业务收入以17%的年平均速度增长，行业整体规模扩大了近四倍。如同中国经济总量2007年超越德国、2010年超越日本，成为世界第二大经济体一样，中国印刷业的总量在同期也先后超越德国、日本，成为世界第二大印刷市场。

如今中国印刷业已经不同以往。对中国印刷业高速发展过程中的产业规模、产业结构、产业布局、产业投资主体变化进行分析研究，将有助于业界对中国印刷产业性质的再认识，增强对印刷产业未来发展的信心。

（一）中国印刷业整体规模

2004年12月，中国印刷业的企业总数达4.1万余家，行业资产总额2206亿元，主营业务收入1681亿元，从业人员127万人。其中，规模以上印刷企业（全部国有企业及年主营业务收入500万以上的非国有企业）5139

家（占全行业企业总数的12%），资产总额1596亿元（占全行业资产总额的72%），主营业务收入1166亿元（占全行业主营业务收入的69%），从业人员数量63.5万（占全行业从业人员总数的50%）。

从2004年到2013年，中国印刷业的企业总数增长了62%，行业资产总额增长了2.26倍，主营业务增长了3.96倍，从业人员增长54%。截至2013年12月底，中国印刷业的企业总数近6.7万家，行业资产总额7200亿元，主营业务收入8338亿元，从业人员195万人。其中，规模以上印刷企业（年主营业务收入2000万以上企业）5021家（占全行业企业总数的8%），资产总额4538亿元（占全行业资产总额的63%），主营业务收入5954亿元（占全行业主营业务收入的71%），从业人员数量91万（占全行业从业人员总数的47%），如表1.3所示。

（二）中国印刷业产业结构

在全行业整体规模高速增长的同时，中国印刷业的产业结构也在发生显著的变化，

表 1.3 2004 ~ 2013 年中国印刷业规模构成变化

年份	企业单位数（家）	资产合计（亿元）	主营业务收入（亿元）	全部从业人员（万人）
2004	41241	2206	1681	127
2013	66693	7200	8338	195
增长幅度	62%	226%	396%	54%

包装装潢及其他印刷在行业的地位进一步提高，成为驱动行业高速发展的引擎。

2004年中国印刷业规模以上印刷企业主营业务收入1166亿元。其中，出版物（书、报、刊）印刷占32%，本册印刷占6%，包装装潢及其他印刷占54%，装订及其他印刷服务占5%，记录媒介的复制占3%。

2013年中国印刷业规模以上印刷企业主营业务收入5954亿元。其中，出版物（书、报、刊）印刷占16%，本册印刷占6%，包装装潢及其他印刷占75%，装订及其他印刷服务占2%，记录媒介的复制占1%，如图1.7所示。

尽管2004年和2013年中国印刷业规模印刷企业的统计范围发生了变化（由全部国有企业及年主营业务收入500万以上的非国有企业的范围调整为年主营业务收入2000万以上企业），在企业总数变化不大的条件下，相关主营业务收入（出版物印刷、本册印刷、包装装潢及其他印刷、装订及其他印刷服务）总量均有增长。由于其增长速度的快慢不同，其在主营业务收入总量所占的比重也在发生改变。

由2004年与2013年对比发现，出版物（书、报、刊）印刷占规模以上印刷企业主营业务收入总量的比重由32%下降到了16%；而包装装潢及其他印刷占规模以上印刷企业主营业务收入总量的比重由54%提高到75%。这表明，中国印刷业的加工产品中包装（功

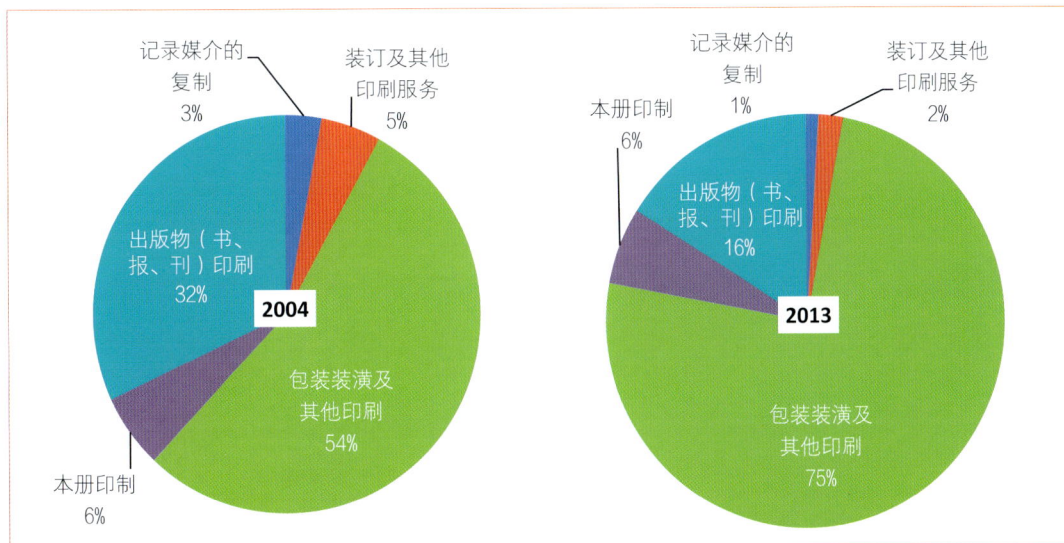

图 1.7 2004 ~ 2013 年全国规模以上印刷企业主营业务收入构成变化

能材料）类印刷品已经占据主导地位，而信息媒体类印刷品的比重在降低。

（三）中国印刷业经济运行质量

中国印刷业在整体规模快速扩张、产业结构显著变化的同时，全行业经济运行的质量得到进一步提升，科技进步的作用在不断彰显。

2004～2013年中国印刷业全行业主营业务收入的年平均增长率17%，而对应全行业资产总量的年平均增长率13%，全行业从业人员总数的年平均增长率4%。中国印刷业全行业产出增长速度大于其生产要素投入增长速度的是科技进步（或全要素生产率）作用的体现，也表明中国印刷业全行业经济运行的质量得到进一步提升。

2004年和2013年规模以上印刷企业经济效益指标的对比（表1.4）也从另一个方面佐证了中国印刷业全行业经济运行的质量提升的事实。

（四）中国印刷业产业布局

中国印刷业产业结构的变化也反映在产业格局的改变上。制造业发达地区成为印刷业高速发展的热点区域。

从规模以上印刷企业的区域分布看，2004年按主营业务收入规模排名前十位的省市是广东（291.98亿元）、浙江（127.26亿元）、上海（126.16亿元）、江苏（95.75亿元）、北京（82.40亿元）、山东（63.37亿元）、福建（39.79亿元）、四川（39.45亿元）、

云南（33.63亿元）、湖北（32.72亿元）；而2013年相同指标排名前十位的省市则为广东（1030.43亿元）、山东（724.89亿元）、江苏（662.09亿元）、浙江（357.69亿元）、河南（336.36亿元）、安徽（313.26亿元）、湖南（306.68亿元）、河北（279.34亿元）、四川（249.92亿元）、江西（240.27亿元）。

2004年排名前十中的北京、上海、福建、云南、湖北在2013年的前十排名中消失，而新进入的河南、安徽、湖南、河北、江西与仍然保留在前十排名的广东、山东、江苏、浙江、四川几乎都是近年来制造业快速发展的地区，如图1.8所示。

（五）中国印刷业所有者构成

中国印刷业所有者的构成发生变化，法人资本和个人资本成为新增投资的主要来源。法人资本在新增投资中地位的提高，意味着更多的印刷与其直接服务产业的利益共同体的形成，是印刷产业专业化程度进一步提高的体现。

2004年全行业规模以上印刷企业的投资来源的构成为：国家资本23%、集体资本5%、法人资本26%、个人资本19%、港澳台资本18%、外商资本9%。

2013年全行业规模以上印刷企业的投资来源的构成为：国家资本9%、集体资本2%、法人资本37%、个人资本27%、港澳台资本15%、外商资本10%，如图1.9所示。

2013年与2004年相比，全行业规模以上

表 1.4　2004 年和 2013 年规模以上印刷企业经济效益指标对比

年份	总资产贡献率	资产负债率	流动资产周转率	成本费用利润率
2004	9.35%	52.78%	1.62 次 / 年	8.22%
2013	16.73%	48.14%	2.42 次 / 年	8.76%

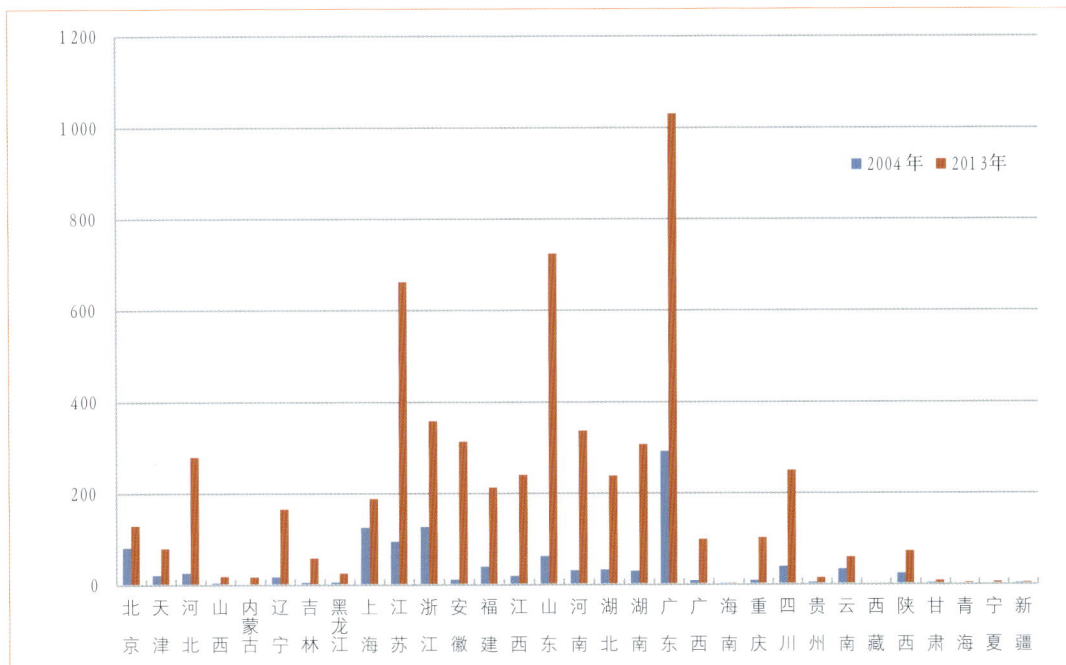

图 1.8 2004 年和 2013 年规模以上印刷企业主营业务收入区域分布对比

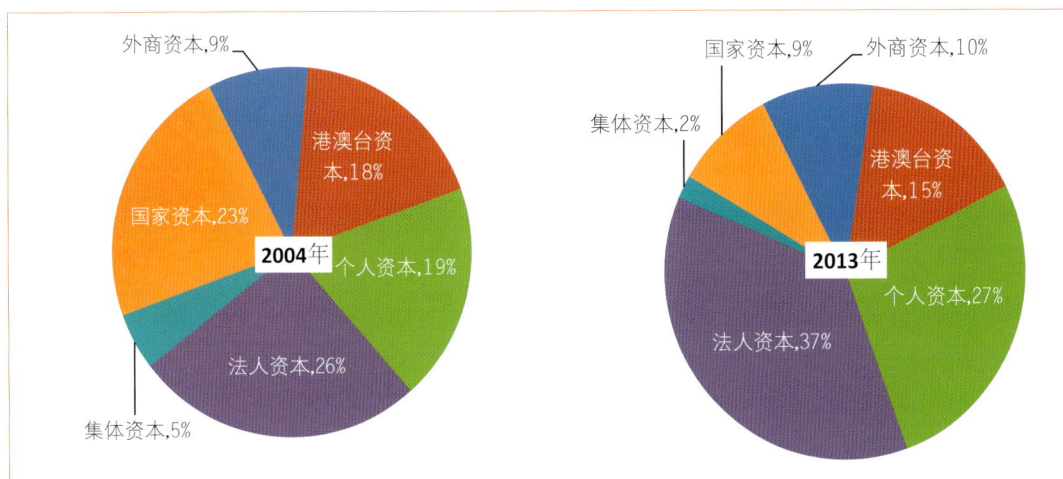

图 1.9 2004 年和 2013 年规模以上印刷企业投资来源构成对比

印刷企业的实收资本总额增加了1.2倍。而在实收资本总额增量（620.64亿元）中，法人资本的贡献率为45%，个人资本贡献率为34%，港澳台资本贡献率为12%，外商资本贡献率为11%。而国家资本和集体资本贡献率则分别为-2%和-1%。法人资本在新增投资

中地位的提高，意味着更多的印刷与其直接服务产业利益共同体的形成，也说明印刷产业（特别是包装装潢及其他印刷）专业化程度在进一步提高。

从2013年规模以上印刷企业主营业务收入全国排名前五位的数据也可看出，其投资

表 1.5　2013 年全国排名前五位地区规模以上印刷企业投资构成

排名	地区	实收资本	国家资本	集体资本	法人资本	个人资本	港澳台资本	外商资本
1	广东	100%	3%	1%	22%	16%	46%	12%
2	山东	100%	3%	1%	36%	36%	4%	20%
3	江苏	100%	3%	2%	33%	28%	13%	21%
4	浙江	100%	3%	0%	34%	45%	12%	6%
5	河南	100%	2%	2%	39%	55%	1%	1%

构成中法人资本和个人资本所占的比例也反映出相同情况，如表1.5所示。

（六）国内制造业对中国印刷业高速发展的支撑

庞大的国内制造业是支撑中国印刷业高速发展的基础，印刷相关制造业的高速增长为印刷业的发展提供了巨大市场空间。

与其他制造行业相比，中国印刷业的总体规模并不大。按照2013年全国制造业29个行业全部企业主营业务收入排名，印刷业处于第25位（倒数第五位）。而印刷业直接服务的行业的规模多比其大。计算机、通信和其他电子设备制造业为9.8倍，农副食品加工业为7.7倍，纺织服装、鞋、帽制造业为2.9倍，医药制造业为2.5倍，食品制造业为2.4倍，酒、饮料和精制茶制造业为2倍，文教体育用品制造业为1.9倍。而这些相关制造业在2004～2013年同样高速发展，为中国印刷业的发展奠定了基础，如图1.10所示（图中省略部分行业名称）。

2004～2013年与印刷业紧密相关的其他制造业的年平均增长速度，计算机、通信和其他电子设备制造业为14%，农副食品加工业为21%，纺织服装、鞋、帽制造业为19%，医药制造业为21%，食品制造业为20%，酒、饮料和精制茶制造业为20%，文教体育用品

制造业为28%。

2004～2013年中国印刷业在经历规模快速扩张的同时，也在改变着产业服务的性质，即中国印刷业已经摆脱对纸质媒体加工生产的依赖，包装（功能材料）类印刷品的生产加工成为推动印刷业高速增长的引擎。中国印刷业产业服务性质的变化，也必然对中国印刷业未来发展产生以下影响：

■ 中国印刷业未来的发展将会更加平稳。包装类印刷品的用户涉及行业众多，在为印刷业提供了巨大的市场空间的同时，也为印刷业的整体发展提供了缓存，避免行业发展的大起大落。

■ 中国印刷业未来对其他制造产业的拉动力会更强。包装类印刷品印刷工艺多样，印后加工复杂，承印材料品种繁多，这不仅为印刷企业发展专业化生产提供了更大空间，也极大地丰富和拉动了印刷业供应链（设备、材料、器材等）。

■ 中国印刷业是高度市场化的加工服务业。分散的需求市场、较低的行业进入门槛以及较高的替代性，使得印刷加工环节增值空间有限，价格竞争激烈，产能过剩成为常态。同时，印刷业的产能过剩也是被动的，是相关制造业（产能过剩）对产业链上其他产业的传导效应。

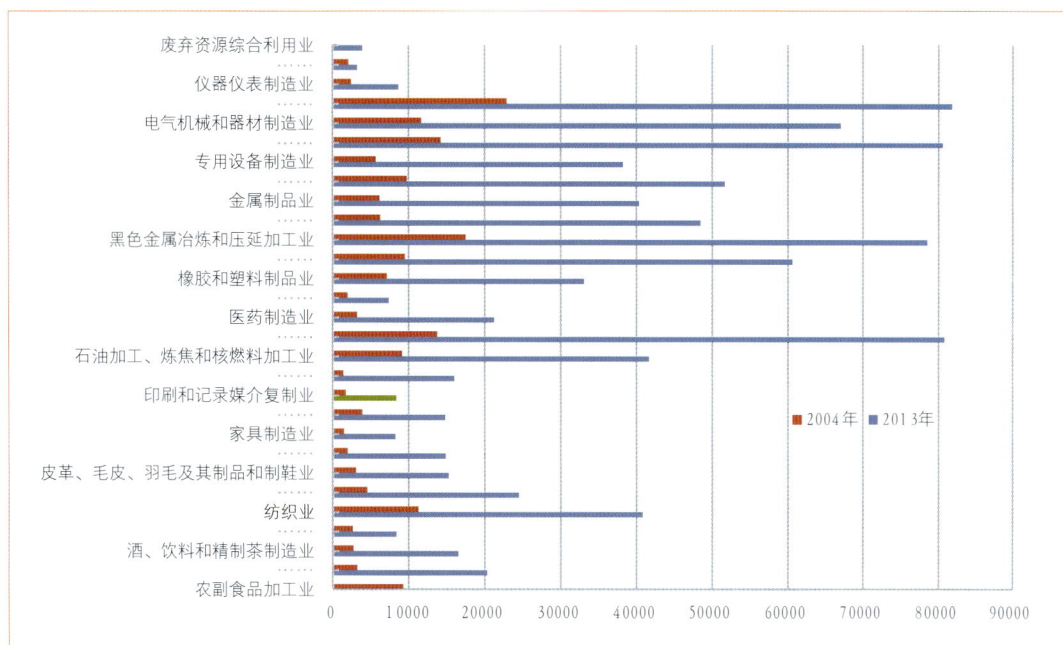

图 1.10　2004 和 2013 年全国制造业全部企业年主营业务收入规模对比

■ "互联网+印刷+包装"将成为未来印刷业互联网应用的重点。通过提供物联网应用服务，主动把控印刷品的互联网"入口"，实现产品信息溯源验证、信息搜索发现和数据挖掘，将会加快中国印刷业互联网化的进程，促进印刷业新型业态的产生。

需要说明的是，本书中"中国印刷业"的范围等同国家标准《国民经济行业分类》（GB/T 4754—2011）制造业中的第23大类"印刷和记录媒介复制业"。而有关印刷业的统计数据主要来源于国家统计局公开出版的《中国经济统计年鉴》《中国工业统计年鉴》《中国经济普查年鉴》。其中，对于中国印刷业结构变化的分析根据规模以上印刷企业统计数据进行。规模以上印刷企业（主营业务收入占全行业主营业务收入总数的70%左右）是影响和推动中国印刷业发展的骨干力量。对规模以上印刷企业总体结构变

化的分析研究，是准确把握中国印刷业发展特点和未来走向的有效途径。

第三节　印刷产业发展趋势

一、印刷产业发展总体趋势

支撑印刷产业发展的技术体系不断演进发展，从技术发展的总体趋势来看，主要表现为：印制方式多样化、生产过程绿色化、技术支撑网络化、装备制造智能化、服务产业专业化。印刷产业的内涵和外延也已经非常丰富，印刷产业及其支撑（或服务）的其他产业也非常多，印刷产业所覆盖的领域也非常广泛，本路线图中主要研究印刷产业中的印刷装备及器材产业、数字印刷产业、绿色印刷产业和依赖印刷技术支撑的印刷传媒产业、包装印刷产业、印刷制造产业的发展现状、发展目标方向及其技术路径，如

图1.11所示。

印刷产业作为传统媒体时代信息记录、复制的最主要甚至是唯一手段，承载着人类社会文明传承和文化传播的重要使命。当今社会是信息社会，尽管信息获取、复制、记录传媒和呈现的方式多样化了，但是印刷作为一种特殊的制造工艺和生产方式，在包装、装饰装潢、新兴产业领域，尤其是印刷电子、新能源（太阳能电池）、新兴显示器件、增材制造等方面拓展出了更加开阔的应用领域，焕发出更加旺盛的生命力。

支撑印刷产业不断衍生发展的力量源泉和核心竞争力如图1.12所示。图中显示支撑印刷产业技术不断发展的动力源泉是印刷技术（PT）、装备制造技术（MT）、信息通信技术（ICT）及其向后融合渗透，形成产业发展的技术基础，进而形成图像处理与成像技术、精密机械制造及工艺、自动控制和智能控制技术、新材料和新工艺四大核心技术轴线，共同建立起印刷产业的技术体系和核心竞争力。印刷产业发展一方面要坚持立足印刷产业已经建立起来的技术基础和核心竞争力，另一方面也要勇于冲破传统印刷产业的羁绊和束缚，以更加开放的思想和更加先进的技术，建立更加适宜产业发展的生态系统，更好地服务国家经济建设和社会发展的实际需要。

二、印刷传媒产业发展趋势

印刷传媒产业专指服务于传媒产业（信息传播和信息记录）的印刷产业。传媒产业的发展经历了一个漫长的历史过程。如图1.13所示，大致可以把人类信息传播历史阶段分为无出版非印刷时代、出版全印刷时代、出版靠印刷时代、出版多样化时代和未来的泛媒体时代。

（1）原始信息记录与传播时代（无出版非印刷时代）。上溯到远古时期，信息记录主要是甲骨文、竹简、绢帛，信息传播非常缓慢，甚至是口口相传。

（2）出版全印刷时代。这一时期发明了纸张，发明了雕版印刷、活字印刷术乃至工业时代的代表胶印机，信息复制技术获得了空前发展。

（3）出版靠印刷时代。这一时期是在传统工业和电气化时代，印刷已经比较发达，同时出现了广播电视，信息传播在这一时期超越了空间限制，并成为重要的信息传播方式，但

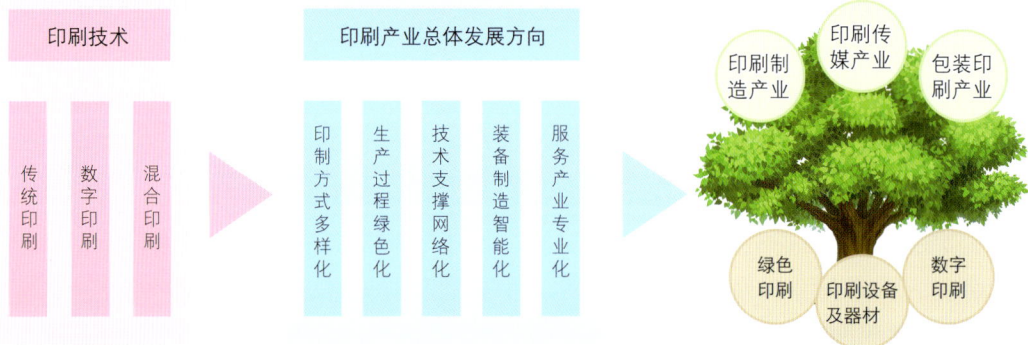

图 1.11　印刷产业发展趋势

图 1.12　印刷产业的力量源泉和核心竞争力

核心竞争力
三大技术体系
四条发展技术轴心

PT（印刷技术）
MT（装备制造技术）
ITC（信息通信技术）

图像处理与成像技术
精密机械制造及工艺
自动控制和智能控制
新材料和新工艺

应对急剧变革的社会
服务传媒、包装、制造业
新业态

图 1.13　信息生产与传播历史演进

无出版非印刷时代　出版全印刷时代　出版靠印刷时代　出版多样化时代（混合）　未来出版时代（智能传媒——泛媒体）

由于广播电视受播出时间和设备限制，人们获取知识和信息主要依赖于纸媒体。

（4）出版多样化时代。这一时代特点是互联网和电子阅读技术极速发展，人们获取信息可以随时随地，纸媒体阅读和电子媒体阅读互补且长期并存。

（5）未来泛媒体时代。这一时代意识互联、万物信息交互已经成为可能，人人、人机、机机之间的交互将没有任何障碍，获取信息和交换信息如同呼吸空气一般，万物互联、万物之间信息自由交互成为基本状态。

通过对信息传播历史的辩证分析，对印刷传媒产业现状和发展就会有一个更加理性的认识。印刷作为目前纸媒体的一种最主要

的加工方法，为人类社会发展、文明传承、文化传播和科技进步做出了巨大贡献，可以说没有印刷就没有近现代文明、文化科技发展和社会进步。

当前，因为互联网和移动阅读的裂变式发展，对印刷传媒产业发展带来巨大冲击。传统的印刷传媒产业的社会需要、产业生态环境正在发生重大变革，产业链也发生了很大变革，如图1.14所示。

（1）传统的编印发产业链。编即内容加工，印即印前、印刷和印后加工，发即出版发行。今天，传统产业链发展已经"碰到了天花板"，支撑传统产业发展的基础即印前图文信息处理、印刷和印后加工技术，已

图 1.14　印刷传媒产业的产业链发展与演进

经发展迟缓。主流产品——书、报、刊、直邮、票据、商业印刷物等的市场需求已趋于饱和并不断被新兴媒体所替代。支撑产业链发展的核心技术——编辑、印刷、发行已经非常成熟，难有大的突破和创新。

（2）新兴产业链是一个以内容为核心的新的生态圈，现已经基本形成并表现出良好的发展势头。新兴的产业链体现为内容为王和数据为王的产业核心，产业链构成主要包括内容生产（数字资源池建设）、云平台建设（主要包括内容端管理、运营、服务和安全）、O2O混合发布（纸媒和网络媒体、电子媒体）和增值服务。支撑新兴产业链的基础是传统印刷媒体（纸媒）产业基础和新兴媒体融合发展的新鲜血液。新兴产业链是以端（生产、服务）、网（连接、物流、信息）、云（内容、平台、数据）为基本技术支撑架构，支撑O2O混合出版、增值服务、内容的管理与运营，主流产品为融媒体

（纸媒、网络、电子）O2O混合发行、增值服务。产业链的核心是数字内容生产、管理、运行和安全，以及O2O混合模式的发展与运营。

需要说明的是印刷媒体产业的传统产业链和新兴产业链不是替代与被替代的关系，而是延展、丰富和倍增的关系，传统产业链只是新兴产业链的一个有机的组织部分，新兴产业链内涵更丰富、外延更广更大、涉及领域更多。

传媒产业的业态变迁，可以基于"载体＋传播渠道"二元因素分析。从载体上看，传统纸媒体主要是围绕着"一本书"构建产业链和生态圈，印刷处于该产业链的中心位置，而新兴媒体主要是围绕"纸介质＋电子存储和终端显示"构建产业链，纸媒体自然就不是唯一的霸主甚至将来不是主要载体。从传播渠道上看，传统的纸媒体有一套相对封闭的、官办的发展渠道，而新兴媒体的信息传播渠道主要是互联网、移动互联网。印刷传媒从传统的单一的编印发生态圈向着信息采集、处理、存储、管理、传播和呈现的全方位多元化方式发展。

三、包装印刷产业发展趋势

商品包装是现代社会生产、生活不可或缺的重要组织部分。印刷包装产业是支撑包装产业的核心产业之一。改革开放近40年以来，我国商品包装经历了不重视包装、普遍重视包装，到后来出现了过度、奢靡包装，包装印刷也经历了这个过程，导致了今天的因过度包装造成的资源浪费、环境污染和过度消费问题。总体上来讲，尽管包装产业发展势头被认为比较乐观，但也受到科技

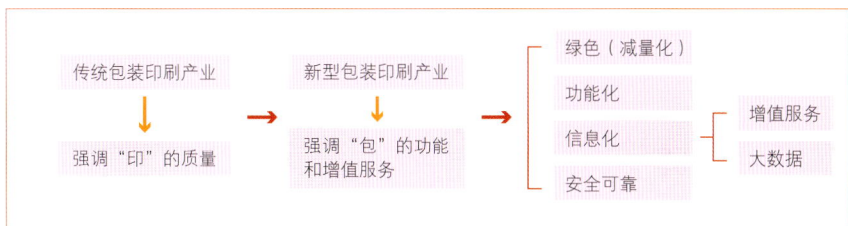

图 1.15 包装印刷产业发展趋势

发展、新技术应用、国家出台相关政策以及消费需求和消费观念变化等众多因素影响，也在发生深刻变化。目前过分强调包装的精美程度，采用了复杂的印刷工艺和印后加工工序，由此带来了严重的资源浪费和环境污染问题，正在受到越来越多的指责和诟病，国家和地方也纷纷出台相关政策法规进行整治。新的包装印刷产业逐渐向"包装"本源的功能发展，向着绿色化、功能化、信息化和安全可靠方向发展。绿色化包括节能、环保、可回收、可降解、可重复应用和减量化；功能化主要指以实现物品安全运输为目标；信息化主要是以二维码、RFID标签进行物品编码、管理和跟踪服务，进而实现其他增值服务和大数据新业务；安全可靠主要指物品运输安全和信息管理安全，如图1.15所示。

包装印刷产业的发展也正在由传统产业链向新兴产业链演进，如图1.16所示。

传统产业链主要由包装设计、印前、印刷、印后几部分组成，产业基础比较简单，产业基础主要是包装结构、装饰和平面设计，以及印刷工艺和印后加工处理。主流产品是盒、箱、袋、标签、装饰装潢材料等，使用的材料主要有纸、塑料、玻璃、木材和金属材料等。传统包装印刷的产业链核心主要由包装设计、印刷、印后加工构成，生产

形式主要以委托加工为主。

新兴产业链由新材料（环保、可回收、可降解、高阻隔等）应用，包装设计、新工艺（印刷、表面处理、复合）应用，印后加工、信息增值服务（物品编码、物品溯源、数据资源、大数据应用）几部分构成。新兴产业链的产业基础是新材料新工艺、包装设计、印刷、绿色环保、信息服务，主流产品主要还是盒、箱、袋、标签、标识、装饰装潢材料等，产业链的核心是新材料、新工艺、包装设计、印刷、印后加工、废弃物回收、物流配送、信息增值服务。

图 1.16 包装印刷产业的产业链发展与演进

与传统产业链相比，新兴产业链明显拉长，更重视包装本源的功能实现、绿色环保、数据获取和数据增值服务。

四、印刷制造产业发展趋势

印刷制造产业是指在物品制造流程中加入一个或多个以印刷工艺为特征的加工处理过程，以实现图案化表面处理或增材制造的一种特殊制造业。这种特殊的制造方法最早主要用在家具表面贴纸、包装材料和建材生产中，近年来，随着新材料、新工艺和新装备技术的发展，印刷工艺被更广泛地应用在印刷包装产业（如装饰建材、纳米制版、陶瓷印刷、家具建材）、电子信息产业（如PCB、柔性电路、电子电路、器件）、太阳能电池、新兴显示器件、集成电路制造，以及高端制造业（如3D打印、生物医疗、传感器）等。

印刷制造产业正在从狭义的以印刷喷涂工艺为主向更加广阔的增材制造、复合工艺方向发展。传统产业链主要包括成像、

制膜、印刷喷涂，加工精度要求为普通印刷、精细加工。新兴产业链主要包括新材料新工艺开发与应用、制膜、功能印刷、3D打印，属于纳米制造、精密加工和增材制造范畴。

图1.17给出了印刷制造产业从传统产业链到新兴产业链的变迁和支撑产业发展的基础、核心技术和主要产品。传统产业链的产业基础是制膜、成像、涂布、丝印、凹印和精细加工，主流产品主要有光学膜、显示器件、光栅印刷、印刷电路等，产业链的核心技术是精密成像、涂布、丝印、精细加工。新兴产业链的产业基础是新材料、精密印刷、3D打印、精密加工，主流产品主要有显示器件、太阳能电池、电子器件、光学膜、电子封装，产业链的核心是新材料、精密表面处理、精密功能材料、3D打印、精密加工。

五、印刷装备产业发展趋势

印刷产业的发展归根到底要靠印刷装备

传统产业链
制膜
成像、印刷
精细加工、印刷喷涂

印刷制造从狭义的喷涂向广义的增材制造和复合工艺方向发展

新兴产业链
制膜、新材料
功能印刷、3D打印
精细加工、增材制造

产业基础：
制膜、成像、涂布、丝印、凹印、精细加工
主流产品：
光学膜、显示器件、光栅印刷、印刷电路
产业链的核心：
精密成像、涂布、丝印、精细加工

产业基础：
新材料、精密印刷、3D打印、精密加工
主流产品：
显示器件、太阳能电池、电子器件、光学膜、电子封装
产业链的核心：
新材料、精密表面处理、精密功能材料、印刷、3D打印、精密加工

图1.17　印刷制造产业的产业链发展与演进

制造业的支持，没有强大的印刷装备制造业，就不可能有强大的印刷产业。在印刷装备制造方面我们不得不承认，改革开放以来，我国印刷装备制造业发展很快，已经建立起比较好的发展基础，但总体上在参与国际竞争和自主创新能力方面都比较弱。同时，行业产业发展普遍缺乏战略研究，以往只有规划，而轻视对产业发展前景和市场的前瞻性、战略性宏观研究。

据《2015～2020年我国印刷设备行业市场调查研究报告》显示，与国外相比，我国主要在印刷材料、印刷设备稳定性、印刷精度方面存在差距。其中，与欧盟相比，主要差距在印刷数字化、印刷设备的主要技术指标、印后设备的多机组联线技术、印刷机设备的自动化水平等方面；与美国相比，主要差距在柔版印刷机和数字印刷机的制造、应用推广方面；与日本相比，主要差距在占领印刷设备的高端市场，包括不干胶标签印刷机、数字印刷机、单张纸胶印机等。但是我国已经建立起完备的印刷装备制造体系，印刷设备与器材出口东南亚等国家，具有性价比优势。

目前，印刷装备制造业正处于转型发展关键时期。这一时期全球范围内的制造业总的发展方向为"从制造到消费逐渐转型向从消费到制造"，对我国来说还存在由技术跟随为主逐渐向技术创新为主转型。如图1.18所示，印刷装备制造业产业链也正在从传统业态向新兴业态发展演进。传统产业链为产品介绍、订单签约、组织生产、安装调试；新兴产业链为用户需求、解决方案、组织按需生产、安装调试、在线实时服务。传统的产业基础为设计、制造、装调，主流产品为机械设计、装配、调试、电气控制软硬件系统，产业链的核心为图纸设计、生产制造与装配工艺。新兴业态的产业基础为系统解决方案、技术集成、制造、平台（端、网、云）、服务（增值），主流产品是印刷装备、跨界服务、增值服务，产业链的核心为个性化、高端复杂、互通互联（装备在线）应用需求。

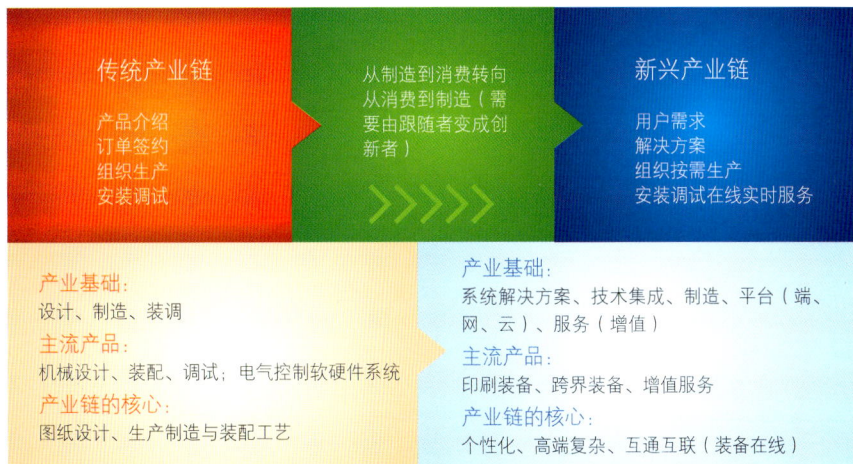

传统产业链
产品介绍
订单签约
组织生产
安装调试

从制造到消费转向从消费到制造（需要由跟随者变成创新者）

新兴产业链
用户需求
解决方案
组织按需生产
安装调试在线实时服务

产业基础：
设计、制造、装调
主流产品：
机械设计、装配、调试；电气控制软硬件系统
产业链的核心：
图纸设计、生产制造与装配工艺

产业基础：
系统解决方案、技术集成、制造、平台（端、网、云）、服务（增值）
主流产品：
印刷装备、跨界装备、增值服务
产业链的核心：
个性化、高端复杂、互通互联（装备在线）

图 1.18　印刷装备制造产业的产业链发展与演进

第四节
我国印刷产业技术发展图谱

目前，全球制造产业正处于新一轮科技革命和产业变革的关键时期。传统制造业以产品制造（生产）为导向，正面临着全球化、城镇化、可持续发展、人口变化、产品生产周期缩短、消费行为改变、产业政策变化等一系列严峻挑战。为了克服这一挑战，各发达国家先后竞相提出发展制造业战略措施，例如，2011年美国提出先进制造战略（制造业再回归），2012年德国提出工业4.0，2013年法国提出新工业法国，日本提出产业振兴计划，2014年韩国提出制造业创新3.0，我国提出中国制造2025规划。这些战略措施普遍突出了互联网、智能制造对传统制造业的提升改造，其中比较典型的为德国工业4.0，目的是提高品质、节省成本、客户导向生产，目标是以应用物理系统（CPS）技术为主导，并引领应用市场，产生的重要影响是重构产业价值链、商业模式、服务与生产分工。在2020～2025年，工业4.0计划实施后，生产效率因产品差别不同可提高30%～50%，节能20%～25%，实现都市生产与绿色生产。

一、我国印刷产业发展的环境与条件

在全球经济和科技技术发展、变革，以及我国经济发展进入新常态的大背景下，我国先后出台了一系列重大改革措施和战略部署，其中直接或间接影响印刷产业发展的改革措施和战略部署主要有媒体融合、中国制造2025、互联网＋、供给侧改革等。

（一）媒体融合

2014年被称为中国新闻发展史上的"媒体融合元年"。2014年8月18日，中央深改组召开第四次会议，审议通过《关于推动传统媒体和新兴媒体融合发展的指导意见》（以下简称《指导意见》）。当下，以互联网、移动互联网为信息传播途径和手段的新兴媒体呈现裂变式发展，已经对传统纸媒体发展带来巨大冲击甚至颠覆。传统媒体与新兴媒体如何发展成为当下几乎全社会关注的焦点。

新兴媒体倒逼纸媒体发展。《指导意见》中明确提出以需求为导向，强调传统纸媒的规模化生产不适应信息化时代的个性化需求，如"报""纸"分离，内容呈现方式多样化，文化产业对纸媒的依赖性减弱，传媒产业发展集团化和管道化等。指出未来传媒产业发展方向是坚持先进技术为支撑、内容建设为根本，推动传统媒体和新兴媒体在内容、渠道、平台、经营、管理等方面的深度融合。

传统纸媒体要生存发展，必须坚持与新媒体相互融合，把长期积累起来的内容生产优势、传播公信力优势与新媒体的数字技术、多媒体传播、多元交互等技术优势充分结合起来，才能赢得用户、赢得市场，才能提升传播力、公信力、影响力和舆论引导能力。

《指导意见》的出台，对传统纸媒体发展带来了重大机遇。首先，要运用全新的互联网思维，就要适应新兴媒体平等交流、互动传播的特点，树立用户观念，改变过去媒体单向传播、受众被动接受的方式，注重用户体验，满足多样化、个性化的信息需求。

其次，必须综合改革，协同创新。传统纸媒要与新媒体融合发展，不仅需要进行技术升级、平台拓展、内容创新，而且需要对组织架构、管理体制、经营机制进行改革，推动传统纸媒和新媒体深度融合。

（二）中国制造 2025

中国制造2025规划是我国主动应对新的历史时期，提升我国制造业水平，实现由大变强的一项重要国策，其核心要义是一条主线、四大转变和八项战略措施。一条主线是以体现信息技术与制造技术深度融合的数字化、网络化、智能化制造为主线。四大转变是由要素驱动向创新驱动转变；由低成本竞争优势向质量效益竞争优势转变；由资源消耗大、污染物排放多的粗放制造向绿色制造转变；由生产型制造向服务型制造转变。八项战略措施是推行数字化网络化智能化制造；提升产品设计能力；完善制造业技术创新体系；强化制造基础；提升产品质量；推行绿色制造；培养具有全球竞争力的企业群体和优势产业；发展现代制造服务业。

中国制造2025是在学习、借鉴德国工业4.0的基础上提出的。工业4.0的要义是"智慧工厂+智能生产"，其实现基础是标准化、模块化、智能化、信息化、网络化，但基于我国制造业发展水平参差不齐，有专家指出今后较长时期内是处于工业2.0的转型期、工业3.0的普及期和工业4.0的示范期三个阶段。

（三）互联网＋

"互联网+印刷+包装"将成为印刷业互联网应用的重点。通过提供物联网应用服务，主动把控印刷品的互联网"入口"，实现产品信息溯源验证、信息搜索发现和数据挖掘，我国印刷产业将会迎来一个互联网时代发展的高潮。

对互联网+印刷、智慧型印刷生产模式和产业链的研究，有利于印刷企业在激烈的国际竞争形势下提高竞争力，赢得部分市场；有利于印刷企业在国内两化融合的背景下，逐渐实现印刷制造向印刷"智造"的转变；有利于印刷企业在行业低迷、微利的情形下，实现转型道路的清晰化，对尽快推动印刷企业转型发展具有重要的指导作用。

传统纸媒体必须看到，互联网改变的是整个游戏规则。它所带来的不仅仅是通路、不仅仅是平台，而是一种全新的传播规则，它把过去相对割裂的、局部的、分散的社会资源通过互联互通形成了新格局，在传统社会被闲置、被轻视、被忽略的一盘散沙式的各种资源和相关要素由于互联网的互联互通而被激活，成为种种现在和未来社会可以创建的新的价值、新的力量和新的社会结构，并由此带来了一系列社会规则和运作方式的深刻改变。由于它互联互通的特点，传统媒体不仅面临着价值折损的巨大压力，而且面对整个媒体生态根本性和结构性的变化，媒体的市场边界、资源配置方式、价值形成方式、传播方式、渠道类型、营销方式、盈利模式等都发生了根本性的变革。

这就是互联网给社会带来的改变，这种改变不是不痛不痒的局部性变动，而是一场全局性、革命性的改变。要想适应并嵌入这种改变中，要想实现真正的媒体融合，就要求传统媒体必须进行一场彻底的自我革命，在观念、战略、体制机制、组织结构、人员构成、内容生产方式、经营管理方式、运营模式、盈利模式、企业文化等方面来一次整体变革。在互联网互联互通的结构下、在实现连接的过程中寻找到新的价值产出的最主要的方向和逻辑。

（四）供给侧改革

2015年下半年，政府提出在适度扩大总需求的同时，着力加强供给侧结构性改革，要在供给侧和需求侧两端发力促进产业迈向中高端。要大力推进市场取向的改革，更加重视供给侧调整，加快淘汰僵尸企业，有效化解过剩产能。供给侧结构性改革作为一条主线，是中国经济下一步长期稳定发展的一个核心问题。

供给侧相对于需求侧而言，需求侧有投资、消费、出口三驾马车，供给侧则有劳动力、土地、资本、创新四大要素；供给侧结构性改革旨在调整经济结构，使要素实现最优配置，提升经济增长的质量和数量。

从三驾马车到供给侧改革，这种话语变化勾勒出中国经济的演变，消费在国民经济所占比重越来越大，对供给侧的要求越来越高，在倒逼压力之下，"供给侧改革"的效果直接关系到中国经济转型是否能够平稳落地。经济结构性改革分解为四个关键点，包括化解产能过剩、消化房地产库存、降低企业成本、发展股票市场。经济结构性改革，任重而道远，非一日之功。

供给侧管理强调通过提高生产能力来促进经济增长，而需求侧管理强调可以通过提高社会需求来促进经济增长，两者对于如何拉动经济增长有着截然不同的理念。需求侧管理认为需求不足导致产出下降，所以拉动经济增长需要刺激政策（货币和财政政策）来提高总需求，使实际产出达到潜在产出。供给侧管理认为市场可以自动调节使实际产出回归潜在产出，所以根本不需要所谓的刺激政策来调节总需求，拉动经济增长需要提高生产能力即提高潜在产出水平，其核心在于提高全要素生产率。在政策手段上，包括简政放权、放松管制、金融改革、国企改革、土地改革、提高创新能力等，从供给侧管理角度看，本质上都属于提高全要素生产率的方式。

其中市场是否出清是供给侧管理和需求侧管理的核心区别。需求侧管理认为市场无法出清，因此需要采用政策刺激的方式来恢复需求，而供给侧管理则认为市场可以通过价格调整等方式来自动出清，当前产出可以自动回归潜在产出。例如，假如现实运行中某行业存在了所谓的过剩产能，则需求侧管理认为需要通过种种政策手段刺激社会需求，令需求扩张去迎合现有产能，而供给侧管理则认为需要通过价格、产能整合、淘汰等方式来清理过剩产能，因为过剩存在本身就是不合理的。

二、我国印刷产业技术发展图谱

综合国内外印刷产业发展现状及未来趋势，在广泛调研和讨论的基础上，给出了我国印刷产业技术发展图谱，如图1.19所示。

根据我国印刷产业技术发展图谱，加速推进印刷产业技术创新，提升国际竞争力，具体可通过以下四个主要途径组织实施与落实。

第一，政府引导，协会支持。制定相关法律法规，加强政策引导和资金扶持，引领行业向智能化发展；搭建技术创新平台，制定相关标准，积极推动政、产、学、研、用协同创新；引导和支持印刷装备行业两化融合水平的

近期（2016～2018年）	中期（2018～2020年）	远期（2020～2025年）
绿色印刷 • 凹版薄膜水性油墨 （全色系、表印、里印油墨） • 节能减排 • 废弃物回收利用 • 污染源头治理 （环保油墨、无溶剂复合等） • 污染末端治理 （VOC、重金属污染等） • 柔印、按需印刷（POD） • LED-UV **智能包装** • 二维码、RFID应用 • 互联网+ • 物联网 （应用层、网络层、感知层） • 互联网与印刷、包装产业融合 发展 **印刷信息化** • ERP、PLM • 电子商务、增值服务 **生产自动化** • JDF数字化工作流程 • 远程服务 • 联线生产、集成制造 • 成套解决方案 （标准化、模块化）	**绿色印刷** • 凹版薄膜水性油墨 （全色系、表印、里印油墨） • 水性油墨、EB油墨及固化设备 • 清洁生产 • 柔印 • 按需生产 （按需印刷、按需出版、按需 包装） • 云印刷 **数字化车间** • 联线生产 • 远程实景操控 • 云印刷服务 **绿色包装** • 新材料、新工艺 • 安全包装 • 废弃物回收、再生 **智能包装（大数据）** **印刷制造** • 印刷电子、3D打印 （消费、科研） • 新材料 （石墨烯、新兴发光材料）	**智慧工厂** • 智能生产 • 虚拟实景操控 • 按需生产 • 自制造 **绿色印刷** • 清洁生产 • 废弃物资源管理 **绿色包装** • 新材料 （环保、可回收、呆再生） • 新工艺 • 极简包装 • 安全包装 **印刷制造** • 全印制电子产品 • 3D打印（工业） • 新能源 • 新材料、特殊功能塑料膜

图 1.19 我国印刷产业技术发展图谱（2016～2025年）

提升，为智能化工厂提供技术和设备支撑；进行智能工厂重大作用和积极意义的宣传贯彻，提高行业认识；市场主导，企业唱戏；树立示范，重点突破；统筹规划，分步实施。

第二，市场主导，企业唱戏。以市场为主导，以满足印刷企业的需求，提高行业工艺和管理、生产水平为主要的发展和研发方向；依靠创新驱动，以行业内骨干企业为主，积极开发和探索智能相关设备和解决方案。

第三，树立示范，重点突破。在重点领域如书刊、包装等，积极帮助并树立采用智能化的企业，作为行业示范，为进一步推广提供探索和依据。

第四，统筹规划，分步实施。智能印刷工厂建设需要印刷企业从上到下统一认识，统筹规划，逐步探索和逐步完善，印刷企业进行智能化改造，不仅仅是生产改造更是管理改造，这是一个渐进过程，不可能一蹴而就。

第五节　我国印刷产业发展的对策与措施

今天，在新一代信息技术、人工智能、新材料、绿色环保等科技浪潮冲击下，我们必须理性地看待未来发展并尽可能做出相对科学的判断和选择。印刷产业技术发展路线图是对印刷产业发展对总体趋势和路径所做的战略性研究，在实际使用中并不能完全代替印刷企业中观、微观层面的实际工作和个性化发展道路。因此，印刷生产企业和印刷装备制造企业在发展过程中，应根据自己的实际情况做出尽可能科学的选择。需要注意的是我国印刷企业不要轻言放弃中低端印刷产业，需要有一份坚守和信心，不要让后来者轻易取而代之。同时，在技术上不要过分强调机械主导，这样往往限制信息技术、自动化和智能化技术人才的成长和能力最大化使用，并要注意培养技术综合、视野开阔、务实、创新的复合型人才，在营销模式上要积极利用互联网平台和资源，积极开拓国际市场、提高国际竞争力等。

一、认清形势，主动适应印刷产业变革

（一）适者生存，变化成为常态

据新闻出版广电总局发布的《2014年新闻出版产业分析报告》，出版物印刷即图书、期刊、报纸印刷，2014年主营收入1701.02亿元，较2013年增幅下滑3.86%。互为佐证的是，2011～2014年全国规模以上印刷企业年主营业务收入的构成变化，书报刊印刷占主营业务收入的比重从2011年的23%下降至2014年的16%，包装装潢及其他印刷所占比重则从67%增至76%。

事实上，尽管增长速度放缓，由两位数步入一位数，印刷总量仍然在增长，只是不同企业因适变能力的不同，感受也会不同。比如，随着印刷品的多样化、个性化，以及印刷效率的高要求，部分印刷企业出现了不适应，感到生意难做，日子难过。部分印刷设备器材供应商亦是如此。

这是一个技术发展日新月异的时代，是一个竞争激烈的时代。变化已然成为常态。适者生存，跟不上发展步伐的企业势必被淘汰。

（二）数字技术、网络技术的发展改变传统商业模式

首先，数字技术的发展及应用，使按需印刷、个性化定制成为现实。其次，建立在网络印刷、云印刷等网络技术基础上，以电子商务为核心的商业模式将成为未来印刷业下订单的常态，其已是发达国家的主流商业模式。再次，互联网的发展，倒逼传统产业转型适应。比如，需方仅需提供设计图，通过淘宝网，便可征集到加工厂家，完成产品的个性化定制。网络环境的日益成熟，将催生新的商业模式。

（三）绿色印刷促进产业转型升级

"十二五"规划纲要中明确提出节能减排的约束指标，据此，无论中央还是地方层面均加大了相关法律规定的建设力度，对VOCs（挥发性有机物）排放进行治理。

北京市于2008年1月1日、2月1日分别出台针对大气污染排放、油墨行业的标准；2010年5月印刷行业被九部门明确列入大气污染防控范围，同年，广东省包装印刷VOCs排放标准正式实施；2013年9月环保部发布《大气污染防治行动计划》（又称十条），该计划亦被称为史上最严厉的大气治理计划；2014年2月环保部以分区、分阶段为原则细化十条，对京津冀提出最严格要求，"十条"被细化为22项政策措施，在其中的挥发性有机物整合整治方案中，石化、包装印刷、表面涂层等行业被列为考核重点。

目前，包装印刷行业被视为除石化行业以外的VOCs排放大户，重点控制对象为凹印、丝印、印铁制罐等领域，以凹印为例，

制版公司电镀排放污水处理率不足50%，有害物质的挥发没有得到有效的回收，成为大气污染源。当前，VOCs治理已成为关乎行业企业生死的头等大事，有关方面需要高度重视。由此不难预见，绿色印刷产业及相关技术、产品将得到快速发展。

（四）印刷制造业转型升级成为新常态

从全球范围来看，诸如海德堡、惠普等印刷制造业的巨头们都在积极转型，这将引领新的市场变化。纵观他们的转型方向和路径，大致可以归纳为以下几点：

（1）由传统工艺向数字化技术、印刷电子领域转型。

（2）守住主业优势，通过瘦身向专业化发展；对跨界业务及非主营业务的发展则与领先企业合作，在全球范围内进行战略性重组，与合作者优势互补。

（3）打造产业联盟或产业集群，并通过资本运营获得更大的竞争优势。

从上述国际大品牌印刷设备制造商的转型分析中，我们不难看出，由传统制造向服务型制造及智能、绿色制造转型已成为一个重要趋势。

（五）质量兴业，建立科学的数字化质量检测与质量管理系统

印刷数字化质量检测的关键是实现印刷品质量的科学可度量和100%全检。视觉技术可替代人眼，科学地数字化度量印刷品的图案、颜色、信息、文字的印刷品质，进而建立数字化的质量评价标准；同时大力发展高速高动态范围视觉成像技术、高速智能图像处理技术等关键视觉检测技术，打造印刷品的高精度、高速、100%全检的数字化检测设备。

印刷数字化质量管理的关键是数字化（可视化）质量信息的建立、分析、评价。利用宽带网大数据存储技术实现印前、印中、印后全部质量缺陷数据的可视化存储和100%可追溯；大力发展大数据深度学习技术，实现质量数据的数据统计、分析和挖掘。

总之，利用视觉技术实现印刷数字化和100%印刷品品质科学检测，并利用宽带网大数据技术实现100%产品质量信息存储可追溯和分析挖掘，实现现代印企科学、便捷的优化品质管理。

二、积极争取国家对印刷产业支持

在争取国家对印刷产业支持方面，首先，突出发展印刷产业的历史责任。传承中华印刷文明，发展印刷产业对国民经济和文化建设、解决就业、有效抵御外国产业垄断等方面有着极其重要的地位和作用。其次，强调发展印刷产业已经建立的优势地位。我国印刷装备制造业经过几十年发展已经建立并初步具备成为印刷强国的产业基础，肩负着我国由印刷大国向印刷强国转变的历史使命。再次，强调印刷产业发展面临的严峻形势。目前印刷产业转型、升级遭遇多重前所未有的压力和挑战，面临国外产品及企业用各种形式对民族工业的冲击，急需国家从产业政策层面给予支持。

在积极争取国家支持印刷产业发展方面，主要集中在支持产业转型、扶持新技术研发，支持产业整合、推动产业联盟，支持跨界融合、建立合作共赢发展的机制，支持跨境技术合作，加快新技术引进、消化吸收和创新。在支持的具体形式上，在以下几个方面提供重大项目扶持：印刷装备制造强基创新工程、印刷产业信息化工程、绿色印刷及新材料、新工艺创新工程、智能印刷工厂示范工程、重大技术改造项目等。

三、积极推进印刷产业界合作

（一）优化整合，提升产业国际竞争力

印刷行业企业尤其是印刷装备及配套器材企业，要充分认识到"新一轮科技革命和产业变革正风起云涌，全球科技创新呈现出新的发展态势和特征，消除在中低端同质恶性竞争，企业兼并重组、建立联盟合作机制，推进专业化分工，实现优势互补、互为支撑的新产业发展模式"。

（二）构建开放的技术标准体系

加强标准化建设，走产业上游标准化、模块化，产业下游个性化，建立开放技术体系（机械、ICT软硬件、端到云的技术支撑与服务架构体系），减少资产重复投入、压低生产成本、缩短产品上市时间、满足个性化需求，向未来生成式生产方式发展。

（三）构建开放共享平台，化解信息化、智能化技术挑战

印刷产业发展需要积极与互联网结合，建设共享信息化平台，掌握信息入口、保障信息安全，加速推进我国印刷产业信息化进程。加快制定印刷信息化和智能化标准，实现虚拟设计和与现实生产融合，加速推进印刷装备制造业跨越发展。

第二章 印刷传媒产业

印刷传媒产业是指以实现文化传承、思想文化传播、舆论宣传、知识传播为目标，以服务文化和文化创意产业为根本，主要采用印刷方式生产媒介（媒体）产品的一种产业领域，具有文化阅读、信息传播、艺术呈现和商业价值等属性，其主要产品包括图书、期刊、报纸、海报、广告、宣传张贴、商业票据等。狭义上讲，印刷传媒产业是指经国家主管部门批准，为报社、出版社、期刊社、政府、企业、学校、各类文宣部门提供"书、报、刊、票据、广告类印刷品"的产业。广义上讲，是指各种从事以信息记录、信息传播为目标的，主要生产纸媒体及相关产品的产业。

20世纪80年代汉字激光照排技术的发明，解决了汉字信息化处理的问题，极大地提高了纸媒体的生产效率，使我国印刷传媒产业告别了"铅与火"，进入了"光与电"时代，印刷产业从而进入传统印刷传媒产业高速发展的黄金时期，极大地推动了我国文化产业和文化创意产业繁荣发展，为国民经济建设和文化建设做出了重要贡献。

今天，随着信息技术和互联网技术的飞速发展，我国印刷传媒产业正在进入"数与网"时代，然而这次技术革命对传统印刷业带来了严重的冲击和挑战。时效性强、海量信息、传播互动、检索方便、用户充分参与的新媒体，以不同产品形式侵蚀甚至颠覆传统纸媒体的优势。从市场需求来看，这种冲击主要集中在以下几个方面。

（1）读者流失。新媒体的网络、移动、实时与交互的优势，吸引了读者的注意力，传统读书、看报时间已向网络大量迁移。调查发现，2013年61%的人阅读时间有所减少，69%的人上网时间有所增加，书刊报阅读率逐年递减。

（2）广告市场萎缩。用户阅读习惯与方式的迁移和新媒体吸引用户眼球能力的崛起，改变了广告投向，新媒体加速侵占传统媒体的广告市场份额，使之呈现出衰退的态势。

（3）数字媒体已经成为纸媒体的强劲竞争者。目前智能手机、平板电脑等移动阅读终端十分普及，电子书、在线新闻、微信、微博、网络小说、网络游戏等大众信息获取和传播方式已经成为大众生活的组成部分，直接减少了对纸媒体的依赖和需求。

尽管受上述诸多因素影响，但国际上预测机构和专家认为，纸媒体依然具有顽强的生命力。与数字媒体相比，纸媒体在今后较长时期内仍会继续占据主体地位。

（1）纸媒体（尤其是书籍）因其具有更好的阅读体验，更适宜深度阅读，可以更系统、实地记录和呈现内容，更具有"实物变现"等突出优势，同时成熟和规范的内容生产、管理和销售、服务体系的产业基础，也在稳健地支撑纸媒体发展。

（2）传统纸传媒产业也正在借助互联网为代表的新一代信息技术和智能制造技术，积极推进产业重构、技术升级和商业模式创新，从而为纸媒体发展注入新的发展活力，并焕发出新的生命力。

（3）纸媒体印刷产业在未来较长时期内仍然具有旺盛的生命力。对此，2015年全球著名独立分析机构Ovum公司发布了《数字消费出版预测》，对新闻出版行业未来五年的变迁进行了定量的分析和预测，并指出尽管移动互联网和数字化正在飞速发展，纸媒在未来五年里在新闻出版行业依然占据主要地位。报告预测，到2020年，报纸、书籍和杂志三大行业在全球50个市场的总收入中，只有24%来自数字业务，2015年的这一比例为14%；数字出版收入的复合年增长率将达到13%。2020年，即使在传媒业高度发展的国家，数字收入只占整个收入不到一半，其中美国为42%，英国为37%（见图2.1）。该报告预测，到2020年，传媒行业总收入中近75%将来自纸媒，2015年的这一比例为86%。

因此，印刷传媒产业在书、刊、报市场需求下降格局初定的大背景下，一方面需要清醒地认识到需求市场的变化给产业发展带来的不可逆转的深远影响；另一方面，又要坚定信心，努力通过实施"互联网＋"、智能制造提升产业发展的核心竞争力，加快推进产业发展转型，努力通过优化产业发展的生态环境，掌

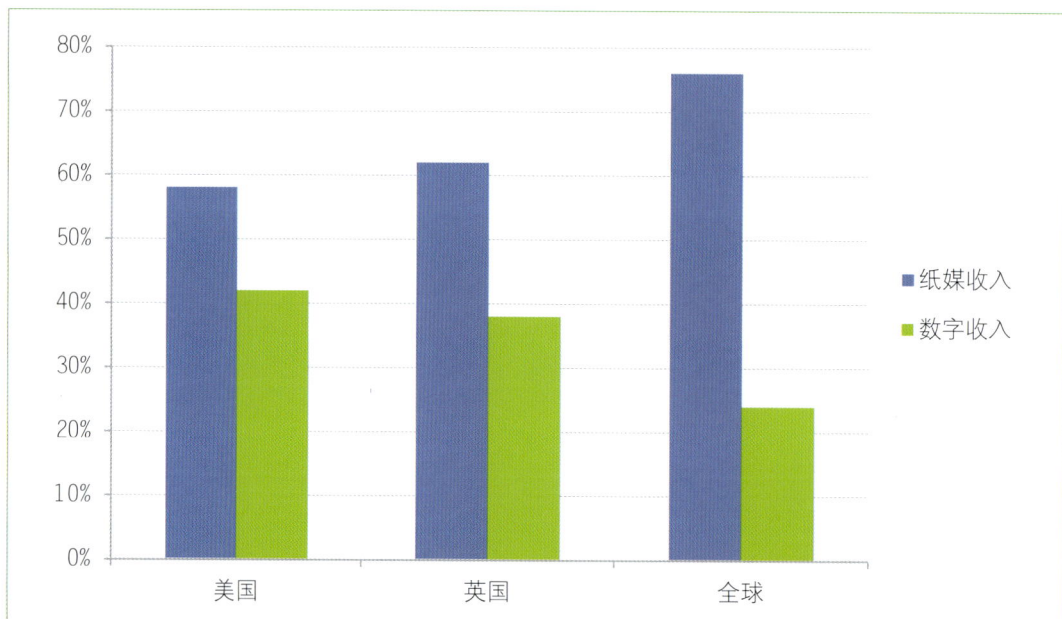

图2.1　预测纸媒收入和数字收入在整体收入中所占比例（2020年）

握产业发展的核心技术，构建更加适宜产业发展的模式，坚持与新兴媒体融合发展，创造出新的市场需求、产业和产品形态，主动适应新的发展形势和社会需求。

第一节
印刷传媒产业发展现状

2000~2014年我国印刷传媒产业的发展经历了两个阶段。

根据国家新闻出版广电总局的统计数据，2000~2011年期间为全国出版物（书籍、课本、期刊、报纸）印刷总量快速增长阶段。期间，全国出版物的总印量连续增长（年平均增长速度7.8%，如图2.2所示）。2000年全国出版物的总印量1276.08亿印张，到2011年全国出版物的总印量3099.23亿印张，年印刷总量（规模）增长了1.43倍；2011~2014年是全国出版物印刷总量萎缩的阶段。期间，全国出版物的总印量呈现连续下降的趋势。2011年全国出版物总印量为3099.23亿印张，2012年总印量为3074.01亿印张，2013年总印量为3005.12亿印张，2014年总印量为2810.13亿印张，三年印刷总量下降了9.3%。

印刷传媒产业剧烈的变化，使得出版物印刷行业遭遇"寒冬"，许多企业出现经营困难。

一、市场和产品发展现状

在全国印刷传媒产业印刷总量连续下降的状况下，各个细分市场（书籍、课本、期刊、报纸）的情况如何？

由国家新闻出版广电总局的统计数据可以看出，受宏观经济、区域发展状态、教育水平、出版效益、政策导向、读者需求和数字媒体等诸多因素的影响和冲击，印刷传媒产业涉及产品市场正在分化，呈现出不平衡的发展特性，如图2.2所示。

（一）报纸印刷总量下降明显

从2000年到2011年期间全国报纸年总印量由799.83亿印张增加到2271.99亿印张，保持了年平均10%的增长速度。从2011年开始，全国报纸年总印量一路下滑。2014年全国报纸总印量1922.30亿印张。三年间总印量下降了15%，如表2.1所示。

由于报纸在全国出版物年总印量的比例超过60%，故报纸总印量的减少是导致全国出版物总印量减少的主要因素。

（二）书籍总印量保持增长

2000年全国书籍总印量180.39亿印张，涉及书籍品种11.76万种。之后，在经历了7年平稳发展后，从2008年起，全国书籍总印量进入了一个快速增长期。到2013年全国书籍的总印量达到峰值442.12亿印张，书籍品种增长到35.61万种。书籍品种增长的速度远远高于总印量增长的速度，如图2.3和表2.1所示。

2014年书籍总印量的回落是暂时的市场调整还是一个长期的趋势，有待进一步观察。但通过分析2000~2014年全国书籍总印量、品种、平均印数的变化可以发现，书籍市场多品种、小批量的特性已经显现。

（三）课本总印量基本稳定

市场的刚性需求决定了全国课本年总印量还会在相当长的一个时期保持稳定和小幅增长，但其品种构成将会有变，如图2.3和表2.1所示。2000~2014年全国课本总印量由194.56亿印张增长到273.99亿印张，增长幅度

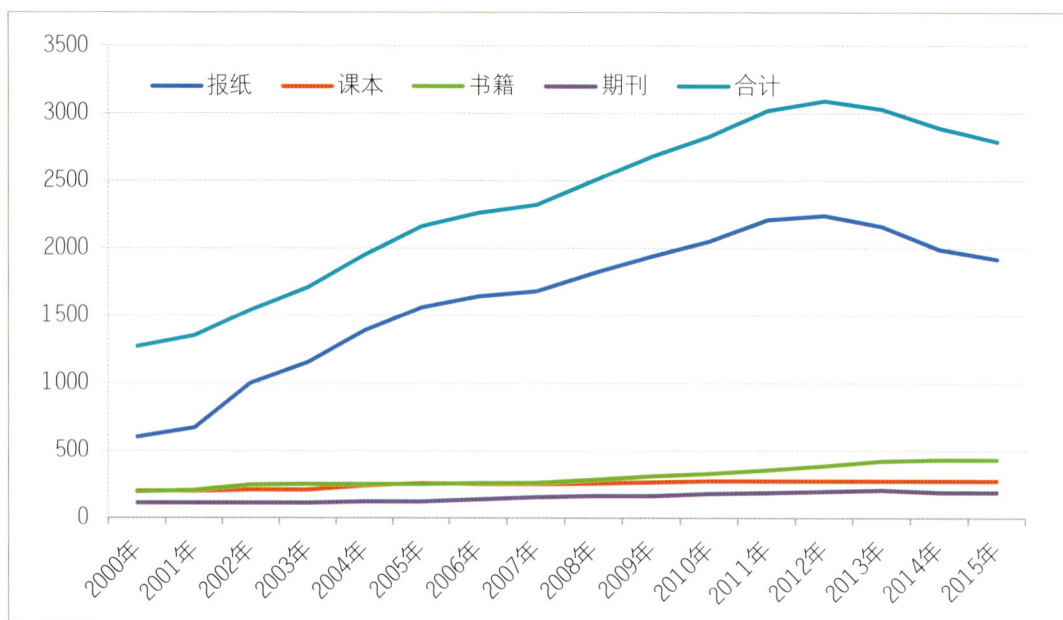

图 2.2　2000～2014 年全国出版物总印量变化轨迹（单位：亿印张）

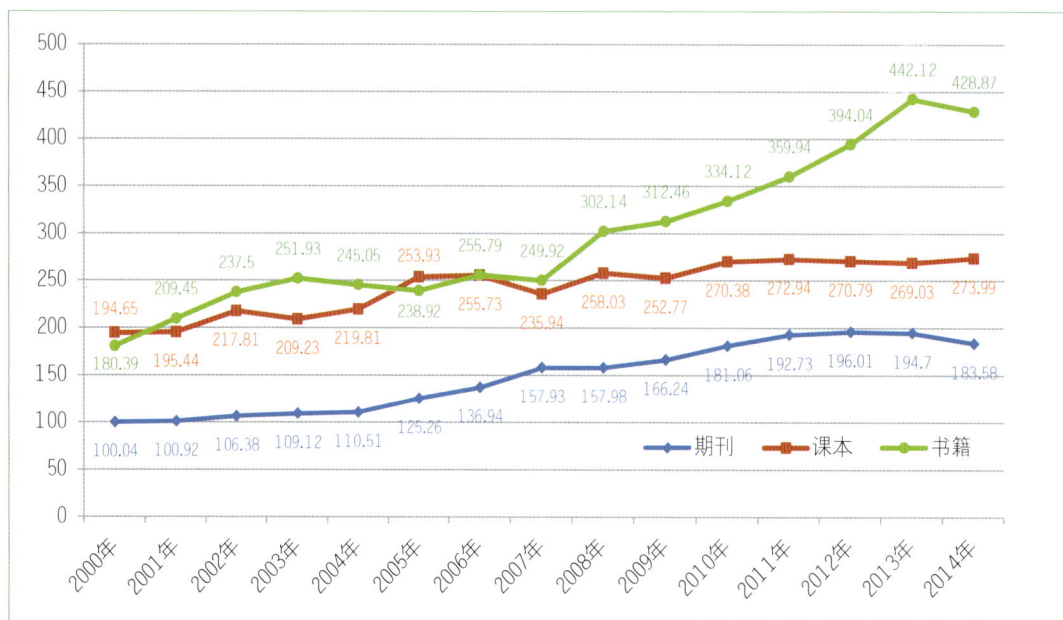

图 2.3　2000～2014 年全国书籍、课本、期刊总印张变化轨迹（单位：亿印张）

表 2.1　2000～2014 年全国出版物（书籍、课本、期刊、报纸）基本数据

年份	书籍			课本			期刊				报纸			
	书籍种类（种）	总印数（亿册）	总印张（亿印张）	课本种类（种）	总印数（亿册）	总印张（亿印张）	期刊种类（种）	平均期印数（万册）	总印数（亿册）	总印张（亿印张）	报纸种类（种）	平均期印数（万份）	总印数（亿份）	总印张（亿印张）
2000	117597	26.70	180.39	23694	35.60	194.65	8725	21544	29.42	100.04	2007	17913.52	329.29	799.83
2001	128051	29.36	209.43	24236	33.36	195.44	8889	20697	28.95	100.92	2111	18130.48	351.06	938.96
2002	142952	32.76	237.50	25817	35.52	217.81	9029	20406	29.52	106.38	2137	18721.12	367.83	1067.38
2003	159716	33.75	251.93	28789	32.54	209.23	9074	19909	29.47	109.12	2119	19072.42	383.12	1235.59
2004	170485	31.13	245.05	36087	32.71	219.81	9490	17208	28.35	110.51	1922	19521.63	402.40	1524.80
2005	171461	29.17	238.92	50028	35.29	253.93	9468	16286	27.59	125.26	1931	19548.86	412.60	1613.14
2006	180979	28.82	255.79	51925	35.07	255.73	9468	16435	28.52	136.94	1938	19703.35	424.52	1658.94
2007	192921	29.41	249.92	53997	33.24	235.94	9468	16697	30.41	157.93	1938	20545.37	437.99	1700.76
2008	218667	36.11	302.14	55853	33.02	258.03	9549	16767	31.05	157.98	1943	21154.79	442.92	1930.55
2009	238868	37.88	312.46	62024	32.35	252.77	9851	16547	31.53	166.24	1937	20837.15	439.11	1969.40
2010	259477	37.72	334.12	68145	33.55	270.38	9884	16349	32.15	181.06	1939	21437.68	452.14	2148.03
2011	290359	42.19	359.94	78281	34.40	272.94	9849	16880	32.85	192.73	1928	21517.05	467.43	2271.99
2012	332042	44.15	394.04	81271	34.54	270.79	9867	16767	33.48	196.01	1918	22762.00	482.26	2211.00
2013	356122	48.30	442.12	87509	34.50	269.03	9877	16453	32.72	194.70	1915	23695.77	482.41	2097.84
2014	355611	46.55	428.87	92370	34.99	273.99	9966	15661	30.95	183.58	1912	22265.00	463.90	1922.30

超过40%，而课本品种由2.37万种增加到9.24万种，翻了近两番。即使2011年左右在课本总印量保持基本稳定的情况下（270亿印张上下徘徊），课本品种仍然在7.82万种的基础上增加了1.4万个品种。

（四）期刊总印量增长出现拐点

期刊，特别是其中的杂志，为印刷传媒里商业化程度最高的产品。

2000～2012年全国期刊经历了12年的平稳增长期。全国期刊总印量从2000年的100亿印张增长到2012年的196亿印张；全国期刊的品种也由2000年的8725种增加到2012年的9867种。2012年以来，在品种继续增加的条件下，全国期刊总印量却一路下滑。2013年全国期刊总印量为194.70亿印张，2014年总印量为183.58亿印张，如图2.3和表2.1所示。

期刊总印量的增长已经出现拐点，其总印量萎缩的状况是不可逆的。

（五）出版物销售库存压力大

如果说出版物总印量从生产领域反映市场的变化，那么出版物的销售和库存也提供了出版物供给侧对市场变化反映的敏感程度。

2010～2014年期间，全国（新华书店系统、出版社自办发行单位）出版物销售总额从1754.15亿元增长到2415.52亿元，年同比增长速度分别为11.4%、10.6%、8.6%和2.6%，如表2.2所示。而同期，全国（口径同上）出版物年末库存从737.80亿元增加到1010.11亿元，年同比增长速度分别为9.0%、4.7%、14.6%和4.7%。全国出版物销售增长趋缓，库存压力增大。

从出版物销售的投入产出比（出版物销售总额除以出版物购进总额与出版物库存总额之和）看，2010～2014年全国出版物销售的投入产出比基本保持在70%水平之上。可见印刷出版物结构调整任重道远。

二、技术发展现状

"十二五"期间，印刷传媒产业按照国家新闻出版广电总局实现"印刷数字化、数字印刷、绿色印刷"的总目标和从印刷大国向印刷强国转变的总要求稳步发展。当前国内外印刷传媒产业技术的发展重点集中在关键技术、生产流程与品质管控、传统印刷与数字印刷集成三个方面。

（一）关键技术的发展现状

印刷传媒产业发展的关键技术包括计算机直接制版（CTP）技术、数字印刷技术、色彩管理技术、CIP3/4技术、在线检测技术

表2.2　全国（新华书店系统、出版社自办发行单位）出版物销售概括

年份 \ 数据	购进金额（亿元）A	销售金额（亿元）B	年初库存金额（亿元）C	投入产出比（%）D=B/（A+C）
2010	1775.40	1754.15	658.21	72
2011	2024.89	1593.49	737.80	58
2012	2160.91	2159.88	804.05	73
2013	2418.21	2346.15	841.87	72
2014	2447.86	2415.52	964.40	71

和定制化精准印后加工技术。

1. CTP技术

CTP是应用数字化改变印刷传媒产业生产模式、作业流程和控制方法的关键技术。它利用了热敏、光敏、喷墨等多种成像方式，凸显绿色环保特性，逐渐获得全球印刷产业的认可，主导中低端市场。

与国外相比，国内CTP技术在高精度、绿色环保和智能化方面还有很大差距，关键部件和控制技术始终被国外厂商垄断，企业研发投入、服务模式和增值手段明显不足，特别缺乏引领未来技术发展的前瞻性思考。

2. 数字印刷技术

目前数字印刷技术呈现出传统印刷企业逐步参与、市场快速发展、数字印刷服务渐入人心的发展态势。国内主流数字印刷技术集中在静电成像、喷墨成像、磁记录成像上，但核心技术和关键耗材基本被国外控制，主流设备与耗材的海外依存度很高。

未来数字印刷技术将围绕建立适合媒体融合发展的新服务体系，拓展服务社会与人民生活新应用领域，通过市场细分与精耕细作，补充传统印刷传媒产品在低印量、个性化、可变数据印刷上的能力不足与市场空缺，替代或占据部分传统印刷传媒产品市场。

3. 色彩管理技术

色彩管理技术是保障印刷传媒产品品质的关键技术，主要内容是印刷色彩复制标准、印刷过程控制、数码打样和印刷质量认证。目前，国内色彩管理的标准和软硬件基本被国外厂商垄断，纸张与墨水等耗材逐步实现国产化。

面向媒体融合与媒体产品多元化的发展，未来色彩管理将向构建融入印刷数字化生产系统的色彩管理技术平台和远程、交互、移动互联的色彩高保真复现方向发展。

4. CIP3/4技术

CIP3/4技术是印刷数字化生产流程中提升印刷生产效能的关键技术，通过数字化的油墨预置和控制参数预置来整合印前、印刷、印后加工以及印刷过程控制，实现印刷生产的全数字化作业和智能化控制。

目前，CIP3/4的技术标准、数据格式、色彩测量设备以及软硬件接口标准等基本被国外厂商控制。国内只有少数企业和研究机构开发出了少量可与国内外设备集成的CIP3/4系统，在中低端市场获得了较好应用，但在自主知识产权、控制精度与集群化、可靠性以及专业技术服务上与国际先进水平差距很大，还难以适应移动互联作业环境。

5. 在线检测技术

在线质量检测是以机器视觉和图像处理为技术基础，通过标准印刷图像和检测印品质量的比对来表达印品质量缺陷的印刷质量检测方法，是一种适合高速印刷生产和机器换人的新生产模式。

目前，国内外在线检测技术及其产品的关键器件、技术可靠性和应用成熟度相当，各有特色。国外产品多与印刷生产设备或生产线集成为一体，标准化程度、开放与适配性较好，但性价比较低。国内产品多采用嵌入式或模块化来与印刷生产设备或生产线集成，标准化程度与开放性较弱，但适配性和性价比较高。

6. 定制化精准印后加工技术

定制化精准印后加工技术是指以数字化与智能化为技术基础，适应个性化、小批量、多幅面、复杂折页或多样成型的印后加工模式。

目前，国内外定制化精准印后加工的控制精准度、技术可靠性、作业自适应性和易用性相当，在重复作业精度和生产效能上，国外产品有一定优势，在性价比、易用性和服务及时性上国内产品更优。

（二）生产流程与品质管控的发展现状

1. 数字化印刷工作流程

数字化印刷工作流程是指在数字化网络和移动互联平台上对与印刷生产相关的内容、过程控制和生产管理进行模块化，并按照产品需求灵活关联所需模块而形成的印刷产品生产流程，包括图文信息流、控制信息流、管理信息流和增值服务流等四大部分。

2. 品质管控

品质管控即印刷质量控制，是指按照国际ISO12647标准，采用G7、Fogra39方法对印刷过程及其印刷质量实施控制，以满足印刷买家的印刷质量需求。其中，G7是以CTP和色度为基础，通过对中性灰平衡及其相关色度控制来实现不同材料、不同设备间"同貌印刷"的数据化与规范化的印刷质量控制方法。Fogra认证体系是德国印刷技术研究会（Fogra）按照国际ISO12647标准为印刷行业提供的标准化认证服务体系，包括耗材、机器、工艺流程、专家以及有资质的合作伙伴等认证模块。

目前，印刷传媒产业多品种、小批量、低成本、高环保的市场需求强劲，同时满足量产与按需的各种印刷方式激烈竞争，使得传统印刷与数字印刷集成成为产业转型升级的新标志。

近10年来，数字化工作流程、CTP、色彩管理、CIP3/4和在线检测技术已应用在印刷产品生产流程中，并试图通过合版、自动换版等自动化或智能化技术，让传统印刷的生产流程能符合多品种、小批量、高品质的产品需求。同时，引入数字印刷设备与软件来制作样书、样稿，并弥补传统印刷无法实时、低成本地进行产品补版、补数等先天的不足，力图通过传统印刷与数字印刷集成模式来构建应对印品的多元化需求。而数字印刷在商业印刷、出版印刷、摄影/影像输出、印前设计、数字打样、广告印刷等按需印刷领域的应用中，数字印刷企业数量、业务类别和产值快速提升。但存在工艺流程、质量管控、管理模式和人员技能上的先天不足，也无法满足中国大批量、短周期产品的需要。

由此可见，传统印刷与数字印刷集成将重构出满足中国社会发展所需的印品印数大小兼顾、成本多样的新集成制造模式，为中国传媒印刷企业的转型升级与可持续发展提供新模式和新选择。

三、特色骨干企业

印刷传媒产业主动面向国家文化产业发展需求，服务国家精神文明建设和社会经济发展，形成了一批特色分明、行业示范与引领作用显著的特色骨干企业，带动了印刷传媒产业的转型升级与技术进步。

在精品艺术图书印刷方面，它们致力于为中国美术市场、文化市场以及艺术市场提供高度专业化印刷服务，推出了"传统印刷+现代IT技术+文化艺术"的商业模式，实现了文化创意产业新旧经济模式的有机结合。

在期刊印刷方面，它们建立了集印前分色制版、八色轮转印刷、四/五色平版印刷与自动化装订流水线的一站式高端期刊与图书整体解决方案，不断深耕细作来体现期刊的文化与商业价值。

在报纸印刷方面，它们建立了"基地+分印中心+全数字化采编排印发"的报纸印刷生产新体系，积极拓展与新媒体融合来凸显主旋律和主流媒体的文化价值和社会影响力。

在教材印刷方面，它们通过印刷数字化和绿色印刷，不断缩短教材印制周期、提升印刷品质与安全标准，确保国家教育与文化安全。

在按需印刷方面，它们通过图书信息的收集、传递、存储、开发、POD印制的自动化和智能化，打破传统"编、印、发"边际，构建出"零库存"的出版印刷的数字化整合与作业融合新流程和新业态。

四、积极推进印刷传媒产业转型发展

传统印刷传媒产业发展到今天，市场增长空间已非常有限，技术也已经非常成熟，发展前景不容乐观，迫切需要有新的驱动力来推动本产业可持续发展。目前，印刷传媒产业立足印刷技术服务传媒产业，着力解决发展过程中主要制约因素。

（一）数字出版方面

1. 解决数字出版标准与法规不健全、技术兼容共享难度大等问题

印刷传媒产业的原数据都源于出版企业的出版物数据。而国内数字出版标准体系尚未完全建立，基础性标准和关键性标准不健全。手机出版、互联网出版、动漫出版、网络游戏出版、数据库出版等领域的标准化工作处于起步阶段，致使企业数据格式、作业标准不一，难以协调，直接制约了数字出版行业的资源共享与快速发展，进而影响了印刷传媒企业的作业效率和服务成本。

2. 进一步加强版权保护

国内数字版权保护法律法规建设相对滞后，存在数字作品侵权更加容易等问题。同时，作者明知作品被侵权而不主动维权的现实，纵容了数字出版的盗版行径，也制约了数字出版及印刷传媒企业业务范围和服务领域的拓展。需要尽快建立平衡作者、传播者、制造者、使用者在产业链中的权益保护机制。

（二）产业转型其他要素

1. 技术需求

印刷传媒产业的技术需求涵盖降低内容编创、媒体产品制作及其发布运营，主要集中在以下两个方面。

（1）媒体融合中跨媒体产品制造的复制科技。即建立印刷传媒产品数字化生产流程的解决方案，采用纸媒与数媒融合的形式来支持与满足用户对产品交互性、实效性、易得性、流行性的需求。

（2）建立一个全数字化业务流程，从媒体产品编创到应用服务的采编排印发流程以及适合跨媒体内容页面描述与表达的数据库和资源库，解决不同地域、不同作业方式、不同企业、不同软件采编的数据采集，数据处理交换、内容关联与检索，真正实现"数据进，产品出"和"按需内容、按需媒体、按需设计"，达到既保持纸媒体形式与内容统一的优势，又解决信息传播实效性、信息之间的关联及信息应用的互动性等可变内容的组织与管理的目标。

2. 共性技术方面

在媒体融合的云计算、大数据、移动互联环境下，印刷传媒产业必须适应全球新

闻、出版、大众传播的新需求格局、新技术模式和新应用方式，全方位重构内容资源、传媒产品和传播途径，突破传统纸媒渐弱、收益不断降低的瓶颈。在媒体融合中，既要优化纸媒与数媒产品的生产流程，降低时间、人员以及物资消耗成本；又要为上下游媒体编创与营销机构提供数据服务、资源再制造与再增值服务以及文创衍生产品服务，协同各个机构及其资源再制造或再增值，使内容资源获得价值最大化以及衍生应用的最大化，创造跨媒体产品的新需求。

3. 平台兼容性方面

在媒体融合中，印刷传媒产业需要三类平台支撑。一是新闻出版机构、出版社、期刊社和报社的数字内容管理平台和营销电子商务平台。二是企业内部的数字化生产流程平台、ERP管理平台和网上商务营销平台。三是各种供应商、咨询服务商和印刷电商的APP应用服务平台。但当前各个平台在系统设计架构、数据库类型、数据格式以及集成方式上千差万别，媒体采编排印发流程及其集成方式各异，控制模式与管理方法也各有不同，会导致在不同系统之间高效率数据兼容和数据交换的困难，并极大限制平台所服务的对象和地域。

4. 管控技术自动化与智能化方面

印刷传媒产业的管控技术涵盖内容管控、品质管控、产能管控、物料管控和物流管控等多个方面。当前大多处于人工数据收集的初级阶段，数据采集规范不足，缺乏有效的数据收集和结果的系统评估。

从内容管控来看，尽管与上游内容提供商可采用数字水印技术，以及数据加密和防拷贝DRM技术，但数字水印产品成熟度不足，存在易破坏或破解、事后取证或追踪难等问题。从品质管理来看，尽管色彩管理标准一致，但存在控制方法较多，工艺多样性与复杂度大等问题。从产能管控来看，多数企业缺乏全数字化和智能化的管理手段，存在产能利用率不足的问题。而物料与物流管控受制于供给与配送体系，存在保障精度不足和冗余过大等问题。

5. 关键技术方面

面向媒体融合转型升级，印刷传媒企业必将面临产品跨媒体融合、云计算与移动互联应用、制造向智造转型和高效绿色印刷与精细生产等四大瓶颈问题。印刷传媒企业一要解决智能化地应用内容资源库，实现各种媒体终端的APP应用，从静态图文向动态图文音像转型、从静态固定页面排版向动态页面自适应排版转型、从纸媒向媒体融合转型与创新。二要依托媒体融合的新平台和新技术，通过智能化生产来减少产品制造的各种冗余，通过对内容资源的再制造和再增值来实现优质、个性、环保和创造，并应用数据替代实体、应用绿色材料替代有害材料、应用数字分析降低能耗、物耗和人力成本，实现生产作业高效、物料与人力的低耗。

第二节
印刷传媒产业发展趋势

以互联网和电子阅读为代表的技术是推动印刷传媒产业转型发展与产品形态演变的主要动因，进而引发了印刷传媒产业与互联网技术的融合，通过互联网平台改变了印刷传媒产业从技术支持、内容生产、管理创新到产品实现的生存环境及其需求形态，构建了多源异构数据采集与融合、多渠道同步出版、纸媒与网络媒体同源共享、内容多媒介呈现，以及应用模式创新。

一、主要技术需求

印刷传媒产业是国家文化传承、主流思想舆论传播、思想文化宣传的重要渠道，在新技术环境下创新媒体传播方式，推动与新兴媒体融合发展已成为时代要求。今天，需要用互联网思维来谋求传统媒体和新兴媒体优势互补与一体发展，找准印刷传媒产业在内容载体、内容生产、生产流程、运营模式和人才培养上的发展方向，科学规划印刷传媒产业发展的未来。

（一）关键技术需求

2014年政府工作报告首次写入"倡导全民阅读"的新要求。印刷传媒产业作为传媒产业的主力军之一和产品服务提供者，其主要发展方向是建立符合文化传承和时代发展需要，提升服务国家文化和文化创意产业的水平，筑牢国家政治、文化、教育和科技发展的支撑和保障体系，筑牢读者阵地，满足人民文化素质提升和教育发展需要。

印刷传媒产业发展的关键技术需求如下。

1. 内容数字化

内容数字化是"数与网"时代内容产业核心竞争力的前提与基础。印刷传媒产业只有与上游的内容编创机构和出版社、下游的发行机构联合或融合，着眼媒体融合的产品载体需求与形态（纸质书、多媒体光盘、电子书、网页以及音视频等），从大众内容服务需求来反演选题及其内容数据需求，才能获得内容数字化最好的预期效果、最优化的数字化方案以及内容再制造与增值策略。

从图书出版来看，印刷企业要通过新的技术服务方式，在确保图书内容与形式完备的前提下，扩展与延伸编辑和出版的部门功能，改变与更新编辑、出版甚至发行部门的工作方式，减少后期工作的复杂度，特别是内容再制造的难度。

从期刊出版来看，印刷企业要事先介入期刊内容的数字化，有效增强期刊图文品质以及内容资源再利用水平，更好地利用版面来扩大广告幅面，进而为低成本地推出数字期刊提供资源和技术保障。

从报业来看，印刷企业要更深入地与采、编、排、发各部门共同商定内容数字化，大幅度提升报纸版面广告、内容表达的效能，构建出全新样式的数字报纸，强化主流媒体的价值。

从商业印刷来看，印刷企业要与设计商、设计师在内容数字化上融合，既有效提升商业印刷品质量，减少作业冗余，又为商业印刷客户提供网上新服务奠定基础。

2. 生产流程数字化

生产流程数字化是指面向信息传播移动化、社交化、视频化的新需求，依托传统印刷生产体系和生产流程，应用云计算、大数据、移动互联技术来重构与扩展印刷生产流程，达到纸媒体与数字媒体的融合发展。

生产流程数字化将促使印刷企业一要追求专业品质，建立高品质资源库及其多精度应用模式，以满足媒体融合中各种媒体应用的高品质与个性化需求；二要注重作业的快速精简、实时交互与分布协同作业，实现"集中生产与分布定制"的有机结合；三要关注媒体分众化、互动化带来的生产流程多样性需求，建立立体化的跨媒体生产流程解决方案，实现内容信息增值服务的最大化；四要应对媒体展示的多媒体化趋势，实现内容产品从静态到动态、从可读到可视、从一维到多维的升级融合，满足多终端传播和多种阅读体验的需求。

3. 增值服务

增值服务是指印刷企业通过构建以数字资源库（数据库）为基础的数据中心，依托媒体融合中纸媒体与数字媒体的双重需求，经过系统化的资源规划和产品设计，与内容提供商共同建立系统化阅读优先的纸媒体产品、碎片化阅读优先的数字阅读产品以及媒体融合的移动互联交互式阅读产品。进而通过专业化、规模化、精细化的内容数据库优化，在分众、定制、自出版和内容延伸服务中挖掘大数据背后潜藏的信息资源价值，并获得内容资源再制造和增值服务的最大收益。

（二）技术发展的重心

在国家积极推动媒体融合的过程中，印刷传媒产业必须通过采编排印发的系统集成与内容集成，构建跨媒体产品解决方案，积极推动产业转型升级，重点工作如下。

1. 构建数据中心

数据中心是指在媒体融合中印刷企业以满足出版行业或商业机构跨媒体产品的制作与增值需求为目标，整合多种媒体复制技术所建立的信息技术部门。核心任务包括根据媒体融合与应用中内容数字化的需求特点、跨媒体复现与定制所需技术、产品与质量的要求来定制与设计纸质印品、数字产品的多介质复制生产流程，实现出版信息或复制信息的数字资产管理，为出版流程或商业印刷服务提供流畅的媒体融合与应用的数据与产

品资源。

在技术上，数据中心要跳出传统纸媒体生产以"版式"中心，内容取决于版式的架构，建立以"内容数据"为中心，采用可实现内容与形式分离的数字信息采集、加工、存储、检索、发布和管理的数字资产管理技术，让内容在形成任何媒体表达形式之前，根据预先设定的媒体融合描述规则来建立对内容自身的描述，实现在纸媒体与数字媒体上数字内容的再利用、再制造与增值服务。

在管理上，数据中心要改变"只服务印刷或印厂"的管理思维，即传统印前部门的定位。按照"服务跨媒体产品"的新定位，将数据中心升级为媒体融合数据资源服务中心，将各种媒体内容服务拓展到出版社或商业机构及其编创人员层面，为他们提供内容数字化、跨媒体产品定制、品质数字化管控、产品分发或发布的服务与指导，按照最终产品的各项技术要求和管理要求，实现产品策划人员、内容编创人员以及跨媒体产品制作与发布人员的数字化协同作业，从而消除三方技术理解和生产模式不一致而导致的产品质量、成本、周期和美誉度的劣化。

2. 构建跨媒体产品解决方案

数据中心要能够面向出版社或商业机构及其发行部门需求，根据跨媒体产品的数字信息资源（数字资产），针对不同图文素材及其媒体产品需求来构建跨媒体产品解决方案。

对纸媒体产品而言，该解决方案可根据纸媒体的印刷特征，自动提取内容数据和版式数据，并导入动态页面描述软件中进行页面描述。技术人员可预先根据版式要求编写版式样式数据，通过转换引擎以批处理方式将单纯内容文件转化成单页文件和大版文

件,并在远程校对、远程打样、远程印刷的支持下,使整个印刷流程实现泛网络技术下的无纸化操作,有效提高工作效率,降低生产成本。

对数字媒体产品而言,该解决方案可根据发布终端的特征,采用自适应排版技术,智能化地形成可移动互联、可交互、可自体验的数据文件或数据流,来满足多元化移动终端的媒体内容展示需求,进而为数字媒体用户定制所需要的个性化纸媒体产品及其内容增值服务。

3. 培养创新人才与复合人才

面对媒体融合中各种媒介资源与内容要素,有效整合信息内容、技术应用、平台终端和人才队伍是满足全球市场共享融通、产品营销与品牌推介立体式竞争的基础。印刷企业只有引进与培养能够支撑媒体融合中跨媒体产品及其业务发展,兼备多种知识和技能的创新与复合型人才,才能解决企业在纸媒体与数字媒体集成与融合中的各种难题。

国家与地方主管机构要加强创新与复合型人才培养的政策扶持,站在全球化、数字化和媒体融合的新高度,用全新的互联网思维来谋划、推进和指导高等院校、出版企业、印刷企业以及商业企划机构,聚集人才和骨干队伍,推进创新人才和复合人才的教育培训、技术交流和专题实践,让一批宽视野、精业务、有热情、强责任、善学习的专才脱颖而出,并加大技能型专才的培养力度。

企业要转变用人机制,加大新兴媒体内容生产、技术研发、资本运作和经营管理人才的引进,优化人才结构,完善绩效考核机制,建立在媒体融合中吸引人才、留住人才、用好人才的有效办法,形成干事创业的良好环境。同时,在媒体融合的实践中,让多学科、多专业、多技能的人才形成团队,使媒体编创人员、媒体技术人员、印制专业人员和媒体营运人员了解纸媒体与数字媒体的内在联系与协同作业模式,相互融合与促进,形成具有核心竞争力的人才团队。

二、主要发展目标与方向

云计算、大数据、移动互联引发了印刷传媒产业向媒体融合的转型及其产品变迁。只有找到导致印刷传媒产业产品及服务方式变迁的技术途径,才能形成应对变化的策略、解决问题的思路与创新发展的方法。

(一)聚焦媒体融合的关键技术

1. 数字出版技术平台

数字出版技术平台是指依托数字技术、互联网与移动互联技术,实现多媒介出版物产品应用和普及的基础平台。

当前数字出版技术平台建设主要以云计算、大数据、移动互联为基础技术,重点实现从"连结"向"连接"的转变,建立"开放+分布"的模式,采用"Web+App"两翼齐飞的方法,适应移动设备终端以及互联网App化的环境,将LBS作为网络服务的标配,体现社会化网络COWMALS(Connect、Open、Web、Mobile、App、Location、Social)的发展方向,图2.4是媒体融合数字出版技术平台的架构。

2. 数字版权保护技术

数字版权保护是印刷传媒产业在媒体融合中拓展与可持续发展的基础。在数字版权保护技术上,国家正在针对数字出版产业发展态势采用数字加密、数字水印以及智能识别技术,围绕数字内容出版、分发、传播、

图 2.4
媒体融合数字出版技术平台的架构

消费过程，研发数字版权保护共性关键基础技术和核心应用技术，形成面向媒体融合的数字版权保护整体技术解决方案和数字版权公共管理与监督技术体系，重点解决数字期刊、网络原创文学、电子书、定制纸质书刊等主流数字出版业务上的版权问题，为数字出版产业有序发展和市场监管提供有效技术支撑。

3. 移动阅读终端技术

移动阅读终端是媒体融合中碎片式阅读和即时阅读与信息交流的关键技术设备。目前，通过智能手机和其他电子显示终端进行碎片式阅读和即时阅读、信息交流已成为大众偏爱的娱乐消遣方式，以娱乐化、碎片化阅读为代表的数字出版产品已成为媒体融合产业的主要收入来源，使传统系统阅读逐步限制到专业知识、学术研究领域。

在与 WiFi、3G/4G、CDMA、GSM 的有

机结合中，移动终端设备的智能手机与 iPad 不断普及，不仅突破了制约语音通信需求的各种瓶颈，开始向适应阅读、网站浏览和处理日常事务的多元化需求发展，而且在与纸书的无障碍互联中改善用户阅读体验，推动新标准 HTML5 的制定与应用。

（二）媒体融合及新产品开发

1. 媒体融合产品

媒体融合是信息传输通道多元化下的新作业模式，有效融合了报纸、电视、广播等传统媒体和互联网、手机、手持智能终端等新媒体及其传播通道，是应用数字技术整合传统媒体产品和数字媒体产品优势的媒体产品与服务。

媒体融合不仅在资源共享、信息集中处理中衍生出不同形式的信息产品，还发掘出通过不同平台传播给受众的渠道和运营方式，主要体现在技术融合与营运方式融合等

两个方面。其中，技术融合实现了传统纸媒、广电媒体与互联网中多媒体原始素材的采集、处理、提炼、加工以及在不同媒介传播中媒介信息产品的多元化。营运方式融合加速了纸媒体产品与数字媒体产品的跨媒介扩张或行业联合，并衍生出诸多媒体融合的新需求和新产品。

2. 媒体融合产品的新需求

媒体融合是技术为人服务、内容生产与传播方式以人为本的源动力，发掘媒体融合产品所创造或所引发的新需求与新体验是关键。

目前这种新需求主要集中于以下三个方面。

（1）媒体越来越注重"当下的力量"，根据用户空间变化调整内容，让用户阅读时空与尺度随时随地而变，引发出了基于位置的媒体服务新需求。

（2）媒体"感性化"趋势引发了通过多媒体技术，使阅读从真实纸媒体产品的高价值服务到良好内容体验服务的"感性化"新需求。

（3）在云计算、大数据、对等化本地计算、情境计算的新环境下，形成了媒体与读者间的对话与互动，使以读者为中心且增进心理认同的"再阅读"与大众信息阐释性功能成为现实，进而引发出社交化网络、移动互联APP应用、自媒体服务、精准广告推送等媒体融合产品的新需求。

（三）立足印刷媒体，发展融合多种媒体

在数字化的媒体融合新环境下，印刷传媒产业将从少品种、大批量、高利润、低技术的生产加工方式，快速向多品种、小批量、低成本、高技术的印刷产品制造与服务增值方式变革。印刷数字化将成为竞争的基础、高效绿色生产将成为制胜关键、内容增值服务将成为企业可持续发展的保障，并形成如图2.5所示的媒体融合产品发展的新途径。

对图书而言，在数字技术、移动互联的冲击下，传统图书出版业策划选题、组稿、审稿、编辑加工、装帧设计、印刷、发行的生产流程发生改变，采编排印发的融合与协同作业更加深化。数字化内容使

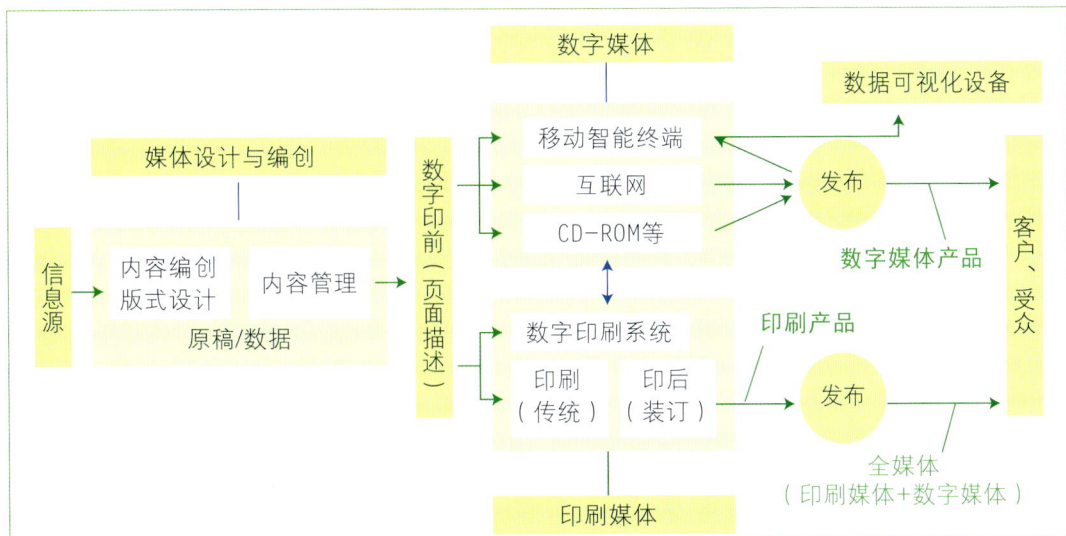

图 2.5　媒体融合产品发展的新途径

出版载体从有形变无形，纸媒和数媒并举。这不仅增加了出版物的交互性，增强了传播信息储存容量，消除了纸质版面的尺寸限制，还让印刷流程开始步入方便快捷、无论批量大小、随心所印的快车道。同时，拓展出印刷作业人员为出版编创人员提供图文处理服务、图书数据组织与挖掘服务、动态版式编排服务以及内容交互制作服务等新增值业务。

对期刊而言，网络电子期刊的数字化冲击，不仅全面弱化了传统期刊上连续出版物定期出版、使用固定的刊名及顺序号、作者众多、内容多样、编辑方针明确等五大基本特征，还透过海量存储技术消除了传统期刊的篇幅限制，不断向全球、开放、交互、即时、定制和综合的媒体融合型期刊目标迈进，为杂志收入的广告带来更多的传播路径、更丰富的表达方法、更广泛的广告收益和更大的市场份额。进而为传统印刷企业带来了数字内容服务、版式编辑服务以及交互服务等新模式。

对报纸而言，传统报纸、广播、电视等媒介内容的数字化缓解了新媒体的冲击，改变了报社依靠自己力量办报而需付出巨大投资的单一主体格局，向由受众人创造传播内容，再由受众来关注，最后受众点击的多元化平台主体转型。信息海量、丰富多样、快捷及时、全球传播、自主性高、开发与共享度高、成本制约低的图文音像俱佳的交互式电子报、手机报对受众更具吸引力，并通过极丰富信息量的新闻、信息传递极低的边际成本、多媒体实时互动的受众体验，加速了传统报纸印刷逐步衰落，拓展出报纸印刷更多的数字服务新需求。

因此，媒体融合不仅带来了媒体产品编创、制作与发行流程的变革，更带来了产品需求的多样性、产品形式的多元化以及产品增值的多途径，进而为印刷传媒产业开启了凤凰涅槃、壮大发展的新机遇和新挑战。

三、媒体融合与转型发展

2014年8月，中央全面深化改革领导小组第四次会议审议通过了《关于推动传统媒体和新兴媒体融合发展的指导意见》。习近平总书记强调，要加快传统媒体和新兴媒体融合发展，充分运用新技术、新应用、创新媒体传播方式，占领信息传播制高点。

按照该指导意见，人民日报、新华社、光明日报、经济日报、中国日报等中央主要新闻单位均成立领导小组，加强统筹规划，制定本单位融合发展的实施方案，明确了时间表、路线图和任务书，全力推进融合发展；上海、广东、江苏、安徽等省市围绕推进媒体融合发展工作，通过召开专题座谈会、举办专家讲座、组织专题调研和学习考察等形式，促进媒体内部解放思想、更新观念；北京、江苏、浙江、广东、重庆等地认真遴选媒体融合发展项目，不断完善扶持方式。同时，各地媒体也在不断探索加快传统媒体和新兴媒体融合发展的有效路径，努力在内容、渠道、平台、经营、管理等方面深度融合和协同发展。

媒体融合对于传统媒体是非常迫切的命题。推进融合发展，成为传统媒体转型与创新发展的关键。传统媒体加速吸纳新技术、新传播形态，个性化、可视化、数据化、移动化成为媒体业态发展的大方向。

当前，媒体跨界融合已是世界各国印刷传媒产业转型发展的必由之路。印刷传媒产业跨界融合发展要注意，一要立足印刷产业发展基础，打造服务文化产业和文化创意产业的价值量，二是要从传统加工制造转变为提供多元的产品与服务。所谓多元化产品，一方面是提供全媒体产品，另一方面是在纸媒体产品上有所创新，同时要在服务方面实现多元化，通过整合产业上下游资源，提升以客户为中心的服务能力，实现适合出版物的多形态生产、多渠道和多终端发布。

媒体融合涉及领域非常广泛，不仅包括不同媒体形态之间的融合，也包括构成产业链要素之间的相互融合，如印刷与出版之间的融合。印刷传媒产业要紧跟数字出版发展，坚持融合发展。

按照《中国制造2025》和《国务院关于积极推进"互联网+"行动的指导意见》，未来印刷传媒产业大的发展方向主要表现在三个方面：一是向"互联网＋印刷"或者"印刷＋互联网"发展转化，这两者结果没有区别，只是前者是被动地实现网络化，后者是积极主动地实现网络化；二是建设智慧印刷工厂和智慧印刷生产，实现印刷传媒产业的数字化和网络化；三是印刷云平台及生态链系统项目的建设，解决印刷行业生产效率低、供需不匹配、个性化需求难以满足等难题。

（一）建设智慧印刷工厂

智慧印刷工厂可以解决以下几个层面的问题：一是通过互联网缩短紧密链接客户，并满足客户个性化需求；二是内部将生产过程透明化，部门高度协同，紧密配合，生产效率最大化，生产浪费最小化；三是用软件系统和自动化设备大量代替人工，降低成本，并实现高效生产；四是运用印刷过程数字化技术和装备，自动控制印刷质量。

智慧印刷工厂需要解决的三大核心问题：一是需要解决工厂生产系统的"信息孤岛"，将不同设备和工具软件进行链接；二是需要解决信息管理信息和生产技术信息的跨系统集成；三是需要解决印刷过程数据化、标准化、控制自动化。

通过建立高度自动化和高效的智慧印刷工厂，运用新一代信息技术实现以大规模生产的成本生产个性化和客户化的产品。对企业来说，这种智能化生产方式可以解决产品开发、生产和产品使用之间互通互联问题。智慧印刷工厂可以自由地配置生产资源，提高生产效率。

基于智慧印刷工厂的生产运营，可以从产品制造、运营管理、市场营销等方面全面提升综合竞争力；此外，进一步加强公司在个性化、定制化产品上的服务能力，实现新业务模式方面竞争力的快速提升，为公司未来的持续发展提供保障。

智慧印刷工厂将从根本上改变传统印刷的生产方式与商业模式，实现基于网络的虚拟世界与实体印刷厂的现实世界的有机统一。智慧印刷工厂可以通过数据交互技术，实现设备与设备、设备与工厂、设备与员工、各工厂之间的无缝对接，并实时监测分散在各地的生产基地。智慧印刷工厂的技术体系将实现兼具效率与灵活性的大规模个性化生产，从而降低个性化定制印刷产品的成本，并缩短产品的出厂时间。

（二）云印刷及发展前景分析

近年来随着互联网行业的飞速发展，消费市场对电子商务的熟悉和认可，网络印刷也越来越多地被市场认同。仅淘宝网每年的印刷业务量就高达28亿元，加上大宗电子商务印刷，可实现总产值超过400亿。其中以商务短版印刷为主。凭借计算机技术的发展以及网络电子商务的普及，网络印刷正以每年超过200%的速度递增。国内一些企业着力主推其自主的网络印刷服务。此后，印刷界开始高度关注云印刷。那么，何谓云印刷？简单地说，云印刷是通过基于云服务平台实现印刷订单的接单、确认、支付、存储、交付等生产运营推广的业务工具和企业营销过程，也是通过新的商业模式变革将传统生产型印企升级为营销型印刷电商的一种技术平台。

（1）云印刷主要组织部分。云印刷是印刷技术与数字信息技术的有机结合，集成应用云计算、宽带通信、物联网等技术，构建提供增值服务的互联网智慧印刷生态系统。这种新型印刷方式一般包括四个部分：可发送印刷任务的应用程序、传递印刷任务的云印刷服务网络、印刷生产设备以及物流服务。

（2）云印刷的优势。与传统印刷方式相比，云印刷能够实现个性化定制，如名片、信封信纸、宣传资料。并且可以随时下单、快速交货，比传统的独立开版印刷成本低三成。基于互联网的云印刷平台及生态链建设，汇聚O2O各类资源，可以统一管理一个地区乃至全国的印刷生产资源，整合印刷产业上下游。

（3）云印刷可以改善印企的产供销能力。一是企业内部生产技术的提升，如果利用云印刷将从接到订单到交付的时间极大缩短，将大幅提高生产运营效率。二是企业各部门协调效率的提高，云印刷涉及企业运营的整个供应链体系，从客户定位、产品选择、定价、财务账款处理到数字资源管理等，只有企业领导团队通力高效合作才能完成。

（三）云印刷助力企业转型发展

云印刷是印刷企业转型可选的方式之一，原因有：一是云印刷瞄准的是商务印刷行业市场，作为传统商务印刷的替代技术出现，由于云印刷成本相对低，因此替代空间较大；二是云印刷国外具有成功模式可参考，并不是概念，在欧美就有现成的商业模式；三是国内客户对印刷越来越趋向于定制化的需求，而数量却很小，云印刷带来的合版印刷的模式，很大程度上满足了这类客户需求，生命力很强。云印刷具有满足短版印刷、快速响应、低成本运营、高效率生产，且印刷平台与软件成本更低甚至免费，可以帮助传统印刷传媒企业摆脱生产、运营、管理和技术升级与运维问题。

第三节
印刷传媒产业发展对策与措施

在近十年数字网络技术的裂变式发展中，印刷传媒产业生态巨变，书刊报受众规模渐小、市场需求多元、收入增加、利润下降，商业和经济环境艰难，呈现出通过"数字"求生存，媒体融合转型谋发展，拓展增值服务抢先机的新格局。面向媒体融合，用纸媒优势服务新兴媒体，以重点项目为抓手来凸显自身先进技术，才能找到支撑未来内容建设的目标、对策、措施和项目。

一、发展目标

（一）产业链的集聚与整合

媒体融合加快了印刷传媒产业转型升级

的步伐，使之在集聚与整合中支撑与服务现代传媒产业链的内容数字化、制作与集成和传输分发，以实现印刷传媒产业链发展的新目标。

目前，印刷传媒产业中大中型骨干企业少而精，小微型企业多而弱，适合产业链的集聚与整合。在国家政策支持下，领军龙头企业应通过资本、技术与人才的集聚，内容资源库与数字化平台的构建来实现内容、生产流程和营销的整合，带动中小微企业集聚与转型升级。不仅要更高效地完成现有纸媒体的生产与营销，还要扩展到内容编创、内容管理与传输，实现多媒介、多渠道和多终端的内容服务共享，将信息载体从单一的印刷媒体变成了多种不同载体，将产业价值延伸到整个传媒产业链。

印刷传媒产业链的集聚与整合有三种方式：①以龙头企业为主导，整合新兴信息技术公司与出版企业，从媒体融合急需的技术支撑和内容服务为突破口，为出版集团、报业集团等提供技术服务，以及内容数字化、内容生产、发布与管理、内容增值服务等。②以骨干企业为主体，主动融入数字出版产业链，将印刷数字化生产流程系统整合并融入数字出版系统，实现纸媒与数媒的一体化，成为媒体融合中的内容制造商、内容服务与增值服务商。③以小微企业为主体，发挥纸媒体生产的特色与优势，将印刷数字化生产流程转型升级为跨媒体内容生产流程，建立内容资源库和内容应用平台，为移动阅读提供多元化的内容与定制服务。

（二）共性关键技术的突破

在媒体融合中，印刷传媒产业的共性技术是云计算、大数据和移动互联技术。通过其强大的计算能力、分布式数据管理能力、高度可扩展性和按需服务能力，不仅整体解决了印刷传媒产业内容资源分散、应用层次低、内容复用困难等难题，还可推动技术从线上线下内容复制、跨媒体出版向深层次的内容增值应用和集成共享发展。

关键技术包括数字化采编排印发流程、内容页面描述与表达的资源数据库以及跨媒体产品制造的复制科技。重点是通过云出版、云印刷、按需出版和数字印刷技术，实现海量内容数据的深加工、定制服务、碎片推送、按需系统集成及其内容增值的自动化和智能化。彻底解决内容资源分散与共享难度大、产业规模效应不足、内容标准和发布格式不统一、数据存储格式和粒度不规范、知识复用效率低、系统整合不足和资源浪费严重等制约产业转型升级的难题。

（三）创新营运模式

在媒体融合中，印刷传媒产业将作为内容产业的关键环节，融入数字与网络优先、移动互联驱动的开放式数据共享公共平台，进而引发印刷传媒产业技术平台、服务对象、收益模式与营运模式的变革与创新。

这种变革与创新将重点集中在：①满足传统媒体自上而下、中心化网络传播方式的营运需求，又具备应对新媒体，特别是网络媒体自下而上、去中心化网络传播方式的营运创新。②利用云计算、大数据和移动互联技术，为不同区域、不同内容需求、不同产品形态、不同产品数量以及不同支付方式的客户提供多样性的内容服务、内容产品服务和内容增值服务。③构造"移动化与社交化"新营运模式，建立O2O集成、精准客户细分、高效协同作业的服务机制，通过"连接网络、获取应用、云端计算"来创造与挖掘出更多的客户需求和客户资源，并带动衍生产品及其服务的收益。

（四）培育复合型人才

在媒体融合中，采用互联网思维和培养方式来培育复合型人才是印刷传媒产业转型升级的前提。所谓互联网思维，就是站在全球市场需求及未来产业发展的高度，应用新技术、新方法和新思维来发现为我所用的精英专才，组建一个网络化、实时互动、无限支撑、优势互补的专业人才社区或部落，构建一个高质、高效、高可靠的知识体系与技能体系。所谓超常规，就是应用移动互联、全媒体、虚拟仿真的先进教学手段，让精通内容的精英讲策划、说编创、秀作品，让通晓技术的专家论网络、话数字、谈预测，让擅长营运的大师指方向、算收益、创模式，使有志于媒体融合、特别是印刷传媒的人才脱颖而出，引领行业潮流。

复合型人才培育的核心目标是媒体融合及其应用创新，必须集国内外专家、学者和技术精英所长，围绕问题发现、问题解决和方法突破来实现多学科分散知识的聚合与裂变，建立一套适合中国媒体融合特色的内容原创专才部落、技术专才部落、管理专才部落和营销推广部落及其复合型人才培育范式。

二、发展途径

（一）"集中生产与分布定制"的跨媒体生产

媒体融合引发的资源整合与重构将印刷传媒产业及其服务从有限区域的单一信息复制向全球化多元异构信息融合与服务扩展，使生产组织从少品种、大批量的量产加工向品种多样、印数随意的"集中生产与分布定制"转型。

"集中生产与分布定制"是指面向大众信息传播"可变数据、规模化与定制兼备"需求，建立一个基于云计算、大数据、移动互联的网络化印刷服务平台，构建出从内容编创到产品的信息无缝链接、全流程数字化管控、智能化精细服务的信息链和产品链，通过全平台标准化数据在任何输出节点定制，并根据印品或媒体产品的印量、客户地域、时间要求以及最佳收益，自动筛选是采用集中生产还是采用分布定制来完成产品编创、生产、配送和衍生增值服务，确保客户媒体产品需求信息链、产品链和价值链上的每一个数据、每一项服务的价值最大化，从而实现在需求创造、内容采编、印制优化、精确配送以及增值服务中，与竞争对手形成最大化的差异、与上下游关联者形成紧密联盟，达到最低成本冗余和最高服务盈利。

（二）数字印前的跨媒体融合

数字印前的跨媒体融合将推动印刷传媒产业、出版社、媒体机构、网络营运平台、内容设计与编创人员的集聚和融合，更好满足社会信息传播与社会文化发展的需求。

在数字印前的跨媒体融合中，印刷企业必须通过融合转型将自身数字印前和数字化印刷生产流程优势整合或融入新闻出版数字网络平台，既能更精细化地为不同客户提供纸媒体产品服务，拓展产品及其盈利空间，又能拓展与满足众出版、自出版、"三屏合一"立体传播等跨媒体产品大众服务需求和网络社交平台全天候化、社会化、平民化的跨媒体产品分众服务需求。

（三）高效绿色印刷与精细生产

绿色印刷是印刷传媒产业生存之基础、发展之起点。高效绿色印刷与精细生产是指印刷企业建立环保优先和兼顾盈利的整体方案，实现环境友好、绿色高效的精细化清洁生产。目前，全国700多家印刷企业具备绿色印刷生产能力，10多亿册中小学教科书将基本实现绿色印刷，中央文化产业发展专项资金已给予43家印刷企业2.768亿元的绿色印刷专项扶持。其中国家印刷示范企业占30%，绿色印刷骨干企业占90%。因此，印刷企业科学地、实事求是地搭建绿色印刷架构，建立绿色印刷体系，推行精细化清洁生产将是企业生存和发展的前提。

（四）印刷再制造增值服务

内容是印刷传媒产业服务核心和价值中心。印刷再制造是指通过企业的跨媒体产品制造体系，依托专业化数据中心、数字化生产流程与网络化数据管理系统，围绕差异化、高附加值来对复制内容进行再创造和再制造，如艺术品复制、装饰贴纸、3C产品等。而印刷增值服务是一个智力密集型、高经济附加值的领域，其核心是以立体、交叉、全方位地满足用户信息应用需求为目标，将多种物理形态的数字化图文音像内容，通过企业融合转型和跨媒体产品制造体系，向最终受众或消费者提供多层次、多类型的内容产品，并获取增值收益。如定制主题内容数据库以及个性化典藏衍生品。

三、发展举措

（一）政产学研的协同创新

党的十八届三中全会提出，要整合新闻媒体资源，推动传统媒体和新兴媒体融合发展。习总书记强调，要加快传统媒体和新兴媒体融合发展，充分运用新技术新应用创新媒体传播方式，占领信息传播制高点。推动媒体融合发展已经作为国家一项紧迫的战略任务，从而给媒体融合重要组成的印刷传媒产业指明了发展方向和工作重心。

印刷传媒产业要达到推动媒体融合发展的要求，就必须以政产学研的协同创新为手段，以重点项目为抓手，以先进技术为支撑，以内容建设为根本，推动传统媒体和新兴媒体在内容、渠道、平台、经营、管理等方面深度融合，加快建设形态多样、手段先进、服务精准，具有强大竞争力的现代印刷传媒产业。政产学研的协同创新要通过重大项目规划和重大工程建设，提高产业集约化水平，加快技术创新、产品创新和管理创新，鼓励"小微特"企业向"新高精"转型升级，引导印刷业融合转型发展，完善市场监管机制，解决媒体融合中无法满足用户需求以及发展失范的问题，实现内容质量、产品形态与企业收益的俱佳。

（二）企业资质认证与示范企业培育

近年来，国家新闻出版广电总局加强产业法规、政策、规范、技术和标准建设，产业法规日益完善。企业资质认证是国际通用、规范行业管理的有效手段，是企业提升竞争力和体现自身价值的重要依据。企业获得认证可以文件化的方式向外部表达企业符合标准的信息与证据，表达企业具备承担相关业务的能力与资格。但国内尚处于单项企业资质认证阶段，如绿色印刷认证、G7认证等。因此，政府主管部门建立一套符合我国印刷产业发展需要的企业资质认证体系和评价方法，将有利于产业结构优化和企业转型升级，为淘汰落后企业和产能提供法律法规依据，为我国印刷企业"走出去"奠定信誉保障，降低海外认证依存度。

印刷示范企业评定与培育是引导传统企业向优势企业发展的重要途径。《国家印刷复制示范企业管理办法》将鼓励具有先进印制水平、经济规模和效益突出、有能力参与国际竞争的规模以上重点印刷企业挂牌成为国家印刷示范企业。政府需要强化对具有示范作用的骨干印刷复制企业或者企业集团的认定、挂牌、扶持和宣传，进一步加快优势企业结构优化、自主创新和技术进步，并予以产业发展专项资金、产业政策、财税政策和管理措施等方面的支持。

（三）媒体融合企业的资金扶持

媒体融合作为国家战略的实施，将引导印刷传媒产业向媒体融合企业转型升级。印刷传媒企业要在国家文化产业振兴和媒体融合的发展中，强化自身媒体融合的特征；在业务拓展中不断引入战略投资者，吸引外商投资，实现投资主体多元化，扩宽投融资渠道；在市场创新中鼓励企业，积极"走出去"开拓海外市场，大力提高技术装备、经营管理水平和人员素质，增强国际竞争力。

印刷传媒企业要积极争取各级政府财政对文化创意产业、数字出版产业发展的扶持，对重点数字出版工程、绿色印刷工程、数字印刷工程、"小微特"印刷企业扶持工程、创意设计印刷支持工程等项目的资金投入，利用好各级政府的文化产业发展专项资金、宣传文化发展专项资金、服务业发展引导资金、科技创新资金和现代信息服务业专项资金，更要主导或参与政府专项资金重点扶持的数字化出版公共服务平台、骨干项目

建设和技术升级以及自主创新技术的研发与应用。

（四）高效绿色印刷与精细生产

移动互联营运平台下的高效绿色印刷与精细生产是印刷传媒产业发展的新热点，是指借助移动互联平台，建立线上线下结合的业务模式、生产管控模式与品质控制模式，通过移动互联平台实现内容编创、作品印制、智能配送的协同作业。不仅能够完成线上线下的绿色印刷，还能交互作业，团购定制，降低产品成本，实现节能减排，进而衍生各种数字媒体的衍生产品与文创产品的制造与服务。

四、项目支持

（一）我国印刷企业资质认证体系建设

该项目将按照国家媒体融合和绿色印刷的发展总目标和需求，通过重点研究我国印刷企业产品、资产、设备、技术工艺、管理、人员和营运模式，归纳与分析不同印刷企业的特征，研发与建立一个适合我国印刷企业分类管理与资质评价的系统及其评价方法，为国家科学管理印刷企业，淘汰落后技术和产能提供政策依据、基础数据和评价方法，促进印刷企业分类管理与可持续发展。

（二）我国印刷质量认证体系建设

该项目将重点研究国际主流印刷质量评价与认证体系的内容、过程与方法，以ISO 12647为目标，吸收国际主流印刷质量认证方法的优点，研发与建立一套适合我国印刷质量认证的体系，包括质量标准、测试标版、制印过程控制要求、色彩数据采集与处理方法、印刷质量评价与认证模型，为印刷产品的质量检测与评价和企业转型升级提供科学

支持与客观评价。

（三）云移动互联绿色全民阅读平台建设

该项目将重点研发在云计算、移动互联的媒体融合环境下，印刷传媒产业出版或内容产品跨媒体制造与增值服务的技术需求和应用要求，通过阅读体验和交互阅读的模式来建立支持多种媒介阅读需求的内容管理模式、内容组织模式、内容定制模式和发布发行模式，构建一套适合中国纸媒阅读、数媒阅读和交互阅读需求，满足全民阅读导引下不同读者群体对阅读内容、阅读方式和阅读

体验的新平台。

（四）印刷再制造增值协同作业平台建设

该项目将重点研究印刷媒体资源的特征及其内容价值，通过大数据分析与内容挖掘手段来凝练多源异构数据中的内容再制造与增值需求，构建一个可嵌入式数字出版系统和移动阅读系统的协同作业平台，实现与各种数字化出版流程和移动阅读作业流程的无缝连接，提供满足用户个性化、定制与DIY需求的内容再制造与增值服务。

第三章　包装印刷产业

第一节　概况

包装产品种类繁多，若按产品类型，可分为软包装、硬塑料包装、纸质包装、金属包装、玻璃包装、其他材质包装；若按最终用户，可分为食品包装、饮料包装、医药及保健品包装、化妆品包装、工业及物流运输包装、其他用途包装。包装市场区域分布情况为：欧洲地区（西欧16国、东欧13国）、

亚太地区（中国、日本、韩国、印度尼西亚、菲律宾、印度、澳大利亚、新西兰）、美洲地区（美国、加拿大、墨西哥、巴西、阿根廷、智利）、中东及非洲地区等。本章主要按包装材料不同，对纸箱、纸盒包装、软包装、标签印刷产业做重点介绍。

一、全球包装市场的分析

如图3.1所示，全球包装市场2015年的

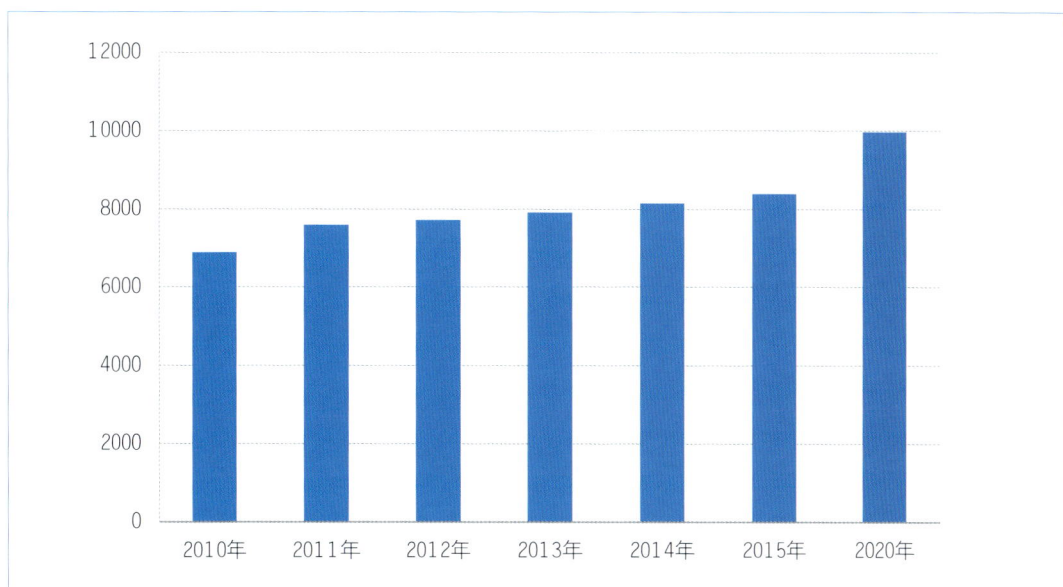

图 3.1　全球包装消费市场规模变化（金额单位：亿美元）

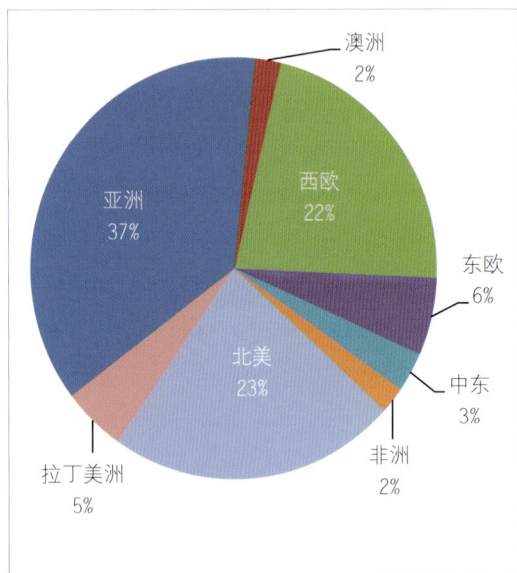

图 3.2 2014 年全球包装消费市场（区域分布情况）

地区	2013 年	2018 年	复合年增长率（%）2013～2018 年
西欧	175 522	187 578	1.3
东欧	48 087	60 296	4.6
中东	24 666	32 827	5.9
非洲	18 935	24 388	5.2
北美	179 447	200 933	2.3
中南美	42 791	53 524	4.6
亚洲	291 978	397 108	6.3
澳大利亚	15 681	17 887	2.7
世界	797 107	974 541	4.1

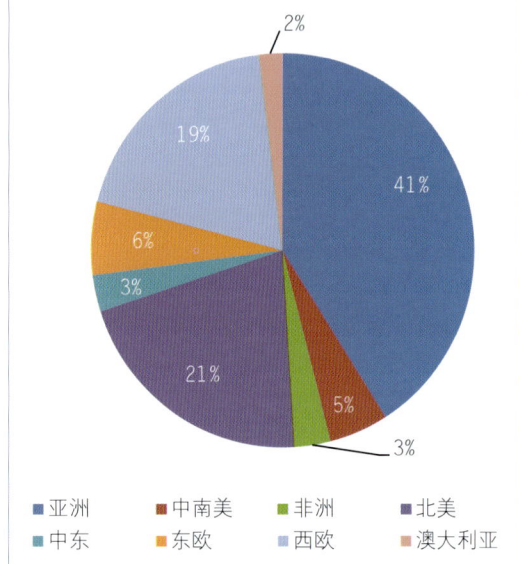

图 3.4 世界分地域包装需求（2013～2018 年）

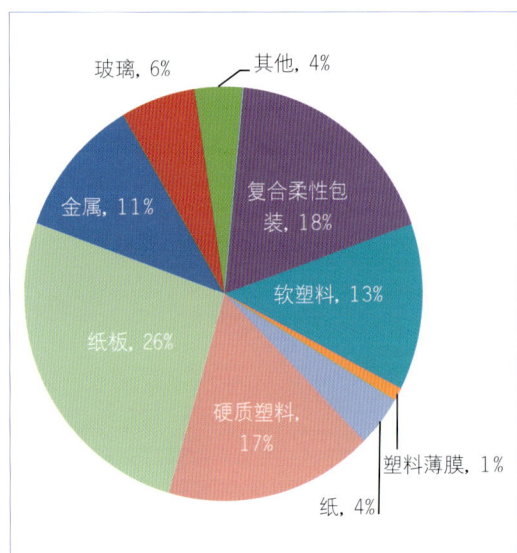

图 3.3 2014 年全球包装消费市场（产品类型）

销售总额达到 8390 亿美元，比 2014 年增长 3.3%。斯密瑟·匹勒预测，未来五年全球包装市场将以 3.5% 的年平均速度增长，2020 年其市场规模预计将达到 9970 亿美元。

2014 年全球包装消费市场总量中，按照区域分布情况，亚洲占 37%，北美占 23%，西欧占 22%，如图 3.2 所示。按照产品类型分布情况，纸板占 26%，复合柔性包装占 18%，硬质塑料占 17%，软塑料占 13%，如图 3.3 所示。

亚洲软包装、标牌印刷与折叠纸盒领域的消费量很大。如图 3.4 所示为 2013～2018 年间世界各地区包装市场的分析与预测，其中亚洲包装市场平均增长率预计超过 6%。

据国际瓦楞纸箱协会统计，2013 年，全

图 3.5 全球瓦楞纸包装使用量、复合增长率现状及未来预测（单位：百万吨）
（来源：中国包装联合会纸制品包装委员会）

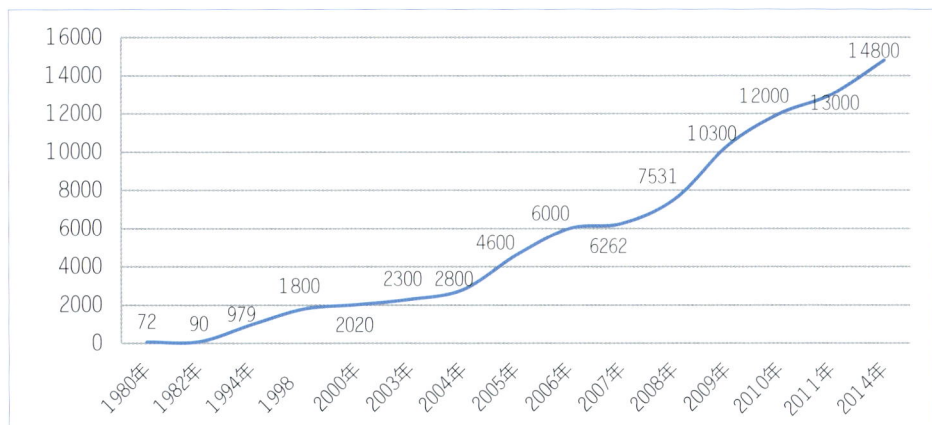

图 3.6 中国包装年产值（单位：亿元人民币）
（来源：中国包装联合会纸制品包装委员会）

球瓦楞纸板的产量约为2130亿平方米，比上一年增长约1.0%。其中，亚洲瓦楞纸板的产量为1070亿平方米，约占50.3%。2012～2016年全球瓦楞纸包装使用量、复合增长率现状及未来预测如图3.5所示。

二、我国包装印刷产业发展概况

我国包装产业自20世纪80年代开始经历了近40年的高速增长期，包装印刷行业已具有万亿市场规模。特别是近十年来，我国包装工业总产值从2002年2200多亿元，到2009年突破1万亿元，超过日本，成为仅次于美国的世界第二包装大国。2014年国内包装工业总产值完成14800亿元人民币，如图3.6所示。包装印刷业社会需求量大、科技含量日益提高，产值快速增长。2014年包装印刷业产值约占全部印刷产值的75%，已经成为对社会经济发展具有重要影响力的支柱性产业。

回顾改革开放初期，凸印是包装印刷的主要生产方式；改革开放后，我国包装印刷企业的技术装备实力大幅度提高。在大力引进胶印的同时，凹印和柔印等在包装印刷工业有很大的发展，此外丝网印刷、喷墨印刷、激光全息印刷等印刷工艺在包装印刷生产中也有不同程度的应用。

20世纪80年代，出现了民营和外资包装印刷企业，新鲜力量的注入改变了包装印刷工业的所有制形态，为包装印刷工业的快速发展提供了重要基础。20世纪90年代，一大批外资、民营包装印刷企业纷纷成立，并在短短的十几年时间里快速成长，成为包装印刷领域名副其实的龙头企业。

改革开放初期，我国高档包装印刷设备和材料基本依靠进口，经过多年的发展，我国民族品牌企业的技术创新和开发能力都有了很大的提高，一些设备和材料达到了替代进口的水平。

我国自主研发的电子轴传动（无轴传动）多色凹印机，速度可达300～350m/min，既能满足国内对高档凹印机的需求，又可替代进口；国内企业自主创新，成功研发的CTP设备，最核心技术指标达到了国外同类产品的先进水平；我国的高档模切机、烫金机，达到国际领先水平，不但应用于国内大多数包装印刷企业，为印刷企业节省大量外汇，还成功出口到国际市场，成为国际知名品牌产品。

我国快递业务量从2000年以后开始兴起，特别是网购的爆炸式增长给中国的包装印刷行业带来了巨大的商机，2014年有高达140亿个快递标签、30亿只瓦楞纸箱、100多亿个快递包装袋和可以围绕地球数十周的透明胶带。快递业的迅速发展也为包装工业带来了利好，带动了为快递业提供标签和包装

袋的企业飞速发展。

改革开放近40年来，我国的包装印刷工业与整个国民经济一样经历了由封闭到开放的发展历程。截至2014年，我国规模以上包装装潢及其他印刷企业共3837家，主营业务收入达5025.34亿元，占包装总收入38%，包装印刷工业占整个印刷业比重超过75%，成为发展最快的一个领域。

近几年，由于金融危机的影响，整体需求下降，再加上绿色循环经济、信息技术、智能科技的影响，严重冲击了传统印刷行业，使我国包装印刷产业进入缓增长阶段，很多企业陷入需求下滑、订单减少、成本上升、效益下降的困境。包装印刷行业产业链出现整体下滑已成为包装印刷行业的新常态。从包装印刷企业来讲，既为上游企业处于困境而焦虑，又担心上游复苏后纸价上涨等因素带来成本上升；既困扰于产品价格被一压再压，又为下游企业订单不足而担忧；既忧虑行业企业过剩，又担忧企业骤减后产业链失衡，使企业对技术改革和投资陷入纠结。虽然存在这些因素，但包装产业总体上仍处于增长态势，在绿色环保和可持续发展的大趋势下，包装印刷的增长率仍高于其他领域，在印刷行业中起重要支撑作用。

第二节　纸箱纸盒印刷产业

纸箱和纸盒印刷是包装印刷中两个重要的分支领域，从包装功能上看，纸箱和纸盒是有区别的。习惯上，人们把纸箱归类为运输包装，而把纸盒归类为销售包装。所谓运输包装（transport packaging），就是以运输贮存为主要目的的包装，它具有保障

产品的安全，方便储运装卸，加速交接、点检等作用。而所谓销售包装（consumer packaging），是以销售为目的，与内装物一起到达消费者手中的包装。它具有保护、美化、宣传产品、促进销售的作用。由于现代包装的发展，不少纸箱纸盒同时具备了运输和销售的功能，特别是销售功能普遍都在增强，而这些主要是通过印刷加工方式来实现的。

一、我国纸箱纸盒印刷产业现状

近年来，随着世界制造业向中国的转移，中国瓦楞纸行业呈现快速发展的大好局面。目前中国有五层以上的瓦楞纸板生产线1200多条，国内生产规模在10万吨/年以上的瓦楞纸板（箱）生产企业20多家。中国纸包装工业产量约占整个包装工业总额的38%，2014年我国纸制品产量达6635万吨。中国纸包装年产量（2000~2011年）如图3.7所示。

中国瓦楞纸板的生产主要集中于大中型企业，5万多家小纸箱生产企业占有的市场份额不足40%。

目前，中国纸箱业生产已逐步形成三大基地：华北地区包括北京市、天津市、河北省、山东省；长江三角洲包括江苏省、浙江省、上海市和安徽省；珠江三角洲地区包括广东省和福建省。这三大基地的瓦楞纸箱企业，无论在企业规模、生产能力、产品质量还是生产效益上，都位居全国同行业前列。

在市场竞争中，规模较大的中外大型企业占据一定的优势，因为它们规模大、设备先进、管理水平高、资金雄厚、产品质量好、生存能力强。

总体上看，纸箱纸盒印刷行业的落后产能是明显过剩的，近年来行业竞争日益激烈，利润率日益下降，转型升级迫在眉睫。

（一）我国纸箱纸盒印刷技术现状

1. 瓦楞纸箱印刷加工技术行业现状

20世纪80年代初，我国轻工业迅猛发展，出口产品推动了瓦楞纸箱印刷成套设备的引进，当时一般从日本引进成套设备。后

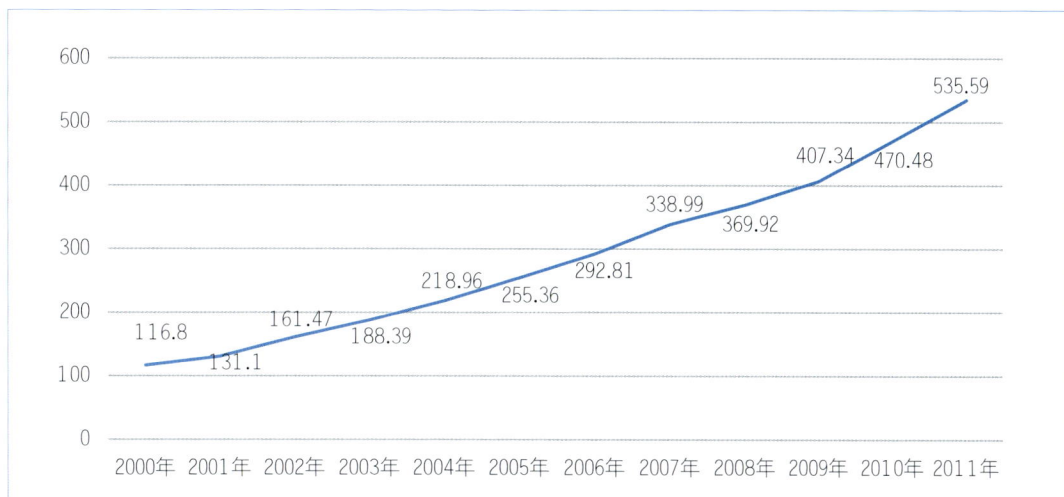

图3.7 中国纸包装年产量（单位：亿平方米）

来，北京、上海、河北省邯郸、广东省肇庆等地区先后建立了多家瓦楞纸箱机械制造企业。1991年我国第一台瓦楞纸板水性印刷机研制生产。之后短短20多年间，我国瓦楞纸箱印刷成套设备行业已经有了翻天覆地的变化，形成了一个基本的产业架构，通过对产品的深入研发与不断创新，形成了部分技术含量高的高新技术企业和生产基地，基本上适应了我国瓦楞纸箱行业的发展。经过几十年的发展，我国基本上建立了纸箱纸盒成套设备行业体系。

进入21世纪后，多家欧美和我国台湾地区的瓦楞纸箱印刷成套设备企业陆续进入广东、上海、江苏等地，进一步推动了我国瓦楞纸箱印刷成套设备行业的发展，提升了相关制造企业境界和目标。由于明显的性价比优势、对市场的准确把握，上述国内企业的市场领先地位得以保持，部分优质产品还销往国外，获得了国际市场的肯定。

2. 纸盒印刷加工技术行业现状

我国纸盒印刷加工设备行业基本自成体系。从产品配套看，主要印刷加工设备都有一定技术实力和知名度的制造商。

在单张纸胶印机方面，以北人股份为代表，可提供纸盒用多色高速平版印刷机。

在卷筒纸凹印机方面，以松德股份和陕西北人为代表，能提供多色电子轴凹版印刷机，或配备连线横切机。

在预印机方面，以西安航天华阳为代表，可提供6色宽幅高速的卫星式柔版印刷机。

在单张纸印后加工设备方面，以长荣股份为代表，可提供各种模切机、烫金机及印后加工的联动生产线。

在在线印品质量系统方面，以北京凌云光视技术有限公司为代表，可提供各种在线质量检测系统。

3. 原辅材料现状

（1）纸箱印刷基材主要有两类：一类是各种瓦楞纸板；另一类是预印用的纸张。纸盒印刷的基材是纸张或以纸张为基材的复合材料，大致有如下几类：

① 卡纸或纸板，如白卡纸、金银卡纸等，可单独加工成型，也可用来裱纸。

② 涂布纸，如胶版纸、铜版纸、灰底白板等，一般是裱微型瓦楞或者裱灰板用。

③ 复合纸，即由不同复合工艺生产的复合材料，其中最典型的就是无菌包装材料。

④ 镀铝纸或转移纸，如真空镀铝卡纸、镭射防伪转移卡纸等。

（2）油墨类。目前国内纸箱纸盒印刷用油墨主要以胶印墨和柔印墨为主。

（3）黏合剂类。湿法复合用胶黏剂大多是水溶性黏合剂，如聚醋酸乙烯乳液、酚醛黏合剂、淀粉黏合剂、丁腈乳液、聚丙烯酸酯乳液、硅酸钠水溶胶等。

（二）与国外同行业的差距

与德国、瑞士、美国等先进国家相比，我们的差距主要体现在如下方面：

（1）环保技术的比例低。我们还在使用相当部分溶剂工艺，不少加工方式和设备能耗高、工效低。

（2）缺乏关键知识产权，特别是未来发展的关键共性技术。如在数码印刷、UV-LED、印刷加工联动线、智能化工厂等方面还是处于边缘状态或研发的初级阶段。

（3）常用设备和器材的品质长期偏低。除个别产品外，国产常用的设备和器材稳定性和可靠性普遍不高，高端市场仍是由进口设备主导，而且没有短期内明显改变的迹象。

（4）产业的集中度低。我国纸箱和纸盒印刷厂数量众多，但龙头企业占行业的比重很低，与国外存在很大的差距。

二、纸箱纸盒印刷产业发展趋势

（一）产业的国际发展趋势

1. 小型化包装、个性化定制将成为新潮流

（1）据社会统计学的因素分析结果，单身者、单亲家庭和老龄化人群在不断增加，同时和家庭成员在一起共处的时间在减少，因此购买最终产品在数量上或剂量上都是越来越少，比如食品、鲜活产品、医药用品、化妆品等。因此包装物在小型化、个性化上需求增多，而在分发及交通运输的数量和频率上都在不断增加。

（2）由于经济一体化的发展趋势，国际知名品牌产品风靡全球，品牌拥有者推动需求的时代来临，但由于国家社会制度不同，种族不同，宗教信仰不同，风俗习惯不同，

经济发展水平及消费习惯不同，对品牌包装的要求也有差异，因此在包装物上出现国际化品牌、地方性语言。

（3）个性化包装不仅会提升产品的价值，还会有力推动市场的发展，从而拉动了纸箱纸盒印刷设计的个性化需求。2014年，可口可乐在以色列携手HP Indigo掀起了一场新的革命性推广活动。个性化印刷设计的可乐包装如图3.8所示，每一瓶可乐设计相互关联却独一无二，整个活动推出200万个个性化包装。

个性包装可以提升产品的价值。如图3.9所示，没有个性化设计需求时，皮包价值约为13500元，有个性化设计需求时，其价值估计可达16800元。

2. 包装功能的升级

通过对包装物赋予可变信息码，采用电子标签、智能标签以及新材料应用等手段，可以做到以下几点：

（1）质量安全监管，防伪防窜货，物流查询，溯源。

（2）在包装上赋予可变信息码，使包装

图3.8 个性化印刷设计的可乐包装

没有个性化需求的设计　　　　　有个性化需求的设计

图 3.9　个性化包装提升产品价值

物具有独特的身份证，可融入物联网、大数据，使网络管理成为可能。

（3）实现智能包装，可使信息透明化，有利于顾客了解所购物品的有关信息，有利于企业对企业自身及产品的宣传与推广。

（4）可以做到增值服务。

3．包装领域的拓展

包装领域可向以下三个方面拓展。

（1）向物品包装方面拓展，如包装箱、包装盒、包装袋、包装膜。

（2）向居室包装方面拓展，如窗帘、壁纸、工艺装潢、家具。

（3）向展示包装方面拓展，如穿戴产品、美容产品、展览陈列、展示柜、各式桌椅、美术创意作品。

4．包装设计的创新

（1）审美标准的国际化，有利于实现产品的销售业绩。

（2）通过改变包装结构、外观、材料和技术达到创新的目的。

（3）通过对纸包装加工工艺的自动化、数字化、智能化、信息化推动包装质量的改进、功能的提升、成本优化，适应个性化包装需求。

（4）通过对装运设计和设备的创新、运

输方式的改变，做到包装物流的创新。

5．网购带来的商机

网购的爆炸式增长，促进了物流快递业务发展，给瓦楞纸箱、快递包装袋、快递标签行业带来了巨大商机。

6．微细瓦楞纸将成为瓦楞包装的热点

由于微细瓦楞纸具有质轻、价廉、印刷适性好的特点，非常适合网络购物中物流的包装箱体应用，并且在食品行业取代卡纸，在速食、冷冻食品包装中受到青睐。

7．经营机制的创新发展

国内有实力的设备制造商与纸包装印刷企业、物流公司在供应链上的联合，在产品链上的联合及线上线下的互动，为大数据积累打下坚实的基础，为打造智慧工厂、智能园区及互联网经济起到了示范作用。

8．走绿色、环保、可持续发展道路

在环境可持续发展问题上，包装、印刷产业首当其冲。在包装印刷过程中，对排放到空气、水源和土地中的废物以及对化学废料排放的控制，越来越引起政府、社会及包装印刷从业者的重视。关于对废弃物的回收规定，对环境管理系统标准以及关于计算碳排放的标准，在国际标准化组织ISO第17098号、ISO第14001号、ISO第16759号文件中都有明确的规定。在我国，从国家到地方的立法也相继出台，这些标准及法律、法规、办法能够帮助且指引包装印刷企业走可持续化发展的道路，努力改善其自身对环境的负面影响。当然这对包装印刷企业既是改变生产方式及生存能力的巨大挑战，也是对其转型升级提升自己发展空间的新机遇。

（二）产业关联度分析

纸箱纸盒行业发展前景取决于它与国民经济和人民生活的不可分割性、它本身的环保性和产业相关的技术基础。

（1）与国民经济和人民生活密切相关，因此具有了持续发展的前提条件。

（2）是所有包装式中最环保的方式，因此具有长期的不可替代性。

（3）总体将呈现中高速发展，且在不同领域将获得不同的发展速度和空间。

纸盒行业将呈现分化的趋势，大致有三种情况：低速增长或衰减、中高速增长、高速增长，分析如下：

① 烟盒印刷，预计将是一个低速增长或者逐步衰减的领域。

② 酒盒印刷，预计将是一个持续低速增长的领域。

③ 药盒印刷，预计将是一个持续中速增长的领域。

④ 化妆品盒印刷，预计将是一个持续中高速增长的领域。

⑤ 液体包装盒印刷，预计将是一个高速增长的领域。

⑥ 其他纸盒，预计将是一个中高速持续增长的领域。

（三）产业发展的目标和方针

根据国家对整个国民经济和制造业的规划要求，我国纸箱纸盒产业未来十年的目标是实现行业跻身世界同行业第二阵营，即与德国、瑞士等国家的同期水平持平或接近。

而未来五年的目标是初步实现工艺技术的转换和升级，实现少数领域在国际领先，整体综合水平明显提升。

要实现上述目标，指导方针是：品质适用化、工艺绿色化、装备自动化、技术自有化、生产智能化、运营网络化、产业协同化。简单地说就是"21字方针"：适用化、绿色化、自动化、自有化、智能化、网络化、协同化。这个方针既包括技术层面，也包括模式和业态层面。

（1）品质适用化是指包装产品必须做到更好地适应内装物的特性、用途、运输储存条件、使用对象和时代总要求。一方面我国部分包装产品品质急需提升和完善，而另一些包装（如部分烟包、酒盒、礼品盒等）则尽快需要消除不合理的过度包装状况。换个角度说，品质适用化就是在不断适应新的功能要求的前提下，最大限度地使包装简约化。

（2）工艺绿色化是指在包装品的整个生产和使用过程中全面地研发、推广和采用绿色的工艺技术，实现环境和社会的和谐发展。

（3）装备自动化是指全面地研发、推广和使用自动化的生产设备。在这里，设备的自动化至少包括两个方面：一是单机的自动化，二是多机联动或配套生产线的自动化。

（4）技术自有化是指要实现在关键共性技术、关键部件和关键设备上研发突破，实现相关知识产权逐步掌握在我们自己的企业手中。

（5）生产智能化是指要实现包装印刷产品生产、包装印刷设备和器材制造的智能化，探索和建造"智能工厂"。

（6）运营网络化是指充分利用互联网平台和相关技术进行市场开发和产品销售、客户服务和内外部互动管理，建立面向全球的开发性公司。

（7）产业协同化是指我们的整个行业的印刷、设备制造、器材生产企业要协调行动，建立联盟或可以应对全球市场的供应链，并争取不断地提升我国产业的国际地位。

三、纸箱纸盒印刷产业技术发展方向

（一）纸箱纸盒印刷器材

1. 纸箱纸盒印刷基材

纸箱印刷基材是各种瓦楞纸板和预印纸张，均为环保型材料。

而纸盒印刷基材中，部分复合材料并不符合环保条件，应大力推广使用普通白面纸、镀铝纸、转移纸等环保类纸张。

2. 纸箱纸盒印刷油墨

纸箱纸盒油墨总体上是比较符合环保要求的，但仍有改善提升的空间。开发推广应用更环保、更安全卫生、更高效的印刷油墨已成为必然趋势。纸箱纸盒印刷油墨的技术发展主要方向如下。

（1）水性油墨。在纸箱纸盒印刷中，水性油墨已经得到了广泛的应用，但是今后在提高质量和生产效率、降低能耗上将得到进一步加强。水性油墨性能将不断提升完善，并保持主体地位。

（2）紫外光固化（UV）油墨。UV油墨是指在紫外线照射下，固化成膜和干燥的油墨。水性UV油墨是以水和乙醇等作为稀释剂的UV固化。水性油墨既有高环保性能，又具有UV油墨易固化的优点。

在纸盒印刷领域，UV油墨已经有初步的成功应用，未来几年将获得更加广泛的应用。其中LED-UV油墨的比例将越来越高，很可能成为主流品种。

（3）电子束固化（EB）油墨。EB油墨是在高能电子束的照射下能够迅速从液体转变成固态的油墨。不同于UV油墨，EB干燥油墨无光引发剂迁移的风险。

在纸箱纸盒领域，EB油墨有望得到局部的尝试性应用。

3. 纸箱纸盒印刷黏合剂

目前，国内纸箱纸盒印刷行业应用的复合用胶黏剂主要有水溶性丙烯酸类胶黏剂、水溶性聚氨酯胶黏剂、无溶剂胶黏剂等。

但近年来，在环保大潮的冲击下，无溶剂胶黏剂将受到更大的关注。无溶剂复合在软包装领域的未来主导作用已经得到国内外公认，但在纸箱纸盒领域，还没有得到应有的关注。在这一领域无溶剂复合同样也是一个发展方向，是替代湿法复合和干法复合的理想选择。

无溶剂胶黏剂有单组份和双组份两种，均已在纸基中得到成功应用。由于无溶剂复合工艺具有无污染、能耗少、成本低、效率高等明显优势，因此它的使用比重必将不断上升。

（二）纸箱纸盒印刷设备和工艺

1. 数码印刷机技术

数码印刷机可印刷彩色图像、条码和文字，实现单张的可变印刷，它是纸箱纸盒印刷的重要关键技术，可应用于系列化包装、个性化包装、版本化包装、客户定制产品以及中小批量的常规纸箱产品印刷。

在这一方面，美国处于最领先的地位。2011年，首款针对瓦楞纸包装的高速数码印刷机（CorrStreamTM）在美国面世。它是由美国Sun自动化公司推出，是柯达和Sun自动化公司合作的成果。该机的生产速度可达150mm/min，适用于宽达1.8m的瓦楞纸印刷。2014年，博斯特（BOBST）公司也利用柯达技术（Kodak Stream Inkjet Technology）研发出了瓦楞纸板数字化印刷机。该印刷机最大印刷宽度1.3m，最高印刷速度200m/min。

目前我国在这一关键技术领域还没有真正掌握核心技术。

2. UV-LED低温固化技术

UV-LED低温固化技术是一种新型的UV固化技术，包括UV-LED油墨和UV-LED涂料（光油）技术，它具有环保、高效、高品质等优点，应用前景广阔。

UV-LED是紫外线发光二极管的英文缩写。与常见的高压水银灯和金属卤素灯等光源相比，它的优点主要体现在如下几点：

（1）因为UV-LED光是单一波长（如390nm），不会产生可见光谱和红外线能量，因而产生的热量很少，所以业内把UV-LED固化也叫做UV-LED低温固化。

（2）由于UV-LED固化光源的光谱分布非常窄，能量集中度高，作用于光敏材料时其能量利用率会非常高，相应地能耗大幅度降低、生产效率明显提升。

（3）采用不同的设计形式，还可将UV-LED芯片方便地集成为不同峰值波长的芯片，形成多峰值波长的UV-LED面光源，以

满足不同产品的生产需求。

另外，普通UV固化在使用过程中产生臭氧等环境问题也不复存在。因此，近年来UV-LED在国际上得到了广泛的关注。

UV-LED低温固化设备应用于印刷油墨固化，可实现良好的经济效益和社会效益。UV-LED固化光源在效率、能耗、环保、寿命等方面具有很大的优势，未来 UV-LED 低温固化技术不仅会在传统印刷领域得到广泛应用，而且在可变数据的数字印刷范围也会得到极大的发展。

3. 印后加工联动技术

印后加工和表面整饰是纸箱纸盒生产的标志性工序，也一直是效率和自动化的瓶颈。近年来，单机的自动化程度和效率都在稳步提升。但未来的关键是多工序设备的联动线，实现将几个独立的工序在一套联动设备或生产线上一次性完成。它可以提高效率、提升品质、减少消耗、降低成本、弱化对人员的依赖，是提升竞争力的必要手段。

比如在纸盒生产中，印后自动联动线可以将模切、压凹凸、清废、折叠和糊盒的多个工序一次性完成。

除了印刷技术外，印后加工技术近年来的创新步伐也在不断加快，并成为推动包装印刷业转型发展的重要动力。

4. 全自动印刷品质量检测技术

全自动印刷品质量检测系统是一种基于视觉在线的检测系统，通过摄像机在线扫描印品图像，然后送至内存通过图像处理软件处理，结果与标准数据比较，找出两者之间的差异并分析产生误差原因，进而重新设计参数，更好地提高印刷质量。

该技术的使用可大大减少印刷品质量控

制的人为干预，大幅度提高印刷机械的生产效率，从而降低对操作人员技能的要求，为真正实现印刷机械的自动化、智能化提供了一项可行的实施方案，具有广阔的开发和应用前景。

联机印品检测系统的主要功能如下：

（1）自动检测生产过程中的质量瑕疵。

（2）在发生浪费之前矫正错误。

（3）确保不将错误的印品发给客户（质量保证）。

视觉质量检测在印刷包装行业中的应用可以在印前、印刷过程中和印后，但目前多数应用集中在印后质量检查。

在印刷过程中，自动检测设备可以帮助印刷商降低50%的浪费，而且印刷机的印刷速度可以提高至少30%，由此带来的经济价值也是相当可观的。

联机印品检测系统按照其安装的载体可分为在线检测系统和离线检测系统，按照应用形式可分为抽样检测系统和"100%"检测系统。

我国印刷企业中使用检测系统的比例还很低。除印钞、票证等特殊行业外，主要是在包装印刷、标签印刷、商业印刷以及印后复卷终检。

在纸箱纸盒行业，烟草包装使用印品质量检测系统相对积极。在我国，烟包印刷采用的技术工艺仅次于钞票和有价证券，是要求精度最高的包装产品，因此国内烟包印刷厂对质量自动检测越来越重视。随着国内经济形势进入新常态、客户要求不断提升、劳动力及运营成本日益增高，控制成本和提高质量的压力持续增加，自动化印品检测系统正在受到整个行业的关注。

5. 整厂全面解决方案

整厂全面解决方法就是智能化工厂方案，这是行业未来发展综合性目标。包装印刷业的全面解决方案大致包括如下三大组成部分：

（1）整个活件的设计、印刷及印后加工流程自动完成。比如，对纸盒从设计、数字喷码、立体烫印、压凹凸、全清废模切，再到糊盒及检品全部一次完成。

（2）与自动物料系统整合。比如采用新型自动化物流系统，可以与现代自动化工厂搭配实现无人化物流系统，帮助包装印刷企业实现真正的自动化和智能化。

（3）全面智能管理系统。通过该系统对整个印刷加工流程中各种设备进行实时监控，实时显示每台设备的状态、待机时间、生产速度、当前产量等参数，并实现检品的缺陷种类数量收集、生成生产报表等，通过智能化、信息化实现与客户的直观交互。

6. 电子轴技术

电子轴技术是采用伺服驱动各个功能单元（如印刷、涂布、复合、模切、压凹印等）的技术。在我国纸箱纸盒印刷设备上已经使用了超过10年，但主要还是在进口设备上使用，且利用的主要还是国外供应商硬件和软件。

电子轴技术对于纸箱纸盒印刷加工具有特殊的优势：响应快、精度高、便于扩展等，实际应用良好。随着技术和工艺经验的积累，我国企业自行研发电子轴控制技术趋于成熟，在我国将迎来一个全面普及的时代。

7. 预印技术

预印是纸箱印刷的重要方向之一。宽幅

卫星式柔印机和机组式凹印机都是行之有效的解决方案。随着啤酒、饮料、水果和食品等产品包装商在瓦楞纸箱的设计和用量上相对稳定,采用纸卷预印方式生产彩色瓦楞纸箱可能成为未来包装工业发展的趋势。

目前国内绝大多数彩色纸箱采用的是单张平版印刷方式,需要操作人员多、效率较低。

卷筒预印的工艺流程是:卫星式柔印机和机组式凹印机印刷面层纸卷→纸板线上纸板→裁切三层或五层纸板→模切机成型。此工艺只需较少的操作人员,生产效率高。国外的柔版预印已经相当成熟,我国也开始进入商业化应用。

卷筒纸卫星式柔印适合于大幅面、高效率的生产,非常适合批量较大的产品印刷。卷筒料机组式凹印的印刷质量好、生产效率较高,在我国设备和相关技术成熟,因此比较受一部分凹印企业的欢迎。此外,有一些产品需要特殊功能,比如防水等,采用机组式凹印方式较为适合。

未来5~10年,虽然机组式凹印仍可能还有一定市场,但我国预印整体上将实现向卫星式的转变。

折叠纸盒印刷产业发展路线图(2015~2025年)如图3.10所示。

图 3.10　折叠纸盒印刷产业发展路线图(2015 ~ 2025 年)

第三节　软包装产业

在我国，由于软包装生产企业大多分为印刷、复合、分切、制袋四个工序，特别是印刷工序比较受关注，故将软包装行业一般划归到包装印刷业。由于软包装具有低成本、安全、卫生、方便的优点，因此备受消费者欢迎，也正因此给软包装产业带来了快速的发展。

一、软包装产业发展现状

（一）国内外产业现状对比

目前，中国内地约有进口凹印软包装生产线近千条，国产凹印软包装生产线近万条。另外，近几年，柔印软包装在我国已初见端倪。

随着装备和原辅材料水平的不断提高以及生产、经营、管理经验的日益丰富，我国软包装行业的技术水平突飞猛进，产品质量有了极大提高。仅就印刷质量而言，中国内地的软包装行业总体发展水平高于俄罗斯等东欧国家，也高于除日本之外的亚洲其他国家，与韩国及我国台湾省的软包装行业发展水平基本持平。与发达国家软包装行业的主要差距表现在产品标准以及中、高档现代包装材料，特别是在特种、专用功能包装材料的开发和生产应用上。另外在整个产业的绿色环保方面也同发达国家有较大的差距。

（二）国内软包装产业市场现状

近5年来我国软包装产业平均保持10%～15%的增长。据业内不完全统计，2014年度我国软包装制品产量超过500万吨，产值超过1100亿元，凹版印刷机约12000台，复合机约10000台。软包装产业从无到有，从小到大，从缺到全。起始时，几乎所有的原辅材料、机械设备都要从日本和欧洲国家引进，现在基本实现了国产化。形成从原辅材料、机械设备到各类包装制品生产、物流、信息、进出口等完整的产业链，形成了珠三角、长三角、环渤海的三大产业圈。产品满足了国内需求，还大量出口国际市场。但是值得注意的是，2014年全年市场增速大幅减缓，增速降到5%以下。同往年相比，许多国内企业的利润都出现了不同程度的下滑甚至出现亏损。

软包装制品因其具有独特的功能性（防潮性、阻隔性、加工成型性等）且成本相对低廉，是其他类包装所不能替代的，其广泛应用于食品、医药、茶叶、化妆品、饮料、军品、日化品、个人卫生护理用品等各类商品的包装上，基本覆盖了所有的包装行业。其中最为巨大的市场是食品行业，整个食品行业的软包装消耗量占总消耗量的70%以上。食品行业下属的肉制品行业、茶和咖啡行业、烘焙食品行业、干货行业、冷冻食品行业均对软包装有着巨大的需求量。特别是食品行业中的冷冻食品、肉禽鱼行业对软包装的需求年均增长率都超过18%，这与这两个行业近两年的巨大发展很有关系。其次是新鲜果蔬行业，由于消费量不断增长并且销售方式逐渐由散装走向软包装，因此对软包装的需求量增长也很惊人。而医疗行业中的药品、器材等产品逐渐青睐软包装，该行业对软包装未来五年的年均需求也达到了10%以上。虽然软包装用户对软包装的需求量逐年上升，但软包厂的数目也在不断增加中。当前市场竞争主要集中在性能、价格、交货期、环保和安全等方面。

食品行业中，用户最看重性能、安全、环保。可见，作为食品的保护外衣及销售包装，性能是软包装比较重要的方面，只有性能好的软包装，才能在运输和陈列时保护好食品，避免压损、串味、变质。同时安全、无毒也是用户非常关心的方面，过去因为软包装上油墨或溶剂残留问题所引起的食品问题已不鲜见，相信中国软包装生产企业将不断改进工艺，以确保软包装的安全。

在卫生用品及家用消费品行业，用户最为看重软包装性能，其次是交货及时，然后是价格。可见这个行业的用户对于软包装产品的性能要求也比较严格，很多日化商品对软包装的阻隔性、柔韧度、适印性要求很高。卫生用品及家用消费品行业对软包装的环保、安全要求不及食品行业高，但对软包装及时送货有较高的要求。

在医药行业，安全是第一位的，性能也依然是很多企业采购软包装产品最为看重的方面，而对价格、环保、交货及时也同样关注。药品必须确保运输及存储上的安全不变质，并且一些高档药品也非常强调印刷的精美度，所以针对此市场的软包装产品一定要向高性能发展。

（三）国内软包装产业技术现状

1. 原辅材料现状

（1）基材类：国内软包装行业常用的基材为LDPE、BOPP、VMBOPP、BOPET、VMBOPET、BOPA、BOPS、CPP、CPE、AL、PT、PVC、无纺布、编织布、合成纸、共挤膜等。其中BOPP的用量占36.5%左右，BOPET的用量为14.5%左右，纸张的用量为15.8%左右，AL的用量为7.4%，LDPE的用量为10.3%左右，其余基材的用量为15.5%左右。目前软包装产业用到的基材按用途主要分为印刷基材、复合基材、内层膜三大类。印刷基材主要以BOPP、BOPET、BOPA、PVC、PE、纸张为主；复合基材主要以PE、BOPET、BOPA、VMOPP、VMPET、VMNY、BOPP、铝箔、纸张以及其他各种功能性阻隔材料等为主；内层膜主要以各种特性的PE、CPP、CPE等热封性材料为主。目前国内普通基材产能严重过剩，价格下滑，企业利润一降再降。我国BOPP生产企业近5年来每年都有大量生产线投产，特别是2013～2015年一大批产能集中释放，预计2015年全国产能将突破500万吨/年，远远超过市场需求量，目前国内平均的生产线开工率逐步下降到不足75%。我国BOPET生产企业近5年来新增生产线超过50条。产能由2011年的140万吨增加到2014年的250万吨，BOPET行业将面临国内双拉薄膜历史最为严重的产能过剩时期，2015年生产负荷不足75%。BOPA行业这两年新增生产线不多，目前共有10家，12万吨产能。沧州东鸿、厦门长塑新的同步膜拉伸线即将投产，届时国内总产能将达到12万吨。据可靠消息，国内某企业又在积极筹备PA6-PBOPA大型一体化生产项目，一旦投产，BOPA脆弱的供需平衡局面将面临严重倾覆。CPP膜2015年产能突破200万吨，生产负荷降到60%，由于CPP设备国产化进程快，未来仍有大批新线投产，但高端CPP膜比较缺乏，未来进口CPP生产线也预计将有一个小高潮。近年来我国功能性薄膜发展相对国外发达地区比较落后，但经历了前几年普通薄膜（如BOPP\BOPET等）的爆发式增长，行业开始关注附加值高的功能性薄膜，特别是高阻隔薄膜的发展将受益于包装消费的升级换代，高阻隔原料及多层共挤工艺是此类薄膜工艺发展的关键。目前EVOH全球只有三家规模企业。

（2）油墨类：目前国内塑料软包装用油墨生产企业超过300家，软包装用油墨年产量超过20万吨，约占世界总产量的5%～6%，世界排名第四位。我国软包装用油墨主要以聚酰胺类表印油墨、氯化聚丙烯类复合油墨以及聚氨酯类油墨为主。油墨主要类型见表3.1。

（3）黏合剂类：目前国内软包装用黏合剂年消耗量超过23万吨，我国软包装用黏合剂主要有溶剂型聚氨酯、无溶剂型聚氨酯、水性丙烯酸酯三大类。其中溶剂型聚氨酯类黏合剂大约占到总用量的85%。

2. 生产工艺现状

目前国内塑料软包类包装印刷制品生产主要由印刷、复合、分切、制袋四大工艺环节组成。

（1）印刷工艺：当前国内塑料软包类包装印刷行业最主要的印刷工艺还是凹版印刷工艺，也有部分企业开始使用柔版印刷工艺，但比例不足5%。但由于凹版印刷工艺产生的环保排放问题越来越受到重视，许多厂家开始投入柔版印刷设备准备向柔版工艺转型。但随着凹版水性油墨的加快开发，凹版工艺与柔版工艺的路线之争已成为当前最热门的话题之一。

（2）复合工艺：复合工艺是复合软包装最为核心的技术，是软包装性能体现的关键。复合工艺可以使几种单一性能的材料结合成具有综合性能的包装新材料。目前主要的复合工艺有干式复合、挤出复合、湿法复合和特殊涂布复合（如涂PVDC层）、无溶剂复合等。国内软包装企业采用的复合工艺中，干式复合仍占优势，约占45.7%，挤出复合约占23.4%，共挤复合约占13.8%，无溶剂复合约占7.2%，湿式复合约占5.6%，涂布等工艺复合约占3.3%；复合材料的层数从最

表 3.1　油墨主要类型

油墨类型	印刷基材	使用范围	复合适性	稀释溶剂	特点
聚酰胺类	LCPE、CPP、BOPP、纸	干燥简便包装，如纸质包装、手提袋等	表印不具有复合性能	1.苯类/醇类 2.酯类/醇类	成本低、卫生性好、可醇溶，有较大发展空间
氯化聚丙烯类	BOPP	普通食品、日用品包装，如饼干包装、洗衣粉等	干复挤复	苯类/脂类/酮类	对食物、环境污染大，逐渐被淘汰
聚氨酯类	PET、NY、BOPP等	真空、冷冻货耐高温复合包装、高强度、有耐性包装	干复	1.苯/酮/酯类 2.酮/酯类 3.酯类/醇类	安全、环保、可提供特殊性能（耐蒸煮、耐寒等），发展快
	共挤PE、共挤NY	高阻隔、有耐性表印	表印	1.酮/苯/酯类 2.醇类/酯类	
多元丙烯酸共聚及醇水性聚氨酯	BOPP、PET、NY、纸	无苯环保型食品包装	表印或复合	1.醇/酯类 2.醇溶（酒精） 3.醇/水	发展迅速，技术、设备限制，处于起步阶段

初的2层增加至9层；复合的阻隔层材料与内层的热封材料的品种也在不断增加，阻隔层材料主要是AL、VMPET、EVOH共挤膜、PVDC共挤膜、氧化硅、氧化铝、K涂层材料等，热封层材料有LDPE、LLDPE、MLLDPE、CPP、VMCPP、EVA、EAA、EMAA及共挤膜等。值得一提的是，无溶剂复合凭借其绿色、环保、低成本的特点在最近两年开始迅速普及。据统计国内2014年有超过300条无溶剂生产线投产，随着无溶剂关键技术的逐项突破和市场应用的成熟，无溶剂复合将逐步替代绝大多数现有干法工艺为主的产品范围。这一点已成为业内普遍的共识。

（3）分切工艺：分切工艺是把大规格的膜卷分割成所需规格尺寸的工艺，随着自动包装设备的应用越来越广，以膜卷出厂的形式越来越多。当前的分切工艺主要有圆刀剪切、刀片空切两种方式，收卷方式主要有表面卷曲和中心卷曲。近年来随着分切机厂家的不断进步，分切工艺在生产效率上也有了长足的进步。双收双放、自动接料等将逐步普及。

（4）制袋工艺：复合软包装材料最终要通过制成各种包装袋才能使用，而包装袋是通过制袋机来实现的。目前常用的袋型有三面封袋、拉链袋、连体自立袋、加底自立袋、拉链自立袋、背封袋、背封边折袋、二面封袋、热熔断袋等形式。近些年随着客户要求的不断提升和变化，各种特殊袋型也得到了较大的发展。

3. 软包装设备现状

我国的软包装生产设备主要有凹印机、复合机、分切机、制袋机、检品机等几大类，一条完整的生产线需要包含以上几类

设备。国内软包装企业单厂拥有的生产线数量从1条到10多条不等，有些大型塑料软包装企业的单厂生产线多达16条。一般一条幅宽在1m以上的软包装生产线年产值为3000万～5000万元。我国软包装彩印企业拥有的印刷设备以凹印机为主，约占96.4%，柔印机约占3.6%；印刷设备色组数以5～12色为主，其中6～8色的印刷机约占88.6%，9～12色的印刷机约占10.2%，5色及以下的印刷机约占1.2%；印刷速度从50～400m/min不等。目前凹版印刷设备中一部分为国产设备，另一部分为引进设备。不论是国产还是引进设备，大都采用串联式凹版轮转印刷机这一生产方式。其主要优点是建有计算机跟踪、色彩自动校正、套色正确及自动张力控制系统。近年来国产凹版印刷设备经过改进和提高，同时吸收国外先进技术，不论在质量上，还是在技术水平上都有长足进步，已经可以满足几乎所有产品的质量要求。复合机是复合软包装生产线中十分重要的环节，复合材料通过复合机来完成，复合好坏直接关系和影响到复合软包装产品质量。常见的复合设备主要分干式复合机、湿式复合机、挤出复合机、无溶剂复合机以及多功能复合机几类。最常见的干式复合机约占复合设备总量的60%以上，无溶剂复合机近几年快速增长，数量已超过500台，挤出复合机由于投资和运行成本较高，一般集中在大厂。

4. 软包装产业生产企业现状

近年来，我国软包装行业规模日益增大，软包装企业约有8000多家，其中年销售额在10亿元以上的企业约5家，销售额在5亿元以上的企业约25家，销售额在1亿元以上的企业上百家，总体来说，由于生产能力增长

过快，近年软包装市场出现了比较严重的供过于求的现象。

我国软包装产业发展不平衡，企业呈南强北弱、大少小多格局，主要集中在珠三角、长三角，以广东、江苏、浙江三省最强；广东澴埠、浙江瑞安、安徽桐城、河北雄县等地区为小微企业集聚区。从企业性质来看，以软包装企业民营、私营为主，约为90%，外商独资、合资企业约为10%，还有极少数国有性质的企业。

我国软包装企业主要分为以下几类。

（1）内部配套型企业：以顶正、旺旺、诚信最具代表性。其中以顶正的规模最大。顶正（开曼岛）控股有限公司是康师傅（开曼岛）控股有限公司投资成立的境外投资企业，已在国内投资建立天津、杭州、重庆、南京四大包装生产基地。其主要产品为满足康师傅集团内部包材需求为主。这类企业主要都是以满足内部的包材需求为主，但近年来由于内部需求的增速减缓，这类企业也在积极开拓外部市场，加入激烈的市场竞争当中。

（2）跨国软包装集团：以安姆科、毕玛时最具代表性。其中安姆科集团规模最大。安姆科于20世纪90年代进入中国并在北京建立了独资工厂，随后在中山建立了第二家生产企业。2011年收购了原加铝集团包装事业部后，原加铝集团在中国的惠州、江阴、北京、成都的工厂一并加入安姆科集团，使其一举成为国内规模最大的外资软包装企业。随后其又收购了江苏申达软包业务和中山天彩包装有限公司，且其收购项目仍在进行之中。这类企业近些年都是以并购的方式加快在国内的扩张行为。

（3）国内民营软包装大厂：以黄山永新、江苏彩华、上海紫江最具代表性。黄山永新股份有限公司为股份制企业、上市公司，主要生产经营真空镀铝膜、塑胶彩印复合软包装材料、药品包装材料、多功能高阻隔薄膜等高新技术产品，是中国驰名商标单位、中国创新型企业100强。上海紫江彩印包装有限公司是紫江企业集团旗下公司，始于1983年，生产销售塑料彩印镀铝复合制品、非复合膜制品、无菌包装用包装材料等各类塑料彩印复合制品、真空喷铝膜、纸版、不干胶商标材料、晶晶彩虹片及包装装潢印刷等业务。

（4）其他民营私营中小微企业：其他中小微企业都以民营私营企业为主，主要集中在珠三角、长三角，其中以广东、江苏、浙江三省最强；特别是广东澴埠、浙江瑞安、安徽桐城、河北雄县等地区为小微企业集聚区，每个地方的注册企业数量超过上千家，这些企业主要以价格竞争为主，产品质量水平参差不齐，但也不乏一些高水准的精品中小企业凭借其专、精、特、新的特点，在激烈的市场竞争中仍能保持一枝独秀。

二、软包装产品发展趋势

软包装行业在经过三十年高速发展后，目前已进入了行业的成熟期，行业竞争日益激烈，产能过剩，利润率日益下降，目前销售利润率在3%～5%。21世纪是环保世纪，构筑循环经济社会，走可持续发展道路已成为全球关注焦点和迫切任务，为适应新时代的要求，软包装材料除要求能满足市场对包装质量和数量等日益提高的要求外，其发展必须以节省资源，易回收利用，易处置或易被环境消纳或降解为技术开发的出发点。近年来，随着技术的进步和市场的发展，客户对产品的品质和服务要求不断提高，企业之间竞争日益加剧，加上政治、经济、社会环境的巨大变化，使得国内软包装行业逐渐变成完全竞争性行业。整个行业的赢利空间越来越小，亏损企业不断增加，一个又一个曾经辉煌的企业倒在残酷竞争的路上——微利时代正以不可逆转的趋势来到我们身边。

软包装新材料、新工艺、新技术、新产品不断涌现，总体上看未来软包装产品主要呈现出高性能、多功能，积极采用新原料、新技术，拓宽应用领域以及塑料包装与环保协调发展等趋势。我国的复合软包装产品未来几年甚至十几年将以创新、绿色、减排为主题，并向以下几个方向发展。

（一）功能性软包装

随着我国功能性薄膜的开发，软包装的应用领域将进一步扩大，金属和玻璃包装的部分市场会被软包装替代。许多特殊功能的新型软性材料将会在软包装领域大放异彩。高性能低成本的包装膜开发是未来市场需求的方向。

高阻隔型薄膜（如PVDC薄膜、EVOH膜、PVA膜、MXD6膜、纳米无机材料涂层膜高阻隔镀铝膜等）发展良好。电磁屏蔽膜：在聚酯薄膜表面采用真空蒸镀的方法镀上一层$400\sim500\mu m$厚的铝膜，主要是应用于微波食品包装上，便于安全使用微波炉。微孔薄膜：依据包装果蔬的保鲜要求，在塑料薄膜上开设不同数量的小孔，以改善气体的透过率。低温CPP、各种具有特殊性能的预涂膜等可以对应各种不同的内容物，起到保质、保鲜、保香等作用。比如新型复合纸，俗称石头纸，以岩石为主料制成洁白如雪、薄如蝉翼、柔似锦缎，反复折叠仍能完好无损，长期储存不变脆、无发霉、无虫蛀。还有除臭薄膜、抗菌薄膜、低温封口薄膜、高速封口材料、导电性材料等。

（二）绿色环保型软包装

轻薄化、简单化、可降解化薄膜将成为未来的市场需求方向。在欧洲软包装注重的是包装功能，在保证功能要求的前提下，尽可能轻量化、减薄化。近十年来软包装的平均重量降低了30%，节省了资源。在欧洲包装材料每年的消费量约6600万吨，软包装只占其中的17%，但却包装了欧洲50%的商品。国内部分龙头软包装企业一直在研发各种新的工艺和结构，每年都有新的减薄减轻的包装替代原来的厚重包装。目前世界各国都十分注重全降解包装材料的研究，人们利用天然高分子材料（如蛋白类、天然橡胶等）进行改进，或与合成高分子材料共混而制备出可部分降解的包装材料。尽管与传统聚合物相比可降解包装的价格偏高，但相信随着人们环保意识的提高和科技的发展，可降解环保型包装的成本会进一步降低，市场应用会越来越广泛，最终取代传统的包装材料。由于VOCs排放对大气的污染越来越被重视，相关的法律法规和标准将陆续出台，进一步倒逼包装产业的绿色化，溶剂型特别是苯酮类溶剂将加快退出市场，醇溶性、单一溶剂类、水溶性油墨将是未来发展方向，特别是水性油墨和水性黏合剂将有很大的发展空间。柔性版印刷、无溶剂复合、挤出复合、预涂工艺等环保的工艺路线也会被更多地采用。

（三）安全性食品软包装

随着生活节奏的加快，快餐食品和方便

食品所占的比例逐渐增加，研究表明，这些食品的确给人们生活带来了方便，但同时也带来了不少令人担忧的食品安全问题。塑料软包装的原材料为各种薄膜，为了改善聚乙烯、尼龙、聚酯等树脂的加工性、力学性和其他复合功能，往往要添加各种助剂，加入的这些助剂必须是可直接接触食品的物质之列，并且添加量和向食品的迁移量必须符合要求并在安全范围之内。印刷复合过程中使用到的溶剂、油墨、黏合剂等一旦残留超标，也会带来一定的食品安全风险。近年来中国十分重视食品安全与卫生，实行了食品安全认证（QS）。国家也发布了一系列针对包装安全的政策以保证消费者安全。因此一些新材料新工艺或是新应用在推广的过程中必须严格做好前期试验，避免发生食品安全问题，一旦失误会给人民群众带来不必要的伤害，同时也会给企业带来毁灭性打击。

（四）智能化软包装

目前已有智能化概念在包装领域展开应用，例如用光电、温敏、湿敏等功能材料与包装材料复合制成，它可以识别和指示包装空间的温度、湿度、压力及密封程度、时间等重要参数，是一种很有发展前景的智能包装材料。又比如微波炉自动加热包装，包材经微波炉扫描后得到相关信息，微波炉根据信息自动设定加热时间和程序。还有可跟踪性包装、带有电子身份信息的包装等。

（五）防伪软包装

防伪软包装技术研究主要集中于以下几个方面：防伪标识、特种材料工艺、印刷工艺、包装结构和其他方法。当前居于主流地位的防伪包装有以下几种：激光全息图像、激光防伪包装材料、隐形标识系统、激光编码、凹版印刷防伪、特种工艺与材料防伪等。

三、软包装产业技术发展方向

（一）软包装基材

随着客户对软包装产品的要求不断提高，有些技术较领先的软包装厂对薄膜基材的各种性能和应用提出新的要求。总的来说薄膜基材的技术发展方向主要有以下几个方面。

（1）高印刷适应性基材：印刷性能和复合性能也不断提高，如浅网印刷性能、透明度、复合强度等。

（2）高热封性基材：由于内容物的不断丰富，以及自动包装机械技术的发展，客户对包材热封膜的要求越来越高，而且不同客户差别很大，由于国内新旧型包装机械种类众多，技术水平千差万别，没有任何一种热封膜能够在所有的包装机上顺畅地运转。热封材料的宽适应性将是未来软包技术的一个重点。

（3）高阻隔性基材：随着软包装行业的发展，越来越多的产品选择软包装形式进行包装，为了达到较高的保质效果，高阻隔性材料的需求越来越丰富，阻氧、阻湿、阻香等指标越来越高，高阻隔型薄膜（如PVDC薄膜、EVOH膜、PVA膜、MXD6膜、纳米无机材料涂层膜、高阻隔镀铝膜等）必将是重点技术方向。

（4）可降解性基材：可降解性基材主要分光分解、生物降解、水溶性三种，均处于研发阶段，其中生物降解材料的研发进程相对较快。生物降解高分子材料，是指通过自然界微生物作用而发生降解的高分子。生物降解塑料作为一种新型塑料，无论从环境保护、开发利用可再生资源，还是合成特殊性能的高分子材料出发，均符合可持续发展战略的要求，具有很好的应用前景。世界各国正在竭力开展研究和开发工作，并推广其应用。就目前的生物降解技术的研究在应用上还仅仅局限于单一材料组成的塑料制品，对于多层功能性软包装复合膜而言，由于各层材料的不同，各层材料的降解机理、降解速度的控制都还是技术难题。目前生物降解塑料技术在软包装领域还处在研发和探索阶段，未能实现成熟应用。生物降解材料的降解过程受地域、环境、气候影响大，尚不能准确控制降解时间；生物降解材料价格过高，高于普通塑料5~10倍，不易推广；对使用废气后的生物降解包装材料需要建立处理的基础设施，如堆肥等。

（二）软包装油墨

软包装印刷的油墨可能会直接接触食品，并影响着食品质量安全，也影响着操作工人的身体健康和环境保护。无论国内国外都异口同声地提出要开发推广应用环保、安全、卫生的软包装印刷油墨；要研发节能、低耗、减排、无毒、无污染、易降解的软包装印刷油墨。软包装凹印油墨的生产正受到众多法规的制约，因此开发和应用符合环保要求的绿色凹印油墨将成为必然趋势。软包装凹印油墨的环保化的技术发展方向如下。

1. 无苯无酮油墨

无苯无酮油墨一般指采用聚氨酯为主体树脂的油墨，基本采用不含苯类溶剂，如乙酸乙酯溶剂油墨、凹版醇溶油墨等。现在国内软包装大厂基本都已经完成了油墨体系的无苯无酮化切换。

2. 水性油墨

水性油墨简称为水墨，是由水溶性树脂、有机颜料、表面活性剂及相关添加剂经复合研磨加工而成。水性油墨环保，避免了挥发性有机物的污染，改善了印刷作业环境，有利于人体健康，特别适用于食品、饮料、药品等对卫生性要求高的产品包装。因水的低挥发性使水性墨拥有更好的黏度稳定性和低燃性的优点，因此水性墨可降低由于静电和易燃溶剂引起的火灾隐患，减少印刷品表面残留的溶剂气味。水墨应用于包装印刷制品的数量每年都在增长，并且保持着高速增长的态势，目前主要应用于柔版印刷、凹版印刷和网版印刷领域。可以预测，无毒、无污染、环保型的水基油墨适用范围将会在不远的将来逐渐取代溶剂型油墨，成为中国油墨环保革命中的大赢家。

3. 紫外光固化（UV）油墨

UV油墨是指在紫外线照射下，固化成膜和干燥的油墨。水性UV油墨是以水和乙醇等作为稀释剂的UV固化。水性油墨具有高环保性能，又具有UV油墨易固化的优点。

4. 电子束固化（EB）油墨

EB油墨是在高能电子束的照射下能够迅速从液体转变成固态的油墨。不同于UV油墨，EB干燥油墨无光引发剂迁移的风险。

5. 单一溶剂油墨

单一溶剂油墨在欧洲已基本成熟，其最大的优点就是便于印刷产生VOCs的回收再利用。DIC公司正在国内积极地推进其单一溶剂油墨的试验和推广工作，相信单一溶剂油墨也是未来凹版油墨的重点方向之一。

（三）软包装黏合剂

目前，国内软包装行业应用的复合用黏

合剂主要有双组分聚氨酯黏合剂、水溶性丙烯酸类黏合剂、水溶性聚氨酯黏合剂、醇溶性黏合剂、无溶剂黏合剂等。我国软包装行业的发展是与国内双组分聚氨酯黏合剂的技术进步紧密联系在一起的，但近年来，在环保大潮的冲击下，双组分聚氨酯黏合剂受到了前所未有的挑战，呈现出以下发展趋势。

1. 高固含量、低黏度、低溶剂残留黏合剂

目前，高固含量、低黏度的黏合剂已成为干式复合黏合剂的一个重要发展方向。在相同的涂布量下，使用高固含量黏合剂可以有效减少溶剂的使用量，并有以下优点：减少溶剂消耗；减轻干燥负荷，提高生产效率，降低能耗；降低溶剂残留量。以前，双组分聚氨酯黏合剂的主剂固含量是35%或50%，现在已提高到75%或80%；固含量为75%的双组分聚氨酯黏合剂占60%的市场份额，固含量为50%的双组分聚氨酯黏合剂的市场份额正在缩小，现已不足30%。

2. 开发应用水性黏合剂

水性黏合剂的优点是以水代替有机溶剂，不存在燃烧爆炸的潜在危险，不污染环境，对操作人员无毒害，而且成本较低。但是，这种黏合剂的涂布性能较差，对复合基材的润湿性不佳，导致附着力不高。目前，普通的水性黏合剂仅适用于部分轻质包装，对于一些要求较高的材质结构，尚有待于水性黏合剂性能的进一步改善。近年来水性黏合剂得到了较为广泛的应用，这既得益于消费者的认同，也得益于生产商对水性黏合剂市场的培育，更得益于由于双组分聚氨酯黏合剂原料价格的持续上涨所带来的溶剂型黏合剂成本的上升。

3. 发展无溶剂黏合剂

无溶剂黏合剂有单组份和双组份两种，多数应用以双组分聚氨酯黏合剂为主，其主剂和固化剂在室温下的黏度较高，但仍具有流动性，是半固态物质。无溶剂复合工艺不存在有机废气排放问题，设备简单，能耗少，宜于降低成本，节省资源，保护环境，因此它将是未来复合工艺的主要发展方向。目前大部分中低档复合软包装都可以使用无溶剂黏合剂，但由于复合质量等因素制约，无溶剂复合还不能完全取代干式复合。从长远的角度来看，随着环保法规的日益严格和经济的不断发展，无溶剂黏合剂产品的使用比重必将不断上升。

4. 醇溶性聚氨酯黏合剂

醇溶性聚氨酯黏合剂能够用乙醇作稀释剂，在通常情况下溶剂残留较少，同时乙醇价格便宜，可有效降低复合成本。另外，醇溶性聚氨酯黏合剂对醇溶性油墨有着良好的相溶性和黏结性能，同时其可以常温熟化，省去了熟化费用。因为这些特点，醇溶性聚氨酯黏合剂将逐步占据一定的市场份额。

（四）软包装工艺装备

我国凹印复合软包装设备制造业仅有二十年的历史，在引进设备的基础上，通过消化吸收和自主开发，近年来已取得了巨大进步。目前，我国已能生产印刷速度在350m/min、幅宽在1000mm以上的凹印机，复合速度在450m/min的无溶剂复合机、干式复合机、挤出复合机、分切机及各种全自动制袋机也达到了相当的水平，实现了进口设备的替代。目前陕西北人、中山松德、汕樟轻机、汕头华鹰、江阴汇通等一批企业几乎完全占领了国内中高档凹印软包装设备

市场。

近年来，随着国内软包装行业的发展增幅放缓，国内软包装机械市场也趋于平淡。而海外许多地区的软包装行业正在不断发展，因此国内许多软包装设备制造企业将目光投向了海外市场。中国设备凭借优异的性价比，在国际市场尤其是东南亚、西亚、东北亚地区，具有相当强的市场竞争力。未来几年软包装工艺装备技术主要有以下几个技术方向。

1. 水墨烘干及印刷技术

目前水性凹版油墨无法在塑料软包装行业推广的一个瓶颈就是印刷效率问题，现有印刷机都是针对溶剂墨设计的烘干系统，而水的烘干要比溶剂困难许多，故开发凹印机针对水性油墨的烘干系统将是未来水性凹版油墨应用突破的一个关键。

2. 卫星式胶印技术

卫星式胶印技术是指采用卫星式中心压印滚筒可以印刷任意长度的宽幅卷料胶印机。此项技术创新性地将卫星式柔印和可变长度印刷的胶印这两种技术结合在一起。这种组合克服了传统胶印机无法连线印刷薄膜和拉伸性材料问题（如BOPP、PET、PE、PA、OPS、PVC等）。此项技术印刷时采用电子束EB干燥的油墨，不使用任何溶剂，环保而且油墨符合食品包装的要求。EB油墨自20世纪70年代开发以来，全球有数十家胶印EB油墨的供应商，非常成熟，每平方米的印刷油墨成本跟目前的凹印、柔印相当。与传统凹印对比还具有以下优点：清洁环境；油墨不会在油墨盘里干燥结块；停机不需要日常清理油墨；减少2/3的油墨消耗量；没有光引发剂（非常适合食品包装印刷）；

不会使材料受热拉伸变形；减少能源消耗。此项技术最先由科美西集团提出并研制出了COMEXI CI8全球第一台卫星式胶印机。目前已在欧洲开始推广。

3. 全自动上下卷技术

在生产过程中，全自动上下卷技术通过精确测量检测，将不同卷径、不同料宽的卷筒料自动升至装夹工位，然后升降装置自动将成品卷筒料由设备工位移出，在升降过程中自动检测原料和成品的重量，与生产管理工作相互衔接，替代了人工搬运的方式，不仅解决了辅助功能无法满足设备发挥正常效率的瓶颈，而且大大提高了生产效率，减少了操作人员的劳动强度。

4. 全自动裁切技术

全自动裁切技术，是指整个裁切过程只需将料卷安放在放料架上，裁切过程无需人工参与，即可完成整个裁切工艺。以厚度为0.018mm的BOPP薄膜为例，全自动裁切可将料卷残料长度控制在10m以内。全自动裁切技术在凹印设备上的应用，减少了设备对操作人员的依赖，提高了工作效率。

5. 智能预套印技术

智能预套印技术的应用主要是在初期对版过程中，减少操作人员使用标尺手动对版的步骤，直接利用版辊上的键槽与版面的马克线一一对应关系，通过版辊机械零位的自动确认，实现初期对版过程。初期对版过程完成之后，系统根据色间料长的计算，版辊的相位自动旋转到可实现自动预套准的位置，自动实现预套准功能。

6. 带有下递墨辊的半封闭墨槽

当前国内大多数凹版印刷机的油墨槽均为敞开式，不但增加了现场溶剂的挥发，而且不利于保持稳定的印刷质量和现场环境的清洁。带有下递墨辊的半封闭墨槽可有效防止高速运转状态下的甩墨现象。半封闭墨槽可减少有机溶剂的挥发，保证高速印刷过程中油墨的稳定性。油墨的循环使用量由原来的18L左右减少到现在的9.8L左右，大大减少了废旧油墨的产生。由于下递墨辊和版辊之间始终保证有1～1.5mm的间隙，在下递辊和版辊对滚过程中，可有效促进油墨转移到版辊的网穴中，从而更好地实现浅网阶调还原。

7. 工业机器人技术在软包生产线应用

机器人是工业和非产业界的重大生产和服务性设备，也是先进制造技术领域不可缺少的自动化设备。工业机器人作为一种特殊的自动化设备，具备智能技术，所以工业机器人在传统产业的应用将大大提升企业产品的竞争力，促进产品的更新换代，对国家经济产生巨大的推动作用。机器人可以代替或者协助人类完成各种工作，凡是枯燥的、危险的、有毒的、有害的工作，都可由机器人大显身手。当前软包装行业的生产企业已经开始探索机器人在生产线上的应用。一些企业与机器人公司合作开发了分切工序的膜卷搬运机器人，还有全自动版库的机器人技术应用，值得一提的是，上海运城制版公司与机器人公司合作开发的全自动机器人生产线已经投入使用。机器人技术已比较成熟，但在软包装行业的应用尚属探索实验和开发阶段，无论是机器人制造公司还是软包装企业，都还没有重视和投入力量去开发，缺乏机器人行业在软包装生产行业应用的导入工作。另外由于机器人成本比较高，而现阶段企业利润水平相对较低，而且现有生产线的

水平已经比较固化，改造成本高，阻碍了机器人技术在软包装行业的推广应用。

（五）软包装节能技术

国家对节能工作的深入推进，以及多项节能扶持政策的出台，促进了节能需求的加速释放，加快了节能市场的培育和壮大。在能源消费总量控制、落实资源节约和循环利用相关政策的引导下，软包装企业的节能工作也越来越受到企业领导人的重视。未来深入挖掘软包装企业的节能潜力，加快节能技术在软包装行业的应用将是一个重点趋势，软包装主要有以下两个技术方向的节能技术。

1. 工艺热风节能技术

目前，在印刷和复合设备上应用的热风节能技术主要有热泵供热技术、热管技术和带有LEL控制的全自动热风循环系统三种。热泵供热技术中热泵能效远高于电加热，目前凹印设备上使用的热泵一般为空气能热泵，实际测试可节能60%～70%。热管技术中的热风系统在运行时，热风进入烘箱，经出风口排出，出风口处配置二次回风装置，一部分出风参与二次热能循环直接利用，另一部分出风经安全排风系统排出。作为安全排风的这部分热风，采用热管换热器对其余热能进行高效回收利用。采用带有LEL控制的全自动热风循环系统，可以达到在满足LEL最低爆炸极限和残留溶剂不超标的前提下，最大限度地对二次回风进行利用，可节能45%左右，尾气减排30%～50%。

2. 厂房设施节能技术

目前建筑节能已经有许多成熟的技术，并且已在新建的厂房、建筑上大量应用，但专业针对软包装生产厂房的空调节能技术还

在起步阶段，如何将成熟的空调节能技术成果转移到软包装生产厂房上还需要一些对接工作。

如空气对空气换热节能技术就在行业内具有很高的推广价值，既实现了空气的新风交换，又实现了冷、热能源的二次利用，避免了能源浪费，可以实现较高的经济效益。

（六）软包装两化融合

两化融合是信息化和工业化的高层次的深度结合，是指以信息化带动工业化、以工业化促进信息化，走新型工业化道路。两化融合的核心就是信息化支撑，追求可持续发展模式。当前软包装行业的两化融合技术主要体现在以下三个方面。

1. 智能数据管理系统

现场智能数据平台（机台工控机）可接受远端智能数据平台（如办公室计算机）下达的工艺参数和相关订单要求，并实施授权来决定是否将远端智能数据平台下达的工艺参数下达到控制系统HMI。对于现场智能数据平台下达的新工艺参数，需人工操作建立新的配方，若不建立配方，则只能作为当前配方临时参数使用，系统断电后不做存储。现场智能数据平台保存配方的方式是唯一的，即从控制系统HMI读取再保存。智能数据管理系统对其存储的备份参数可以表单形式打印，可实现两个摄像头的视频实时监控，可拓展为多机台管理系统，可实现远程诊断功能。通信方式可通过无线（WiFi）和有线（宽带）两种方式进行访问。

2. 云服务系统技术

云计算是分布式计算技术的一种，其最基本的概念是透过网络将庞大的计算处理程序自动分拆成无数个较小的子程序，再交由多部服务器所组成的庞大系统经搜寻、计算分析之后将处理结果回传给用户。通过这项技术，网络服务提供者可以在数秒之内处理数以千万计甚至亿计的信息，达到和"超级计算机"同样强大效能的网络服务。如今"云"的概念已经家喻户晓，目前我国已经有企业建成了云服务中心，云服务系统也已在凹印设备上开始应用。云服务平台是基于一套智能互动通信装备、云服务中心和智能数据管理系统构成的。当客户的设备出现问题时，使用智能互动通信装备与云服务中心连接，此时云服务中心就会被授权显示客户设备的所有性能参数，然后在线专家根据信息反馈远程视频指导客户维修或维护设备。云服务平台可为用户提供使用说明、维修手册、在线查询、行业信息和远程培训等服务，还可为用户现场的设备进行程序的储存、远程视频的诊断、远程维修、保养提醒和网络机长的服务。此外，云服务中心还汇聚了凹印行业的各种专家，包括机械专家、电气专家、色彩专家、油墨专家、涂布专家等，这些专家既可为用户解决设备运转过程中出现的各种问题，还可为用户解决生产过程中遇到的工艺问题。

3. ERP管理系统

ERP系统对于软包装企业是完全适用的管理新手段，如果要在竞争日益激烈的市场中占有一席之地，就必须在技术、服务、质量、成本上更高人一筹，这必须依靠提升管理水平。用ERP系统来管理这些企业，能使优势转化为胜势和最终的胜利，这也是ERP系统在国外不断取得成功的原因。

　　每个企业都有各自的文化和特点，实施ERP系统不可能是千篇一律的。一些基本的步骤和环节还是至关重要的，如果忽视了就会导致失败甚至是倒退。国内许多企业就是由于没有在这些环节上做好，最终导致半途而废。

（七）软包装印刷产业发展路线图（2016 ～ 2025 年）

　　软包装印刷产业总体按照"减量、绿色可回收、多功能"的方向发展，如图3.11所示为软包装印刷材料（基材、油墨、黏合剂等）、装备和信息化三个方面的技术发展路线图。

第四节　标签印刷产业

　　标签分为不干胶标签、模内标签、湿胶标签、热收缩膜标签、套筒标签、电子标签、智能标签、特殊标签等。由于各种标签对印刷方式的体现各有侧重，本节以不干胶标签和模内标签为重点进行说明。

　　标签印刷是包装印刷业中的一个重要分支，印刷质量要求很高，包装印刷的精华都体现在标签印刷上，标签行业中应用了很多新技术、新设备和新材料，是包装和其他产品不可缺少的配套产品，所以标签印刷在印刷行业中有十分重要的地位。

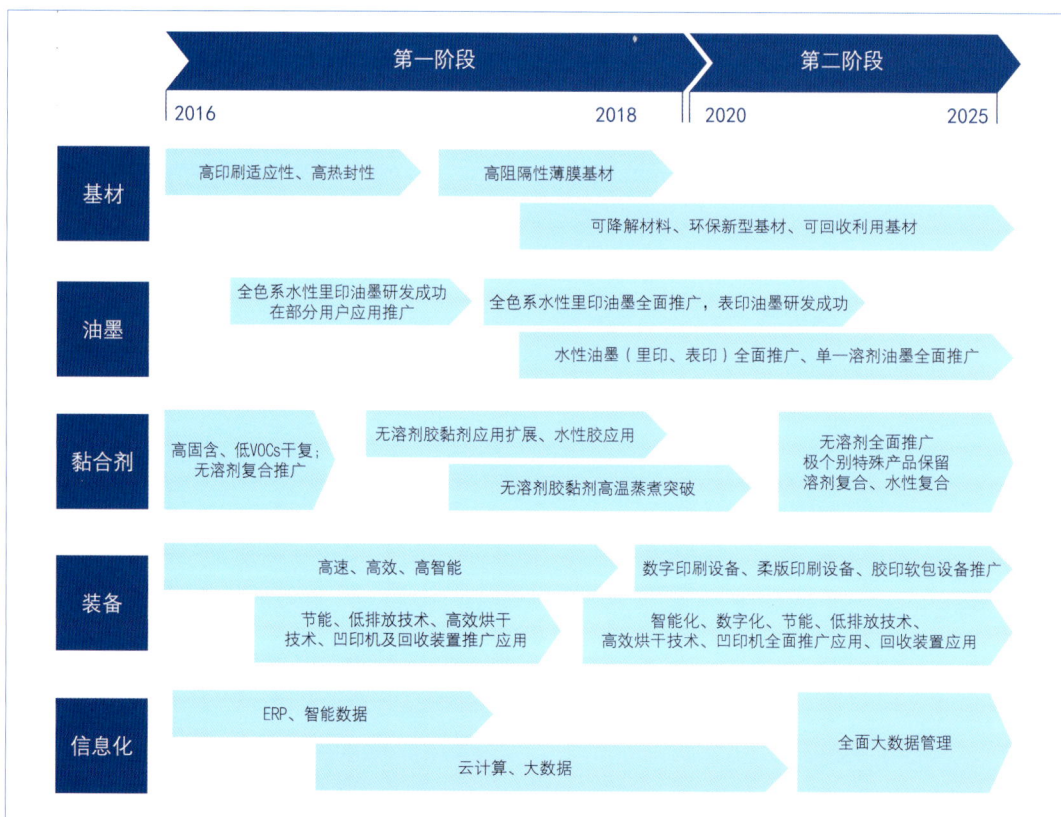

图 3.11　软包装产业发展路线图（2016 ～ 2025 年）

2014年标签印刷业总产值突破330亿元，不干胶标签印刷产量突破44亿平方米，全国共有标签印刷企业超过6000家，从业人员近6万人。

一、标签印刷产业发展现状

（一）全球标签市场总体现状

据AWA（Alexander Watson Associates）咨询公司的资料显示，目前全球标签生产企业超过25000家。其中，中国6046家，美国5000家，欧洲4000家，日本651家，合计15697家，占全球的62.7%。2013年全球标签消费用量大约在520亿平方米，其中湿胶标签为37%，不干胶标签为37%，套筒、收缩标签为19%，模内标签为2%，其他标签为5%。全球标签产值情况2011年为770亿美元；2012年为804亿美元，增长4.5%；2013年为840亿美元，增长4.5%。

2013全球标签市场各地区比例分布如图3.12所示，北美地区约占20%，欧洲地区约占27%，亚太地区约占38%，南美地区约占10%，非洲、中东地区约占5%。其中中国不到8%。

2013年全球标签市场增长情况为：全球约3.5%，按地区统计北美约0.5%，欧洲约1.9%，亚洲约6.4%，南美约3.2%，非洲及中东约3.7%。按种类统计不干胶标签约3.7%，湿胶标签约2.1%，热收缩标签约7.1%，收缩标签约1.7%，卷筒拉伸标签约3.4%，模内标签约3.8%，其他标签约1.2%。

世界各地经济发展情况不同，各国的标签消耗量也不一样，全球不干胶标签人均消耗量约为15m^2。欧洲人均消耗量15~20m^2，美国人均消耗量17m^2，南美人均消耗量1.8m^2，东南亚人均消耗量2.1m^2（日本为12.8m^2），印度人均消耗量1.2m^2，中国人均消耗量9m^2。2013年我国不干胶标签消耗量为40亿平方米，按13亿人口计算，不干胶标签的人均消耗量约3m^2。加上湿胶标签消耗量65亿平方米，则人均标签消耗量为9m^2，仍低于全球平均水平。

（二）中国标签印刷市场发展现状

我国模内标签技术应用始于1995年，最

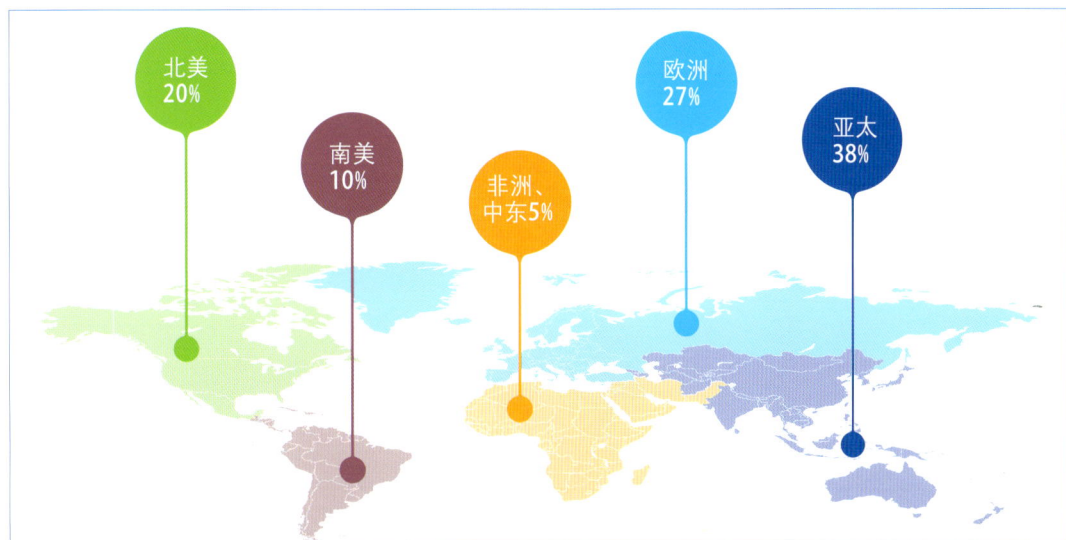

图 3.12　2013 年全球标签市场比例分布

早的用户是武汉丝宝化妆品公司，第一个品牌是"飘影"洗发水。第一个印刷膜内标的印刷厂是广州丛化丝宝公司，最初使用的材料是美国艾利公司的专用模内标签材料"FasClear－1000"。采用单张形式通过人工网版印刷和上光，平压平烫印和模切。首先尝试模内标签应用的也是"丝宝"公司在武汉的吹瓶厂。继"丝宝"成功应用模内标签技术之后，国内很多的日化企业纷纷采用这一新技术，目前已有十几种品牌的产品应用模内标签。

2013全国标签消费量大约在110亿平方米，其中不干胶标签为50%，湿胶标签为40%，模内标签为0.25%，其他标签为9.75%。

（三）我国标签印刷的工艺和设备发展现状

1. 目前标签主要印刷方式

（1）凸版印刷：目前凸版印刷在标签印刷中仍占主导地位，但在设备的结构、操作技术要求、印刷质量等方面存在一定的缺陷和不足，需要进一步改造和提升。凸版印刷的标签优点是油墨浓厚，色调鲜艳，字体及线条清晰，油墨表现力强。缺点是制版不佳影响文字、线条。制版不易控制，制版费用昂贵，不适合大版面印刷物。彩色印刷容易产生颜色不均匀和色差。印刷压力在印刷过程中容易产生变化，由于压力较大，在图文的边缘处，常存有油墨被挤压外溢的现象，致使边缘线条不能整齐划一，有的在印刷品的背面可以看出版面凸出部分的压痕。凸版印刷已逐渐开始淡出标签印刷领域，近几年凸版标签印刷机的生产已出现明显下降。

（2）柔性版印刷：柔性版印刷机采用网纹传墨辊传墨，输墨控制灵敏度高，操作方便。柔性版印刷品色彩鲜明，广告性强，与凹版印刷相比，能以比较低的价格、较短的生产周期，生产出符合质量要求的印刷品。最主要的是定量传墨的网纹传墨辊可以保证印刷品的颜色一致，基本解决凸版彩色印刷产生的颜色不均匀和色差问题。柔性版印刷采用感光树脂版，感光树脂版有很好的分辨力，能制133线/英寸、150线/英寸及175线/英寸的图像。印版的耐印力能达到50～100万印。随着CDI制版机的出现，制版时间大大缩短，可以适合批量大、品种杂的长短版印件，符合我国目前的标签印刷需要。柔性版印刷机采用短墨路传墨系统，通过短暂的调整就能达到印刷质量要求，印刷压力轻，不易使卷筒纸断裂，这样可以节约纸张，产生很好的经济效益。印刷速度快，一般可达每分钟80～150m。柔性版印刷的油墨有醇基、水基、ＵＶ型等。特别是水性油墨无污染，不影响健康，不会燃烧，符合当今环保要求。近几年来在我国标签印刷中，窄幅柔性版印刷机的装机量每年以10%的速度增长，是我国标签印刷的发展方向。

（3）平版印刷：制版简便，成本低廉，套色装版准确，印版复制容易，印刷品色调柔和。但因印刷时受水影响，色调再现力减低，鲜艳度缺乏，版面油墨稀薄。印刷控制难度较大，印版的耐印力相对低，印刷速度慢，每分钟25～40m，辅材成本较高，在标签印刷中适合批量小、品种杂的短版印件，在标签印刷中起到了重要的补充作用。

（4）数字印刷：数字印刷是无版/无压印刷，环境污染少，没有制版成本，计算机直接输出，灵活多变，适用于小批量多变化印刷、可变信息印刷、及时更正印刷错误、品种多数量少的印品。缺点是大批量印刷时印刷速度慢、印刷成本高。数字印刷适应商业印品快速印制要求，发展速度相当快，发展空间非常大。对于印刷企业来说，向数字印刷发展是大势所趋。同时，数字印刷技术的快速发展给印刷行业的各个领域带来了巨大商机，数字印刷已成为最具发展潜力的一种印刷方式。

2. 目前标签主要印刷设备现状

全国标签印刷机有12000～15000台（套），其中，凸版印刷机装机量为9000～11000台，凸版印刷占70%～75%；柔性版印刷机装机量约1600台，柔性版印刷占10%～12%；平版印刷机装机量为800～1000台，平版印刷占7%～8%；数字印刷机装机量为200～300台，数字印刷占2%～3%；其他印刷机（如网版印刷机等）占5%～7%。

（四）我国标签印刷原材料现状

国际知名材料供应商（如美国艾利公司）进入中国已经20年，昆山工厂年产各种不干胶材料9亿平方米，居我国行业之首。芬兰UPM公司在中国常熟设厂，在天津等地设有分切部门。意大利雷特玛在欧洲也是规模较大的不干胶材料生产厂家之一，目前在合肥设有工厂。日本琳得科是进入中国最早的外国企业，在苏州、天津设厂，既生产材料，也生产标签设备，还有标签印刷企业。

目前国内标签材料生产企业有50多家，现有生产能力60亿平方米（纸、膜），2014年实际产量实现44亿平方米，为产能的2/3。

目前国内所有的模内标签材料（PP、PE、PET等）供应都是国外企业和我国台湾企业，国内其他地区还没有一家企业生产模内标签材料，导致模内标签的价格居高不下，影响我国的模内标签发展。目前国内当务之急是开发模内标签材料的生产。可喜的是2013年年底，河北福兴彩印从欧洲引进一条年产4万吨的PP模内标签材料生产线，对国内模内标签材料供应和价格下降起到重要作用。国内主要模内标签材料供应商如表3.2所示。

我国是世界上最大的标签消费国，模内标签存在着巨大的潜在市场。国外包装的理念、经验将会影响并改变我国商品传统的包装形式，而模内标签是改变包装的最好方法之一，所以模内标签今后在中国会有快速的发展。

二、标签印刷行业发展趋势

（一）市场发展趋势

标签印刷要适应当前市场的变化，小批量、多品种、短周期是市场发展的新趋势。承印量有时只有100～200件。在个性化、差异化

表3.2　国内主要模内标签材料供应商一览表

公司	产品	用途	备注
日本 YUPO	BOPP	吹塑	国内代理
中国台湾南亚	BOPP	吹塑	台湾代理
法国普利亚	PE	吹塑	独家销售
英国英诺	BOPP	注塑	独家销售
澳大利亚 TI	BOPP	注塑	国内代理

时代要求的标签印刷品，不仅外观漂亮，还要满足个性化的可变数据打印或印刷要求。

（二）产品发展趋势

1. 薄膜类标签

薄膜类标签因其良好的材料特性，不仅方便储存及运输，而且色彩鲜艳，耐摩擦性好，越来越受用户的青睐。当今越来越多的包装企业，开始利用薄膜材料的特殊性能，如利用薄膜材料的热收缩性制作套筒标签，利用透明薄膜材料进行里印等。

模内标签作为一种特殊的薄膜类标签，将成为标签市场的主流产品。模内标签与不干胶标签材料相比，对不干胶标签材料来说真正使用的部分只有整个材料的40%左右，60%左右的材料（主要是底基材料）被废弃或丢掉。而模内标签仅5%的材料在模切时被清除，材料的有效利用率高达95%左右，作为标签的使用者，还可省去繁琐的贴标程序。同时膜内标签可随包装物一起回收再利用，减少废弃物的处理，更符合绿色环保。

2. RFID 标签

RFID技术是指利用射频方式进行非接触双向通信，以达到识别目的并交换数据。利用射频识别技术防伪，与激光防伪、数字防伪等其他防伪技术相比，其优点在于：每个标签都有一个全球唯一的ID码——UID。UID在制作芯片时放在ROM中无法修改、无法仿造、无机械磨损，能防污损；读写器具有直接对最终用户开放的物理接口，保证其自身的安全性；除标签的密码保护外，数据部分可用一些算法实现安全管理；读写器与标签之间存在相互认证的过程。

同传统的识别方式相比，RFID技术以其准确、高效、安全的方式，高防伪功能和对产品实施监控的特点，广泛应用于生产、物流、交通、医疗、防伪、身份验证等众多有需求的领域。

当前，随着自动识别技术的发展，人们已将视线从传统的一维条码转向二维条码甚至RFID标签。RFID标签的发展给我们提供了非常好的现代信息技术手段，在食品和药品等行业的应用市场上，RFID标签非常有应用价值。其优点如下：

（1）每个产品具有唯一号码，不可复制，彻底杜绝假冒。

（2）防伪特征码唯一，不可以更改、抵赖。

（3）标签与防伪物品不能剥离，否则标签失效。

（4）多种加密，确保数据安全性。

（5）防水、防磁、可弯曲，适应能力强。

（6）使用非接触读写，数据可以长期保存。

（7）多种封装形式，方便嵌入和粘连在商品上，制作、印刷灵活。

（8）轻巧、灵活，使用方便。

（9）识读器可同时读写多个标签。

（10）可以多次识别、反复读写。

（11）读写设备比磁条、条码等简单易用。

（12）性价比、灵活性、可升级性比其他任何技术都高。

（13）可以记录商品流通过程中间信息，实现供应链跟踪和追溯。

3. 智能标签

目前智能化标签的定义主要是指通过现代通信与信息技术（即数据采集技术）、计算机网络技术（即互联网技术）、行业技术（标签印刷和集成）、智能控制技术汇集而成的针对某一个方面的应用。因此在智能化标签的领域中，只要该标签涵盖了以上的条件，都能称之为"智能化"标签。

目前在国内，所有非接触性的智能标签还没真正地进入市场化。只是一些通信行业的巨头尝试做了一些手机应用，但是由于还没能让市场接受其成本和功能的推广，因此尚处于研发和尝试阶段。

然而随着二维码在市场的广泛应用，结合微信等通信应用新式营销的概念，已经打造了一个非常庞大的二维码标签的市场。但是二维码本身不是智能的，唯有结合了适当的互联网应用、营销创新的应用和高超的印刷技术，才能使二维码大幅度智能化。

国内外的趋势均表明标签行业发展将向"智能化"标签迈进，这些"智能化"标签将会与消费者建立互动式联系来提升品牌的价值。

4. 功能性标签

随着市场需求的多样化、产品应用细分化，各种功能类标签的开发越来越广泛，如多媒体标签、可溶解标签、多层标签以及新型防伪标签、NFC标签等产品。比较典型的产品有章鱼贴、静电贴等。

章鱼贴吸附于平滑的表面，没有气泡，剥离性良好。采用非胶水原理，所以吸附面没有胶水的黏稠感，更不会有残胶。吸附层不使用聚氯乙烯材料，保护环境。适合从喷墨印刷到平版印刷等多种印刷方式。

静电贴无需胶水、胶带，利用静电吸附。其优点是非PVC材质，环保；吸附力强，拥有良好的印刷性能及裁切性能；有不

透明面和半透明面，且两面都能印刷使用，一张纸当两张纸用，在节省成本的同时，减少废弃物的产生，更绿色环保。

三、标签印刷产业技术发展方向

在标签印刷工艺上，根据我国目前实际和全球技术发展趋势，2020年前为适应环保和绿色印刷要求要积极发展柔性版印刷技术，可变数据、个性化印刷需要大力发展数字印刷技术（以静电和喷墨为主），平版印刷技术在标签印刷中也有其优势，作为补充；凸版印刷的比重将逐步下降。

（一）柔性版、凸版制版使用CDI印前制版技术

CDI是使用计算机和激光直接雕刻印版上的黑膜，使用传统的曝光、冲洗、烘干、后处理和后曝光制成印版。CDI印前制版技术使制版工艺简化，使用印版上的黑膜代替软片，减少软片制作过程中产生的误差和使用软片在制作印版过程中产生的误差。使用CDI制作的印版要比使用软片制作的印版阶调更长，层次更丰富和柔和，同时网点的损失更小、网点的再现更真实，能再现更为细微的层次变化，实现了无软片直接制版，同时减少软片在制作中的污染。制版质量及一致性的提高减少了印刷准备时间，对印刷压力的敏感性降低，减少上机调试时间，制版成本大概可节约18%。通过CDI生成的特殊网点更能表现印刷品的质量，印版制作的控制更严谨，制作速度比传统的更快，印版的质量比传统版质量更高，使印刷质量大幅提高。

（二）柔性版印刷技术和数字印刷会成为发展主流

标签印刷与出版印刷、商业印刷不同，

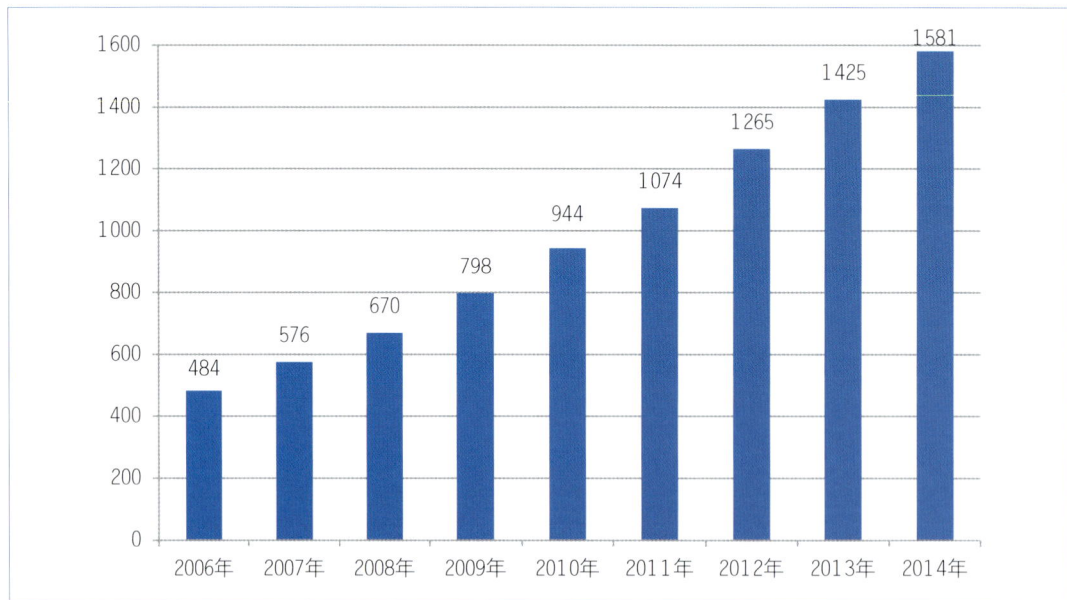

图 3.13 2006 ～ 2014 年中国内地机组式柔性版印刷机装机量（单位：台）

其鲜明的产品属性，体现为所服务的产品，标签印刷强调的是设计、色彩、线条、材料及功能快速面向市场等。而柔性版印刷技术和数字印刷技术具备了这诸多的特点，能够较好地满足标签印刷的要求，所以柔性版印刷和数字印刷技术必将成为中国标签印刷发展的主流方向。

（1）柔性版印刷：柔性版印刷除具有墨层厚实、墨色一致，适印介质广泛，产品应用范围广，设备综合加工能力强等优势外，最大的优势是无毒、无污染的水性油墨和UV油墨工艺，符合当前的环保要求，真正做到绿色印刷。2006～2014年中国内地机组式柔性版印刷机装机量如图3.13所示。

（2）数字印刷：数字印刷是当今世界上发展最快、最具有发展前景的技术之一。它具备的技术优势、市场优势和服务优势是其他印刷工艺无法比拟的。数字印刷包括：以HP Indigo为代表的电子油墨技术；以XeiKon（赛康）为代表的碳粉技术；以我国北大方正、多米诺、EPSON（爱普生）等为代表的喷墨技术。数字印刷在中国标签印刷中的应用已有七八年的发展历史，前期一直发展缓慢。但是在近两年来，数字印刷在我国得到快速发展。这主要取决于以下几点原因：

① 传统设备的同质性日趋严重，标签印刷企业购买传统印刷机的竞争优势进一步减弱。

② 消费市场的竞争日趋激烈，对标签和包装的需求周期越来越短，需企业及时反馈。

③ 随着我国全国性大市场、大物流概念兴起和形成，对可变信息及防伪功能的要求成为必然，标签和包装必须顺应这一趋势，才能有一席之地，而数字印刷无疑具备这种功能。

④ 传统标签市场的转型升级，许多中型和大型标签印刷企业在寻求新的市场增长点，传统印刷设备的功能已远远不能适应和满足新要求，而数字印刷自然就成为产品开

发的必然选择。

⑤ 随着我国劳动力、原材料和物流成本的不断增加，数字印刷设备的印刷成本却逐年在下降，在这一升一降中，成本的平衡点几乎已经到来，这将是我国标签印刷市场中最值得关注的问题。

⑥ 数字印刷标签市场的实施环境在快速改善，所需要的涂布设备、色彩管理、数字印刷后加工设备等整套数字印刷解决方案在中国正在形成和完善。

可以预见，在不久的将来，代表世界标签印刷发展趋势的柔性版印刷技术和数字印刷技术将在我国标签印刷行业中掀起一股创新与进步的浪潮。

（三）组合印刷技术

随着科技的发展、竞争的加剧，标签行业对组合印刷提出了更高的要求。目前能真正代表标签印刷高水平组合的，必须是组合当今世界最主要的、最先进的印刷方式和后加工工序，即印刷多工艺组合、印刷工序与印后加工工序组合。

（1）印刷多工艺组合。例如，柔性版印刷与丝网印刷、凹版印刷工艺组合，凸版印刷与丝网印刷工艺组合，平版印刷与丝网印刷工艺组合。在产品印刷中取长补短，使产品达到最佳水平。

（2）印刷工序与印后加工工序组合。印刷工序与冷转移、热烫印、覆膜、压痕、凹凸、分切、模切及连线质量检测等的组合。

采用组合印刷的优势是不容置疑的。由于在一台机器上可以完成印刷品所有的印刷和印后加工工序，因而具有产品质量整体控制、生产效率高、产品交货期短、生产加工更加方便、节约成本等优势。此外，高技术

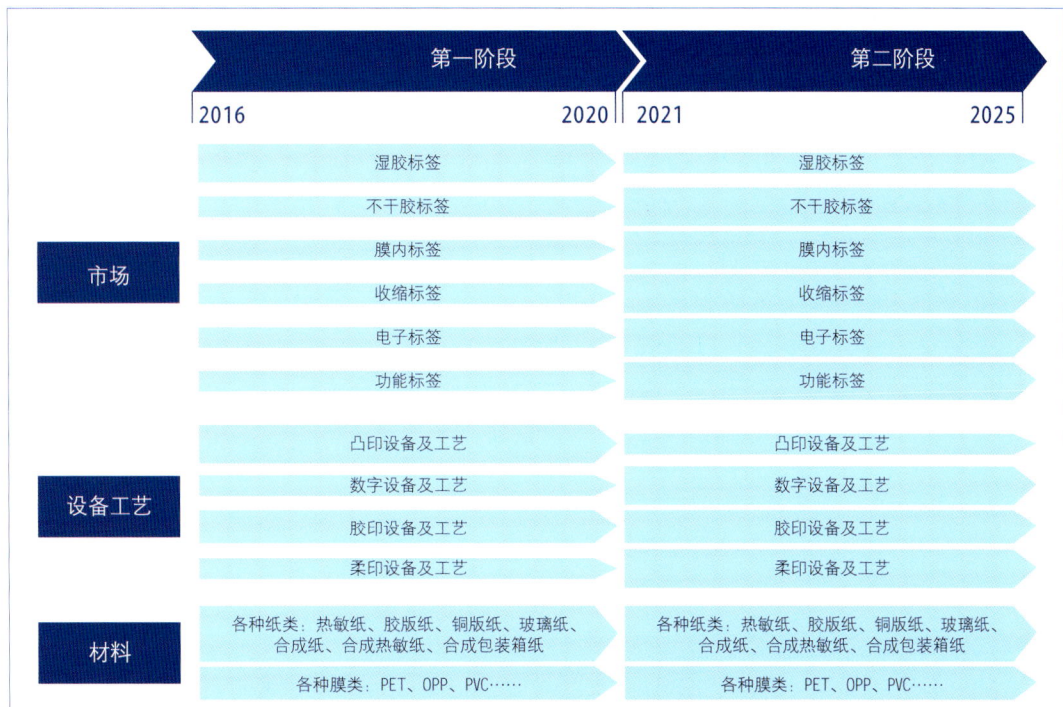

图 3.14　标签产业技术发展路线图

的应用和较高的设备投资，提高了企业引进组合式印刷的门槛，增加了仿造难度，从而使印刷产品具有一定的防伪功能。

（四）技术发展路线图

标签产业技术发展路线图如图3.14所示。

四、存在的主要问题和应对措施

（一）存在的主要问题

到目前为止，中国标签印刷行业中，中型、小型、微型企业较多，年产值在亿元以上的规模企业极少，仅20家左右，占全国6046家标签印刷企业的0.33%，而中型、小型、微型企业只占99.67%。全国标签印刷企业的平均产值约496万元人民币，还不到500万元人民币。在市场全球化的今天，显得竞争力不强。

（1）使用凸版印刷标签的问题。目前中国标签使用凸版印刷占主导地位，约占整个标签印刷方式的70%。但由于凸版印刷生产效率和自动化程度低、印刷损耗大、对工人操作水平要求高、印刷色差大的问题，远远不能满足今后标签印刷的需要，需要对凸版印刷设备、印前制版工艺进行改造和提升。同时凸版印刷所需要的感光树脂版材的制造，国内尚属空白，全部依靠进口，其技术、质量、价格全部控制在国外企业，不利于凸版印刷标签的发展。

（2）标签印刷企业人员素质不高，管理滞后，劳动生产率较低。目前，中国标签印刷企业劳动生产率情况，据对部分典型企业调查，一般均在40万～50万元/（年·人）之间，较高的企业在80万～100万元/（年·人）。而国外的标签印刷企业在150万～250万元（折合人民币）/（年·人）

之间，劳动生产率高出很多。

（3）标签废弃物处理和再利用问题。离型纸/膜回收面临三个主要难题：①回收的流程；②离型纸/膜进行分类；③离型纸/膜回收的认识有限。目前，我国对标签印刷所产生的边角、废料除了烧掉和掩埋之外，还没有其他较好的处理办法。

（4）国际标签制造知名企业在世界范围内实施全球化战略问题。当今市场全球化的趋势日益凸显，给标签行业带来激烈的竞争与挑战。

（5）标签行业质量检测和管理问题。标签行业是一个偏向劳动密集型的行业，我国印刷行业对产品质量的管理主要是依赖人工进行检测，借助放大镜、分光光度计、色度计等进行检查或抽检。劳动强度大，质量难于控制，导致产值效益低下。当前，我国印刷行业产能占全球的35%以上，但产值却不到全球的17%，严重呈现"大而不强"的特征。近年来，受国际国内经济环境的影响，印刷企业日益面临"三高两荒"（原材料成本高、劳动力成本高、土地成本高、用工荒、用电荒）的问题，竞争环境进一步加剧。

（二）应对措施

未来一段时期内我国印刷工业将面临比以往更加迫切的转型升级压力，印刷工业的发展将从主要追求速度和规模的粗放式增长，逐步转变为注重质量和内涵的集约型发展模式上来。必须在绿色印刷、数字印刷方面进行更多的探索和尝试，同时采用更加智能化、自动化的设备，实现从劳动密集型向技术密集型的转变。中国的标签印刷工业应抓好以下几方面的工作。

（1）坚持绿色发展，坚持可持续

发展。绿色可持续发展的内涵是减量化（Reduce）、再利用（Reuse）、可循环（Recycle）、可降解（Degradable）即3R+1D原则的循环型经济模式。

（2）抓好各项认证工作。低碳、节能、减排、环保和绿色印刷已成为当前标签印刷行业发展的首要任务之一。国际上普遍通过立法手段以及争取对企业环保行为的认证方式，建立绿色印刷体系。当前，国际环境认证体系有15项之多，如ISO 14000（环境认证体系）、LEEDS（环境设计、节能认证）、EN 13432（塑料环保包装袋测试认证）、SFI（美国可持续林业倡议）、FSC（森林管理委员会）、PEFC（世界最大的森林认证体系）等，企业可根据实际需要和轻重缓急有计划、有步骤地实施认证工作，如ISO 14000、Carbon Footprint（碳足迹）、职工健康认证等。

（3）大力抓好标签产业链中的技术创新。企业转型升级要靠创新驱动。加快科技创新，加强产品创新，品牌创新、产业组织创新、商业模式创新。用高新技术和先进适用技术改造提升企业生产要素水平，实现以内涵为主的发展模式。

（4）加强对标签印刷品的检测手段，提高印品质量。同时提高印后加工自动化水平，解决劳动力短缺问题。为了实现劳动密集型向技术密集型的转变，印刷企业必须首先从提高质量管理方法和手段入手。国内机器视觉设备厂商近年来也在印品质量检测领域不断取得进步，在人民币、标签和软包质量检测领域以及单张纸印品质量检测领域都取得了长足的发展，为推动印刷行业提高质量管理水平做出了越来越多的贡献。

第四章　数字印刷产业

　　20世纪90年代，数码彩色印刷还处于襁褓之中，全世界不超过百台设备，采用数字印刷技术印刷的产品在所有印品中的份额完全可以忽略不计。而如今以喷墨技术为代表的数字印刷设备在幅面、速度和能力上的突破，使得数字印刷技术成为了主流的印刷方式之一，它能够应用在商业、书刊、标签与包装以及陶瓷、纺织与功能材料上。就像20世纪60年代到80年代胶印对铅印的挑战一样发起了对传统印刷技术的挑战。这种挑战影响着印机制造、印刷耗材和印刷服务的方式。本章通过分析喷墨印刷产业现状、总体的发展趋势、喷墨关键技术及耗材的发展预测，以及喷墨印刷的应用及趋势，目前发展的瓶颈和技术路线图的实施保障，引发行业对于喷墨印刷技术发展以及数字印刷的思考与探讨。

第一节　概述

一、数字印刷方式

　　按数字印刷设备的成像过程，可以将数字印刷设备分为喷墨印刷机、静电复制印刷机和其他（比如磁成像，产量极少）。

　　数字印刷在基于静电成像原理的设备领域已经趋于成熟，由于静电成像原理的数字印刷机主要应用于打字复印，升级到图文快印，所以目前主要应用在图文快印业，但是由于静电复印设备产能、性能和品质的不断提升及其短快变的特点，"一张起印，张张不同，立等可取"适应小批量快速印刷，因而在相关的应用领域得到较快发展，如在需要快速的政府文印行业取代小胶印，在小批量多批次的服装吊牌行业取代小胶印，在DM直邮账单行业得到彩色印刷和数字黑白打印的综合应用，开辟按需出版等少量出版应用。可以说，静电复印原理数字印刷机的发展，逐渐使得图文快印在成为印刷家族中一个快速发展的新成员的同时，也在小幅面小批量印刷领域逐渐替代小胶印。基于静电成像原理的数字印刷机弥补了小批量小幅面印刷领域传统印刷的短板，也促进了图文快印和办公文印与传统印刷的融合，经过多年发展，静电复印技术的数字印刷机已经趋于成熟。但由于静电激光成像技术在印刷速度、幅面与色组、介质的适应性、运行成本

表 4.1　静电技术与喷墨技术的比较

项目	静电激光成像	喷墨成像
印刷速度	存在速度瓶颈	有数量级的提高
幅面、色组	窄幅为主，宽幅成本高	幅面、色组配置灵活
介质适应性	接触式，纸介质	非接触式，介质范围广
运行成本	碳粉成本高	墨水成本低
混合印刷	无法与传统印刷在线结合	可以安装在传统印刷设备上

和是否适合混合印刷多个维度方面与喷墨技术相比有局限性，如表4.1所示，因此单张纸静电复印未来更多的是走向企事业高端办公及商业快印领域应用，值得强调的是，当前市场上的数码印刷设备除了上述以办公复印、打印设备逐渐演变升级的产品系列外，还有一批从诞生之日起就是以专业印刷市场为目标的产品系列。如惠普Indigo数码印刷机系列、柯达 Nexpress数码印刷机系列和赛康（Xeiken）的数码印刷机系列。1993年由以色列Indigo公司推出的E-Print和比利时赛康（Xeiken）公司推出的Xeiken DCP-1可以看作是这类数码印刷机开始进入印刷生产领域的标志。1998年，海德堡与柯达公司合作在美国成立了合资公司(NexPress Solution L.L.C.)，开始Nexpress彩色数码印刷系统的研发制造，并于2000年德国杜塞尔多夫印刷展正式推向市场。尽管以色列Indigo公司被惠普收购（2001年），海德堡将其合资股份卖给了柯达（2004年），而比利时赛康公司也几易其主，但其数码印刷产品系列得到了延续和发展。数码印刷机作为一台印刷机，需要同时满足生产工艺（印刷质量、印刷幅面、承印物适应性）、生产效能（印刷速度、生产效率、设备稳定性、设备可靠性）的要求。而惠普Indigo数码印刷机利用其独特

的电子油墨（液体墨粉）技术，实现了数码印刷质量的提升，在商业印刷、标签印刷、包装印刷等专业印刷领域颇受欢迎；而柯达Nexpress数码印刷机在色彩稳定性方面的良好表现源于其超前的设备结构系统设计和对印刷及色彩的丰富积累。它与其他印刷加工工艺及生产流程的无缝连接，为数字印刷与传统印刷的融合提供了有益的借鉴。而数字印刷在喷墨原理的应用还方兴未艾，由于喷墨数字印刷技术的诸多优点，因而在大幅面广告业、包装业、标签业、商业印刷及印刷传媒等领域都有数字印刷的需求。

目前数字印刷各大设备厂商的改进重点和未来的发展重点都集中在了喷墨领域，因为喷墨技术就是数字印刷技术发展的未来，所以本节将主要以喷墨印刷的分析为主。

二、喷墨印刷的分类

喷墨是最彻底的直接印刷技术，不仅无需传统印刷必须使用的印版，也无需静电照相数字印刷必须使用的光导体，墨滴从喷墨打印头直接喷射到纸张。这种其他印刷技术无法比拟的特点，使喷墨印刷具有广泛的适用性，例如对承印材料表面形状的宽容度高，墨滴的喷射控制与压力无关，允许使用不同成分的墨水等。

我们可以将目前的喷墨数字印刷机按照喷头技术分为两类：按需喷墨和连续喷墨。

（一）按需喷墨数字印刷机

按需喷墨数字印刷机分为如下三类。

（1）热敏喷墨印刷机。热敏喷墨基于墨水在过热条件下形成气泡挤压喷嘴口附近墨水向外喷射墨滴的原理。

（2）压电式喷墨印刷机。另一种重要的按需喷墨技术建立在压电效应的基础上。按压电陶瓷材料受电场作用后产生的变形方式分类，总共有挤压、弯曲、推压和剪切四种模式。目前大多数压电喷墨打印机普遍采用剪切模式。

（3）固体油墨或者相变喷墨印刷机。相变喷墨使用固体油墨，加热熔化后利用压电喷墨打印头将液态墨滴喷射到中间滚筒表面，凝结成固态的墨滴转移到纸张，因油墨经过从固体到液体、再从液体恢复到固体的物理相转变而得名。

（二）连续喷墨数字印刷机

通过内含油墨的受压腔体获得连续喷射的墨滴，由微型喷嘴射出形成连续的墨滴流，部分墨滴经过静电场后带上相应电荷，带电墨滴经过偏转电场运动方向发生改变，偏转的油墨喷到承印物上，未偏转的墨滴则回收循环使用。

第二节　数字印刷的发展现状

一、全球数字印刷产业发展现状

（一）全球数字印刷市场

随着社会经济的发展，印刷服务水平不断提高，数字印刷服务越来越广泛地为人们所接受，市场需求逐年增加，相应地数字印刷设备需求也随之增长，在公文印刷、直邮账单印刷、商业印刷方面的需求尤为突出。在办公印刷、直邮印刷、电信、银行、保险、邮政、金融、公共事业、包装等服务行业，对快速、及时印刷服务要求越来越普遍，有大量的客户商业文件、宣传资料、信函需要异地印刷并分发、邮寄给客户。商业发展需要适合的印刷解决方案来满足日趋个性化的印刷需求。

美国、欧洲、日本等发达国家和地区从2004年开始推广一次成像的数字喷墨印刷解决方案，经过几年的发展，该方案在产品技术、产品性能、产品配套、应用等方面，已经具有长足的发展。在Drupa 2008上数字喷墨技术已经成为全球备受关注的数字印刷技术，喷墨印刷技术作为高速喷墨印刷机设备普遍采用的技术不断成熟，印刷质量日趋完美，喷印速度稳定提升。因此业内对喷墨印刷的认可度不断提升，印刷墨水的多样性和环保性，为喷墨印刷设备应用于精细化印刷及高速生产型印刷铺平了道路，在按需印刷、商业印刷等方面已经初露锋芒。

斯密瑟·匹勒发布的关于全球数字印刷市场和喷墨印刷市场的数据显示，喷墨应用市场和喷墨印刷设备市场都将有快速的发展，相关数据如表4.2和表4.3所示。

由表4.3可看出，中国数字印刷市场在世界数字印刷市场中所占的比例从2005年的1.5%增长到2015年的2.2%。

（二）全球数字印刷技术现状

在1993年的Ipex 93上出现了第一批彩色数字印刷设备，这批采用了突破性数字印刷技术的设备此后持续影响着印刷行业的发展，如今它们的后辈成为了印刷市场上最活

表 4.2　全球部分喷墨印刷市场增长情况（单位：百万欧元）

全球市场	2003 年	2008 年	增长率（%）	2013 年	增长率（%）
办公	304.6	652.4	22.8	1117.7	14.3
直邮	352.1	875.4	29.7	1579.6	16.1
合计	656.7	1527.8	26.5	2697.3	15.3

表 4.3　2000～2015 年世界数字印刷地区市场价值分布情况（单位：百万欧元）

地区	2000 年	2005 年	增长率（%）	2010 年	增长率（%）	2015 年	增长率（%）
欧洲	3 039	11 550	30.6	14 458	2.8	2 800	4.1
美洲	5 523	12 762	18.2	29 467	18.2	71 300	19.3
亚洲	2 188	6 774	25.4	13 827	15.3	31 700	18.1
中国	97	476	37.6	1 064	17.4	2 700	20.5
其他	18	845	23.5	1 476	11.8	3 200	16.7
共计	11 044	31 931	23.7	59 227	13.2	124 878	16.1
中国占比例	0.9%	1.5%		1.8%		2.2%	

跃的角色。

在1993年9月，Indigo展示了世界上第一款商用的采用液体色粉的彩色印刷机E-Print 1000，Xeikon（以及它的投资方Agfa）展示了世界上第一款高速卷筒纸色粉彩色印刷机DCP-a（Agfa称它为Chromapress），Presstek则在海德堡的设备上展出了世界上第一款印刷机直接制版机。

如今被合并到HP的Indigo成为了最强大的数字设备品牌之一，而Presstek成为了小众市场的供应商，Xeikon则被比利时的公司收购，面临着施乐、佳能、柯达和理光等公司的竞争。

而第一台彩色喷墨生产设备是1998年在德鲁巴上由Scitex展出的（2004年被柯达收购，后改名为柯达VersaMark），到2008年的德鲁巴，众多供应商带来了高速喷墨设备，拉开了喷墨印刷技术起舞的序幕，喷墨技术开始影响静电复印技术类的数字印刷机和胶印印刷的市场，主要着眼于票据市场和直邮市场，同时在标签印刷领域也在挑战柔印技术。

从技术趋势看，喷墨数字印刷是业界公认的最有发展前途的技术方向。它采用无接触式的喷墨成像方式，可以在各种介质包括特殊介质上印刷；通过喷头拼接的方式可以达到任意幅面和色组数，非常灵活；喷墨成像速度远高于目前通用的静电激光成像方式；而喷墨墨水的价格低于碳粉，使用成本低。喷墨印刷机能够节省传统印刷需要的化学胶片、版材和药液，使用的UV墨水和水性墨水不含VOCs（有机挥发物），能有效地促进环保；在占地面积、能耗等方面都优于传统印刷机，更加符合日益严格的节能减排的环保要求。因此，行业专家普遍认为，喷墨印刷的出现与发展，将导致印刷行业的重新洗牌。它将改变数字印刷是传统印刷补充的局面，将成为胶印、柔印、丝网印、凹印之外的又一种主流印刷方式，并不断侵蚀后者的市场份额。

2008年，除了让人在印刷质量上惊叹的柯达"Stream"技术之外，还出现了B2幅面的单张纸喷墨的原型机，而B2及B2+幅面的彩色单张印刷设备成为了2012年德鲁巴上的明星。从此以后，随着潜在用户兴趣的增长，主要供应商也不遗余力地推动这种类型设备的发展。

在2012年德鲁巴之后，B2及更大幅面的数字印刷机正在数字印刷市场中形成一个新的派别，各种数字印刷技术的厂商都投入了这个领域，这个有活力的领域将在未来几年持续产生影响，目前这种类型的设备在市场上已经安装超过百台。

斯密瑟·匹勒曾经在报告中从印刷速度和印刷质量两个维度绘制了喷墨技术的现状，如图4.1所示。

可以看到B2及以上幅面的单张纸喷墨印刷设备胜在印刷质量更好，但是印刷速度不够。即便是已经上市销售的富士胶片的JetPress

720喷墨数字印刷机和网屏的TrupressJetSX彩色单张纸喷墨数字印刷机，其生产速度与人们心目中的生产型设备还有差距。

此外，目前已经上市的基于色粉的印刷机（以及HP Indigo）已经适应于多种短版商业印刷场景，对于将与这些设备进行竞争的新的喷墨设备，在速度、质量和成本上要有更多的优势才能取胜。

国外大厂商已经纷纷开始了喷墨数字印刷机的研究。但总体来看，喷墨数字印刷还刚起步。值得注意的是，在喷墨印刷领域技术领先的是印前厂商，而不是传统印刷设备厂商，主要原因在于印前厂商掌握了数字化技术。国内厂家采用喷墨技术在开发制造大型喷绘机上取得了很大的成功，占领了国内外大部分市场，也有利用喷墨来进行简单印刷的应用，例如印刷条码、编码等，但质量离印刷要求还有很大差距。

在业界把注意力集中于喷墨技术的开发，希望生产出喷射速度更快、喷射密度更高、寿命更长的喷头，进而实现提升喷墨印刷机的印刷速度、印刷质量和降低综合使用成本的同时，喷墨技术的另一种形式出现

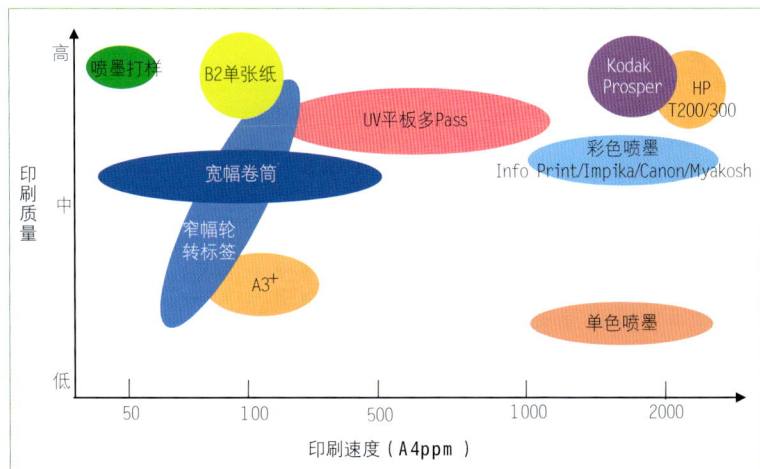

图 4.1 喷墨技术现状图
（来源：斯密瑟·匹勒：The Future of Inkjet Printing to 2015）

了，即**班尼·兰达**发明的纳米印刷技术。该技术与以往喷头直接向胶印物上喷射墨水和成像原理不同，它是喷头先把墨水喷射到中间载体（橡皮布）上实现成像，然后中间载体再把成像墨影转印到承印物上，这种喷墨转印技术最大的特点是，无须对承印物进行固墨预处理。喷墨技术的巨大发展潜力，将导致印刷行业的重新洗牌。相信通过软硬件厂商、油墨及耗材厂商的努力，能够使喷墨印刷成为商业应用的主流。

二、我国数字印刷发展现状

数字印刷在我国虽处于发展初期，但特色明显，主要有以下几个方面。

1. 呈跨越式增长态势

首先，喷墨型数字印刷设备装机量增长较快。其次，激光型数字印刷设备装机量平稳增长。数字印刷设备装机量增长势头强劲，新投资者不断加入，原有用户产生新的需求。数字印刷设备在业务拓宽、品牌提升上影响着印刷企业的发展方向。我国数字印刷在20世纪90年代中期一经起步，就大量引进世界先进设备和经营模式，获得了跨越式发展。截至2014年7月底，国内印刷业通用数码印刷机装机总量达9400台，其中，单张彩色数码印刷机5100台，单张黑白数码印刷机4100台，卷筒（连续纸）彩色数码印刷机25台，卷筒（连续纸）黑白数码印刷机95台；另外，专用数码印刷设备方面，彩色标签印刷机装机总量60台，监管码喷印设备装机总量550台套；与其他印刷设备连线使用的高速喷印系统近650套。

2. 应用领域不断拓展

与传统印刷相比，在短版印刷、个性印刷以及可变数据印刷方面，数字印刷独具优势。随着数字印刷技术优势的不断发掘，其在广告宣传、建筑图文、机关文印、数字影像、商业快印、票据证卡、防伪产品、个人按需消费品印刷等方面的空间得到进一步拓展；在金融、出版、文教、电信、公共事务服务等行业以及广告和影像等领域，数字印刷应用取得新的突破。

3. 初步形成了具有自主知识产权的技术体系

从数字喷墨技术发展看，我国已经与国际大厂商的技术水平基本同步，以北大方正集团为代表的民族品牌的企业，从2005年开始进行数字印刷技术研究，主要研究的是喷墨控制硬件和数字前端软件的关键技术，包括喷头控制系统、供墨控制系统、控制软件等，2006年完成原理性样机，2007年完成成品样机，2008年推向市场，我国企业自主研发的数字喷墨印刷机，在同等喷头条件下的印刷质量、印刷速度等关键性能指标达到了世界上先进厂商的水平，被行业权威机构PARA列为喷墨技术国际先进厂商，目前国产多品种、多规格的喷墨印刷机有多家厂商生产制造，并拥有多项发明专利，初步形成了自主知识产权的技术体系。

从数码印刷机装机总量的分布看，传统印刷领域（包括出版物印刷、包装及标签印刷、商业印刷、商业票据印刷等企业）占23%，复制打印领域（数码快印企业）占62%，机关文印中心占15%，如图4.2所示；专用数码印刷设备和喷印系统的安装则全部集中于传统印刷领域。

（1）出版物印刷。出版物印刷行业是传统印刷业的重要组成部分。图书、期刊、报纸

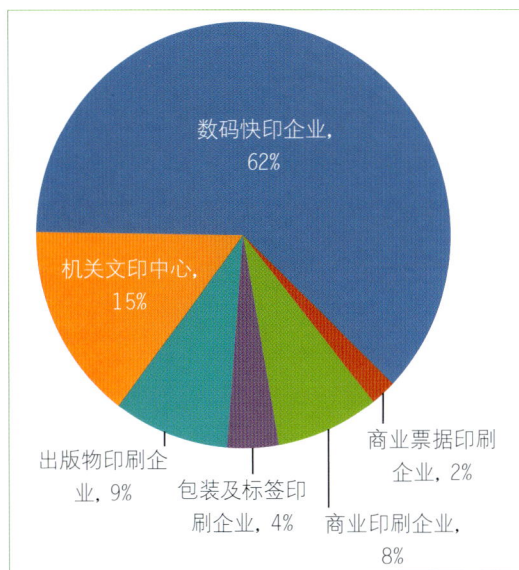

图 4.2　数码印刷机装机总量的分布

是该领域的主要印刷产品。胶版印刷是出版物印刷的主要印刷生产手段。受到互联网和电子媒体的影响，以传统纸质出版物为依托的出版物印刷市场需求萎缩，出版物印刷生产领域业务增长持续低迷。数码印刷在该领域的应用主要是短版印刷，即用于那些已经存在，而用传统印刷方式很难满足的短版印刷需求。同时，按需印刷的概念已经被印刷企业所认识，按需印刷的商业模式已经在一些印刷企业开始尝试。出版物印刷领域骨干印刷企业800家，其中有440家企业（55%）拥有通用数码印刷机，装机总量810台。

（2）包装及标签印刷。包装及标签印刷行业是国内传统印刷业中规模最大、增长速度最快的行业。国内包装及标签的印刷生产主要以胶印、凹印、凸印、柔印、丝印、数码等为加工手段，其产品常是多种印刷工艺组合加工的结果。数码印刷在国内包装标签印刷行业的应用主要体现在电子监管码印刷、商品防伪标签印刷和短版标签印刷。

目前，全国包装标签印刷行业骨干印刷企业2100家，其中220家企业（11%）拥有通用数码印刷机，500家企业拥有电子监管码喷印设备。该行业数码印刷设备安装总量1120台套，其中通用数码印刷机400台，专用数码标签印刷机60台，监管码喷印设备装机总量550台套，与其他印刷设备连线使用的高速喷印系统近110套。

（3）商业印刷。商业印刷行业是指以社会零件印刷生产为主的企业群体，其印刷品涉及公司介绍、产品说明、商品营销、办公用品等范围。

商业印刷行业应用数码印刷通常有两种模式：①传统胶印补充模式，作为传统胶印的补充，利用数码印刷进行数码打样、超短版印刷、可变数据印刷、个性化印刷、按需印刷以及订单补数等；②快印店模式，商业印刷企业开设自己的快印店来开展数码印刷业务。印刷企业希望通过快印店扩大业务范围带来更多传统印刷业务。

商业印刷行业骨干企业1000家，其中550家企业（占骨干印刷企业的55%）拥有通用数码印刷机，装机总量达740台（彩色数码印刷机450台，黑白数码印刷机290台）。

（4）商业票据印刷。商业票据印刷是我国印刷业的特殊产品印刷行业，其印刷业务以税务发票、银行票据、直邮单据等为主，涉及金融、税收、邮政、通信、海关等众多行业。

商业票据的生产采用专用窄幅卷筒票证印刷设备，多种印刷工艺（平版、凸版、柔印、网印、数字）连线一次完成。由于票据的特殊性，数码印刷的可变数据打印技术已经普遍应用到商业票据印刷生产领域。

目前，商业票据印刷行业中，300家骨

干印刷企业的主要生产流程都配备了喷印系统，并有近一半的企业拥有通用数码印刷机。该领域数码印刷机装机总量240台，喷印系统总量500套。

（5）数码快印。数码快印企业是指复制打印行业中那些至少拥有一台生产型数码印刷机的图文制作及商业快印企业。国内数码快印行业有以下特点：①以一、二线城市为基地，逐渐向周边或小城市扩展；②大多数企业以建筑图文、商务文件印刷为主；③行业加入门槛低、企业规模小、业内竞争激烈；④市场需求增长趋缓，生产能力过剩普遍存在。

目前，国内共有数码快印企业约3700家，门店4500家，数码印刷机装机总量5700台，占国内数码印刷机安装总量的62%。

（6）机关文印中心。国内政府机构和大企事业单位内部文印中心总数约600家，数码印刷机的装机总量约1400台，占国内数码印刷机装机总量的15%。

作为政府或大型企业的办公辅助服务系统，该行业以内部文件印刷为主，具有品种多，时效性强，颜色要求准确（红头），部分应用需要可变数据支持（打号），对印刷正确性的要求极其严苛的特点。

数码印刷快速便捷的优势，使得国内政府机关，从中央到地方以及各类大型企事业单位的内部文印中心已经基本淘汰了传统的小胶印，转型为数码印刷的生产流程。

4. 竞争趋向于差异性

2004年以来，数字印刷企业开始倾向于通过差异化竞争提升企业品位，拓展业务范围。数字印刷企业向客户提供全程服务选择方案，诸如文件格式的提醒、产品样式的选择、材料应用的推荐，以及印后加工形式的建议等。新

的竞争方略促使数字印刷企业更加注重服务的专业化和印后产业链的高附加值化，产品价值不断提高，市场竞争力初步显现。

5. 注重与传统印刷数字化工艺结合

近年来，传统印刷数字化工艺中的色彩管理技术、流程控制技术等被引进数字印刷领域，数字印刷品质控制取得进步。

6. 借助装帧设计和印后加工提升印品质量

数字印刷发展初期，在建筑图文、商业快印等领域得到了广泛应用，装订样式多以圈装、骑马订、无线胶订为主。随着数字印刷精品化趋势，以及精美装帧、印后加工整饰为企业带来的附加利润，促使印刷企业采用多种装订样式，对有特殊用途的产品选择应用上光、水性涂布或UV涂布等印后加工工艺，产品更具文化品位，其附加值成倍提高。

第三节
喷墨印刷产业发展趋势

一、喷墨印刷产业发展方向

（一）绿色环保

"绿色"理念将充分体现于产品设计、制造工艺、材料应用、包装运输、处理回收多个方面，并使产品本身节能、节水，对环境友好。消费者对于高质量、高环保产品的要求也表明印刷行业要满足更高的绿色环保的要求。各方面的能源效率、爱护有限的资源、回收再利用等话题，是现今和未来对印刷从业人员提出的要求。在印刷业把印刷品的可持续生产的所有问题都用"绿色印刷"这个概念加以概括时，与此有关的在生产设备和耗材以及厂房设计方面的技术进步也令人印象深刻。未来分散生产的数字印刷技术

将几乎无废品，可为可持续生产出一份力，有助于绿色印刷目标的实现。

我国在油墨制造与生产上具备了雄厚的基础，但是在适应喷墨使用的墨水上的投入与发展还不够，为此，我们需要大力发展更为环保的UV及水性墨水，使高速喷墨墨水承印物适应性以及干燥性得到进一步提升。同时加强造纸厂、数字印刷设备供应商和墨水厂商之间的研发合作，加强对于印品脱墨的改进，使印刷产品形成良好的可回收性。

（二）智能化

数字印刷的智能化发展体现在两个方面。首先通过数字印刷设备制造商的努力实现数字印刷设备性能的升级。数字印刷设备在速度、质量和稳定性上不断提升。特别是喷墨技术的发展，实现了更小、更好、更全面。更小体现在墨滴更小；更好体现在质量更好，这是墨滴更小带来的自然结果，其次体现在速度提高了，再次体现在耗材更环保、性能更高；更全面就是合作的对象和应用的范围。另一方面体现在数码设备印后装备的智能化发展。在未来5~10年，具备智能化的设备既能够实现独立操作，又能够实现网络控制，这些设备能够根据不同的工艺要求做出不同的响应，从而完成规定的操作要求。印后设备的智能化发展通过智能化模块的添加，采用计算机控制，配置质量监控装置，使设备的调整和控制基本可依靠计算机控制系统中事先已经存储的程序自动完成，或通过设备接口转换，借助于网络，直接把印前、印刷的相关信息作为指令进行调整，其自动化、智能化、网络化水平更高，这不仅有利于印刷全过程的数字化，提高生产效率，同时也有利于进行良好的生产过程控

制，保证产品质量。

（三）融合

"融合"，即先进制造业将成为不同学科、多种工序和多种工艺、不同技术、各种新材料的应用，单元、系统、流程相集成，甚至是不同文化相融合的制造业。印刷是与信息技术结合很紧密的行业，在未来5~10年，我们将看到信息产业的最新发展应用到印刷产业中，比如云技术。利用云来改善印刷文件的接入性，使管理者可以随时随地通过各种浏览器，包括手机和平板电脑来获取生产数据，很好地将其从生产现场中解放出来。基于云的解决方案还可以利用光谱色彩管理的数据库来确保不同地点、不同类型介质和不同输出设备之间色彩的一致性。

（四）服务

对印刷行业来说，在数字化、网络化的印刷时代，已经不再是单纯的"印刷"，而是要利用数字印刷的优势，把自己定位于客户的服务单位，满足客户与印制相关的全面需求。

要实现这样的效果，有赖于技术供应商在解决方案上的进展，体现出集成、自动化和市场导向的趋势。这些解决方案将包括网络印刷、MIS、生产流程，这些功能可以单独部署，也可以集成部署，但它们之间都可以达到无缝自动衔接。通过网络门户拓展业务范围；印刷企业的网络门户通过互联网让用户参与到作业生产中，用户可以远程提交作业和核准页面，提高与用户的沟通效率；网络订单或远程作业可以自动转化为生产流程作业，生产流程可以将作业生产状态反馈到网络门户；自动化的生产流程，根据预定的生产要求自动完成处理流程，提高生产效率。MIS系统可以监控网络订单和远程作

业，将它们转化成MIS订单，进而做生产计划。混合生产流程，可以根据预先设定的条件，将作业分配到数码或胶印流程。这些融合的解决方案，可以帮助印刷供应商扩展服务，拓展新的客户，提高运营效率，降低整体开销和提高营业利润，成为全能印厂，实现印刷与数字、网络相融合，拓展印刷企业网络服务能力。

二、喷墨印刷未来的发展趋势

喷墨印刷未来的发展趋势如图4.3所示。

三、喷墨印刷系统的关键技术

（一）喷墨控制关键技术

喷墨控制技术是根据待印刷的图文内容，实时地控制喷墨打印头在介质上进行成像的技术，它直接决定了喷墨数字印刷的性能及质量，是数字印刷项目的核心技术之一。其实现关键包括：超高速数据传输技术及实时性机制的设计与实现；基于分布式处理技术的数据存储、处理系统及喷头控制系统；能有效弥补机械及喷头缺陷、提升印刷质量的喷墨控制技术。

（二）数字前端软件工程

传统印刷技术的核心是基于"印版"内容的复制，然而数字印刷的内容不是来自"印版"，而是实时地来自由计算机及软件组成的数字前端系统。与传统印刷相比，数字印刷不只是信息的传递过程发生了变化，数据的传输量和处理速度要求相比传统印刷也有超过一百倍的提高，远远超出目前普通计算机系统的处理能力。因此，采用最新计算机技术的数字前端软件系统也是数字印刷项目的核心技术。其技术关键是：分布式、可堆叠的栅格图像集群处理技术；适应于喷墨数字印刷的可变数据内容制作及输出控制技术；喷墨印刷生产流程管理技术；基于喷墨技术的高速图像处理及喷墨印刷质量改进技术；针对喷墨印刷的特点，实现喷墨印刷质量提升的创新的文字及图像

	第一阶段	第二阶段
	2015　　　　　　　　　　　　2020	2025
喷头	最小为2pl，一般为6～48pl，二进制和灰度	在专业设备上可达到0.1pl，改善色彩和文字质量
	幅面达于72mm的印刷机包含144个喷头，每个喷头有10560个喷嘴	在轮转和平板设备上，15m幅宽包含上十亿喷嘴
设备性能	随着UV和水基油墨的使用在稳步提升	质量与单张纸和商业轮转胶印相当，在标签与包装领域与凹印和柔印相当
	单个喷嘴达到6kHz,印刷机达到4000×A4p/min（彩色）	喷嘴速度150kHz，高质量设备达到25000×A4p/min，相当于商业热固轮转胶印机
耗材	溶剂型，水基和UV以及相变油墨	减少溶剂油墨的使用，颜料水基油墨和利用LED干燥的UV油墨增加
	纸张需进行改善才能实现好的印刷效果	表面涂布等工作使喷墨可以产生与胶印相当的质量
应用	印刷、标签、包装、工业装潢和材料整饰	可以更直接地在不规则表面上印刷。所有的印刷产品都会有采用喷墨印刷

图 4.3　喷墨印刷未来发展趋势

处理的算法；能大幅提高数字前端及控制系统的数据处理性能的软硬件相结合的系统控制技术。

（三）供墨系统

墨水、介质及其控制技术是影响喷墨数字印刷系统的质量及运行成本的关键因素。因为物理分辨率比传统印刷低，目前喷墨数字印刷系统在印刷质量方面与传统印刷技术还有一定的差距，还需要在墨水及墨水系统、介质、系统控制方法上取得突破。其技术关键是：适应于各种介质及应用领域的墨水研发及其制备方法；适应于喷墨成像的介质及涂层的研发及制备方法；喷墨印刷系统中墨水的供给及维护技术、干燥技术。

（四）喷墨打印头关键技术

喷墨打印头是喷墨印刷中的核心部件之一，国外已经有成熟产品。喷墨打印头是典型的MEMS（Micro-Electro-Mechanical Systems，微机电系统）。喷头的类型可以分为连续喷墨式、按需压电式和按需发泡式。喷头的物理分辨率一般在360~600dpi。喷射频率基本都在30kHz以内，墨点大小在3~50pl。喷头的有效宽度基本都在10cm以内，如果打印宽度更宽，都需要将若干喷头拼接在一起，带来拼接的精度问题以及不同喷头之间的色差问题。

许多高速按需喷墨技术都采用压电喷头。压电喷头能产生高速的墨滴，而且可以使用的油墨类型也更多，特别是高黏度的UV干燥油墨和一些专门制造的液体。在这个领域的开发商比较多，比如Xaar、FujiFilmDimatix、Epson、京瓷、Konica Minolta、松下等。

在这一方面我国的基础较为薄弱，并且面临国外专利壁垒。但作为喷墨印刷系统的核心技术之一，我们应该对现有国外产品技术进行消化吸收。

（五）装备制造关键工艺

喷墨数字印刷中的机械系统与传统印刷设备相比存在较大的差异，它没有传统印刷中的印刷单元，但喷墨印刷是非接触式、无压力印刷，因此对印刷设备的要求更高，对设备制造工艺的要求也更高。其技术关键是：适合于喷墨印刷的高速介质传送技术及张力控制技术；适应于数字喷墨印刷机械平台的无轴伺服驱动技术；适应于高速喷墨印刷系统的机械控制自动化技术。

四、商业模式的变革

（一）按需印刷

数字印刷技术具备张张不同的印刷能力，为印刷业完美地实现了大规模定制的方案。特别是在图书按需出版方面，为出版公司在细分市场生产出版物打开了新的市场，减少了浪费和库存，提高了设备的利用效率和图书出版效率，利用长尾效应实现了价值的最大化。同时，随着图书品种的多样化和定制化的急剧增加，采用数字印刷技术进行大规模定制化的图书生产，能够实现个性化定制图书的大规模生产，而不会相应地增加成本。

按需印刷是印刷业在互联网和数字化技术基础上产生的新型业态。按需印刷新业态的成长发展是一个集成创新的过程。它对我国印刷业的转型升级具有很强的推动作用，具体表现在以下几个方面：

（1）商业模式的集成创新主要体现在价值实现和增值服务两个方面：①价值实现

表现为印刷成本的优化、印刷品生命周期总成本的优化和印刷品总价值的提升；②增值服务则是印刷企业为客户提供数字资源管理、数字技术培训、产品创意制作、网络印刷和多媒体发布的服务，并使其成为未来印刷企业利润增长的主要来源。

（2）产业聚合企业发展的集成按需印刷依托云服务平台，使众多企业在这三个层次上进行技术合作或商业联盟，组建按需印刷的连锁网络，打造按需印刷的产业集团。这样的发展过程将促进传统印刷企业之间、商业快印企业之间以及传统印刷与商业快印企业之间的合作，跨行业、跨区域、跨所有制的按需印刷产业集团将会产生。若干按需印刷产业集群的形成将会加速整个印刷业的转型升级从点到面，由量变到质变。

（3）最新科技成果的集成。按需印刷的生产核心涉及工业级高速数字印刷机、配套的数码印后设备和流程控制系统，是当今印刷技术的最新成果的集中体现。而国内按需印刷需要的专用纸张不可能长期依赖进口，需要国产化。故这种集成需要克服许多困难，是一个各种资源和技术要素主动寻求最佳匹配和优化组合、不断创新的过程。

（4）各路精英的有效汇集。学科交叉、技术融合是按需印刷对人才的要求。复合人才和核心团队的建立和培养对按需印刷集成创新尤为重要。没有一批复合技能人才，创新活动就难以物化。

总之，按需印刷有助于不同印刷企业间的重组整合有利于印刷企业差异化核心竞争力的形成，是促进印刷业整体转型升级向高效创新、加工与服务相融合的服务型制造业转变的重要途径。

（二）平台化运营

随着信息技术尤其是云技术的成熟与普及，与数字印刷技术的结合也将为印刷行业带来基于云平台的新的经营模式。

云平台将采用先进的信息技术与现代公司经营机制，建立和运营全国甚至全球范围内数字技术服务平台，为出版社实现了云技术及SAAS服务模式的资源加工、存储、多形态发布的数字出版服务；为出版社或图书发行商提供异地按需印刷服务；为印刷企业提供了网络印刷、按需印刷、个性化印刷的新型印刷形态。同时云平台也标志着规则联合制定、业务联合推广、市场联合拓展、风险联合防范的全新数字化服务模式。它不仅适应未来出版印刷全数字业态发展趋势，而且还将真正实现在线生产、异地同步印刷、标准统一、品质一致的数字化印刷规模战略。

印刷云平台包含了全媒体资源库、书目信息管理、加盟体系认证管理、网站服务、应用程序及工具、印刷订单整理分发中心、支付结算中心、数据分析与挖掘等模块。平台的用户是出版社和印刷厂。出版社可以通过报价和订单处理页面进行印刷订单的提交与管理，而印刷厂则配备相应的印刷生产管理平台，它将自动根据订单获取到生产资源，并自动进入数字化流程，进行生产加工。印刷厂将生产加工的成品进入物流配送，让成品尽早提交到出版社、发行商或者顾客。

当用户在网页下单后，印刷云平台分析用户订单信息，将订单发给代印点，代印点看到订单后，可以从资源库获取加密的文件包，进行印刷、包装、物流等操作，印刷完成后，对于授权的代印点，还可以将印刷该图书的参数文件上传到资源库进行保存。

此外利用云平台，还可以围绕着内容资源的特点进行数字产品加工及应用服务，结合实际业务需要，通过应用接口的多渠道发布引擎，进行数据加工、电子书制作、数字印刷、移动阅读、在线教育等加工及应用服务，同时提供版权保护、数据同步、接口标准等配套服务，打造一系列围绕资源的增值和拓展服务体系。系统能够为更多的增值服务和应用提供数字加工制作平台。

印刷云平台还将提供统一的销售平台、推广平台、订单平台。该平台将具备良好的可扩展性，实现Lightning Source模式的图书POD印刷服务模式。平台的运营方与出版社签订版权协议，获取到图书的销售权和按需印刷的订价权。利用云服务平台的网站服务模块，搭建统一的图书销售电子商务平台。平台的运营方将负责图书电子商务平台的统一销售、推广以及订单分配、资金结算。

第四节
喷墨印刷的应用领域拓展

一、在出版物印刷中的应用及趋势

目前我国出版业普遍面临着库存大、退货多、回款难、起印数高、短版书面市难、断版书再流通难、教辅市场萎缩等诸多问题。我国每年出版图书超过40万种，超越美国一倍多，毫无疑问地位居世界第一。但与此同时，库存负荷成为悬在出版业头顶的"达摩克利斯之剑"。我国每年出版的十万余种新书中，平均有55%成为绝版书并退出流通范畴，十分浪费内容资源；"起印量"招致出版社被迫多印大量图书，长期占用库存和浪费资源。

再看一组数据。根据全球最大教育类出版商皮尔森的统计，采用传统印刷过程，15%的纸张浪费在印刷过程中，印后装订浪费的甚至更多，而每年浪费的库存相当于2万吨纸。而转向数字印刷之后，皮尔森估计将节约4000吨纸，这等于524554棵树，这是对环境的极大保护和贡献。

接下来再来看看数字印刷在书刊印刷中的应用。美国2008年按需印刷书目总数已超越传统印刷的书目总数。2002~2008年，美国按需印刷书目总量增长774%。2009年美国按需出版的图书同比增长了181%，2010年又同比增长了169%。截至目前，在美国，无论是大学出版社（如哈佛大学等）、出版公司，还是图书批发商或零售商（如鲍德斯连锁店等），甚至是印刷机构，都在积极地介入按需印刷领域。同时，在英国、日本、法国、德国等，按需印刷与按需出版也应用于出版机构互联网平台、书店等多个领域。

而在我国，虽然很多出版社都意识到按需出版是大势所趋，但受资金、版权、设备、人员、技术、成本等因素的制约，虽有心但也疑虑重重。与传统出版产业相比，数字出版、数字印刷对很多出版人来说，是一个全新的领域——思维方式不同，赢利模式不同，操作方式不同，应用技术不同。

二、在商业印刷中的应用及趋势

越来越多的商业印刷产品中开始使用喷墨技术。起初可能是一些宽幅的广告印刷品，随后发展进入创意市场，比如艺术品复制和广告促销产品，随后印刷公司开始不断拓宽喷墨技术的应用。

同时在影像行业，喷墨也被用于替代胶片冲印。

全球商业印刷喷墨印刷市场在2010年大约为35亿美元，大约有相当于338亿张A4印刷量。2010～2015年的年均复合增长率为14.5%。其中最大的国家市场就是美国、日本和我国。

三、在包装印刷产业中的应用及趋势

在2009年5月北京China Print印刷展上，专家Wolfgang Klos-Geiger公布了2008年欧洲标签市场印刷工艺技术调查结果，其中柔印技术占62.1%，排在首位；数字印刷和组合印刷方式占比相当，分别为33.06%和33.87%。欧洲标签市场采用数字印刷技术已超过胶印、网印、凸印等传统印刷方式。据有关专家预计，未来几年，数字印刷机将会成为欧洲包装标签印刷的主流机型，大约占欧洲包装标签印刷机的55%。

在国内，数字印刷在监管码标签市场得到了较好的应用和发展。目前，全国4000多家制药企业中已有500多家企业进入药品监管。此外，在酒类、食品、化肥、种子和饮用水等产品也在实施电子监管码。目前，国内印制的电子监管码基本上都采用数字喷墨技术，效果比较好。

四、在工业印刷产业中的应用及趋势

工业印刷是将印刷技术应用于生产制造中，不包括常见的印刷品、纺织品或者包装。其使用非常广泛，从瓷砖到车窗玻璃，从智能手机上的触摸屏到儿童玩具。

工业印刷生产市场按应用、印刷方式和地区划分，分别如表4.4～表4.6所示。表中CAGR为年均复合增长率。

工业印刷与商业印刷有些不同，商业印刷因为要与电子产品和互联网竞争，所以在市场份额、吸引广告投入上输于新媒体。印刷制造商一般都采用更加高效的生产，配有数字化流程，以及辅助的行政与业务过程向精益制造看齐，使印刷业务更加高效、快速

表 4.4 2008～2018 年全球工业印刷市场（按应用，金额单位：百万美元）

应用	2008 年	2012 年	2013 年	CAGR（%）2008～2013 年	2018 年	CAGR（%）2013～2018 年
装饰与层压	10617.7	13775.0	14725.6	6.8	18457.2	4.6
陶瓷	3145.1	3944.8	4276.5	6.3	5381.9	4.7
电子	3090.0	8170.0	8840.0	23.4	45046.0	38.5
玻璃	534.7	658.0	666.8	0.3	1097.0	10.5
汽车	1262.9	1635.4	1713.7	6.3	2420.3	7.1
生物制药	180.0	1831.4	2200.0	65.0	5495.3	20.1
Promotional/ 其他	3897.1	5972.5	6873.8	12.0	8467.3	4.3
3D 印刷	538.5	3697.1	4406.3	52.3	17258.8	31.4
合计	23266.1	39684.1	43702.7	13.4	103623.7	18.8

（来源：斯密瑟·匹勒：The Future of Industrial Decoration and Printing to 2018）

表 4.5　2008 ~ 2018 年全球工业印刷市场（按印刷方式，金额单位：百万美元）

印刷方式	2008 年	2012 年	2013 年	CAGR（%）2008 ~ 2013 年	2018 年	CAGR（%）2013 ~ 2018 年
丝印	8638.8	13841.9	14775.6	11.3	33606.0	17.9
移印	1663.7	2284.8	2286.4	6.6	4215.1	13.0
凹印	9480.7	12940.7	13907.7	8.0	25761.6	13.1
其他传统印刷	2344.0	3701.0	4288.3	12.8	8309.7	14.1
喷绘	1138.8	6915.8	8444.7	49.3	31731.3	30.3
全部印刷方式	23266.1	39684.1	43702.7	13.4	103623.7	18.8

（来源：斯密瑟·匹勒：The Future of Industrial Decoration and Printing to 2018）

表 4.6　2008 ~ 2018 年全球工业印刷市场（按地区，金额单位：百万美元）

国家 / 地区	2008 年	2012 年	2013 年	CAGR（%）2008 ~ 2013 年	2018 年	CAGR（%）2013 ~ 2018 年	Change（%）2008 ~ 2018 年
西欧	5213.4	8632.5	9239.7	12.1	23403.7	20.4	448.9%
北美	5101.9	9033.7	10033.1	14.5	23971.3	19.0	469.8%
亚洲	8523.5	15183.5	16963.4	14.8	44607.3	21.3	523.5%
拉丁美洲	1760.4	2571.0	2789.3	9.6	3828.9	6.5	217.5%
东欧	1152.6	1649.1	1773.2	9.0	2702.8	8.8	234.5%
中东	827.6	1390.0	1552.8	13.4	2599.8	10.9	314.1%
非洲	416.9	707.6	786.7	13.5	1394.9	12.1	334.6%
澳大利亚	269.8	516.7	564.4	15.9	1115.2	14.6	413.4%
世界	23266.1	39684.1	43702.7	13.4	103623.7	18.8	445.4%

（来源：斯密瑟·匹勒：The Future of Industrial Decoration and Printing to 2018）

和廉价。但是对于工业印刷来说，这些都没有产生影响，对于印刷过程的效率关注没有那么高，因为它是整个制造过程的一部分。在生产一辆售价3万美元的汽车时，控制面板可能成本不到100美元，不是成本的关键组成部分。在这个100美元的控制面板商的印刷可能就1~2美元的成本。

商业印刷关注色彩质量，而工业应用关心的是印刷的功能。丝印和凹印都会使用某些功能性材料，而不是彩色油墨。工业印刷领域，

印刷供应商一般会专注一个垂直领域。地板制造商有的具有内部印刷厂，可在基材上进行印刷处理，有的则直接从像Sxhattdecor这样的专业供应商手中购买印好的卷。

对于工业印刷来说，一点重要的变化是当商业印刷领域产值下滑、市场面临压力时，许多设备和耗材供应商进入了工业印刷领域。许多领先的喷头、设备和油墨供应商开发了新的解决方案，将塑造工业印刷领域的未来。

五、在印刷装潢与层压材料中的应用及趋势

喷墨印刷技术被广泛地应用于装饰产品表面，比如墙纸、地板和家具。

数字印刷常常用于短版和一次性的设计，主要采用平台式宽幅喷墨设备，采用特殊的单Pass引擎。UV油墨的发展已经实现了在面板和门上的直接印刷。也有印刷到纸张和薄膜上再进行层压和保护工艺的。如今印刷的装潢材料不仅仅是复制或者模仿天然材料，对于高质量的原创设计也有广阔的市场。

2008～2018年印刷装潢与层压材料市场按印刷方式和地区划分，分别如表4.7与表4.8所示。

Bipan-Astrid是意大利工业GruppoFrati的子公司，采用Kodak的喷墨技术直接在HDF地板表面印刷设计图案，然后再进行涂布保护。整个加工过程结合了专业的版材准备、热涂布技术和喷墨印刷技术，有效消除了在传统层压产品工艺中所有与纸相关的环节，包括纸张生产、印刷装潢纸张、纸张浸泡和将纸张与面层贴付到标准尺寸的面板上。除

表 4.7　2008～2018 年印刷装潢与层压材料市场（按印刷方式，金额单位：百万美元）

印刷方式	2008 年	2012 年	2013 年	CAGR（%）2008～2013 年	2018 年	CAGR（%）2013～2018 年
丝印	530.9	619.9	589.0	2.1	646.0	1.9
移印	0.0	0.0	0.0	n/a	0.0	n/a
凹印	9063.3	11581.1	12383.8	6.4	15282.2	4.3
其他传统印刷	951.2	1119.1	1182.3	4.4	768.1	−8.3
喷墨	72.3	454.9	570.5	51.2	1760.9	25.3
全部印刷方式	10617.7	13775.0	14725.6	6.8	18457.2	4.6

（来源：斯密瑟·匹勒：The Future of Industrial Decoration and Printing to 2018）

表 4.8　2008～2018 年印刷装潢与层压材料市场（按地区，金额单位：百万美元）

国家/地区	2008 年	2012 年	2013 年	CAGR（%）2008～2013 年	2018 年	CAGR（%）2013～2018 年
西欧	30.1	183.4	213.0	47.9	510.3	19.1
北美	28.9	163.8	196.4	46.7	452.6	18.2
亚洲	7.2	58.3	79.5	61.9	408.0	38.7
拉丁美洲	0.0	5.7	18.3	n/a	116.2	44.7
东欧	0.0	4.7	15.0	n/a	104.1	47.3
中东	4.1	26.1	31.0	50.0	90.8	24.0
非洲	0.0	1.1	3.7	n/a	34.2	56.3
澳大利亚	2.1	11.7	13.7	46.1	44.7	26.7
世界	72.3	454.9	570.5	51.2	1760.9	25.3

（来源：斯密瑟·匹勒：The Future of Industrial Decoration and Printing to 2018）

了极大地节省成本，Bipan的过程减少了浪费和对环境的影响，同时带来了无与伦比的设计便利性。

这项技术开启了原来不可能达到的营销地板产品的新途径，比如为专门的活动定制地板。GruppoFrati与Kodak一起开发了数字喷墨印刷设备，在与木基面板有关的应用中对于这项技术具备排他性的权利。Kleiberit粘附剂开发了创新的HotCoating印后系统，可以使用简化了的Barberan设备将非常柔软的和抗PUR的粘附层贴付到印刷好的HDF上。

六、在陶瓷工业中的应用及趋势

在传统的瓷砖生产过程中采用柔印和丝网印刷方式。印刷机采用圆形滚筒，改变一个设计需要花费几天时间，设备需要2~3周的运行才能收回装配成本。这对于受欢迎的大批量生产图案来说没什么，但是用于短版应用就太贵了。

随着装潢方式转向数字化，全球陶瓷印刷市场也发生了巨大的变化。表4.9和表4.10呈现了2008~2018年陶瓷印刷按印刷方式和地区分类的数据。

表 4.9 2008 ~ 2018 年陶瓷印刷市场（按印刷方式，金额单位：百万美元）

印刷方式	2008 年	2012 年	2013 年	CAGR（%）2008 ~ 2013 年	2018 年	CAGR（%）2013 ~ 2018 年
丝印	1598.3	1624.1	1658.1	0.7	1341.4	−4.2
移印	393.1	493.1	427.7	1.7	449.0	1.0
凹印	0.0	0.0	0.0	n/a	0.0	n/a
其他传统印刷	1131.4	813.4	869.9	−5.1	600.1	−7.2
喷墨	22.2	1014.2	1320.8	126.4	2991.3	17.8
全部印刷方式	3245.1	3944.8	4276.5	5.7	5381.9	4.7

（来源：斯密瑟·匹勒：The Future of Industrial Decoration and Printing to 2018）

表 4.10 2008 ~ 2018 年陶瓷印刷市场（按地区，金额单位：百万美元）

国家 / 地区	2008 年	2012 年	2013 年	CAGR（%）2008 ~ 2013 年	2018 年	CAGR（%）2013 ~ 2018 年
西欧	12.4	171.5	193.4	73.2	425.7	17.1
北美	0.7	12.2	12.9	79.8	24.0	13.1
亚洲	8.1	597.0	152.2	152.2	1801.8	16.8
拉丁美洲	0.0	107.8	n/a	n/a	280.5	16.3
东欧	0.0	57.0	n/a	n/a	165.7	19.7
中东	0.9	59.0	140.0	140.0	180.9	20.2
非洲	0.0	8.5	n/a	n/a	109.8	54.3
澳大利亚	0.1	1.3	90.1	90.1	2.9	11.3
世界	22.2	1014.2	126.4	126.4	2991.3	17.8

（来源：斯密瑟·匹勒：The Future of Industrial Decoration and Printing to 2018）

从表4.9可以看出，在过去几年陶瓷行业对于喷墨的采用逐渐加速，因为印刷系统的可靠性改善了瓷砖生产中给环境带来的挑战——有热量、灰尘，还有高湿度。

相比于柔印和丝网印刷，喷墨技术有很多天生的优势。陶瓷市场对于喷墨的快速采用将带来数十亿美元的设备销售，以及产生油墨和服务的复发性收入。

这个领域使用的油墨与图形领域的配方完全不同，使用无机颜料，能够承受高温烧制，并且能够溶解成釉。这种颜料相当粗糙，可能损坏喷头，而且密度大，供墨系统必须保持它们在油墨中呈悬浮状态。通常这些设备的安装条件都相当严格，恒温，防尘，供应商也会提供很好的维护项目。

对于大部分的瓷砖，目前喷墨的质量已经满足要求，因为这个领域的质量要求比图形领域低。非接触式的印刷减少了对瓷砖的破坏（至少在印刷阶段），瓷砖可以一直被印刷到边缘。这个领域的设备供应商有Cretaprint以及我国供应商Hope Ceramics Machinery，西班牙的Kerajet，以色列的Jettable和意大利的Sacmi，GruppoColorobbia，TSC，SiTi B&T和TecnoFerrari Spa。

七、在汽车工业中的应用及趋势

汽车上包含许多的印刷器件，如窗户、天窗、电话天线、仪表盘和控制面板等。

丝网印刷是汽车印刷中主要的传统印刷工艺，但喷墨技术的增速也非常快。表4.11和表4.12呈现了2008～2018年汽车零部件印刷市场按印刷技术和地区分类的不同数据。

有专门的喷墨印刷设备用于汽车窗户印刷，主要来自Durst和Dip-Tech这些供应商。

八、在玻璃工业中的应用及趋势

在玻璃上的印刷有多种应用：大面积的建筑与装潢，汽车、显示器和个人用品，比如酒杯、灯泡，以及包装中的广泛应用。

表4.13和表4.14呈现了2008～2018年玻璃印刷市场按印刷方式和地区分类的不同数据。

在玻璃印刷中，喷墨主要用于小批量的玻璃器皿和瓶子，平板设备可以用于镜子和小批量的建筑用玻璃。要得到好的印刷结果，就要确保玻璃的干净和无油脂。UV油墨粘附性好，耐刮擦，但是针对耐用的户外门要采用特殊的耐高温油墨。

玻璃一般采用珐琅油墨装潢，因为油墨

表 4.11　2008～2018 年汽车零部件印刷市场（按印刷方式，金额单位：百万美元）

印刷方式	2008 年	2012 年	2013 年	CAGR（%）2008～2013 年	2018 年	CAGR（%）2013～2018 年
丝印	1073.5	1308.3	13453	4.6	1573.2	3.2
移印	0.0	0.0	0.0	n/a	0.0	n/a
凹印	0.0	0.0	0.0	n/a	0.0	n/a
其他传统印刷	0.0	0.0	0.0	n/a	0.0	n/a
喷墨	189.4	327.1	368.4	14.2	847.1	18.1
全部印刷方式	1262.9	635.4	1 713.7	6.3	2420.3	7.1

（来源：斯密瑟·匹勒：The Future of Industrial Decoration and Printing to 2018）

表 4.12　2008～2018 年汽车零部件印刷市场（按地区，金额单位：百万美元）

国家 / 地区	2008 年	2012 年	2013 年	CAGR（%）2008～2013 年	2018 年	CAGR（%）2013～2018 年
亚洲	44.9	55.8	61.1	6.4	126.9	15.7
北美	35.6	55.7	63.0	12.1	139.1	172
西欧	69.2	148.9	170.0	19.7	411.1	19.3
拉丁美洲	17.7	26.6	29.8	11.0	57.5	14.1
东欧	16.5	31.7	35.1	16.3	90.3	20.8
中东	3.1	5.5	6.3	15.6	14.0	17.2
非洲	1.7	2.2	2.4	7.3	6.8	23.7
澳大利亚	0.9	0.7	0.7	-4.5	1.3	11.6
总量	189.4	327.1	368.4	14.2	847.1	18.1

（来源：斯密瑟·匹勒：The Future of Industrial Decoration and Printing to 2018）

表 4.13　2008～2018 年玻璃印刷市场（按印刷方式，金额单位：百万美元）

印刷方式	2008 年	2013 年	CAGR（%）2008～2013 年	2018 年	CAGR（%）2013～2018 年
丝印	454.5	526.4	523.4	2.9	713.1
移印	53.5	65.8	66.7	4.5	82.3
凹印	0.0	0.0	0.0	n/a	0.0
其他传统印刷	0.0	0.0	0.0	n/a	0.0
喷墨	26.7	65.8	76.7	23.5	301.7

（来源：斯密瑟·匹勒：The Future of Industrial Decoration and Printing to 2018）

表 4.14　2008～2018 年玻璃印刷市场（按地区，金额单位：百万美元）

国家 / 地区	2008 年	2012 年	2013 年	CAGR（%）2008～2013 年	2018 年	CAGR（%）2013～2018 年
西欧	1.6	3.5	4.1	20.7	13.9	27.7
北美	1.7	3.5	3.9	18.5	14.5	29.9
亚洲	0.8	2.8	3.3	32.7	15.3	35.8
拉丁美洲	0.0	0.1	0.1	26.6	0.6	32.6
东欧	0.0	0.1	0.1	24.3	0.4	32.5
中东	0.0	0.0	0.0	29.4	0.2	37.1
非洲	0.0	0.0	0.0	50.4	0.1	40.9
澳大利亚	0.0	0.0	0.0	30.6	0.1	30.9
世界	4.2	10.0	11.7	22.8	45.2	31.1

（来源：斯密瑟·匹勒：The Future of Industrial Decoration and Printing to 2018）

最终是熔化到了玻璃表面，所以油墨耐用。溶剂型和UV油墨耐受性要差一些，但是性价比更高。因此这些油墨常常使用在对于抗刮擦性要求不是那么高的应用中。

印刷之后，油墨可能干燥或者固化。珐琅首先要挥发掉溶剂成分，然后在600℃煅烧。溶剂型油墨常常在120℃干燥，UV油墨要固化，然后在180℃加热增强油墨的吸附性和回火。

九、在医药与生物产业中的应用及趋势

印刷在生物医药中的应用也正在增加。有许多利用印刷传感器的潜在应用吸引了许多关注并已进入市场。试剂和生物鉴定材料可以通过高精度的印刷技术将正确计量的物质沉积在介质上。这可以测试呼吸、尿液、血液、唾液和组织样本。应用比较普遍的是怀孕试剂和血糖测试试剂。

表4.15呈现了2008～2018年生物医药印刷按印刷技术分类的数据。

在英国，Swansea大学的两位学者正在合作研究利用印刷技术来开发低成本的生物传感器来诊断健康状况。他们的目标是将活的抗体放置在合适的油墨中，然后印刷到合适的介质上形成一次性的传感器，能够以低成本大规模生产。

美国正在支持一个项目来开发和制造用于医疗保健应用的集成式印刷传感器系统。在这个项目中，研究者开发了一个印刷传感器平台，平台集成了温度传感器、氧传感器和生物传感器（血氧饱和仪）用于呼吸疾病的治疗。

许多制药企业和研究机构正在探索利用印刷技术在药物中印刷活性物质的可能。细胞组织培养喷墨印刷的应用也正在增长，因为其能够将精确用量的生物制剂进行精确定位。

表4.16呈现了2008～2018年喷墨生物医药印刷市场按区域分类的数据。

第五节　存在的主要问题

目前喷墨印刷技术已经在很多领域获得巨大成功，但目前的喷墨技术想要在主流商业印刷领域取得突破，尚存在一些障碍，主要体现在以下方面。

1. 速度和质量

目前成熟的喷头往往还不能在同时达到高速度和高质量。

表 4.15　2008 ～ 2018 年生物医药印刷市场（按印刷方式，金额单位：百万美元）

印刷方式	2008 年	2012 年	2013 年	CAGR（%）2008 ～ 2013 年	2018 年	CAGR（%）2013 ～ 2018 年
丝印	107.7	1084.2	1345.8	65.7	2938.0	16.9
移印	22.5	228.9	220.0	57.8	376.2	11.3
凹印	20.1	207.0	249.2	65.4	631.8	20.5
其他传统印刷	27.0	274.7	330.0	65.0	824.3	20.1
喷墨	2.7	36.5	55.0	82.7	725.0	67.5
全部印刷方式	180.0	1831.4	2200.0	65.0	5495.3	20.1

（来源：斯密瑟·匹勒：The Future of Industrial Decoration and Printing to 2018）

表 4.16　2008 ~ 2018 年喷墨生物医药印刷市场（按区域，金额单位：百万美元）

国家/地区	2008 年	2012 年	2013 年	CAGR（%）2008 ~ 2013 年	2018 年	CAGR（%）2013 ~ 2018 年
西欧	0.9	12.0	17.6	80.4	253.1	70.5
北美	1.1	13.8	20.8	80.2	273.4	67.3
亚洲	0.6	9.6	14.6	86.9	164.6	62.4
拉丁美洲	0.0	0.3	0.4	n/a	8.8	83.5
东欧	0.0	0.4	0.6	n/a	7.5	68.2
中东	0.0	0.2	0.4	83.9	4.5	63.1
非洲	0.0	0.0	0.1	n/a	2.9	84.4
澳大利亚	0.0	0.3	0.5	80.7	10.2	82.0
世界	2.7	36.5	55.0	82.7	725.0	67.5

（来源：斯密瑟·匹勒：The Future of Industrial Decoration and Printing to 2018）

2. 成像质量及介质兼容性

目前的喷墨技术在普通纸张上的成像质量与胶印有差距。

3. 运行成本

目前的喷墨技术在批量印刷时运行成本仍高于传统印刷。

4. 产品的适用性、稳定性

目前的喷墨产品的适用性和稳定性仍有待提高。

5. 高档喷墨头仍需进口

喷头作为喷墨印刷技术中的核心技术，目前完全由西方国家和日本垄断，我国在此领域还是空白。

6. 墨水没有形成产业化

高档墨水和数字喷墨印刷装备被外国厂商捆绑销售，造成用户使用成本高，制约了数字喷墨印刷技术的普及推广。

7. 与数字印刷机配套的数字印后装备发展慢

由于数字印后设备发展慢，用户不得不进口造价高昂的数字印后设备，造成用户成本上升。

8. 缺乏可借鉴的本土成功商业模式

国外成功案例和商业模式对推动本土企业按需印刷或按需生产的实践，具有积极有益的借鉴，由于市场环境和产业基础的差异，本土市场尚未出现数字印刷的支柱产品，按需印刷或按需生产的商业模式仍在探索中。

第六节　对策和措施

1. 搭建按需印刷公共服务平台

按需印刷公共服务平台集数字内容生产、网络印刷和跨媒体营销传播于一体，它以提升印刷产业链上下游之间的衔接和集成能力为重点，对推动企业转型升级，培育按需印刷新业态的快速成长起到关键作用。

2. 创立数字喷墨印刷技术研究基地

（1）开展单张纸、卷筒纸高质量彩色喷墨印刷设备的研制。

（2）开展数字喷墨印刷连线印后设备的研制。

（3）开展UV墨水、水性墨水的研发与生产，开展墨水产业的基地建设。

（4）通过采取引进、消化、吸收再创新的技术政策，开展对喷头的国产化研制工作。

3. 组织制定行业相关标准，建立健全相关标准体系

（1）数据标准体系。包括印刷数据标准、数据传输标准和数据接口标准等。

（2）质量标准体系建设。包括墨水浓度标准、纸张渗透及扩散标准、色彩及黑白度标准等。

（3）数字喷墨印刷系统印后设备接口标准体系。

（4）墨水环保标准体系建设。包括墨水的成分环保标准、废弃墨水的回收及处理标准、印刷品废品处理环保的相关标准。

4. 注重应用创新，加速跨界经营，培育新的商业模式

数字印刷应用范围的深度和广度决定了印刷产业规模定制运营体系的生存和发展，数字印刷的应用创新可以从多个维度探索：

（1）挖掘纸介质的应用深度、广度和生产方式，拓展价值实现突围，如短版印刷、混合印刷。

（2）实现印刷品生命周期总成本优化的方式，如批次印刷、多版本印刷。

（3）提升印刷品总价值的方式，如个性化印刷、可变数据印刷。

（4）摆脱对纸介质的依赖，开发新的介质应用。如大幅广告招贴、专业影像制作；纺织品、玻璃品、陶瓷品；层压材料（地板）、装饰材料（墙纸）、户外广告材料。

（5）摆脱对所有物理介质的依赖，发展专业增值服务。如为客户提供数字资源管理、数字技术培训、产品创意制作、网络印刷和多媒体发布的服务，并使其成为未来数字印刷企业利润增长的主要来源。

第七节　政策建议

目前在国际上喷墨技术的发展十分迅速，以喷头为例，其发展速度已经超过著名的摩尔定律。同时，随着要求的增长，大量的厂商也在墨水介质及预处理机制上进行了大量的研究。根据预测，近十年之内，喷墨印刷技术在速度、质量、运行成本上将能和传统印刷技术相媲美，而这将彻底改变印刷业的发展趋势。在喷墨印刷领域，国内外专利非常多，而且新专利出现的频率非常快，这也反映出喷墨及其系统集成技术是目前国际上学科研究的一个重点领域。我国喷墨技术与国际上相比，整体实力上有差距，但在某些领域仍有优势，特别是中国市场需求潜力大，急需民族品牌的技术及产品来促进我国印刷制造业转型升级，加速实现我国印刷制造向数字化、智能化转变。为此，有以下政策建议。

（1）全面落实《数字印刷管理办法》，为产业发展提供政策保障。

2011年2月开始执行的《数字印刷管理办法》（以下简称《办法》）是国家行业主管部门就规范我国数字印刷经营活动的第一部行政管理法规。《办法》在规定了数字印刷企业的准入门槛、政府部门的监管内容以及企业违法后要负的法律责任的同时，明确提出支持、鼓励数字印刷经营企业采用新技术、开拓新模式、提供新服务。《办法》对推动数字印刷在中国的发展起到了非常重要的作用。

《办法》已经实施5年，但国内各地执行落实《办法》的情况参差不齐。行业主管部门应该加强督查力度，全面落实《办法》。同时，针对新情况、新问题，从促进中国印刷产业转型升级的角度，着手《办法》的修改、补充、完善工作。把《办法》提升到《促进数字印刷产业发展条例》，为规模定制运营体系的形成和发展提供政策保障。

（2）搭建国家级的"规模定制公共服务平台"，消除产业发展瓶颈。

规模定制运营服务平台是印刷产业互联网化的基石。建设规模定制运营云服务平台投资大、周期长、技术要求复杂，是一般印刷企业难以承担的。

搭建国家级"规模定制公共服务平台"的目的就是集国家之力、行业之力，解决产业转型升级的瓶颈。它可以避免低水平重复建设，节约社会宝贵资源，实现共性关键技术共享，快速提升数字印刷应用的技术基础，并对规模定制运营体系的发展具有巨大的推动作用。

（3）跟踪数字印刷技术研发前沿，为产业发展提供技术保障。

目前，国内使用的数字印刷机基本都是国外品牌或国外制造，而且使用的印刷耗材（墨粉、墨水）全部依靠进口。这种状况不仅提高了数字印刷的使用成本，限制了数字印刷技术的应用范围，也使规模定制运营体系缺乏可靠的技术保障。

鉴于目前国内的工业基础、科研水平和国外的技术壁垒，国内印刷业使用的数字印刷机将会在相当一段时间以国外品牌为主。

故建议国家组织力量早日对数字印刷的核心技术的本土化进行可行性研究。

（4）建立产业评估指标体系，为可持续发展提供管理体系的支撑。

建立规模定制运营体系是一个涉及企业聚合、商业模式创新、技术应用探索、人才精英聚汇等诸多方面的集成创新的过程。建立相应的产业评估指标体系，就是要把这些集成创新能够制度化、流程化，用一种新的管理模式代替工业化时代的传统管理模式，为规模定制运营体系的可持续发展提供管理体系的支撑。

从2011年起，国家工业和信息化部（简称工信部）先后颁布了《工业企业信息化和工业化融合评估规范（试行）》（2011年11月）、《信息化和工业化融合管理体系要求（试行）》（2014年1月）和《信息化和工业化融合管理体系评定管理办法（试行）》（2014年12月）。建议积极争取规模定制运营体系的建设纳入工信部工业企业两化融合的总体试点中。根据工信部的文件精神，结合印刷产业的特点，申请建立评定机构，选择企业试点，积极推进两化融合管理体系在印刷产业的贯标达标工作。

（5）建立数字印刷产业的人才培训基地。

数字印刷产业已经超越传统意义上的印刷范畴，它涉及IT技术、数据库管理、广告设计、媒体传播、大数据分析、电子商务等专业领域。它的发展需要大量的复合型人才。

依托龙头企业产业集群和专业院校建立人才培训基地，通过"理论+实践"方式，为产业的发展提供高质量的复合型人才。

第五章　印刷制造产业

本章从印刷产业应对当前挑战、寻求今后产业发展新的机遇和空间的角度出发，提出印刷技术作为实现增材型图案化的高效生产技术，将在众多重要制造产业和战略新兴产业领域发挥重要作用：在传统印刷包装领域，发展环境友好的版基、制版、油墨新技术和新产品，以及向印染、陶瓷、玻璃等不同基材的图案制造发展，将从根本上解决传统生产过程中的高耗能、高污染问题；在向信息产业领域拓展方面，印刷电子技术将从根本上解决传统蚀刻技术污染严重、工艺繁琐的问题；在先进光电器件制造领域，印刷技术前景更加广阔；在从平面印刷到三维结构制造方面，3D打印技术将蓬勃发展。基于此，提出印刷技术"绿色化、功能化、立体化、器件化"的发展趋势，以应对印刷产业生存、发展、提升和跨越所面临的问题与挑战，迎来新的发展机遇和广阔的发展空间。

本章内容参考了中国科学院战略性先导科技专项"变革性纳米产业制造技术聚焦"的大量调研材料和数据，特别聚焦印刷电子和3D打印领域，从技术现状、发展趋势、存在问题及政策建议等方面进行分述，以期体现"科学性、前瞻性、创造性、引导性"的原则，对行业发展有所参考和启发。

第一节　印刷电子技术

印刷电子是印刷工艺技术在电子制造领域的拓展应用。泛指基于具有导电、介电或半导体电学特征的各种电子油墨，采用微纳米印刷技术（包括丝网印刷、数字喷墨印刷、柔版印刷、凹版印刷以及纳米压印等），通过层层印刷的工艺完成电子油墨在不同承印基材表面的图形化转移，进而实现增材方式制造电子电路以及元器件产品的科学与技术。印刷电子技术和传统电子技术的对比如图5.1所示。

印刷电子是传统硅基电子工业的延伸和补充。传统硅基电子工业基于减成法制造工艺技术，存在环境污染、工艺复杂和投资高昂等弊端，如硅基材料的半导体加工和基于覆铜板材料的电路板制造工艺等污染严重、工艺繁琐，由此催生并促进了印刷电子工业的发展；印刷电子技术更适合于绿色环保、大面积、高效率、低成本、轻薄化、柔性化

图 5.1　印刷电子技术与传统电子技术对比

电子电路及元器件的生产制造，可用于制造柔性可弯曲、可折叠及可穿戴等特征的电子产品。传统光刻工艺与印刷电子工艺过程对比示意图如图5.2所示。

印刷电子工业已经发展了40余年，前期主要发展了印刷电路层、绝缘层及保护层等，成就了规模庞大的产业。重要应用包括薄膜开关、元器件电路、汽车玻璃加热除雾除霜、EL冷光片、硅基光伏、RFID智能标签以及触摸屏等。工艺方面主要基于丝网印刷工艺，印刷油墨包括导电浆料（银浆、铜浆、碳浆及其他合金浆料）、介电油墨、致热电阻油墨以及其他各种保护层油墨等。

新兴印刷电子发展起源于1977年有机导电高分子的报道（Alan J. Heeger, Alan MacDiarmid与Hideki Shirakawa），该项成果于2000年获得诺贝尔化学奖。2000年左右成立的Plastic Logic（技术起源于剑桥大学卡文迪许实验室，目前BASF和Intel有入资）、Kovio（技术起源于麻省理工学院，松下入资）以及PolyIC（西门子子公司）等印刷电子企业揭开了21世纪印刷电子产业的序幕。

印刷电子产业的未来发展如下：材料方面，将基于电子器件的组成沿着印刷防护层、介电层、连接电路、半导体功能层及其他应用层方向延伸发展，其与无机纳米电子材料和有机及聚合物电子材料的发展密不可分；工艺方面，从传统的丝网印刷扩展到数字喷墨、凹印、压印等工艺，印刷精度从微米级向纳米级发展，印刷方式从单张印刷到卷筒印刷，再进一步拓展到卷到卷高效快速印刷，同时从局部印刷向全印刷方式发展；应用方面，趋向于向大面积、轻薄化、柔性化、透明化电子电路及元器件方向发展，并逐步应用于电子纸、柔性可弯曲、可折叠、可穿戴以及透明的电子产品，市场前景极为广阔。

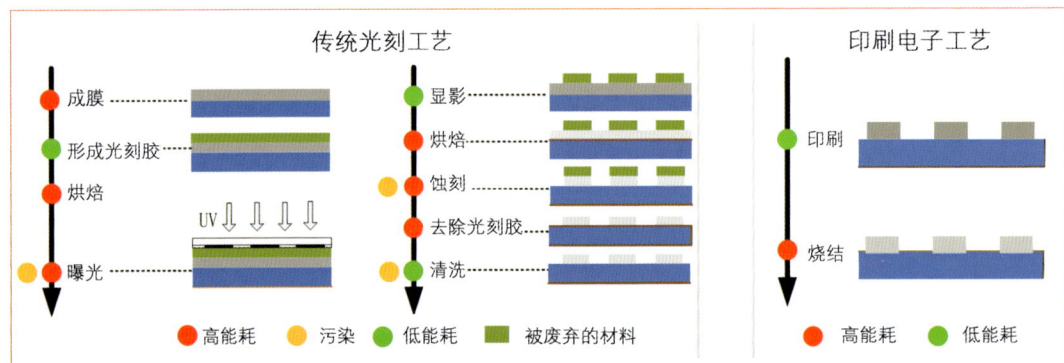

图 5.2　传统光刻工艺与印刷电子工艺过程对比示意图

本章将分析论述与印刷制造电子电路直接相关的电子材料、产品及中间模块或组件的市场和技术的现状、发展趋势、存在问题及应对措施。

如图5.3所示，印制晶体管堪比真空三极管和晶体管的发现，将给电子工业带来一场技术革命。

图 5.3　印刷电子引领新的电子革命

一、印刷电子产业发展现状

印刷电子与传统图文印刷具有印刷技术的共性，但印刷电子技术也具有自己的特点。由于电子产品的价值及消费者对其耐用性的要求，印刷电子较传统印刷在印刷设备、工艺及印刷材料等方面要求更高，难度更大。传统图文印刷与印刷电子技术要求对比如表5.1所示。

目前在印刷电子产业领域，印刷电路部分已成为规模化的产业，代表性应用包括薄膜开关、触摸屏、太阳能、射频标签天线、汽车玻璃加热除雾以及冷光片等；新兴的印刷电子以印刷半导体及其他光电功能材料为代表，应用于显示、照明、传感器、存储器、逻辑电路、电子海报、电子墙纸等，满足电子轻薄、柔性及透明等多样化需求，是备受关注、蓬勃发展和快速增长的产业。

表 5.1　传统图文印刷与印刷电子技术要求对比

技术	传统图文印刷	印刷电子
驱动方式	电动机 + 齿轮传动	单独伺服电动机
马达转速	2000 ~ 3000rpm	5 ~ 100rpm
张力控制	< 10%	< 2%
印刷层功能	视觉观看	电子性能
功能填料	颜料或染料	电子功能填料
图像形状	像素点	线 / 面，多层
厚度	< 1μm	0.1 ~ 10μm
精度	< 50μm	< 20μm
套准误差	< 50μm	< 20μm
印刷平整度	一般	严格，非常平整
油墨纯度	不重要	非常重要
附着力	一般	高附着性
净化车间	一般不需要	标准（≤ 1000 级）
印后烘干方式	< 100℃，热风	> 100℃，热风，紫外，红外，脉冲等

（一）印刷电子产业市场与技术

产业市场情报数据机构Lux Research提供的印刷电路各种主要应用（包括太阳能、薄膜开关、医疗、RFID、触摸屏、电路板以及汽车产业）保持了庞大的市场规模和持续的增长发展趋势，各应用市场规模依次为太阳能、薄膜开关、医疗、RFID、触摸屏、电路板和汽车领域。

触摸屏是革命性人机交互新技术，伴随触控产品迅速普及以及触控产品需求的多样性，其市场规模及产业增长速率已经呈现井喷式增长；RFID智能标签是当前蓬勃发展的物联网、大数据以及云计算产业获取信息源的终端，随着国家对该产业的政策利好以及投融资资金的倾向性流动聚集，其市场规模和增长率很可能要高于Lux Research提供的数据。

本部分基于主要应用的市场规模和发展状况，重点分析了硅基光伏、RFID智能标签和触摸屏等领域近年来的国内外技术和市场发展情况，如图5.4所示。

1. 印刷太阳能电极

硅基太阳能电池的主要印刷部分为正面银电极、背面银电极和背面铝背场，如图5.5所示。目前几乎全部采用丝网印刷工艺进行生产制造，对应正面银浆（正银）、背面银浆（背银）和背面铝浆（背铝），其在太阳能电池片中功能是作为电极引出电流。

在太阳能电池浆料方面，背银和背铝已经完全实现了国产化，正面银浆主要依赖于进口，表5.2为国内外主要太阳能电池电极浆料供应商。

目前全球电池浆料保持高速增长态势，如图5.6所示，2008～2013年期间，年复合增长率保持在40%左右。

正银方面，目前由杜邦、福禄以及贺利氏三大企业所主导；铝背场浆料依次由福

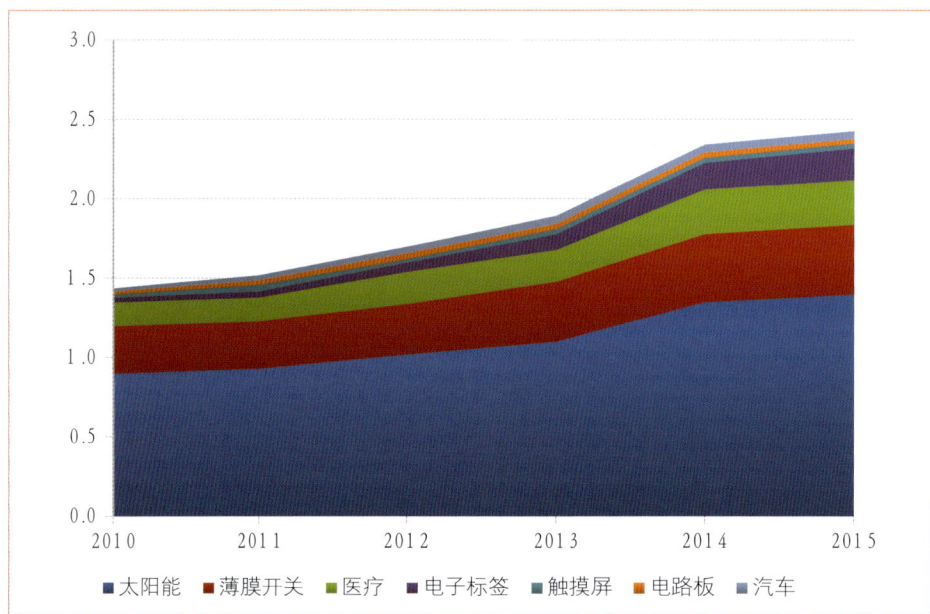

图 5.4　经典印刷电路主要应用的市场占有率（金额单位：十亿美元）

（数据来源：Lux Research）

图 5.5　硅基太阳能主要印刷部分

正面银电极
减反射膜
N型扩散层
P型硅衬底
背面银电极
背面铝背场

表 5.2　太阳能电池电极浆料国内外主要供应企业

排序	企业名称	排序	企业名称	排序	企业名称
1	杜邦 /Dupont（美国）	9	致嘉科技（中国台湾）	17	光富科技（深圳）有限公司（中国）
2	贺利氏 /Heraeus（德国）	10	极品科技（中国台湾）	18	绿力光电（中国）
3	福禄 /Ferro（美国）	11	北陆涂料 /NAMICS（日本）	19	华达电磁屏蔽技术（中国）
4	广州儒兴（中国）	12	单晶 /Monocrystal（俄罗斯）	20	富邦新能源（中国）
5	硕禾电子材料（中国台湾）	13	Cermet（美国）	21	贵研铂业（中国）
6	赋武 /Noritake（日本）	14	湖北优乐光电科技有限公司（中国）	22	巴斯夫 /BASF（德国）
7	大洲 /Daejoo（韩国）	15	湖南利德电子浆料有限公司（中国）	23	东洋铝业（日本）
8	东进 /DONGJIN（韩国）	16	常州亿晶（中国）		

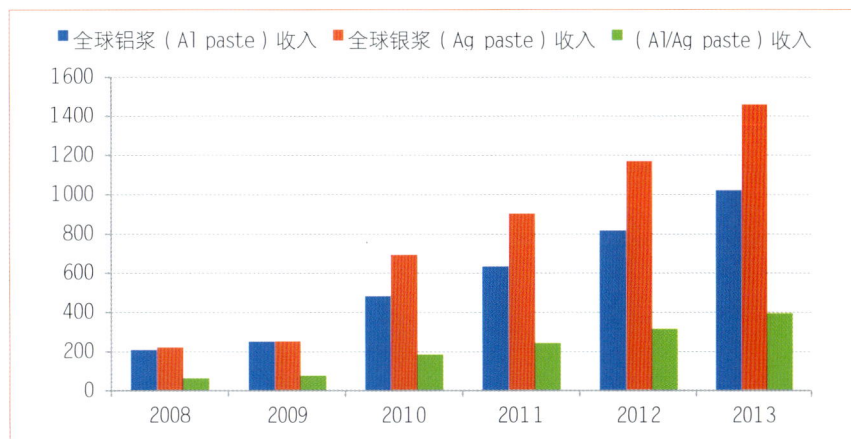

图 5.6　2008～2013 年太阳能电池电极浆料年度市场量统计（金额单位：百万美元）

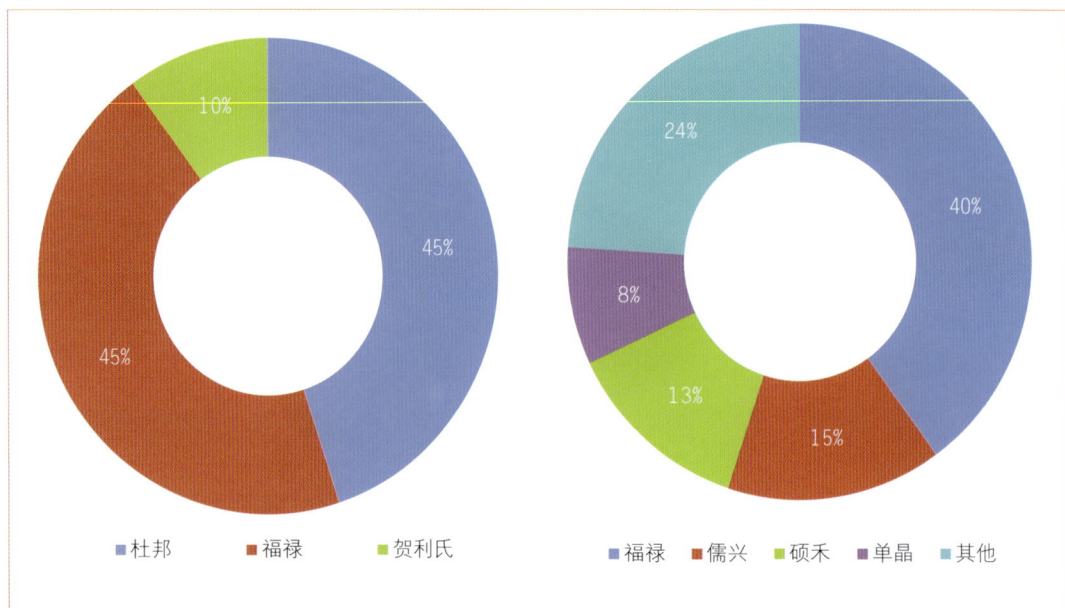

图 5.7　太阳能电池电极浆料银浆（左图）及铝浆市场（右图）主导企业市场份额
（数据来源：SNE RESEARCH）

禄、儒兴、硕禾、单晶等企业主导，企业市场份额如图5.7所示。

当前，硅基太阳能的市场需求量前五名依次为德国（24.5%）、中国（14.5%）、意大利（10.6%）、美国（10.3%）和日本（6.5%）。中国目前是世界硅基太阳能制造的中心，2012年中国的光伏组件产能为37GW，占全球的51%；产量为22GW，占全球的54%。2008～2012年中国太阳能电池产能/产量情况如图5.8所示。太阳能产业目前处于供过于求的市场状态，目前中国的电池片企业都没有满负荷生产。鉴于当前国家鼓励开拓国内市场、对太阳能产业政策支持等，太阳能产业将逐渐好转。

柔性太阳能电池及其印刷制备工艺示意图如图5.9所示。目前薄膜太阳能电池由于其转换效率不及硅晶太阳能电池、成本优势不明显等丧失了竞争优势，主要用于柔性应用

细分市场，薄膜太阳能电池2012年占太阳能电池市场份额的9.4%。

2. 印刷射频标签天线

射频电子标签（RFID）主要由芯片、天线和基材等组成，如图5.10所示。

RFID的生产流程如图5.11所示。通过印刷天线，芯片与天线之间的绑定和层压制卡等工艺完成电子标签的制造。

每个RFID具有唯一的电子编码，可以实时无线识别和采集信息，在交通运输、农畜作物种植养殖、图书馆、门票等领域应用广泛，特别是在酒类、肉类、药品、乳制品以及食品方面起到安全监管的作用。按照频率RFID可分为低频、高频、超高频和微波四类，其中高频和超高频两种使用数量最大，高频电子标签的市场占有量超过50%。

标签生产目前主要以印刷、蚀刻和绕线为主，在纸质、陶瓷等特殊标签方面采用印

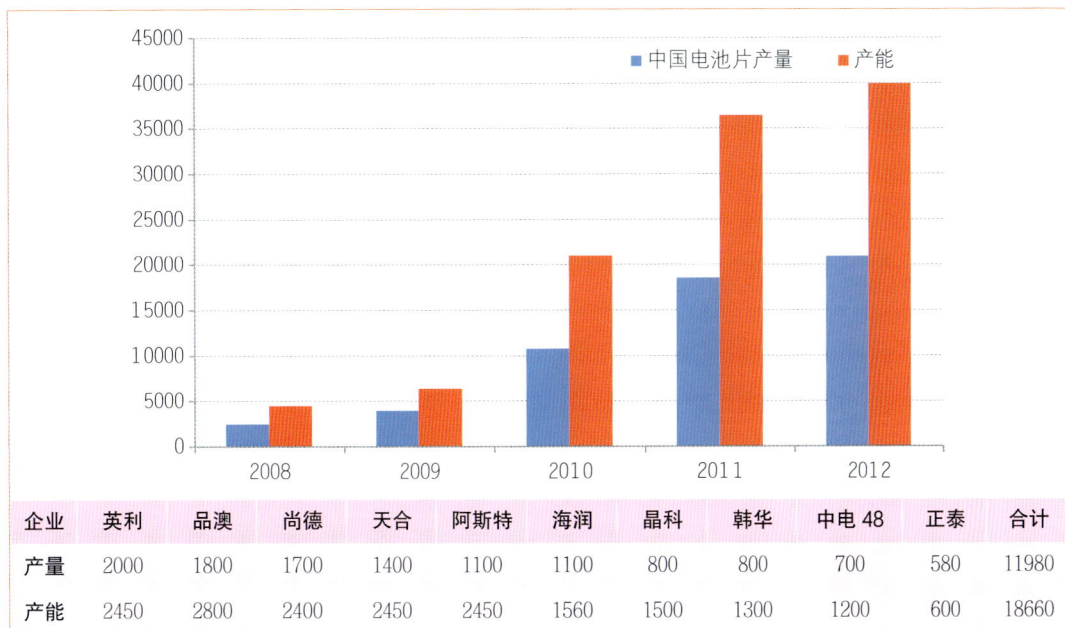

企业	英利	品澳	尚德	天合	阿斯特	海润	晶科	韩华	中电48	正泰	合计
产量	2000	1800	1700	1400	1100	1100	800	800	700	580	11980
产能	2450	2800	2400	2450	2450	1560	1500	1300	1200	600	18660

图5.8　2008～2012年中国太阳能电池产能/产量情况（单位：MW）
（数据来源：CPIA 2013.04）

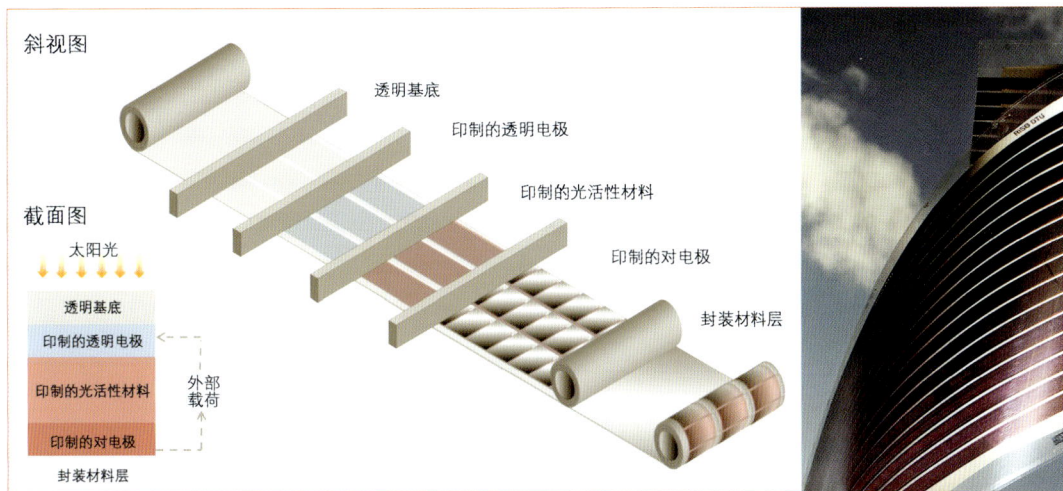

图5.9　柔性太阳能电池及其印刷制备工艺示意图

图5.10
印刷制造高频（左）及
超高频（右）RFID天线

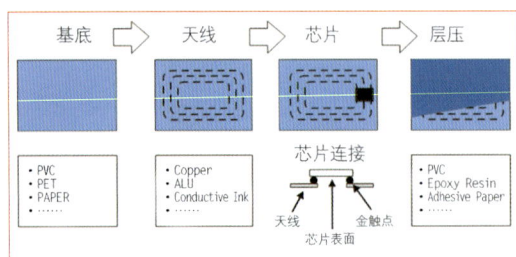

图 5.11 RFID 生产工艺流程

中国电子标签目前正处于快速成长期，作为信息获取的终端同物联网、云计算以及大数据相结合，规模应用不断出现。目前我国电子标签产业已位居世界第三位，在国内连续3年增长幅度都为45%～50%，是国家支持的战略新兴产业之一，并出现了一批有影响的电子标签企业，目前RFID行业有影响力的电子标签企业如表5.3所示。

RFID技术发展历程如图5.12所示。2015年以后，RFID电子标签产业基于大规模全方位的推广，产业进入成熟期。

3. 印刷触摸屏

图5.13所示为触摸屏主要结构以及触摸原理示意图。

目前印刷触摸屏主要是印刷触摸传感器的外围电路，用于将触摸信号传出。一种典型触摸屏传感单元布局结构如图5.14所示。目前电容屏和电阻屏主要采用ITO玻璃或

刷天线。此外，在环保要求较严格的国家或地区，如法国、加拿大及我国香港地区的地铁票，普遍采用更为环保的印刷天线标签。目前采用印刷天线制造标签的国内企业主要有北京亚仕同方（2008年印刷制造奥运会门票）、北京海达利、深圳华阳微电子、北京中科纳通、扬州永奕以及上海安捷利等。目前国内印刷生产RFID标签银浆的来源主要有德国汉高、上海宝银、中科纳通以及风华高科等企业。

表 5.3 中国目前 RFID 行业具有影响力的电子标签企业（排序不代表排名）

排序	企业名称	排序	企业名称
1	中山达华智能科技股份有限公司	6	上海英内电子标签有限公司
2	深圳市远望谷信息技术股份有限公司	7	深圳市创新佳电子标签有限公司
3	厦门信达物联科技有限公司	8	深圳市华阳微电子有限公司
4	浙江钧普科技股份有限公司	9	上海铁勋智能识别系统有限公司
5	上海优比科电子标签有限公司	10	无锡国硕信息科技有限公司

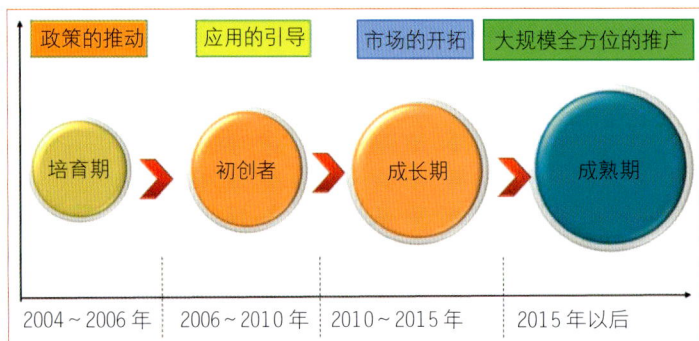

图 5.12 RFID 技术发展历程

图 5.13　触摸屏主要结构以及触摸原理示意图

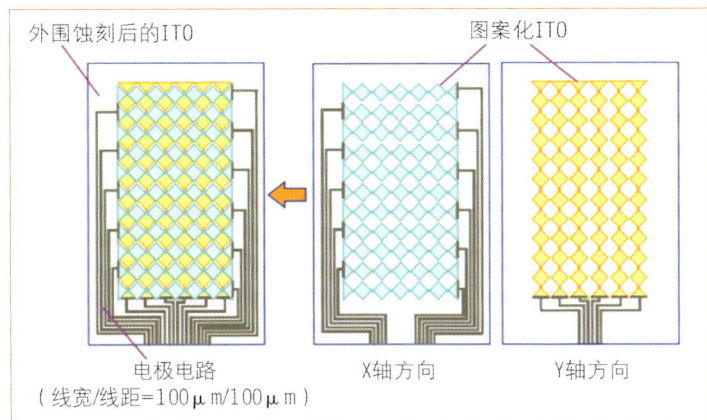

图 5.14
一种典型触摸屏传感单元结构

ITO薄膜表面丝网印刷银浆的工艺制备外围电路，银浆占触屏板成本的3%~5%。

目前触摸屏的主要应用为智能手机、平板电脑、笔记本电脑、导航产品、游戏机以及数码相机等。2009~2013年触控面板各应用领域增长情况如图5.15所示。触控面板的应用市场仍然以手机为主，由于Windows 8触控体验问题，在带有触控功能的超级本及一体机方面需求平稳，没有出现期望的井喷式增长。

目前触摸屏技术解决方案主要有 G/F技术、G/G技术、G/F/F、In-Cell/On-Cell以及OGS/TOL技术等。各种触摸屏生产工艺特点对比如表5.4所示。由于成熟度、良率以及投资规模等因素，In-Cell、On-Cell以及OGS/TOL技术将局限于部分市场的应用，国内主要厂商依然以印刷外围引线为主。

触摸屏主要供应厂家有胜华、信利、洋华、TPK、界面光电、群创、NISSHA（日本写真印刷）、万达光电、嵩达光电、华睿川、宇顺、超声、莱宝高科、欧菲光、南玻、深越光电、中华意力、和鑫、达虹科技、富晶通科技以及宇辰光电等。

国外触摸屏导电银浆多以日本（精工、藤仓、东洋纺和朝日）、韩国（昌星、青松、Inktec）为主，美国（埃奇森、Coley、杜邦）供应相对较少。高端触摸屏银浆的价

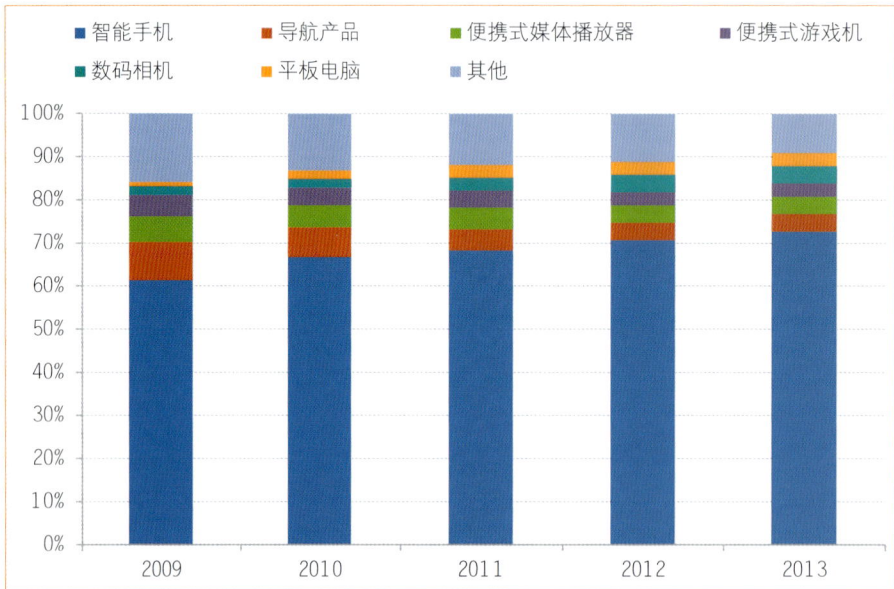

图 5.15　2009 ~ 2013 年触控面板各应用领域增长情况

表 5.4　各种触摸屏生产工艺特点对比

方案	G/G	G/F/F（ITO Film）	OGS	GIF（ITO Film）	GFZ（Metal Mesh Low Impedance）	FFF/FFZ	In/Cell
银浆印刷	是	是	否	是	是	是	否
特征	较重 较厚 1.3~1.8mm	轻薄 0.9~1.5mm	非常轻 非常薄 0.55~1.2mm 玻璃强度差	轻 非常薄	非常轻 非常薄 0.75~1.3mm	非常轻 非常薄	超轻 超薄
支持尺寸	一体机20~27英寸及以上	4~17 英寸 27 英寸正在验证	10~17 英寸	4~17 英寸	一体机 10~27 英寸	待确定	小尺寸 4~5 英寸
成本	高	中等	中等，良率提高了成本	低	低	不确定	高
技术成熟度	成熟	成熟	成熟，存在良率问题	成熟	开发中	开发中	成熟，依然存在技术难度和良率问题
代表厂商	宸鸿、展触、奇美、友达	日本 Gunze、介面光电、欧菲光、洋化光电、3M、LG 显示、大日本印刷	达鸿、胜华科华、和鑫光电、友达、奇美、恒颗科技	洋华光电、京鸿	欧菲光、介面光电、洋华光电	日本 Gunze、欧菲光、介面光电、洋华光电	LG 显示、夏普、Japan Display、奇美

（注：1 英寸 =2.54cm）

图5.16　Royole公司制造的柔性显示器（左，厚度约10μm）
及日本凸版印刷和Plasti Logic合作印制的电子纸（右，厚度约0.7mm）

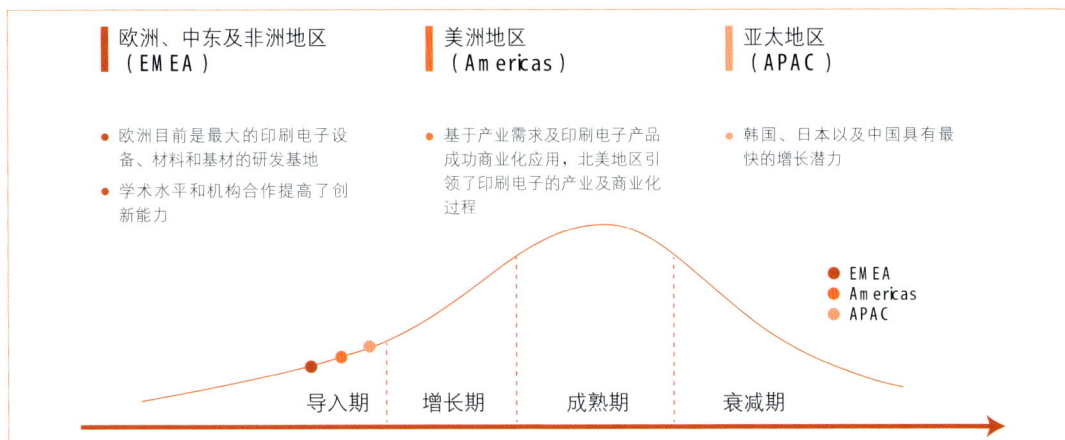

图5.17　全球范围内印刷电子区域发展状态及趋势
（数据来源：Frost & Sullivan Analysis）

格差别比较大，主要是根据各个品牌固含量的不同所决定的。一般价格在8500～12000元/千克，低端触摸屏银浆的价格基本在5000～8000元/千克，可以达到触摸屏线路细平的要求。国内触摸屏导电银浆以瑞新科、贝特利、江苏纳为、中科纳通以及上海宝银等生产商为主。

（二）新兴应用领域

新兴印刷电子发展的迅速性和庞大的市场价值是经典印刷电路无法比拟的。新兴印刷电子对电子工业将产生变革性的影响，未来5~10年内，新兴印刷电子技术将给电子产品带来全新的形态，特别是超轻、超薄、曲面、可弯曲、可折叠、可收卷、可伸缩、柔性、透明、可穿戴以及体内可植入等多种多样电子产品形态会陆续出现。图5.16所示为Royole公司制造的柔性显示器及日本凸版印刷和Plasti Logic合作印制的电子纸。

全球范围内印刷电子区域发展状态及趋势如图5.17所示。新兴印刷电子产业在全球范围内处于导入期，其中以韩国、日本以及中国为主的亚太地区，以美国、加拿大为主的美洲地区，以及欧洲地区发展最为迅速，目前亚太地区具有最快的增长潜力。

国际上已形成多个著名印刷电子研究中心并获得政府大力扶持，其中包括2006年已投资740亿韩元用于前沿核心设备和基础设施建设的韩国国家印刷电子中心、德国VDMA主导的欧洲LOPEC、荷兰Holster研发中心、芬兰VTT研究中心、美国柔性技术联盟、日本产业技术综合研究所下属高级印刷电子技术研究协会等。此外，近期日本新能源和工业技术发展组织投入约43亿日元开展"基于卷到卷方式的高生产—连续—高精度层叠技术与相关材料技术的开发"的项目，众多企业参与该项目的研究，包括可乐丽、柯尼卡美能达、住友化学、住友电木、大日本油墨化学工业、大日本印刷、东亚化成、东丽、凸版印刷、日本电气、日立化成工业、夏普和日立显示器等。

我国在新兴印刷电子领域起步相对较晚，早期中科院化学所、中科院苏州纳米所、北京印刷学院、天津大学、复旦大学和安捷利公司自发相继组建了印刷电子技术研发团队和研究中心，2011年中科院化学所、中科院苏州纳米所以及北京印刷学院联合国内印刷电子企业及科研院所成立了"印刷电子产业技术创新联盟"，2013年昆山恩赛福有限公司与常州市开发区成立了常州印刷电子产业研究院；2014年广东省TCL企业牵头联合华南理工大学、中山大学以及华南师范大学等成立了广东省印刷电子产业联盟，并聚焦于印刷显示领域。

二、印刷电子发展趋势

（一）印刷太阳能电池电极

正面银浆：正面银浆是三种浆料中最难得到的，到目前为止还未实现批量化国产替代进口正银。正银最基本的要求是印刷性能好，高宽比大，同时能与硅晶片形成良好的欧姆接触，降低接触电阻，从而使电池片具有较高的光电转换效率；控制浆料对硅片的腐蚀，从而形成均匀、良好的欧姆接触。因此，正银的发展方向之一是涂刷性能好、高宽比大、能对接触处重掺杂并形成均匀良好的欧姆接触。

背面银浆：背面银浆的技术门槛较低。由于背银对电池的性能影响很小，所以电池片厂对背银的要求主要是单耗、焊接性能等，基本路线是去铝，降低固含量，无论是杜邦、贺利氏还是福禄，目前的背银固含量都低于70%，银含量更低。因此背银的发展方向是在保持或提高焊接性能的同时，降低银含量，降低单耗，最终降低成本。

背面铝浆：铝浆的作用主要是在烧结的过程中，在电池片背面形成铝背场来提高电池片的电性能。从电池片本身来看，对铝浆的要求有电性能、外观、翘曲度以及附着力等，其中电性能是关键。

太阳能电池片正面及背面电极（简称正银和背银）都是采用丝网印刷含银电子浆料经多段高温烧结而成。目前每个电池片含银量在0.1~0.15g，随着技术的进步，预计2020年左右单个电池片电极耗银量将下降到0.05~0.1g范围，如图5.18所示，将进一步降低太阳能电池片的成本。

正面印刷的正银栅线占有部分无法吸收太阳能，其线宽越窄，占有面积小，相应增加了电池片的有效接受太阳能面积，有利于提高电池片的转换效率，目前太阳能电池片的印刷线宽在40~60μm，预计到2020年其线宽将下降到20~40μm。硅晶太阳能电池片正

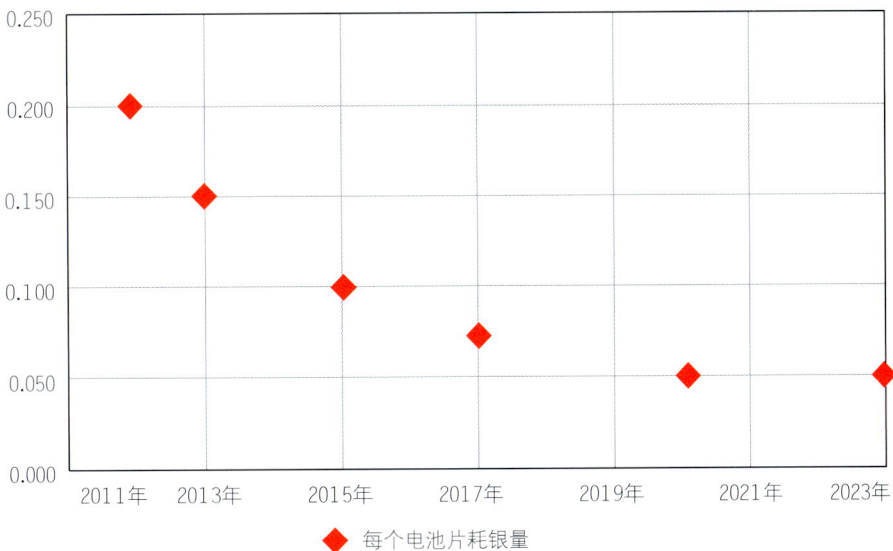

图 5.18　每个电池片耗银量的预期趋势（电池片尺寸 156mm×156mm）（单位：g）

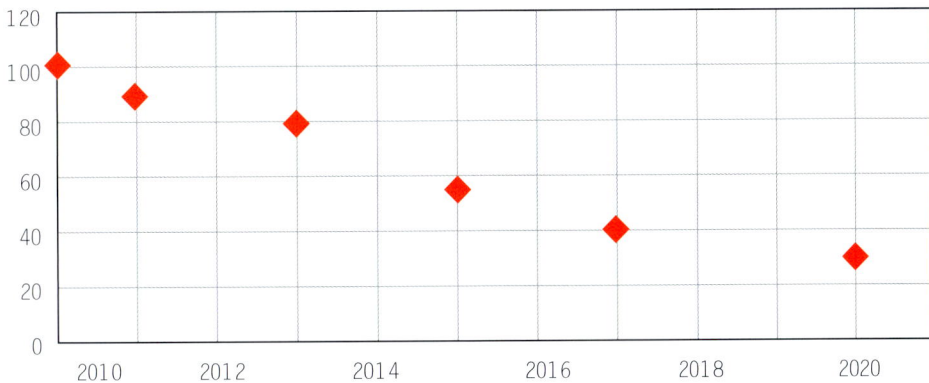

图 5.19　硅晶太阳能电池片正面栅线宽度的变化（栅线宽度：μm）

面栅线宽度的变化如图5.19所示。

目前太阳能正面栅线普遍采用丝网印刷银浆经高温烧结制作而成，为了进一步提高太阳能电池片的转换效率，业内不断寻求更先进的制造工艺，达到更细的栅线线宽和更高的电导率。其中有Electrohydrodynamic Jetting（EHD Jetting）、数字喷墨印刷、电镀以及光诱导电镀工艺等，SEMI认为到2020年左右丝网印刷工艺将减少约50%，高精度电镀工艺将占据20%以上。随着当前印刷电子对高精度电路的需求，制作工艺技术不断更新，导电材料性能不断提升，其他高精度电路制作工艺部分替代现有的丝网印刷工艺是完全有可能的。

为了更广泛地普及太阳能，需要进一步提高太阳能电池转换效率，同时降低电池片成本。这就对导电浆料不断提出新的要求，包括改进现有浆料、开发无铅浆料、降低银含以及提高栅线的高宽比；开发诸如适合喷墨、凹印转胶印、EHD Jetting 等新印刷工艺

表 5.5　太阳能电池电子浆料技术需求趋势

技术	需求趋势		
传统金属浆料	● 高宽比	● 无铅玻璃黏结料	
低成本	● 低银含	● 部分或全部替代银粉导电填料	
新的印刷工艺	● 可数字喷印导电油墨	● 凹印转胶印导电油墨	
高转换效率	● 金属贯穿式背电极技术	● 背接触浆料	● 浅结发射极

的太阳能导电油墨等。太阳能电池电子浆料技术需求趋势见表5.5。

（二）印刷电子标签

高频应用在RFID市场中的主流地位短期内不会改变。原因如下：一是高频技术成熟且标准在世界范围内得到统一；二是电子门票、门禁系统以及移动支付是中国RFID最大的应用市场，这些领域对RFID标签与读写机具的工作距离普遍要求较短，数据传输依靠的是近距离的感应耦合，处在13.56MHz的高频段就可以完成读写任务。

IDTechEX对电子标签的应用及市场进行了大量的统计和分析，并对RFID电子标签的未来发展做了预期，RFID电子标签需求数量预期如图5.20所示，到2019年标签总量将达到7000亿片，涉及市场总金额达到100亿美元，如图5.21所示，随着标签价格的不断走低，日常消费品是最大增长点，在2015年左右出现井喷式增长，经过5年左右的快速发展期，其将占据标签消耗总数量的80%以上，同时在票务、动物管理以及生产线管理方面销售额也将出现稳步增长。

当前RFID电子标签的成本已经进入稳定期，短期内成本不会有明显改变。电子标签

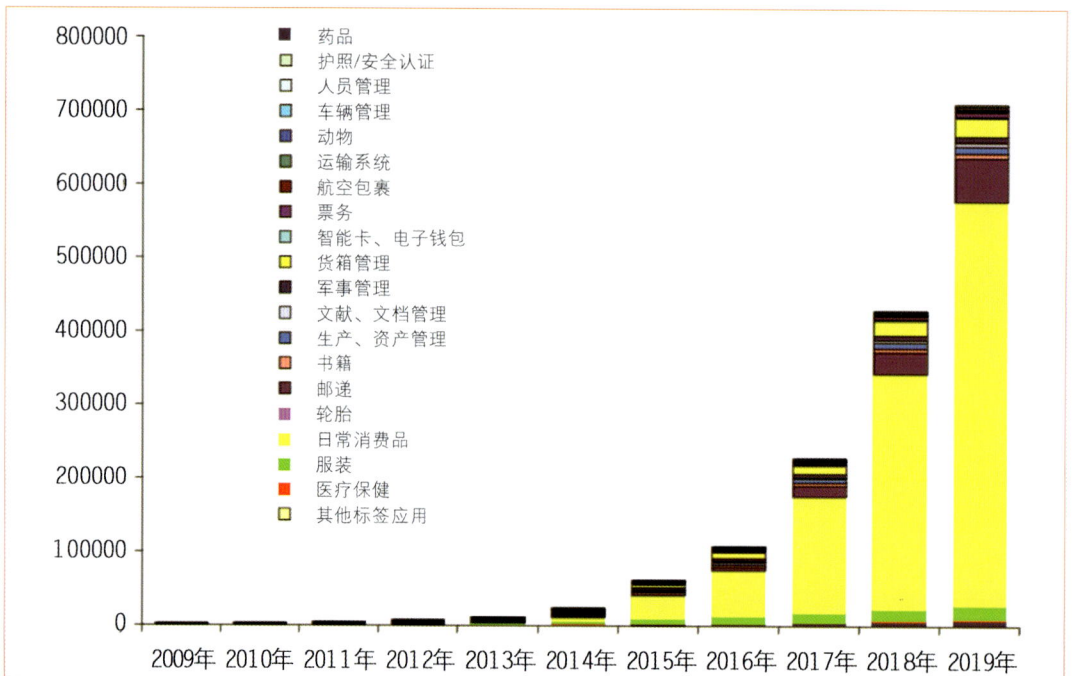

图 5.20　RFID 电子标签需求数量预期（数量单位：百万）

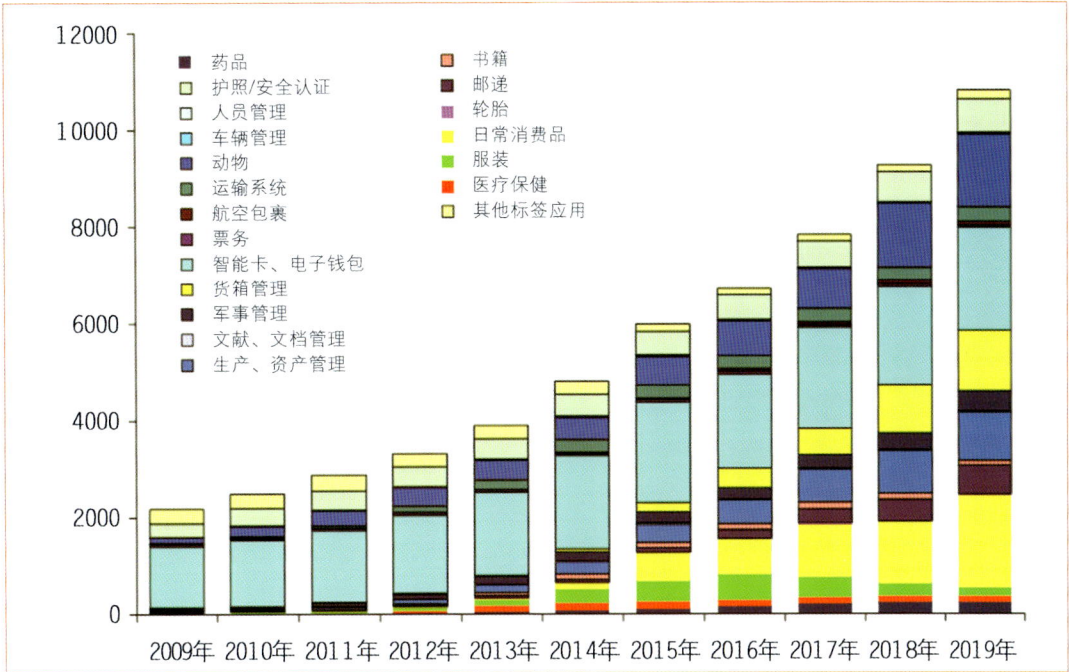

图 5.21　RFID 电子标签市场规模预期（金额单位：百万美元）

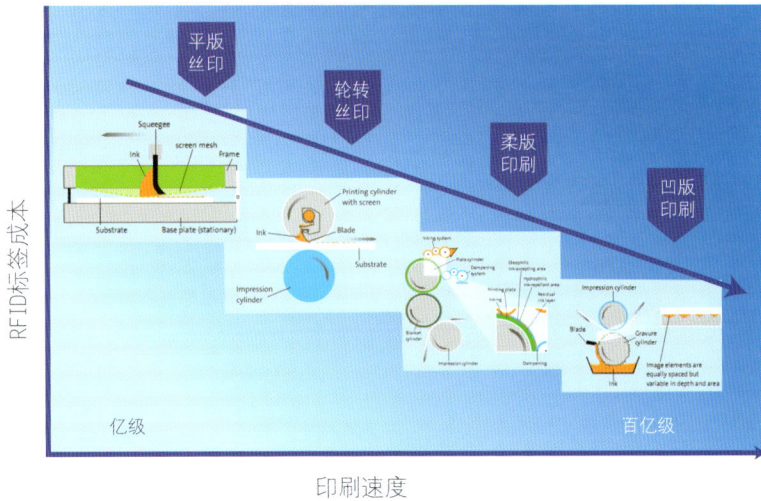

图 5.22　RFID 标签成本随生产效率提高不断降低

的价格降低到1美分甚至更低的水平，将能够吸引到足够的行业应用，特别是日常消费品的生产、运输及销售管理方面。

降低RFID标签成本的方法之一是改进印刷工艺，提高印刷效率，从而减少天线制造成本。RFID标签成本随着生产效率提高而不断降低，业内预计印刷天线工艺技术将从目前的平版丝印拓展到轮转丝印、柔版印刷以及凹版印刷，如图5.22所示。

目前芯片占据了电子标签的大部分成

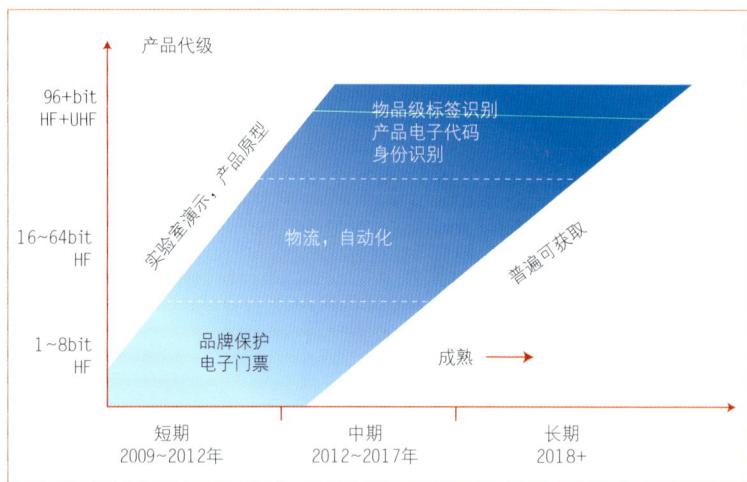

图 5.23
PolyIC 全印刷有机芯片
RFID 标签路线图

本，德国PolyIC公司已经在开发有机RFID芯片，期望降低RFID芯片的成本，并实现卷到卷全印刷的方式生产RFID电子标签，其产品目前已经能够满足低储存容量要求电子标签应用。PolyIC 全印刷有机芯片RFID标签路线图如图5.23所示。

（三）印刷触摸屏

Display Search 统计触控面板2011年产值约134亿美元，较2010年增长90%，预计2017年产值将增长至240亿美元，如图5.24所示。

Windows 10的推出，显著提高了触控体验，未来带有触控功能的一体机、超极本与平板电脑将呈现强劲的市场需求，另外，触控面板已经由手机扩展到平板电脑、PC、智能手表、汽车中控屏领域等，将来会进一步扩展到电子画板、家庭大屏幕娱乐中心、会议演示等，从而带动触摸屏的需求进一步增长。

行业追逐高屏占比、窄边框手机外观对印刷触控单元外围电路线宽线距提出了更高的要求，从当前的70/70μm不断下探，目前普通丝网印刷后借助于激光蚀刻已经可以做到30/30μm线宽线距，同时，对导电油墨方面也提出了更高的要求，需要更细的银粉，从亚微米向纳米银粉转变，从常规银浆向UV光固化银浆发展。

我国台湾工业技术研究院（ITRI）使用日本小森集团凹版胶印（gravure-offset）工艺设备开发了金属网方式的触摸面板。小森集团凹版胶印机可用于形成连接触摸传感器与控制器的布线，目前的光刻法在形成布线时需要6道工序，而凹版胶印法只需1道工序即可完成。这样一来，包含传感器电极在内的触摸面板整体工序数量便可从10道减至5道。在印刷分辨率方面，可形成窄边框所需线宽/线间隔＝30μm/30μm的布线，还具有线宽/线间隔＝20μm/20μm的实力。同时可将设备成本削减65%，将工序数量削减50%，将制造运行成本削减22%。

此类凹版胶印机不仅可形成布线，还可印制金属网传感器，要求以线宽5μm的高分辨率来印刷。小森集团和ITRI在Touch Taiwan 2014上展示的金属网式触摸面板一次形成布线和传感器电极，传感器电极的线宽为5μm，触摸面板的屏幕尺寸为11.6英寸，支

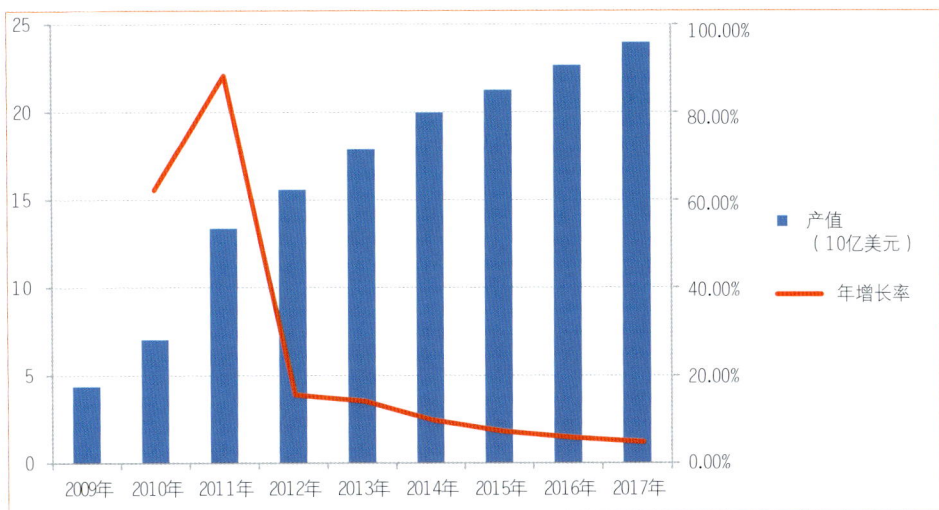

图 5.24　未来触摸屏市场规模预期（金额单位：十亿美元）
[资料来源: Display Search(07/2011)]

持10点触控输入。

国内中科院苏州纳米所开发的压印制备外围引线和透明导电膜技术，其印刷精度可以实现2~5μm高精度印刷，已经在欧菲光成功实现技术成果转化并用于手机、平板电脑和一体机触摸传感器。

透明导电层是触控单元的重要组成部分，小尺寸透明导电层将来仍然以ITO玻璃及薄膜为主，但ITO导电层由于其原料氧化铟（In$_2$O$_3$）产量稀少，真空溅射法生产设备高昂，而且容易脆裂，弯曲度有限，很难用于柔性电子产品方面。基于ITO材料的瓶颈，透明导电层特别是大尺寸触控面板将拓展到以印刷或涂布银纳米线、Metal-mesh、纳米银、碳纳米管、石墨烯以及导电高分子（PSS/PEDOT）等新兴材料为解决方案的透明导电材料。国内中科院苏州纳米所与欧菲光合作开发的压印技术制备大尺寸透明导电薄膜，已经在平板电脑和触控一体机方面得到应用；清华大学开发的基于碳纳米管制备

透明导电膜技术也已经在手机触摸屏方面得到了应用。

（四）新兴印刷电子应用领域

1. 未来市场发展趋势

基于各大科技信息调研机构的预测以及目前印刷电子技术的进展，印刷大尺寸显示和照明被认为是印刷电子技术最重要、最具市场潜力的应用之一，其次是印刷传感器、光伏、印刷电池以及RFID标签等。

HIS Display Bank 将印刷电子的产品应用归类为显示、能源、智能产品、照明及其他五个分类。如图5.25所示，2013年印刷电子市场规模为33亿美元，2020年将增长到243亿美元，年复合增长率达33%，重点应用包括显示、能源、照明及其他智能产品等。

Frost & Sullivan 机构认为亚太地区将是印刷电子产业最重要的市场，其规模将超过全球一半；其应用分布依次为显示/照明、能源、传感器、射频标签和存储器，如图5.26所示。

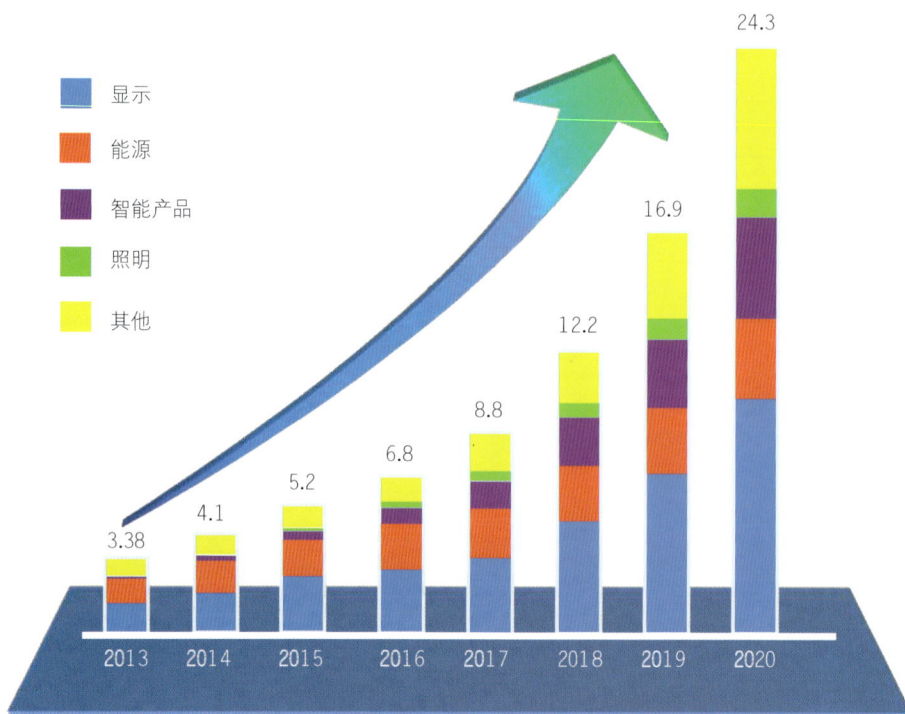

图 5.25　印刷电子市场规模预期（金额单位：十亿美元）
（数据来源：HIS Display Bank（2013）Printed Electronics Report）

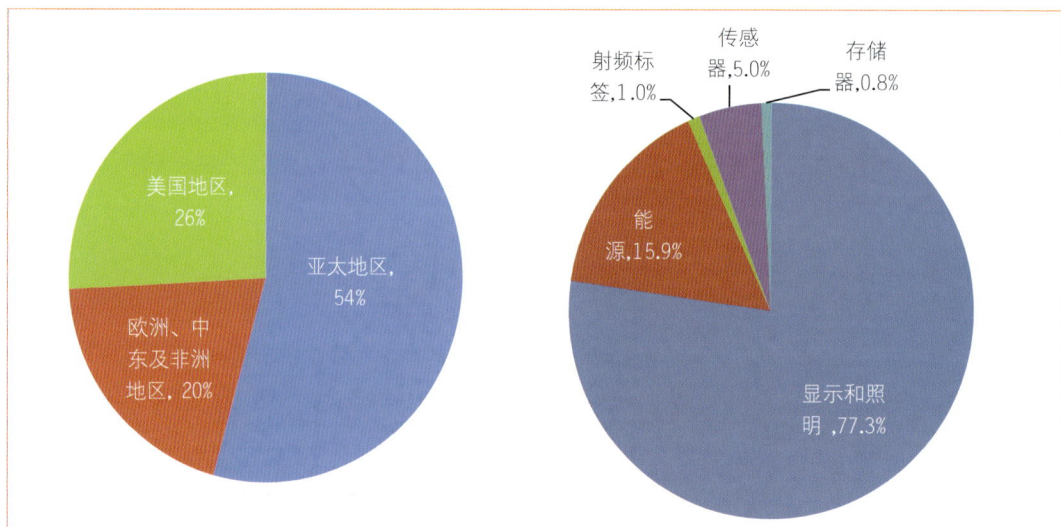

图 5.26　全球范围内印刷电子潜在市场区域（左）及应用（右）分布情况
（数据来源：Frost&Sullivan Analysis）

　　其分析结果与HIS Display Bank 虽有不同，但是普遍看好印刷电子在显示、照明等领域的应用。

　　IDtechEx根据印刷电子应用的盈利情况进行分析，结果见表5.6。目前以及未来一段时间盈利最大的依次为OLED显示、传感器和

表 5.6　IDtechEx 对印刷电子应用的盈利能力分析

未盈利应用		多数供应商盈利			
< $50Mn		$50Mn ~ $1Bn		> $1Bn	
OLED 照明 （OLED lighting）	$18Mn	电子纸显示 （E-paper display）	$160Mn	OLED 显示 （OLED display）	$15.7Bn
电致变色显示 （Electrochromic display）	<$1Mn	交流电致发光显示 （ACEL display）	$80Mn	导电池油墨 （Conductive ink）	$1.6Bn
逻辑电路及存储器 （Logic & Memory）	<$3Mn			传感器（Sensors）	$6.4Bn
有机光伏，染料敏化太阳能 （OPV，DSSC）	<$1Mn				
印刷薄膜电池 （Printed thin film bettery）	<$5Mn				

导电油墨，电子纸和交流电致发光显示盈利能力有限，而OLED照明、电致变色显示、存储器、光伏以及印刷薄膜电池目前普遍未盈利。

2. 技术发展趋势

（1）当前印刷电子技术发展的趋势之一是从平台式单张印刷向模块化卷到卷印刷发展。卷到卷印刷能发挥印刷技术的高效生产优势，随着市场对柔性产品的需求而发展，RFID天线已经采用卷到卷丝网印刷的方式进行连续快速生产，其印刷速度达到10m/min，同时柔性电路、大尺寸柔性显示和照明以及柔性太阳能电池也是当前以及未来一段时间内卷到卷印刷技术的最重要的应用产品方向。高效率生产能够降低产品的成本，由于各种印刷工艺的不同特点，决定了其印刷速度的极限，因此，不同印刷工艺的卷到卷印刷技术中，从卷到卷丝网印刷逐步发展到卷到卷喷墨、卷到卷柔印以及卷到卷凹印生产工艺技术，其印刷生产速度已经可达300m/min。

卷到卷印刷工艺主要针对柔性电子产品，在当前及未来一段时间内，硅基太阳能电池板和触摸屏应用，依然采用平台式丝网印刷技术。

（2）印刷电子技术发展的趋势之二是印刷精度从微米级向亚微米及纳米级精度发展。典型印刷生产工艺对应的生产能力与制造精度如图5.27所示。当前的印刷工艺技术最佳印刷精度在20μm左右，生产的书报刊已经实现非常完美的视觉效果。

但是对于印刷电子而言，由于电子器件的高集成度，需要更高的印刷精度，特别是亚微米及纳米级别的印刷精度，基于印刷电子技术对精度的需求，近年来陆续出现了微接触印刷、激光直写、纳米压印、Electrohydrodynamic Jetting（EHD Jetting）、凹印转胶印（Gravure-offset）以及日本超级喷墨技术等高精度印刷技术和设备。如图5.28所示，日本索尼公司可以印刷制备200dpi OTFT器件，其开发的高精度胶印

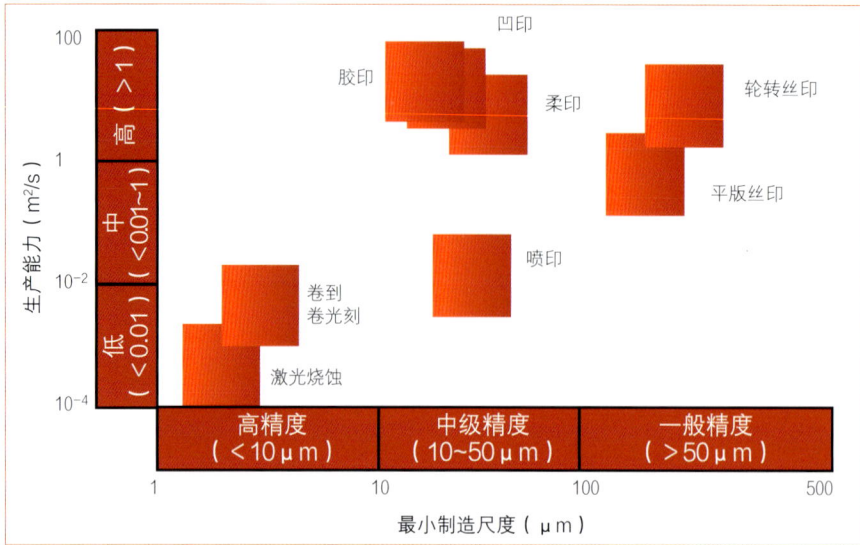

图 5.27　典型印刷生产工艺对应的生产能力与制造精度

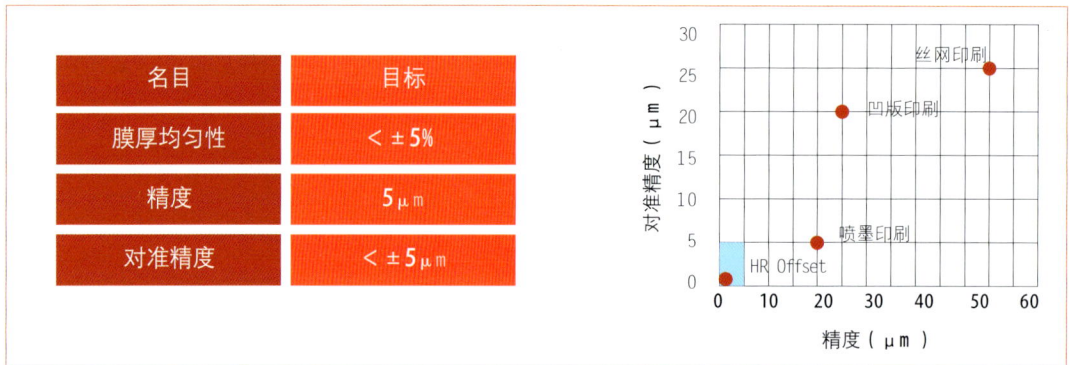

图 5.28　索尼开发的 200dpi OTFT 精度及对准精度要求以及其开发的 HR Offset 与传统印刷技术对比

（HR Offset）技术已经实现了5μm的印刷精度；中科院化学所开发的新型纳米印刷技术已实现了亚微米级纳米银电路的制备。由于亚微米尺度已经临近于人类的视觉极限，因此亚微米电路可用于大尺寸高透明导电膜的制备。

（3）印刷电子技术发展的趋势之三是从部分印刷向全印刷方向发展，如图5.29所示。目前经典硅基太阳能电池、触控屏以及RFID电子标签等经典印刷电子应用只有电路或电流采集电极部分是基于印刷工艺进行

生产，只是多段生产工艺中的一段，是传统电子生产工艺与印刷工艺结合完成的产品生产；随着半导体油墨材料的诞生和应用，已经能够基于全印刷的方式生产制造电子产品，比如目前已经出现全印刷工艺生产柔性薄膜太阳能电池和RFID电子标签，随着半导体油墨及其他功能材料油墨的快速发展，将出现越来越多的全印刷电子器件及产品，在2013年亚洲柔性与印刷电子会议上，韩国三星电子和荷兰Holster 研究中心已经展示了卷到卷全印刷白光OLED照明产品，印刷电子

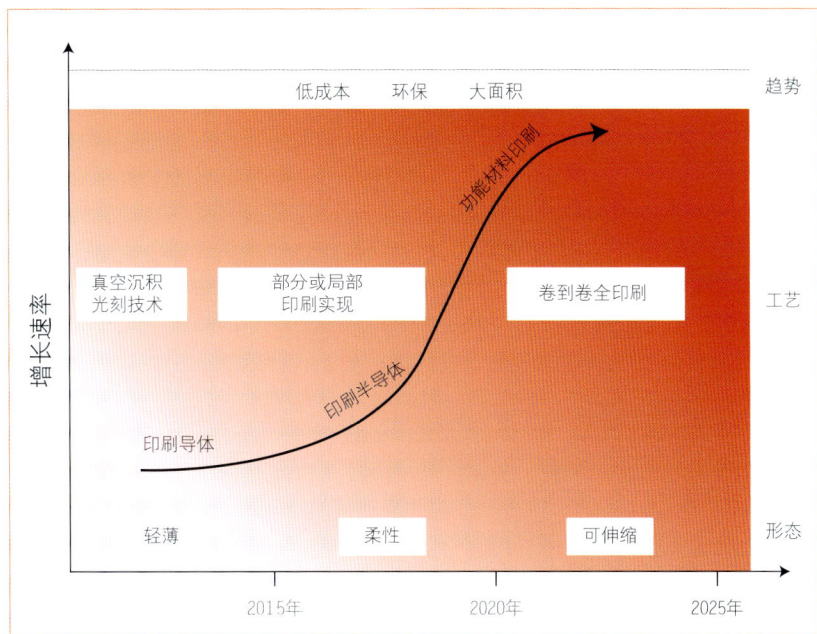

图 5.29　印刷电子油墨材料与产品特征发展趋势

技术的未来是像传统印刷报刊一样全印刷快速实现电子产品的生产制造。

（4）印刷电子技术发展趋势之四是从轻薄特征产品向柔性可弯曲、可卷曲、可折叠、透明、可伸缩以及可穿戴等应用特征方向发展。随着电子材料及技术的变革性发展，具备上述特征的产品原型不断涌现，技术可行性得到了验证，激发了消费者对电子产品形态多样性的期望，消费者的期望进一步转变为市场需求，从而驱动印刷电子技术向上述形态多样性产品方向发展，目前日本索尼、韩国三星以及LG显示等已经展示了其开发的柔性显示器，三星和LG相继推出了具有曲面显示屏的手机和大尺寸显示器。

目前韩国已经将印刷电子作为国家科技战略，是国家及企业投资力度、从业规模最大和印刷电子进展最快的国家。在韩国制订的印刷电子发展路线图中，给予了更为积极的印刷电子产业发展远景规划，从当前的印刷太阳能电池，到2020年延伸至印刷显示、存储器、印刷半导体和印刷制造处理器，如图5.30所示。

此外，在韩国纳米产业2014～2025年发展路线图中，其第九项重点介绍了印刷柔性显示部分，强调在多种基板上制备未来移动社会方便携带、超轻量、高强度、高柔性的显示器，如图5.31所示，并认为韩国目前拥有最先进的柔性显示器制造技术，只需要完善原材料原创技术，同时结合创新的印刷技术，最终能够保证其在柔性显示器时代保持目前已有平板显示器制造的技术竞争力优势，并击败新兴技术国家价格优势战略。

韩国将印刷柔性显示战略目标分为2014～2020年和2021～2025年两个阶段重点实施，如图5.32所示，并从技术前景、技术战略、核心技术以及战略产品方面进行阶段性规划，最终保证其战略产品包括柔性显示器工程技术、形态自由的智能机和平板、大

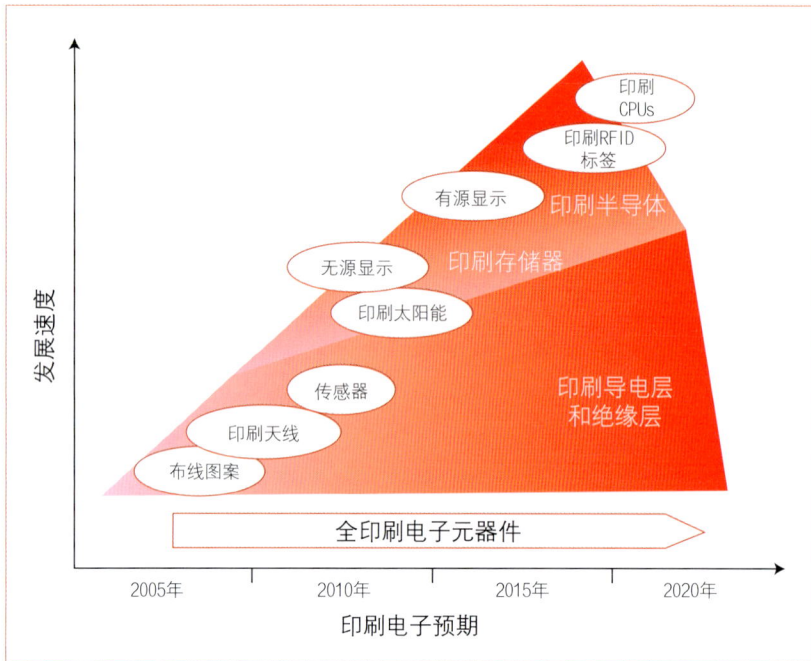

图 5.30 印刷制造各种无源和有源电子电路预期（韩国印刷电子中心）

印刷柔性显示器

技术概要

- 在多种基板上制造具有高柔性的显示器，是人们能够在未来移动社会方便携带、超轻量的、高强度高柔性的显示器。

未来前景

- 智能移动端迅速发展：对易携带大屏显示器的需求增多；对便携式计算级别的多种移动智能终端需求增多；出现多功能集合在一个材料中的集合智能机；2020年预计智能移动显示器世界市场规模为300亿美元。

技术竞争力

- 与发达国家相比国内技术达到90%水平，拥有最先进柔性显示器制造技术，只需要稍微完善原创技术；
- 拥有与发达国家相比85%的相关材料和零件技术；
- 韩国推出世界第一个商业化技术的可能性高。

战略目标

在柔性显示器时代继续保持已有平板显示器制造竞争力优势；
持续创新已有平板显示器，通过开发适用于柔性基板的工程及材料技术，迟早实现柔性显示器的产业化。

通过集中支持，克服材料技术的相对弱点；
通过国家集中支持与企业积极的，完善材料原创技术的不足，确立持续研发的竞争力。

通过开发结合有创新工程技术的印刷技术，实现价格竞争力；
通过开发、使用创新制造工程，获得价格竞争力，击败其他新兴技术国家价格优势战略。

图 5.31 韩国印刷电子路线图中印刷显示部分技术概要、未来前景、技术竞争力及战略目标

图 5.32　韩国印刷电子路线图中印刷显示部分阶段目标及实施方案

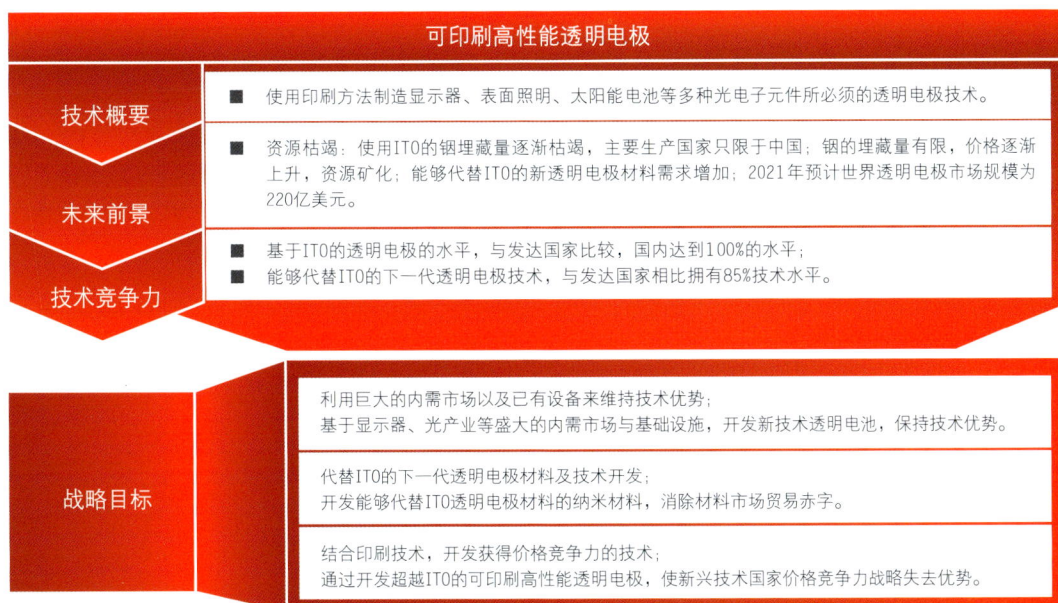

图 5.33　韩国印刷电子路线图中可印刷高性能透明电极部分技术概要、未来前景、技术竞争力及战略目标

	第一阶段		第二阶段	
	2014年	2020年	2021年	2025年
技术前景	开发代替ITO的透明电极		可印刷高性能透明电极	
技术战略	回避已有专利，获得原创专利技术	参考新概念原创技术	使用柔性电子元件技术	
	相关材料的开发与性能尖端化			
核心技术	基于金属纳米线的透明电极	材料低价化技术	可印刷技术	
	基于石墨烯、CNT的透明电极		柔软基板结合技术	
	基于Nanogrid的透明电极	增加分辨技术		
战略产品	OLED显示器及表面照明		适用于多种柔性印刷电子元件（OLED显示器及照明，太阳能电池）	
	触摸屏和交互传感器			
	太阳能电池			

图 5.34　韩国印刷电子路线图中可印刷高性能透明电极部分阶段目标

型柔性显示器和可方便携带电脑终端顺利实现，占据印刷柔性显示的技术制高点。

如图5.33所示，韩国印刷电子产业发展路线图第十二项重点介绍了可印刷高性能透明电极，尤其是印刷方法制造显示器、照明、太阳能电池等多种光电子器件必需的透明电极技术。由于制造ITO的原材料金属铟资源集中、储藏量有限，因此，重点发展印刷制造透明电极技术，替代目前的ITO。韩国利用巨大的透明电极内需市场，推动透明电极材料和印刷透明电极技术的发展，开发出超越ITO的可印刷高性能透明电极，使得新兴技术国家价格竞争力战略失去优势。

韩国将可印刷高性能透明电极战略目标也分为2014～2020年和2021～2025年两个阶段重点实施，如图5.34所示，从技术前景、

图 5.35　索尼印刷制造的 OLED 柔性显示器

技术战略、核心技术以及战略产品方面进行阶段性规划，重点针对金属纳米线透明电极、石墨烯/CNT碳材料透明电极和纳米网格透明电极制造技术进行布局实施，最终保证其印刷制造的高性能透明电极能够用于OLED显示/照明、触摸屏交互式传感器和太阳能电池领域。

从电子企业巨头索尼、松下、三星和LG的印刷电子发展重点，以及各印刷电子情报

分析机构（如HIS Display Bank、IDtechEx、Yole以及Frost & Sullivan）的分析结果，可以看出印刷显示/照明将是印刷电子产业中最具前景的领域。图5.35显示了日本索尼基于OTFT和OLED制造的柔性显示器，该柔性显示器结构如图5.36所示，其四层整体厚度约80μm，其中薄膜晶体管矩阵和电致发光层材料是印刷显示的核心构成。

另外一种柔性显示器结构是基于电致发光材料作为背光源，附加彩色滤光片制造柔性显示器，如图5.37所示。

半导体是制造薄膜晶体管最重要的材料，薄膜晶体管结构如图5.38所示。可印刷高性能半导体油墨是印刷显示/照明的必需核心材料。

近年来，全球范围内已经投入巨资进行新型半导体材料的开发，寄希望于替代现有的硅半导体，可实现卷到卷大面积快速印刷制造。OE-A（Organic Electronics Association，欧洲有机电子协会）组织2013年出版的《有机与印刷电子路线图》认为，在印刷半导体方面，现有的有机小分子及有机高分子半导体材料性能短期内很难有突破，无机纳米半导体材料被视为非常有前景的可

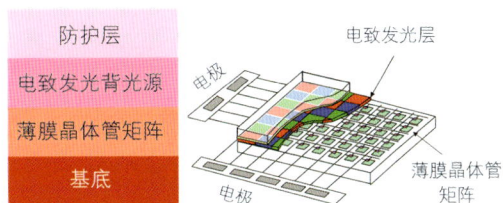

图 5.36　索尼印刷制造的 OLED 柔性显示器简易结构示意图

图 5.37　索尼 OLED 背光和彩色滤光片制造的彩色电子纸及其简易结构示意图

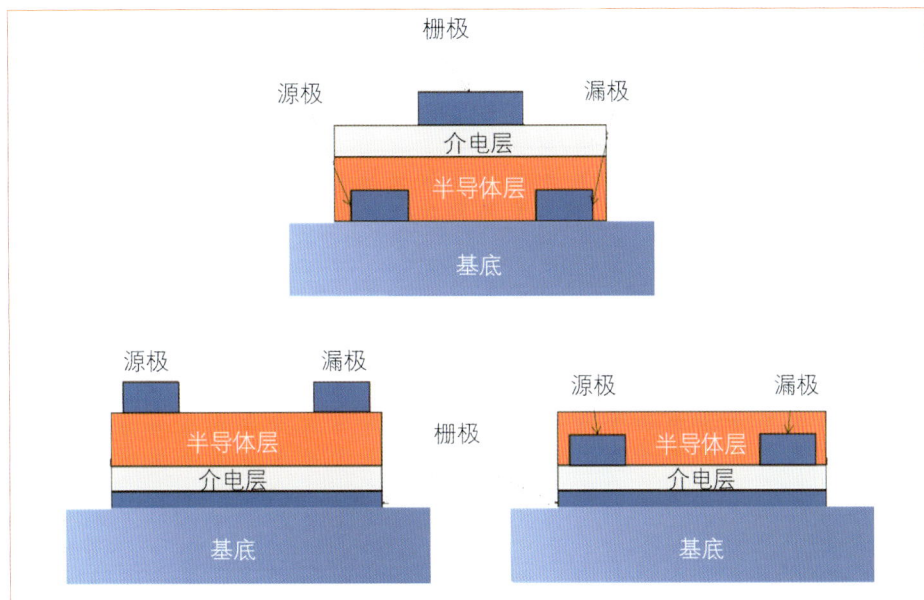

图 5.38　薄膜晶体管结构示意图

印刷高性能半导体材料，特别是近年来高迁移率碳材料（碳纳米管及石墨烯材料）的迅速发展，中长期内有望替代现有的有机小分子及高分子半导体材料，如图5.39所示。有机及无机半导体迁移率性能及处理工艺如图5.40所示。

OE-A在其2013年出版的有机与印刷电子路线图中，基于现有的印刷电子技术进展及其每年举办的LOPEC会议会展信息，集中梳理了有机光伏、柔性显示、OLED照明、电子组件以及集成智能体系五个应用领域的发展线路矩阵图，对新兴印刷电子技术的发

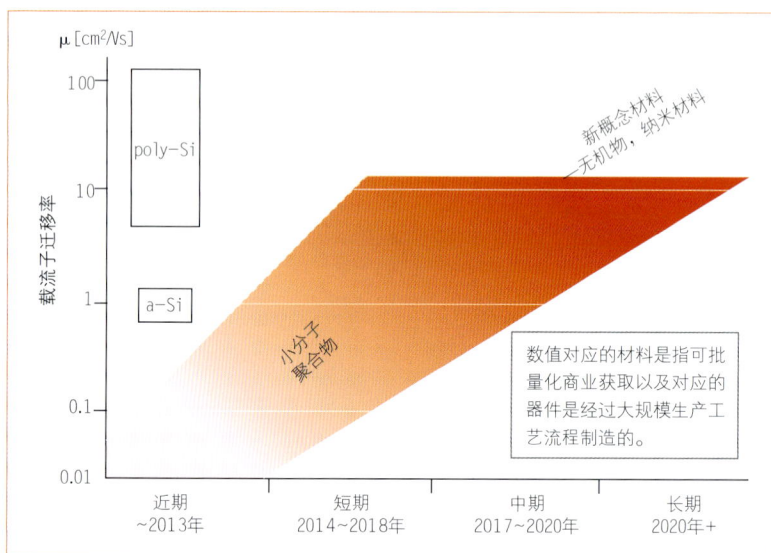

图 5.39　可印刷半导体材料性能 2020 年左右发展水平预期（OE-A）

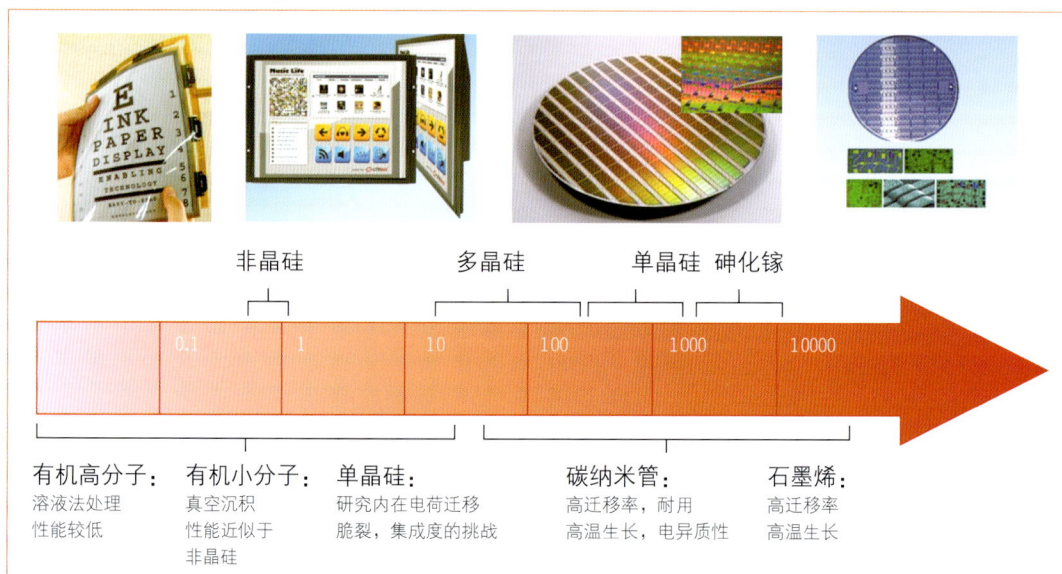

图 5.40　有机及无机半导体迁移率性能及处理工艺

	近期（2013年前）	短期（2014~2016年）	中期（2017~2020年）	长期（2020年后）
有机光伏	便携式充电	消费电子 定制移动能源	特定建筑集成光伏，离网型	建筑集成联网型
柔性显示	智能卡柔性显示 价格标签显示 可弯曲彩色显示	可弯曲OLED 可塑LED显示 大尺寸标牌 可卷曲彩色显示	有机薄膜晶体管调控 可卷曲OLED 透明或半透明可卷曲 显示柔性消费电子	可卷曲 有机OLED电视技术
OLED照明	灯光设计项目	透明和装饰型 照明模块	柔性照明	普通照明技术
电子组件	单节电池 交互游戏的存储器非 ITO类型透明导电膜	可充电单节电池 触控屏用透明导电膜 印刷的射型显示	印刷多节电池集成的 柔性多触点传感器 印刷逻辑芯片	直接印刷电池 有源和无源器件
集成智能系统	集成传感器的服饰防盗窃，品牌保护，印刷测试带和物理传感器	服饰集成系统 大面积物理传感器阵列 大规模智能包装	纺织品传感器 动态价格显示 NFC/RFID 智能标签可抛弃监控器件	纺织品表面OLED 纤维电子学 健康监控系统 智能建筑

图 5.41 IDtechEx 各种印刷电子产品发展线路图（IDtechEx）

展给予了更为明确和详细的发展方向，如图5.41所示。

3. 企业发展状况

（1）依托科研成果，国际上涌现众多初创企业。近年来，印刷电子领域涌现出许多富有创造力的中小企业。包括世界上首次使用印刷方式把高分子晶体管印刷在柔性塑料显示器上的Plastic Logic公司，世界上三大聚合物发光二极管研发机构之一的剑桥显示技术公司，开展交互式印刷电子项目的Novalia公司，利用先进的流体分析工具提供油墨研发服务的英国印刷电子公司，发展印刷纳米器件技术并把压印工艺平台向其他器件布局进行扩展的PragmatIC Printing公司等。韩国科研机构把产品制造和设备作为发展重点，近些年也出现众多以开发印刷电子设备为主营业务的中小企业，包括1989年成立的开发卷到卷太阳能器件印刷机以及卷式电子器件印刷机的Vaxan Steel公司，2002年成立的开发

基于喷墨原理的印刷电子设备的UniJet公司，2007年成立的开发各种凹版、柔印、凹版胶印印刷机的DCnano公司，2009年成立的开发基于电流体原理的喷墨设备和纳米喷涂设备的Enjet公司，2009年成立的开发卷式印刷相关组件及设备的Toba公司等。

（2）传统材料及印刷巨头，结合主营业务，积极开发印刷电子新技术。日本三菱化学公司在2010年3月宣布进入可印刷的OLED照明设备开发领域。利用先锋公司提供的OLED面板及生产线，三菱化学公司用可印刷材料制备出了目前世界上最大的OLED面板。日本帝人集团2010年收购了专门开发具有半导体性能硅墨水的美国NanoGram公司，目标是在2017年实现半导体墨水的商业化，并占据80%的市场份额。三星电子是目前世界上最大的OLED显示器生产商。目前三星公司采用真空处理法和玻璃背板生产的OLED显示器已经成功实现商业化，同时

也在开发印刷式OLED显示器。2010年，三星公司推出了第一台19英寸的印刷式OLED显示器。富士公司推出新款材料沉积印刷机Dimatix DMP-3000，能够沉积功能性流体，成为2010年"大面积有机及印刷电子产品展览会"的焦点。

（3）印刷电子领域企业间合作、并购现象层出不穷。日本凸版资讯公司经过多年与美国科纳卡、Add-Vision等公司的合作，已经开发出比较成熟的印刷电子技术，在2010年发布了基于科纳卡公司有机薄膜光伏技术的可充电公文包，以及基于Add-Vision公司聚合物有机发光显示器的柔性OLED购物点显示器。我国台湾元太科技公司2009年并购美国E-Ink公司，从而整合了电子书产业上、中游技术，成为全球电子纸面板产业的龙头。美国3M公司2010年对德国Printechnologics公司进行投资。Printechnologics公司的前身是梅尼波斯有限公司，拥有获得了专利权的数据存储器和电池系统，可以采用普通印刷技术将其印在纸张上。英国PragmatIC Printing公司收购了英国纳米电子公司，以进一步发展印刷纳米器件技术，并把压印工艺平台向其他器件布局进行扩展。挪威Thinfilm公司与韩国InkTec公司合作，在柔性衬底上生产印刷存储器技术上取得了突破。2009年两家公司首次实现以"卷到卷"的印刷方式大规模生产聚合物存储器。美国蓝色火花公司与英国Novalia公司合作开展交互式印刷电子项目，促进互动式印刷媒体产品的研发和上市。日本昭和电工株式会社将通过一个特许协议生产和销售由NovaCentrix公司开发的导电油墨，并用NovaCentrix公司的光子固化工艺来共同开发导电油墨。美国萨力杰公司与美国蓝色火花公司合作以"卷对卷"工艺印刷柔性电池。

大公司投资和收购技术密集的初创企业的举动表明了两点：其一，业内非常看好印刷电子技术及其市场潜力；其二，传统大公司看到了新时期的发展。机遇纵观全球印刷电子企业的发展轨迹，不难看出企业高度重视技术创新的同时，也充分考虑到国际合作的重要性。印刷电子领域的竞争，已经不再是单个企业之间的竞争，企业已不可能完全孤立地开展生产经营活动并取得长期效益。因此，我国企业在自主发展印刷电子技术的同时也必须进一步加强国际交流与合作，以企业自身的发展战略为基础，认真选择合作对象和合作模式，通过与国外企业、研发机构的互补，实现高端切入，从而高效、快速地推动我国印刷电子的发展。

三、印刷电子产业发展的问题与挑战

（一）关键技术问题

1. 尖端印刷技术与装备

（1）数字化印刷缺少核心喷头及其控制技术。数字化喷印技术是最具数字信息处理特征的印刷技术，伴随着信息技术的发展而不断成熟完善。当前数字喷印技术也广泛应用于印刷电子领域，但是目前中国不具备数字化喷印技术的核心喷头及其控制技术，这部分技术被日本以及欧美印刷巨头所垄断，造成国内厂商采购喷头以及相应控制软件必须付出高昂的费用，相应地提高了数字喷印装备的整体造价。

（2）缺少高精度印刷技术与装备。传统书刊印刷精度在20μm以上（凹印精度），已经实现了非常完美的视觉效果。但是电子

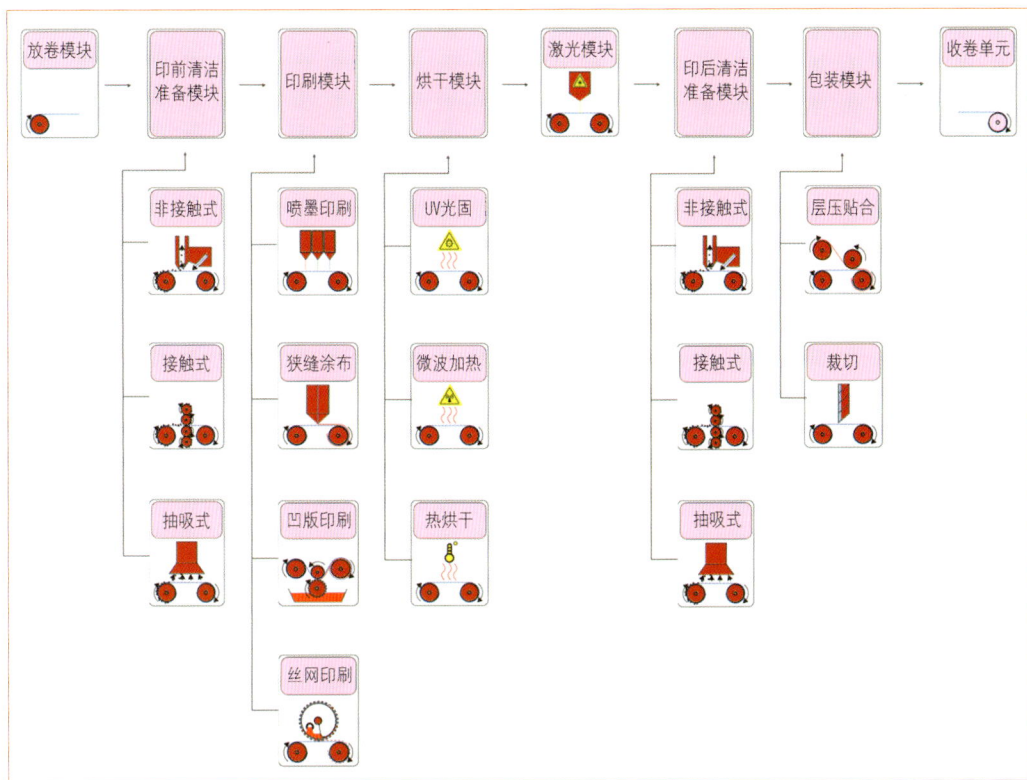

图 5.42 3D-Micromac 公司模块化卷到卷复合印刷装备示意图

印刷器件的集成度更高，因此也需要更高的印刷精度，特别是亚微米及纳米级精度的高端印刷装备。日本索尼当前印刷制备200dpi OTFT器件，其开发的高精度胶印（HR Offset）技术已经实现了5μm的印刷精度。近年来，基于印刷电子技术的需要，在高精度印刷技术方面，涌现出了微接触印刷、激光直写、纳米压印、Electrohydrodynamic Jetting（EHD Jetting）、凹印转胶印（Gravure-offset）以及日本超级喷墨技术等高精度印刷技术和设备。

（3）卷到卷复合多层印刷工艺技术与装备。国际知名企业3D-Micromac、Coatema公司已经先期开发了模块化的卷到卷复合多层印刷技术用于印刷电子产业。图5.42为3D-Micromac公司模块化卷到卷复合印刷装备示意图。目前由于国内印刷电子产业发展较晚，产业链及市场不够成熟，只有国内深圳善营自动化设备有限公司在跟踪这方面设备的开发，但是还没有出现同类设备。

2. 高性能电子油墨材料

（1）电子油墨价格高昂，价格波动显著。金属银除了用于电子工业，其作为保值增值的投资品和装饰品，价格随着全球经济环境的变化而波动，以铜、银包铜、碳材料等替代银作为导电填料是当前解决导电油墨价格波动大、成本高的重要方法；另外用于印刷OLED的电致发光材料采用普遍采用贵金属铱的配位化合物，其进口价格高达上千元每克，日本理化技术研究所已经开发了铜基配位化合物进行替代，以降低成本。

（2）电子油墨的环保问题。当前开发的

诸多有机半导体油墨在各种环保溶剂中无法分散，普遍采用苯类、烷烃及氯仿等溶剂进行测试，这一类溶剂在当前传统印刷油墨中已经被普遍禁用，因此，需要开发新型有机电子材料或对现有有机电子材料进行修饰改性，使得其能够在环保溶剂中分散，从而制备环保型电子油墨。

（3）电子功能材料的油墨化。电子材料的油墨化过程是一项复杂的工程，目前开发无机纳米及有机电子材料的普遍是化学及材料学科从业者，油墨化过程被严重低估，开发的电子油墨往往印刷适性、稳定性及印刷效果无法满足工业要求，电子材料的油墨化过程需要专业的油墨从业者以及电学专家的深入合作才能够生产出高性能的电子油墨。

（4）电子油墨的系统化发展及相互匹配性。目前国内电子油墨的开发非常零散，缺乏合理分工和精细布局；同时电子油墨间的相互匹配性差，对将来的多层叠加印刷电子器件造成极大困难，因此，这方面需要加强顶层设计和合理布局，系统化发展中国印刷电子材料。

（5）生产的管理水平不足，材料批次稳定性差。目前国内企业及研发机构虽然进行了硬件升级，研发及生产设备达到国际先进水平，但是由于生产管理水平不足，生产的电子油墨批次稳定性差，在研发过程中缺少数据累积，导致产品出现问题无法追溯，这一点应该虚心向日本企业学习其精细化管理经验，甚至诸多欧美大型化工企业管理制度都深入借鉴了日本的管理制度。

3. 印刷电子器件的全印刷制备与封装集成

（1）多层印刷匹配性及层间爬坡问题。

印刷电子的未来是类似印刷报刊一样实现全印刷流程生产电子器件及产品，如此，才能够释放和发挥印刷技术的快速高效特性。全印刷工艺技术将涉及多层印刷问题，不同层之间的油墨匹配性将严重制约印刷器件的性能表现；另外上层电子油墨在下层印刷图案区域印刷时遇到的爬坡印刷也是非常棘手的难题，这些问题需要进行大量的基础研究，寻找创新的解决方案和反复的论证，才能够保证将来全印刷电子器件及产品的性能。

（2）轻薄、柔性及温度敏感性基材印刷电子器件的封装问题。印刷电子同时面向轻薄、柔性及可穿戴应用，完全不同于以往的封装工艺技术，需要开发全新的封装材料和封装工艺技术，目前印刷电子器件及产品的封装集成没有成熟的封装工艺，需要在借鉴传统封装工艺的基础上进行创新性开发。

（二）政策环境问题

1. 缺乏国家整体布局和引导，政策及资金投入支持不足

目前世界诸多国家和地区纷纷制定了印刷电子发展战略与科技计划，建立研究中心与技术联盟，以推动印刷电子研发及产业化。这其中包括德国VDMA主导的欧洲LOPEC、韩国国家印刷电子中心、荷兰Holster研发中心、芬兰VTT研究中心、日本产业技术综合研究所下属高级印刷电子技术研究协会以及美国柔性技术联盟等。

目前国内缺乏高级别的印刷电子产业组织机构，缺乏国家整体布局和引导，未得到足够重视，同时相比日韩及欧美国家，政策扶持及资金投入不足，不利于中国印刷电子产业初期发展。

2. 国内投融资环境不成熟，新兴技术初

期融资难

目前国内投资机构倾向于成熟技术短线投资，对国内高新技术开发缺乏信心，没有形成良性的投融资生态环境，造成新兴技术的融资难度极大。

3. 科研院所研发与企业对接不畅，官产学研缺乏主导方

目前国内科研成果的评价标准不利于新技术成果转化，造成研发人员缺乏成果转化积极性，技术原型往往停留在实验室阶段，同时由于国内企业往往急功近利，喜好购买成熟技术，从技术原型到技术工程化过程缺乏主导方，造成技术转化生态链断裂。

4. 行业宣传不足，企业固守现有技术，普遍持观望态度

国内科研院所及高校机构极少参加行业会展进行技术宣传和推广，国家科技支撑经费没有明确资助技术的宣传和推广费用，技术提供方与技术需求方的对接渠道不畅；同时国内企业在技术危机到来之前，固守现有技术，对新兴技术普遍持观望态度，比如国内印刷电路板产业对印刷电子技术一直持观望态度，直到近年来国家针对传统蚀刻电路技术提高了门槛，加大了污染惩罚力度，同时国际上已经频繁出现印刷柔性电子电路产品，才使得电路板从业者重新关注印刷电子技术。

四、应对措施、政策建议

（一）加强顶层设计，确立行业战略定位

整合国内印刷电子从业机构，加强顶层设计，成立国家级印刷电子基础及工程化研究中心，确定印刷电子产业的战略地位，整合印刷电子产业链，建立印刷电子技术联盟。国家级研究中心将是进行印刷电子产业链整合的中坚力量，政府扶持是当前推动印刷电子产业发展的重要一环。印刷电子是电子工业新的战场，其面向轻薄、柔性、透明及可穿戴产品，是中国电子工业改变低端加工组装现状实现产业变革升级的契机，未来几年，全球印刷电子产业将进入高速成长期，这将是我国突破硅基微电子产业的低端锁定命运，走向电子强国的难得机遇期。我们不能坐等国外将技术开发成熟后大举占领我国市场，而应当积极行动起来，提前进行顶层布局，全面推动我国印刷电子技术与产业的发展，作为全球最大的电子产品的生产国与消费国，我国也极有可能成为未来全球印刷电子产品最大的市场。

（二）政府引导，战略聚焦和扶持核心技术和应用

梳理和凝练印刷电子产业目前亟待解决的战略性核心技术，包括高性能电子油墨（导电油墨、半导体油墨以及照明显示领域用功能电子油墨等）、高精度印刷技术与装备（特别是亚微米及纳米级高精度印刷技术）、卷到卷多层复合快速印刷制造技术以及印刷电子器件的封装技术，都属于印刷电子产业基础性核心技术；同时，上述基础核心技术的探索性应用应首先聚焦于印刷制造OLED照明、电子墙纸（Active Wallpaper）、数字标识及广告媒介（Digital Signage）、透明显示和柔性电路板（FPCB）五大应用领域（参考韩国政府扶持的重点应用领域）。应战略聚焦在上述几个重要技术难题和应用领域，实现"十三五"期间关键技术及应用的重大突破，奠定中国印刷电子产业的重要地位。

（三）作为增材制造技术，政府给予环保

政策倾斜

对企业进行量化环保指数评估，对印刷电子这类增材环保制造技术授予较高环保指数，并给予金融借贷、税收、进出口等支持，对低环保指数企业进行各项限制，提高排污企业的污染成本，加大惩罚力度。基于政策性引导，对电子制造业进行升级，提高技术竞争力，产业绿色化升级，提高落后技术、排污企业的污染成本，推动中国制造技术的转型升级。比如加拿大、法国、俄罗斯及中国香港地区均采用印刷电子标签天线技术，其严格的环保政策使得印刷电子标签天线技术较传统蚀刻天线技术更具有竞争力。如此，相关企业会在短期内感受到强烈的技术升级阵痛，但是对企业的长远发展、变市场逼迫技术升级为主动前瞻性技术升级、提高国家技术质量具有重要的意义。

（四）加强行业宣传和推广，引入投融资平台助推行业发展

建立国家级大型高新技术推广组织机构，组织和汇总国内高新技术进行国际范围内的推广和展览，并作为桥梁将投融资机构与高新技术进行对接，提高新兴技术融资机会。日本1980年创立的NEDO组织，为日本的新兴技术发展及其在能源、纳米、生物、信息及环保领域的地位发挥了巨大的作用，是日本高新技术快速发展的助推剂。

建立国家级开放式高新技术和投融资数据库信息平台，国内高新技术与高新技术展览，鼓励科研院所对开发高新技术参加业内各种展览，并财政补贴高新技术展览费用。

国家及地方各类开发区降低高新技术入园门槛，并给与租房、税费、水电等费用的优惠支持，鼓励印刷电子高新技术的快速发展，国家应鼓励开发区及行业协会组织国内外参展，积极推广各类高新技术，持续的资金支持对中小型高新技术企业的健康发展至关重要。

第二节　3D 打印技术

随着我国国民经济的快速发展，传统的平面印刷与减材制造业已难以满足产业和经济可持续发展的需求。近年来，迅速发展起来的3D打印（3D Printing）技术，以"增材制造"的工艺理念对"减材制造"工艺的传统制造业产生巨大的冲击。随着与快速发展的网络技术与大数据技术等的结合，3D打印以高效、自主、快速、环保的优势，推动印刷技术从平面印刷到三维制造的发展。以3D打印为基础的新型先进制造加工业，正在与其他数字化生产模式一起推动实现第三次工业革命。

一、增材制造

3D（三维）打印又称"增材制造"（additive manufacture），根据美国材料与试验协会（ASTM）2009年成立的增材制造技术子委员会公布的定义，"增材制造"技术是"一种与传统的材料去除加工方法相反的、基于三维数字模型的，通常采用逐层制造方式将材料结合起来的工艺，同义词包括添加成型、添加工艺、添加技术、添加分层制造、分层制造，以及无模成型"。

传统的制造与加工工艺多是去除成形（车、铣、刨、磨、钳等）和受迫成形（锻压、铸造粉末冶金等）的减法加工方法，在消耗巨大的材料和能源的同时还造成严重的污染排放。3D打印技术则采用逐点或逐层堆积材料的方法制造物理模型，属于离散／堆积成形方法，即分层实体制造。相对于传统的二维打印技术而言，是一种快速成形的技术。这种增材制造的方法在克服了传统减材制造工艺的材料与能源浪费的同时，极大地缩短产品的研制周期，提高了生产效率并降低了生产成本。图5.43给出了传统减材制造与3D打印的增材制造方式的区别。3D打印技

术可以从计算机中设计的图形数据直接生成各种具有三维形状的实体样品或产品。由于无需模具制造或机械加工，三维打印可以极大地缩短产品的研制周期，提高生产效率和降低生产成本，更可以提供便捷的个性化制造服务。在具有良好设计概念和设计过程的情况下，三维打印技术还可以简化生产制造过程，快速有效又廉价地生产出单个产品，而且可以制造出传统生产技术无法制造出的外形。与传统减材制造工艺相比，3D打印具有高效的材料利用率，适用于贵重材料加工与传统工艺无法加工的复杂结构部件。

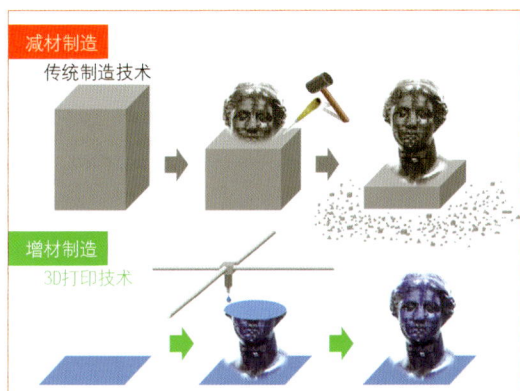

图 5.43　传统减材制造与
3D 打印的增材制造方式的区别

二、产业发展现状

（一）3D 打印市场规模

根据美国咨询公司Wohler Associates与IDTechEx的数据显示，2011年全球3D打印市场规模为17.1亿美元，而市场分布在美国、欧洲与亚洲，美国占据市场的主要部分（55%），欧洲以占据30%居其次，亚洲则占据15%的市场，如图5.44所示。2014年3D

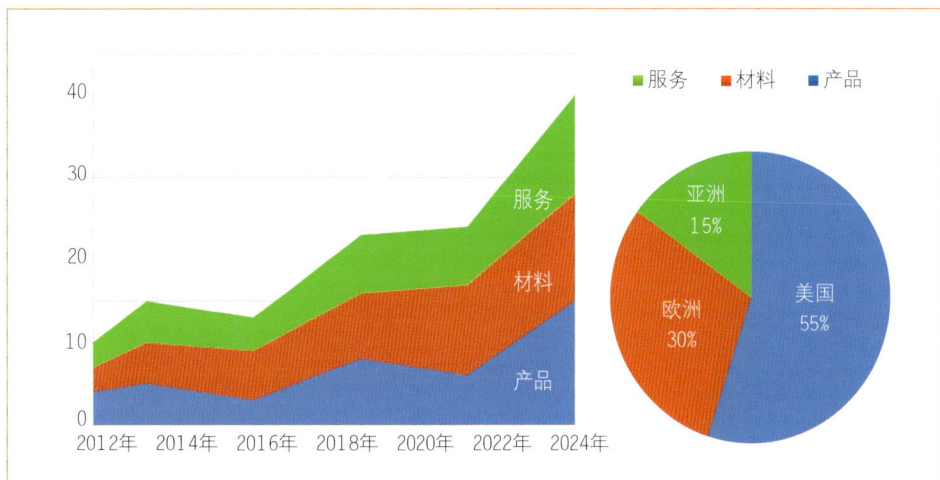

图 5.44　3D 打印市场规模与发展预期（金额单位：亿美元）
（源自 3D Printing 2014-2025: Technologies, Markets, Players, IDTechEx 公司信息咨询报告，2013 年）

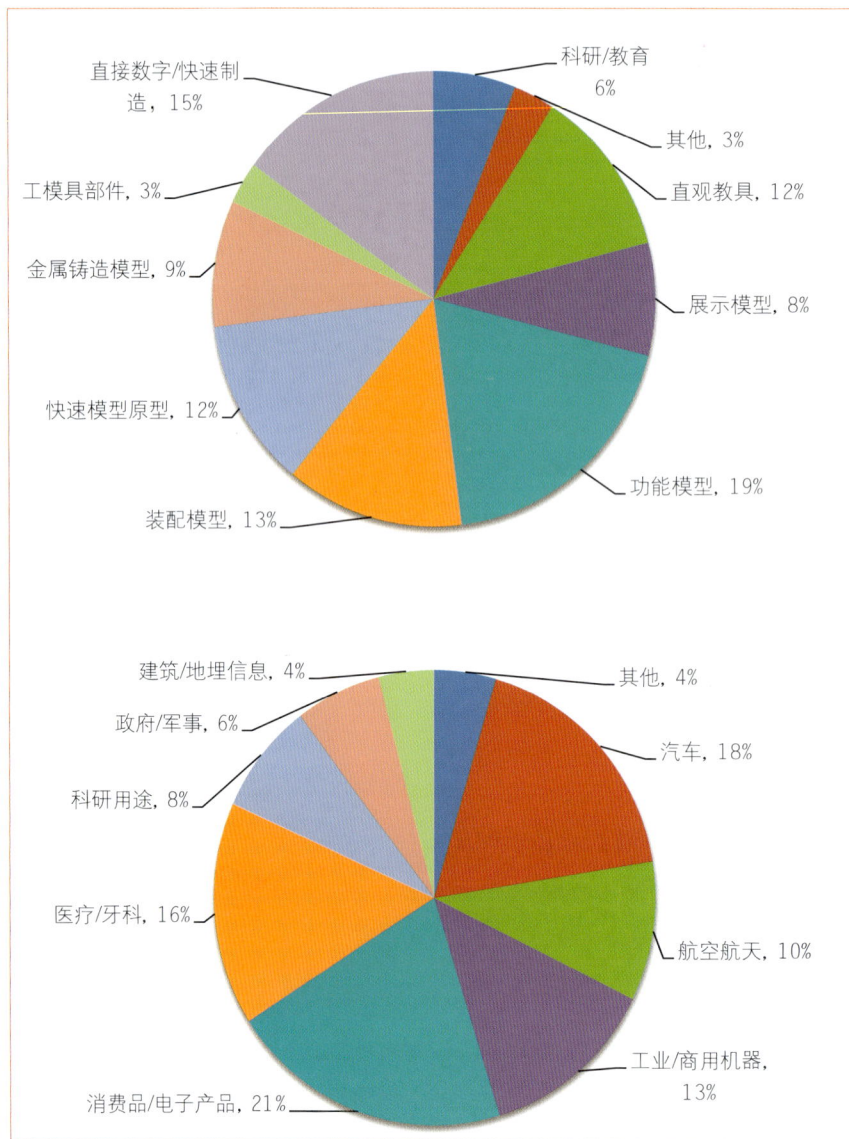

图 5.45　3D 打印技术应用（上）与行业分布（下）
（源自美国咨询公司 Wohler Associates 2011 年度报告数据）

打印产业规模比上年增长25%，达到20亿美元，2019年将达25亿美元，2025年将达到40亿美元。尽管发展时间较短，目前的3D打印市场已经包含了从原材料处理、设备制造到产品服务的全产业链。目前3D打印市场的主要组成为3D打印机产品（40%）、打印材料（30%）与3D打印服务（30%）。3D打印正

在以其高效、清洁的生产方式推动定制生产与增材制造产业革命，其市场规模的迅速扩大已经预示出巨大潜能。

（二）3D 打印应用领域与市场分布

3D打印技术以其便捷、高效、自主、快速、环保的技术优势，迅速吸引了各种应用市场的兴趣与关注。经过仅仅不到三十年的

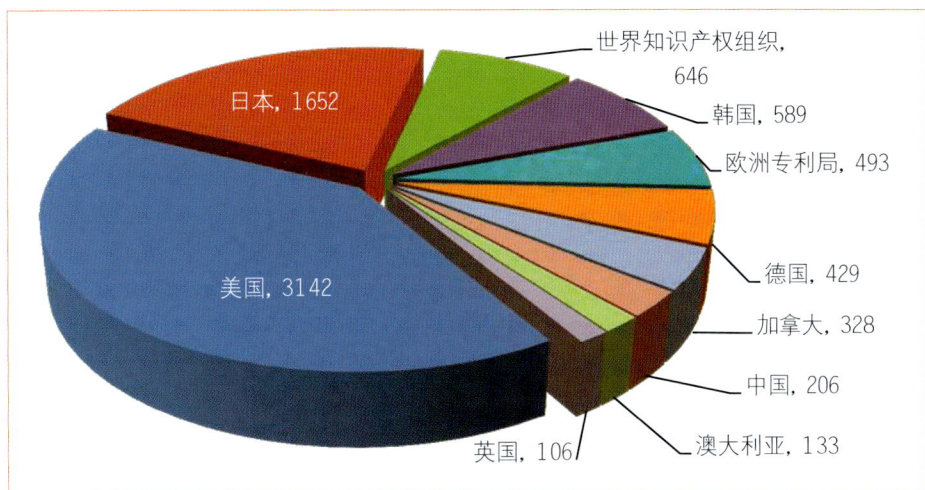

图 5.46 全球 3D 打印专利机构分布
(源自 Thomson Innovation 专利数据库，中国科学院文献情报中心 2014 年分析)

发展，3D打印已经广泛地应用于汽车、航天、工商业机械、消费品与电子、建筑、军工、考古、科研乃至医疗等领域，工程师和设计师们主要使用3D打印技术来快速而廉价地制造产品的模型。而3D打印技术应用行业分布主要集中在模型/模具的制造和加工、配件制造及功能化成品的制造等。从应用领域来看，消费品/电子产品领域是3D打印制造技术应用最多的领域，如图5.45所示。3D打印的应用领域里，汽车、航空、机械制造是激光烧结等高能、高精度的专业级3D打印的应用领域；而在医疗、牙科、消费品、个人电子等领域具有巨大的市场份额与潜力，则是源于3D打印在个人定制方面优势；同时，3D打印在科研、建筑、政府、军事等领域显示很强的活力。

（三）3D 打印全球市场竞争力

申请专利数量是技术竞争力的主要指标之一，全球3D打印主要专利申请国家如图5.46所示。在全球3D打印专利的分布中，美国拥有专利总量的38.69%，占有绝对优势；其次是日本，拥有总量的20.34%。中国排第7位，仅占1.35%，远远落后于美国、欧洲、日韩等地区。3D打印作为新一代的先进制造技术，全球各国正在争相布局相关知识产权势力。

随着3D打印市场的不断发展，产生了3D SYSTEMS、STRATASYS、Z Corporate、GeoMagic、Makerbot和Objet等专业的3D打印技术开发与服务公司，并开发出数十个系列的成熟商用的专业3D打印机。同时，3M、BASF、西门子、爱普生、宝洁、松下等国际大公司也分别从材料、成像技术、电子、日化、软件等不同领域涉足3D打印产业，如图5.47所示。

三、产业发展趋势

（一）3D 打印技术分类

根据2012年最新版美国材料与试验协会（ASTM）增材制造技术子委员会F42制定的标准——增材制造技术标准中的术语，将增材制造技术的工艺分为光聚合技术、材料喷射、黏结剂喷射、材料超充、粉末床融合、

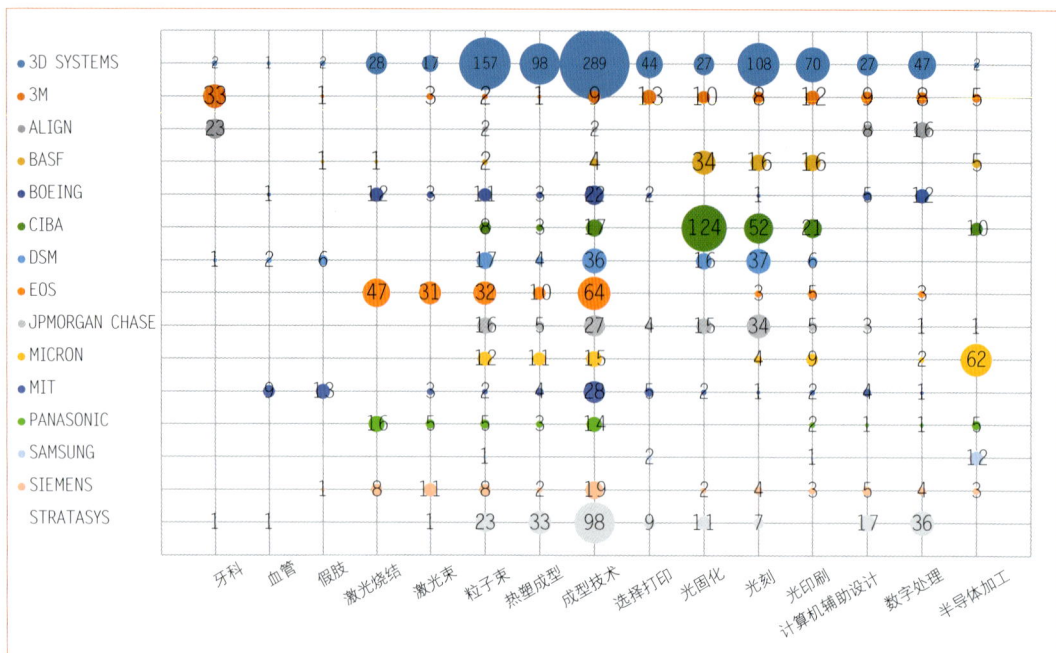

图 5.47　3D 打印技术专利主要专利权技术分布
（源自 Thomson Innovation 专利数据库，中国科学院文献情报中心 2014 年分析）

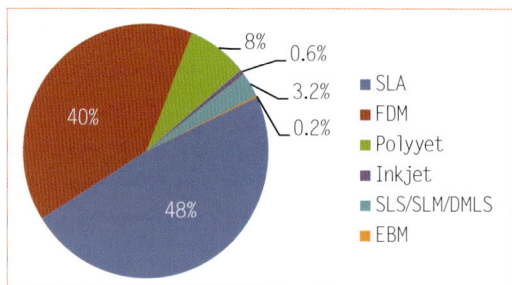

图 5.48　3D 打印主要技术工艺市场分布
（源自《3D Printing 2014 ~ 2025: Technologies, Markets, Players》，IDTechEx 公司信息咨询报告，2013 年）

片层叠和定向能量沉积等七类。针对增长最快的3D打印的市场与相关技术专利分析，目前的3D打印技术集中在四个热点：立体光固化（SLA）、熔融沉积（FDM）、喷墨黏合（Polyjet）、选择激光烧结（SLS），也是目前3D打印主要的成熟工艺技术。3D打印主要技术工艺市场分布如图5.48所示。

1.　立体光固化成型

立体光固化成型（Stereo Lithography Appearance, SLA），是以光敏材料为基础，利用光敏材料的光诱导聚合反应，通过选择性光固化实现三维成型的工艺。目前市场上分为"立体光刻"和"喷墨光固化"两种光固化技术工艺。

立体光刻是激光逐层扫描光敏材料溶液使之固化。它具有较高的加工精度，但受制于较慢的激光加工速度。喷墨光固化是通过逐层打印液态光敏材料，同时用紫外光对刚喷出的光敏材料迅速固化的加工工艺，是真正意义上的"增材制造"工艺。喷墨光固化具有较高的打印制造速度，但受制于目前喷墨打印技术的限制，加工精度难于达到 $20\mu m$ 以下。基于喷墨打印的材料灵活性与多通道打印技术，可以实现多种不同材料的同时打印加工。Stratasys公司开发的Connex系列3D打印机是市场上可以同时实现多种材料打印的3D打印机。

2. 熔融沉积

熔融沉积成型（Fused Deposition Modeling，FDM），又被称为熔丝沉积法或丝状材料选择性熔覆。它是将丝状的热熔性材料加热融化，同时三维喷头在计算机的控制下，根据截面轮廓信息，将材料选择性地涂敷在工作台上，快速冷却后形成一层截面。然后重复以上过程，继续熔喷沉积，直至形成整个实体造型。

熔融沉积成型工艺的材料一般是热塑性材料，如蜡、ABS、PC、尼龙等，以丝状供料。这种工艺使用、维护简单，成本较低。用蜡成形的零件原型，可以直接用于石蜡铸造。用ABS制造的模型因具有较高强度而在产品设计、测试与评估等方面得到广泛应用，目前熔融挤出成型系统在全球已安装快速成形系统中的份额大约为30%。塑料成型的优点是便捷、低成本，但加工精度比较粗糙，所加工的产品强度较差。

3. 喷墨黏合

喷墨黏合主要是指聚合物喷射黏合成型（Polyjet），是以喷射聚合物黏结剂黏合粉末材料成形的工艺。是通过喷头用黏结剂（如硅胶）将零件的截面"印刷"在材料粉末（如陶瓷粉末，金属粉末）上面，得到零件的截面，并与下面已成形的部分黏接；当一层截面黏接完后，铺上新的一层材料粉末，选择地黏结新的截面。如此周而复始地送粉、铺粉和喷射黏结剂，最终完成一个三维粉体的黏结。

喷墨黏合适用材料比较广泛，能很好地与传统喷墨打印技术相结合实现多彩色打印，可以制备逼真度十分高的物体与人物塑像。但受黏结剂的限制，所打印样品的强度十分有限。

4. 选择激光烧结

激光烧结是"利用电流、激光或等离子体对金属粉末烧结制造工件或者制品"的选择性烧结技术。激光烧结，主要是利用激光作为辐射源，对金属、陶瓷、高分子等粉体进行烧结，包括选择性激光烧结（Selected Laser Sintering，SLS）、选择性激光熔铸（Selected Laser Melting，SLM）、直接激光熔铸成型（Direct Laser Melting Forming，DLMF）以及离子束熔铸成型（Electron Beam Melting, EBM）等技术。

激光烧结打印技术总体分为两类，分别为选择激光烧结（SLS）和直接激光熔化成型（DLMF）。SLS技术烧结低熔点的材料来成型，所用的材料是塑料、尼龙、金属或陶瓷的包衣粉末（或与聚合物的混合物）。在包衣粉末或混合粉末中，黏结剂受激光作用迅速变为熔融状态，冷却后将基体粉末颗粒黏结在一起，烧结时通常需有保护气体。烧结塑料、尼龙粉末可得到几乎完全致密的零件。DLMF可以直接烧结高熔点的材料，包括铝基、铁、镍等材料，不需要添加黏结剂，不仅避免了成分污染，而且有很高的密度和强度。

激光烧结3D打印技术精度高、适用材料较为广泛，所加工出的产品无论在机械强度和精细度上都非常高，已经成功地在医疗、汽车、航空、模具等高级制造加工领域得到了应用。然而受制于高能激光器与精细光学控制元件的复杂和高成本限制，激光烧结技术目前仅被用于航空、军工等高端制造领域。

（二）3D打印材料是关键

3D打印机与传统打印机最大的区别在于

它使用的"墨水"是加工成型的原材料，也是3D打印的关键技术之一。目前3D打印材料基本上涵盖了金属、陶瓷、塑料、橡胶等

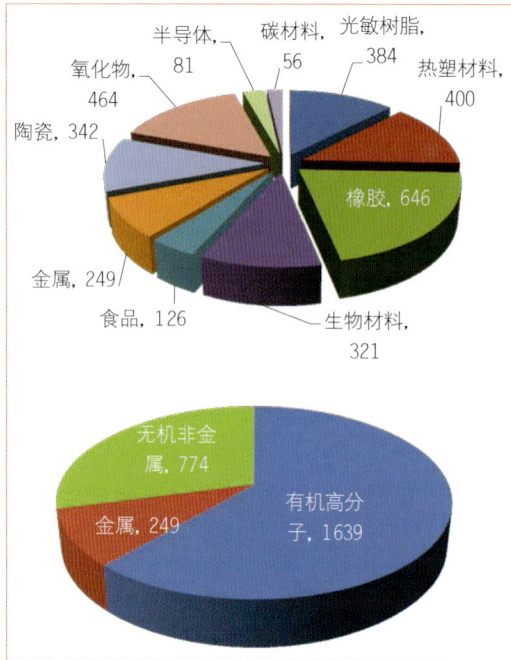

图 5.49　3D 打印材料专利分析布局
（源自 Thomson Innovation 专利数据库，中国科学院文献情报中心
2014 年分析）

生产、生活的常见材料，以及生物材料、半导体、石墨烯碳材料等新兴功能材料。通过对3D打印的相关技术专利分析可以发现，由于健康医疗、复合橡胶、功能高分子及光电器件等应用中的巨大需求，有机高分子材料研究占据着新型3D打印材料的主力地位，如图5.49所示。

根据加工材料的不同性质，不同的3D打印加工技术有着各自打印材料的适用性：①以光聚合反应为主的光固化技术针对于光敏聚合物材料；②熔融沉积成型的加工温度多在300℃以下，适用于各种热塑性高分子材料；③激光烧结技术可达到局部2000℃的高温，大部分高熔融温度的金属粉末、树脂、尼龙粉末等高分子材料可通过激光烧结进行加工，而陶瓷材料需要更高的烧结温度；④聚合物喷墨黏合技术的材料适用性比较广泛，各种金属、陶瓷、树脂、塑料等材料均可用于黏合技术。从2013年3D打印材料市场的分布可以看出，光敏聚合物与热塑型塑料占据耗材市场的绝大部分，由于其低成本、

图 5.50　3D 打印材料 2013 年市场分布（左）与未来 10 年 3D 打印材料市场发展预期（右）
（源自 *3D Printing 2014～2025: Technologies, Markets, Players*，IDTechEx 公司信息咨询报告，2013 年）

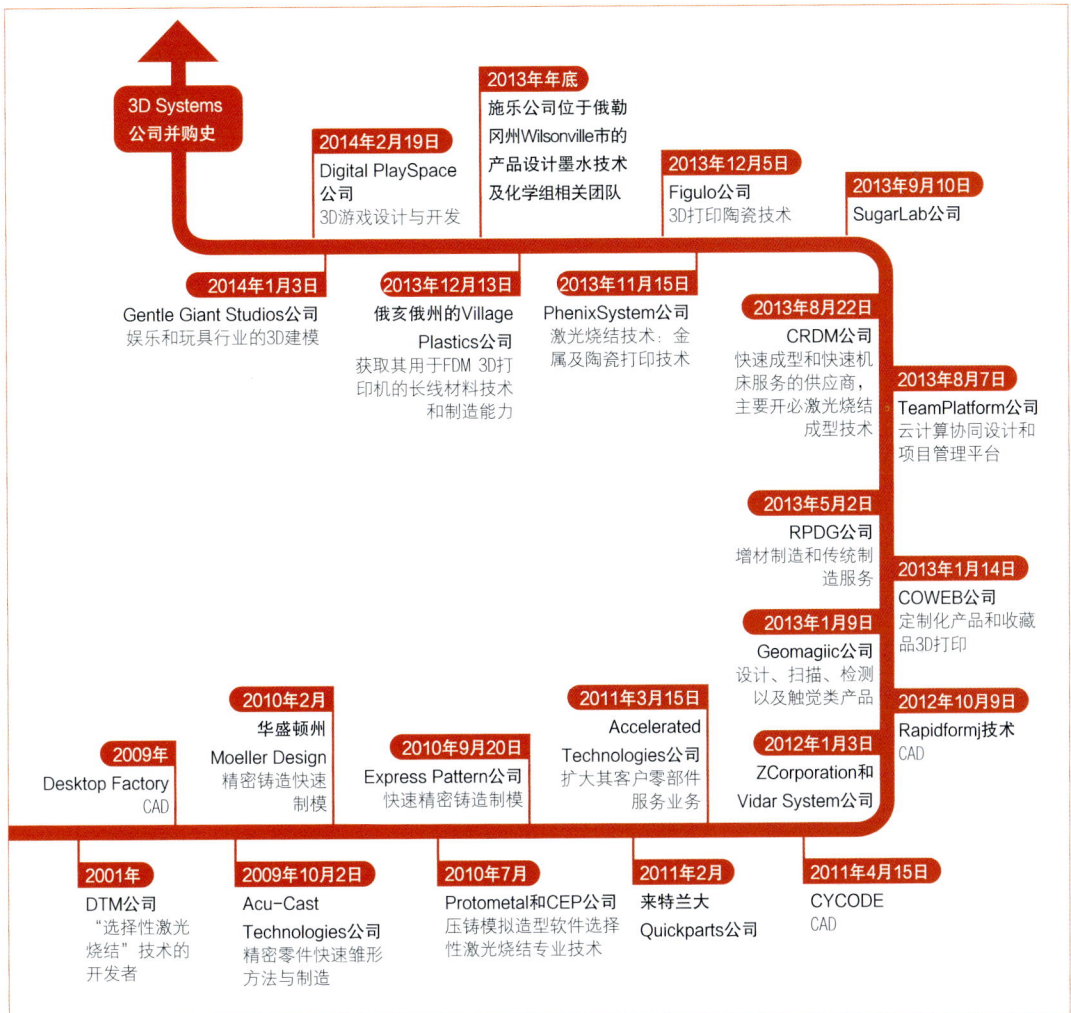

图 5.51　3D Systems 公司并购史
（源自 Thomson Innovation 专利数据库，中国科学院文献情报中心 2014 年分析）

应用广的优势，在未来5～10年内仍将占据3D打印耗材市场的主力，如图5.50所示。

（三）产业应用是支撑

3D打印技术的优势和核心在于可以实现传统制造业难以解决的个性化、复杂结构的制造难题，是传统制造技术的一次革命。原理上，所有三维形状的物品都可以通过3D打印进行制造。随着3D打印技术的逐渐成熟与宣传普及，3D打印几乎扩展到目前所有的热点应用领域。通过3D打印相关技术专利的分析，可以发现3D打印技术集中应用于航天、汽车、医疗与电子器件几个热点领域，个人消费品也在增长，但相对比较分散。美国、英国和中国的航空航天等精密加工领域已经成功使用3D打印技术参与研发；英国、德国、日本均已经广泛地将3D打印用于汽车模型与发动机研发乃至生产；医疗领域中的应用最为宽广，也最能体现出3D打印在个性化订制中的生产优势；随着电子产业的巨大进步与需求，3D打印技术已经开始在电子功能器件应用领域展现潜力，这些热点行业应用中的巨大潜力，支撑了3D打印技术与产业发展的广阔空间与光明前景。

（四）产业融合是趋势

作为新兴的先进制造业，3D打印产业是一个涉及设备、材料、软件、信息、服务等各个方面的全链条产业。3D打印产业化的发展，不能仅仅是推出3D打印机设备或开发打印材料，同时需要软件建模、大数据处理、数据库等信息技术的支持。随着网络与个人智能产品的普及，3D打印制造产业的发展与推广，离不开和信息产业与现代服务业的产业融合。

以目前全球最大的3D打印机生产商和解决方案提供者——美国3D Systems公司的发展进程为例。该公司是第一家推出商业3D打印机的公司，拥有最多的专利数量。其通过"自主研发＋收购"的专利模式，布局贯穿了3D打印的产业链。如图5.51所示，从该公司的并购史可以看出，3D Systems公司在自主研发的基础上，分别从工艺方面、材料方面、3D打印的扩大应用领域方面与计算机建模软件方面，通过不断并购实现了技术整合与市场推广。

四、存在的主要问题

（一）打印速度与成本

目前很多三维打印机使用的是液态树脂，这种树脂可以利用聚焦激光束精确地点硬化，但这种打印技术非常慢，速度大约是每秒数毫米。打印一个数厘米大小的样品，通常需要2～4个小时。美国的Stratasys公司与加拿大温尼伯工程集团Kor Ecologic合作，用了15年时间，在2011年制造出世界首款

"打印汽车"，这款被命名为"Urbee"的打印汽车是由一个特制3D打印机层叠建造的车身。

此外，耗材价格是制约3D打印技术广泛应用的关键因素之一。从价格上来看，通常在几百元人民币一千克，最贵的一千克则要4万元左右。因此，近期来看3D打印技术尚无法全面取代传统制造技术，但是在单件小批量、个性化及网络社区化生产模式上具有独特的优势。

（二）打印材料受到限制

3D打印只是加工过程，而产品的属性取决于耗材本身。尽管目前用于3D打印技术的材料已经有很多，但仍以模型支持材料为主，打印出的产品大多以模型模具为主，真正实现功能化的打印材料与产品还很有限。多种材料的融合还面临难题，多种材料的功能整合还无法实现。同时，目前用于3D打印的材料多为微米、纳米粉体或者光敏感液体，材料的保质、保存也限制着3D打印技术的应用。

（三）打印工艺还不完善

3D打印工艺发展还不完善，快速成型零件的精度及表面质量大多不能满足工程直接使用，不能作为功能性部件，只能作为原型使用。3D打印产品由于采用层层叠加的增材制造工艺，层和层之间的黏结很难和传统模具整体浇铸而成的零件相媲美。多种材料的融合还面临难题，两种以上材料的同时打印还难以实现。大尺寸（10m或更大尺寸）的产品还无法通过3D打印进行加工。

（四）潜在的社会问题

3D打印技术的意义不仅在于改变生产和工作的模式，也在于它能影响知识产权的规

则。该技术的出现使制造业的成功不再取决于生产规模，而取决于创意。然而，单靠创意也不够，模仿者和创新者都能轻而易举地在市场上快速推出新产品。因此，竞争优势可能变得比以前更短，更难吸引进行规模生产，导致资本和工作重新分配，知识产权规则也将被改变。

2011年美国一名学生制作出一个手枪的设计图纸，叫"维基手枪"，称这张图可以在网络上自由传播，只要你有一台3D打印机，你就可以自己造出一把手枪来。从技术层面，"维基手枪"完全可以实现3D打印。目前，一位美国公民Cody Wilson采用3D打印机制造出可以连续打出5发子弹的手枪。因此3D打印技术的应用也存在着公共安全等方面的潜在社会问题。对于3D打印为代表的未来制造业，需要法律法规层面的规范与监管。

五、对策和措施

（一）国内外的产业发展与规划

1.美国

美国是3D打印技术的主要推动者。主要原因是美国将网络化制造视为其核心竞争力，而3D打印技术是美国网络化制造的关键支撑技术。根据2012年美国总统科技顾问委员会采纳的《赢得国内先进制造竞争力优势》报告，发展美国先进制造技术（含增材制造技术）分为四步进行：①制定国家先进制造战略计划与目标；②制定技术路线图；③设立并管理研究项目；④对过程进行审查和修正。

在制定国家先进制造战略与目标方面，2012年2月美国发布了"先进制造业国家战略计划"研究报告，将增材制造技术列为11项优先发展的跨学科技术之一。

路线图方面，美国政府自1997年就开始着手相关方面的工作，具体可分为两个阶段：1997～2003年为第一阶段，主要工作是评估欧洲和日本增材制造技术发展状况；2009年至今为第二阶段，主要工作是制定美国自身的增材制造技术路线图。对美国近些年路线图工作的研究表明：①2009年之后，美国开始重视以3D打印为代表的增材制造技术，一方面是因为美国急于寻找新的增长点振兴经济，另一方面则是因为3D打印相关的技术专利正在逐步失效；②美国军方特别重视以3D打印为代表的增材制造技术，这是因为3D打印技术由于其技术特点能满足军工产品的独特需求。

设立并管理研究项目方面，2012年3月奥巴马宣布实施投资10亿美元的"国家制造业创新网络"（NNMI）计划。8月，作为NNMI计划的一部分，联邦政府投资3000万美元成立增材国家制造创新研究所（NAMII），加上地方州政府配套的4000万美元，共计投入7000万美元，该研究机构实质上是由产、学、研三方成员共同组成的公−私合作伙伴关系，致力于增材制造技术和产品的开发。

对技术研发过程进行审查和修正方面，前述的《赢得国内先进制造竞争力优势》报告建议关键利益相关方、机构代表，以及来自学术界和产业界的专家应定期进行审查，以确定目标是否达成或过程是否需要修正。项目执行过程中，审查小组应提供实时的技术援助和互动性的咨询服务。尽管资助的资金必须是稳定的，但是资金分配应提交审查，并根据严谨的计量分析进行调整。

2. 欧洲

欧洲也将增材制造技术视作一种重要的新兴技术。相比美国，欧洲在增材制造技术的研究方面虽然单个国家的实力相对较弱，但总体而言，其研发活动和基础设施并不逊色。欧洲的大学、企业和政府实体之间建立了众多增材制造技术联盟，有些甚至是跨国联盟。许多大型合作计划得到了数百万美元的资助，包括"大型航空航天部件快速生产计划"（RAPOLAC），面向大规模客户定制和药品生产的"自定制"（Custom Fit）计划等。尽管这些技术有许多初始研发源自美国，但后续开发主要在欧洲等地展开。不过，欧洲并没有出台类似美国先进制造战略计划的大型战略规划，其研究计划相对较为分散。

总体而言，美国和欧洲在3D打印技术上占有领先地位，而日本则发展滞后。

3. 国内产业现状

20世纪90年代，3D打印技术开始在国内兴起，1997年国内第一台光固化快速成型机便已经上市。2000年以后，"863"计划、"973"计划、国家自然科学基金重点项目等也开始对激光立体成型立项支持。目前，在3D打印设备生产与研发领域国内已有一批骨干型公司：一类是拥有学术背景，从大学实验室或科研机构分立出来的企业，主要从事工业级3D打印设备的研发；一类是以创客群体为主导的小规模企业，主要从事桌面级3D打印机与3D打印产品的服务。

尽管我国在部分大型激光烧结技术方面处于先进水平，但国内从事3D打印的企业大多还以仿制、代理国外产品为主，大部分企业都还没有实现盈利。由于国内企业研发能力薄弱，高精密电子元件、耗材等多数依赖进口，缺乏核心专利技术的国际竞争力等因素，直接限制着国内企业的发展。

3D打印产业包括材料、设备、软件技术工艺，还包括数据库、法规等信息数字化平台，和国防、航空、汽车、消费电子、医疗、文化、教育等行业应用服务。对于一般消费者与中小型企业，专业的3D打印设备还比较昂贵，大多数国内的制造和服务企业还未能从3D打印技术中真正获益，国内还没有形成成熟完整的3D打印产业链。

4. 3D 打印应用

事实上，目前的3D打印技术已经开始融合到现有的各个行业与应用领域，尤其是定制医疗、可穿戴电子等新兴领域，3D打印产业在各个行业的发展应用趋势如图5.52所示。汽车与航天领域已经将3D打印快速成型技术应用于模型模具的生产，新车型、机型的研发，工艺改进等。医疗健康方面，3D打印的牙齿、假肢已经成功地应用于临床。世界上有不少研究单位正在从事打印人造器官的研究，相信在未来，器官移植的困境将被3D打印技术彻底解决。3D打印冲击最大的将是传统的制造加工业与相应的零售业和商业服务。一系列打印制造的定制性快速消费品将会被发明和热销，以打印电子为主的大量可穿戴、可植入电子消费品将会更新现有的电脑、智能手机等电子产品。以3D数字模型、数据库、网络数字技术为主的3D打印技术服务将迅速兴起，在提供丰富的三维建模服务的同时，解决客户的各种3D打印技术问题。最终，现有的工业革命以来的大规模生产，及商业革命以来的物流与库存管理，大部分市场将被超小规模生产的个人工厂与3D

图 5.52　3D 打印产业在各个行业的发展应用趋势

模型数字网络市场平台所取代。

（二）对策与规划建议

我国的3D打印在知识产权、系统设备、材料耗材的核心部件上，均在很大程度上受限于国外的技术壁垒，因此应以产业政策为引导，解决产业发展的共性问题和研发关键技术，培育及推动3D打印产业的发展。整个发展将大致分为两个阶段：2020年以前的几年为第一阶段，以重点解决关键问题、掌握核心技术为主；2020～2025年的未来五年为第二阶段，以实现新型产品、构建完整平台、形成核心技术竞争力为目标。

1. 技术发展路线图

3D打印不是单一的技术概念，它涵盖了原材料、设备制造及3D打印产品开发应用等技术范畴，是一个上中下游技术产业链与生产解决方案。针对3D打印工艺的技术特征，未来的十年内还需要分别在设备、材料、产品与服务四个方面就3D打印的核心技术实现突破。

设备是3D打印生产制造的核心平台，尽管目前的3D打印工艺很多，但其核心部件仍然是高效、高能激光器与喷墨打印喷头。所以发展高能量、低耗能的高效激光器与高精度的喷墨打印喷头是3D打印设备制造的关键。实现10nm～1μm的打印加工精度，与打印加工10m或者更大尺寸的打印产品，将是未来3D打印机真正得以广泛推广与应用的关

图 5.53　3D 打印技术发展路线图

键。3D打印技术发展路线图如图5.53所示。

　　材料是3D打印基础，目前的3D打印材料涉及了金属、无机非金属与有机高分子材料领域。随着新材料的开发与纳米技术的进步，3D打印材料正在向以下几个方向发展：金属材料向新型合金粉末与纳米金属材料方向发展；无机非金属材料正在以新型的功能陶瓷、半导体、石墨烯等为明星材料，开发其打印成型应用性；有机高分子材料是材料研究最广泛的主题，目前以光敏聚合物与生物友好的水凝胶材料为研究热点。2025年开发出3D打印用的光、电功能与高强度材料，以及生物友好的生命功能材料。

　　产品方面，以当前与未来健康、医疗与打印电子的微电子器件上的巨大需求为目标，研发用3D打印工艺实现个人定制的可穿戴或可植入的人机功能设备与器件。同时基于目前3D打印已经在航空航天与汽车制造行

业成功应用，进一步推广其在低成本精密加工与精细消费品中的产业化。

　　3D打印作为替代传统生产方式的技术，全面便捷的服务是3D打印产业得以推广的关键。不同于传统工业大生产，3D打印将以个人、个性化定制生产为主，其将带有鲜明的数字信息化与互联网特征。直观的人机友好操作界面与便捷的大数据库是未来3D打印推广后的用户终端平台，所以未来几年里需要在软件控制与模型数据方面进行服务平台的建设。

　　2. 3D打印产业规划发展路线图

　　针对3D打印技术的发展，我们还应进行全面的产业规划。

　　市场方面，目前的3D打印市场还处于概念宣传与市场培育阶段，随着3D打印技术的成熟及与现有产业技术的融合，3D打印正在迅速市场化，目前正在以每年超过25%的速

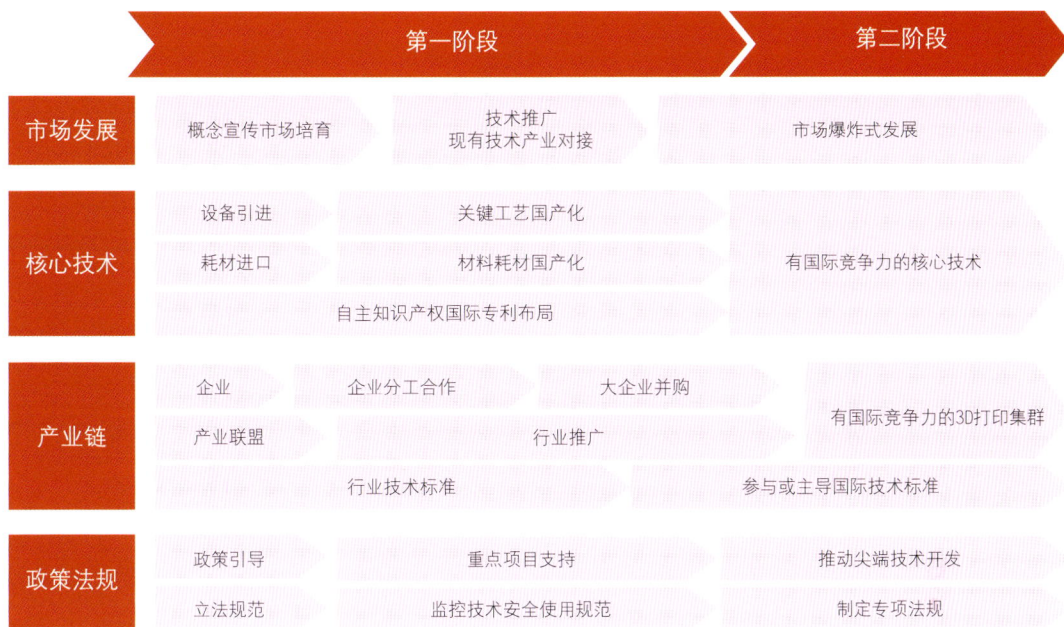

	第一阶段		第二阶段
市场发展	概念宣传市场培育	技术推广 现有技术产业对接	市场爆炸式发展
核心技术	设备引进 耗材进口 自主知识产权国际专利布局	关键工艺国产化 材料耗材国产化	有国际竞争力的核心技术
产业链	企业 产业联盟 行业技术标准	企业分工合作 行业推广	大企业并购 有国际竞争力的3D打印集群 参与或主导国际技术标准
政策法规	政策引导 立法规范	重点项目支持 监控技术安全使用规范	推动尖端技术开发 制定专项法规

图 5.54　3D 打印产业规划发展路线图

度加速增长，2025年将达到50亿乃至百亿级的市场，迎来爆炸式的发展。3D打印产业规划发展路线图如图5.54所示。

目前的3D打印设备与材料的核心技术多为国外所拥有，我国的3D打印市场是以设备引进与耗材进口为主要方式。通过未来5～10年的努力，在实现关键工艺与材料耗材国产化的同时，进行自主知识产权的国际专利布局，最终形成具有国际竞争力的核心技术与知识产权集群。

我国目前的3D打印企业相对比较分散，行业内部合作较少，重复建设现象严重。要实现我国未来3D打印产业的健康发展，需要建立官方的产业协会与联盟，指导与统一协调产业技术的分工与布局，推动与传统制造业的技术合作与对接。政策扶持重点企业，推动企业并购，塑造有国际竞争力的3D打印产业集群。同时着手制定行业技术标准，并

积极参与或主导国际技术标准的制定。

从国家层面要积极应对未来3D打印产业的迅速发展，一方面进行政策引导，重点专项支持，推动尖端技术的开发；另一方面要监控技术安全与产业市场规范，进行立法与制定行业规则，来规范我国3D打印产业的健康发展。

3. 政策建议

3D打印产业有鲜明的个性化定制的特征，目前世界各国的监管措施都是针对现有的集中式、大生产模式，3D打印产业的个性化定制模式必然难以适用于传统的监管模式。政策的支持是产业做大做强最有力的助跑器，3D打印产业的发展依然离不开资金支持、吸纳人才、政策引导等。如能针对3D打印产业的个性化定制模式，在产业发展引导政策上将有所突破。

（1）制定国家3D打印技术专利战略：

早期的3D打印技术专利正在逐步失效，为国内企业在3D打印技术上取得突破提供了难得的机遇。建议组织力量对目前3D打印技术的专利现状进行分析，并与相关科技情报单位进行合作，明确未来国内重点突破的方向，在此基础上进行聚焦布局。

（2）建立系统的材料特性数据库：3D打印技术的发展还需对材料特性有更深刻的认识。在不同工艺条件下，材料表现出不同的特性。工程师和设计者无法在不完全了解材料特性的情况下进行3D打印的设计和制造。此外，材料和工艺的相互作用也是未来的研究重点。必须深入对工艺认识，建立模型以实现对诸如材料结构和特性的预测。在此基础上建立系统的材料特性数据库（如2011年美国政府出台的"材料基因组计划"），实现机构之间研究成果的共享，避免重复研发并缩短新材料研发时间。

（3）进行技术研发与产业转化专项支持：我国已将3D打印材料及技术纳入国家支持专项。应进一步整合材料领域优势力量，增强我国在这一新兴技术领域的国际竞争力。3D打印技术在军工装备制造领域拥有广阔的发展前景，建议统一协调，将各研究单位的研究成果与军工科研院所及企业需求进行对接，推动我国国防事业的发展。针对关键技术进行重点突破研发，整体规划国家3D打印重点企业布局，避免目前产业内的低水平重复建设现象。

（4）制订产业标准，积极参与国际竞争：针对3D打印的技术工艺特征，组织制订技术与行业标准，并积极参与国际行业标准制订。发挥我国体制优势，抢占国际话语权，奠定我国未来3D打印产业发展的国际竞争力与行业领导力。

第六章　绿色印刷产业

绿色印刷（Green Printing或Sustainable Printing）是指印刷品本身，印刷材料、工艺及装备的使用，印刷生产过程、印刷品使用、回收处理及循环利用对环境无害或损害最小、节约资源、保障消费者和员工健康的印刷方式。即印刷品从设计、原材料选择、印刷生产、使用、回收等整个生命周期均应符合环保要求。

绿色印刷产业内容包括印刷品环保设计、环保印刷材料的制备与选择、生产工艺流程优化、印刷装备及系统的绿色化、印刷过程信息化、印刷车间智能化、印刷工程服务、印刷场所环保改造、印刷生产过程物料使用量、能耗监控及碳足迹计算、印刷品物流、包装印刷废弃物回收等。

绿色印刷既是科技发展水平的体现，同时也是替代产生环境污染和高能耗的传统印刷方式的有效手段。1990年，美国通过联邦空气清洁法修正案，目的是减少一般空气污染物质和其他致污物。欧洲的环保法规对印刷业挥发性有机化合物的排放做了明确限制，不仅增加了废料处理的内容，也提供了减少墨量损耗的途径。2000年6月，英国立法禁止用溶剂型油墨印刷食品包装薄膜。

国家新闻出版广电总局一直非常重视印刷行业的环保问题。在国家新闻出版业"十二五"发展规划中，将实施绿色印刷作为印刷产业结构调整、转型发展的一项重点工程。2010年9月14日，原新闻出版总署与环境保护部签订《实施绿色印刷战略合作协议》，标志着我国正式启动绿色印刷工作。2011年10月8日，原新闻出版总署和环境保护部联合发布《关于实施绿色印刷的公告》，标志着我国实施绿色印刷进入新阶段。目前全国已经有700余家印刷企业获得绿色印刷认证。

实施绿色印刷是中国印刷业主动贯彻国家环保战略的一项重要举措。当前，中国绿色印刷的实施，正处在深化拓展阶段，需要进一步完善有关政策措施，凝聚团结全行业以及全产业链上下游的力量，推动印刷产业转型升级，为促进建设生态节约型和环境友好型社会发挥更大作用。

我国已跃居为世界第二大印刷生产国，但在印刷品及其生产过程的环保性方面，与发达国家相比存在较大差距。在过去十年发展中，我国印刷行业已经实现了生产效率的提升与印刷质量的变革，全行业大力推进印刷业发展的第三次浪潮——绿色环保的变革。广大消费者作为最终客户在得到大量、精美印刷服务之后所追求的一定是健康、环保的印刷产品。因此无论是国家发展的宏观需求还是最终消费者的根本需求，绿色印刷都将是未来中国印刷行业发展的主要方向，

数字化、网络化、智能化是实现绿色印刷的重要手段。

印刷中涉及的主要材料如图6.1所示。

绿色印刷产业链涉及环保印刷材料制备及供应，节能、减排及增效关键技术、工艺、装备及系统软件研发，绿色印刷认证及管理、印刷品设计、印刷设备、工艺、原辅材料选择、印前、印刷及印后生产过程以及印刷品物流、使用、废弃物回收与再利用等印刷品全生命周期等。绿色印刷产业链构成如图6.2所示，绿色印刷产业发展技术路线图如图6.3所示。

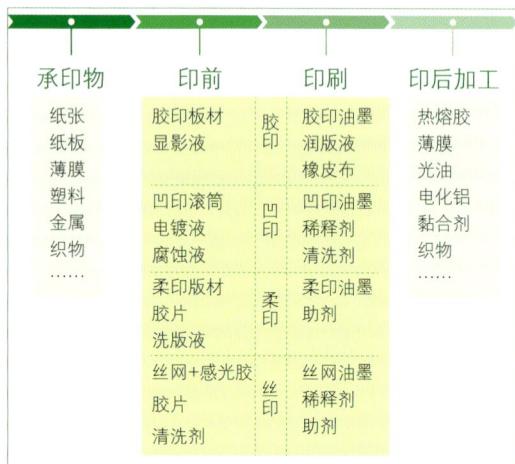

图 6.1　印刷主要材料

第一节
绿色印刷产业发展现状

一、印刷已被列入国家大气污染防治重点行业

针对我国大气污染，尤其是区域性污染

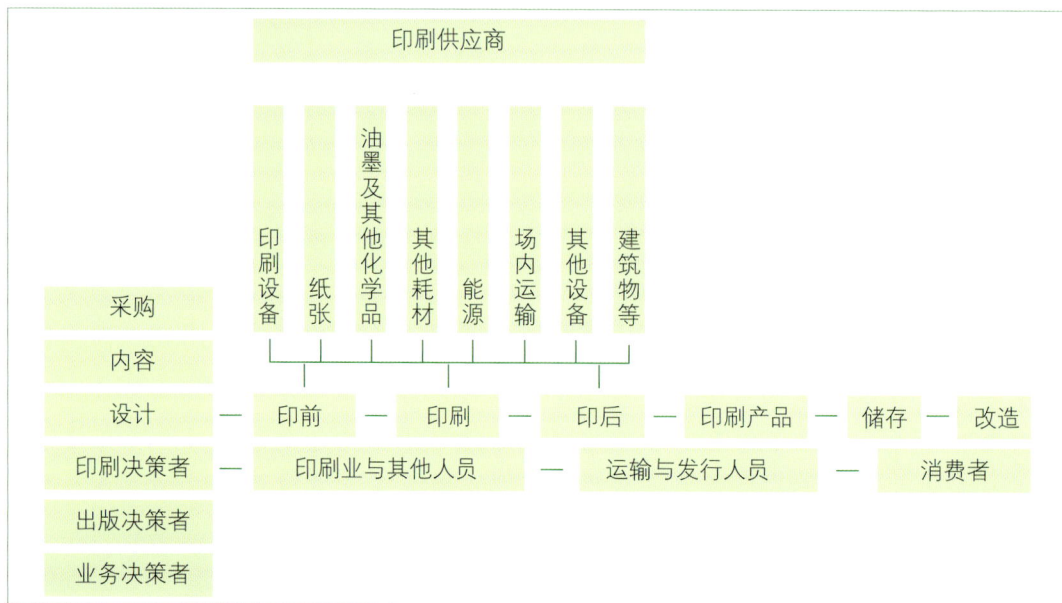

图 6.2　绿色印刷产业链构成

支撑体系	技术层	产品层	产业层
国家生态建设需要、环境保护力度加大、印刷产业转型	环保印刷装备数据化、信息化、数字化、环保新材料、环保新工艺	数字印前装备、数字化及数字印刷装备、环保印刷装备、高效及智能化印后装备、环保印刷材料、印刷工程服务、印刷信息系统	传统印刷产业链延伸、印刷流程再造、产业结构调整、形成绿色印刷产业链
装备绿色制造、控制、信息、纳米、新材料合成、互联网技术	装备节能降耗增效、环保材料制备、VOC回收及处理、环保生产线及集成制造、印刷绿色化技术	CTP、数字化工作流程、集中供（气）环系统、高效低耗印刷装备、数字印刷装备、印刷MIS、溶剂回收及处理设备、环保油墨、再生纸张、其他环保耗材	印刷供应链再造、印刷流程绿色化、印刷消费绿色化、构建绿色印刷产业

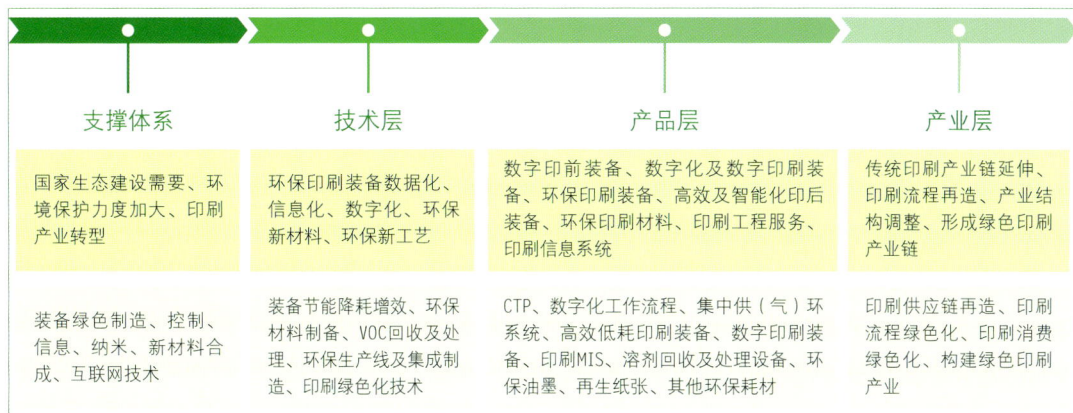

图 6.3　绿色印刷产业发展技术路线图总览

形势严峻问题，京津冀、长三角、珠三角等重点区域需要严格控制主要污染物排放量，实施多污染物协同控制，改善大气环境质量。2012年9月27日，国务院批复了环境保护部制定的《重点区域大气污染防治"十二五"规划》。这是我国第一部综合性大气污染防治的规划，标志着我国大气污染防治工作逐步由污染物总量控制为向以改善环境质量为目标转变。该规划在"开展重点行业治理，完善挥发性有机物污染防治体系"中，指出"针对石化、有机化工、合成材料、化学药品原药制造、塑料产品制造、装备制造涂装、通信设备计算机及其他电子设备制造、包装印刷等重点行业，开展挥发性有机物排放调查工作，摸清挥发性有机物行业和地区分布特征，筛选重点排放源"。

环境保护部确定了工业挥发性有机物（VOCs）治理重点工程项目，包装印刷企业在列。

我国印刷业以中小企业为主，各种传统的制版、印刷、印后加工工艺仍占据很大的份额。从制版工序的胶片和废定影液、电镀液，到印刷过程中的溶剂型油墨、异丙醇润版液、洗车水，再到印后整饰中仍在广泛使用的即涂膜、油性上光工艺等，对环境都存在着不同程度的污染问题。如印前制版使用的乙酸、甲醇、硝基苯、草酸、氯化锌、糠醛等，都含有有毒化学成分，软包装印刷中使用的溶剂型油墨中含有苯类、酮类、醇类等有机溶剂，以及后期印刷中添加的溶剂，这些溶剂全部以VOCs形式排入大气中。

为了规范挥发性有机物排污收费管理，改善环境质量，2015年6月底，财政部、国家发展改革委、环境保护部联合发布了《挥发性有机物排污收费试点办法》，直接向大气排放VOCs的试点行业企业收缴VOCs排污费。石油化工行业和包装印刷行业被列为VOCs排污费征收的试点行业，自2015年10月1日起正式实施。

为了控制印刷业VOCs对环境的污染，2010年10月，广东省在国内最早发布了《印刷行业挥发性有机化合物排放标准》（DB44/815—2010）。天津市2014年8月发布了《工业企业挥发性有机物排放控制标准》（DB12/524—2014），其中按照印刷工艺的不同，规定了印刷行业VOCs排放限值要求。2015年2月，上海发布了《印刷业大气污染物排放标准》（DB31/872—2015）。

为改善区域大气环境质量，促进印刷业工艺和污染治理技术的进步，北京市环境保护局、北京市质量技术监督局于2015年5月13日发布了国内最严格的《印刷行业挥发性有机物排放标准》（DB11/1201—2015）（简称DB11/1201标准），已经于2015年7月1日实施。该标准规定了印刷生产活动中挥发性有机物排放的控制要求，对于现有印刷企业以及新建、改建、扩建印刷生产线建设项目的环境影响评价、环境保护设施设计、验收及其投产后的排放均需达到标准。

（一）原辅材料VOCs排放要求

印刷生产活动中处于即用状态的印刷油墨挥发性有机物含量限值，以油墨中挥发性有机物的质量百分含量计算。DB11/1201标准规定的限值如表6.1所示，其他耗材环保要求如表6.2所示。

（二）设备或车间排气筒排放的VOCs浓度

排气筒排放限值：印刷生产活动中，设备或车间排气筒排放的挥发性有机物浓度应执行表6.3规定的限值（DB11/1201标准）。

无组织排放监控点浓度限值：印刷生产场所无组织排放监控点应按照车间封闭情况进行设置。印刷生产活动在带有集气系统的封闭车间内完成，无组织排放监控点设置在封闭车间门窗外1m，距离地面1.5m以上位置处；印刷生产活动未在封闭车间内完成，无组织排放监控点设置在印刷设备外1m，距离地面1.5m以上位置处；监控点的数量不少于3个，并选取浓度最大值。无组织排放监控点

表6.1　印刷油墨挥发性有机物含量限值

印刷油墨种类		含量限值（%）
胶印油墨	热固	10
	单张/冷固	3
凸版印刷油墨		30
凹版印刷油墨		

表6.2　印刷生产要求过程中其他耗材环保要求（DB11/1201标准）

耗材	环保要求	
润版液	醇类要求添加量应≤5%	
清洗剂	不应使用煤油或汽油	
上光油	不应使用溶剂型上光油	
胶黏剂	不应使用溶剂型书刊装订用胶黏剂，有害物质总挥发有机物含量≤10mg/m³	不得添加苯、甲苯、二甲苯、乙苯、卤代烃等有毒有机溶剂

表6.3　挥发性有机物排放浓度限值（单位：mg/m³）

污染物项目	Ⅰ时段	Ⅱ时段
苯	0.5	0.5
甲苯与二甲苯合计	15	10
非甲烷总烃	50	30

挥发性有机物浓度应执行表6.4规定的限值。

各种印刷工艺VOCs的排放特征如表6.5所示。

二、凹版印刷干燥装置耗能高

干燥装置是凹版印刷机耗能的主要部分，不同印刷工艺一般采用不同干燥或固化

表 6.4 无组织排放监控点挥发性有机物浓度限值（DB11/1201 标准，单位：mg/m³）

监控位置	苯		甲苯与二甲苯合计		非甲烷总烃	
	Ⅰ时段	Ⅱ时段	Ⅰ时段	Ⅱ时段	Ⅰ时段	Ⅱ时段
厂界	0.1	0.1	0.5	0.2	2.0	1.0
印刷生产场所	0.1	0.1	2.0	1.0	6.0	3.0

表 6.5 各种印刷工艺 VOCs 排放特征

工艺类型	主要排放 VOCs 物料	VOCs 特征污染
平版印刷	油墨及稀释剂	异丙醇、二甲苯、环己酯、乙酯、乙醇、丙二醇甲醚、醋酸酯、戊二酸二甲酯
	润版液	异丙醇、乙醇、乙二醇
	洗车水	汽油、甲苯、乙醇
凸版印刷	溶剂型油墨及稀释剂	丙二醇、乙醇、乙二醇醚
	洗车水	乙醇
	水基柔印油墨	少量排出
凹版印刷	溶剂基油墨及稀释剂	乙醇、正丙醇、异丙醇、甲基乙丁基酮、甲乙酮、乙酸乙酯、正丙酯、甲苯、丙酸、异丙酸
	洗车水	乙醇、甲苯、乙酯、甲乙酮
	水基凹印油墨	少量排出
丝网印刷	油墨及稀释剂	乙醇、丙二醇甲醚、丙二醇甲醚、醋酸酯、戊二酸二甲酯、异佛尔酮、石油醚
	洗车水	丙醇、二丙二醇单甲醚、正己烷
复合	溶剂型黏合剂及溶剂	乙醇、乙酸乙酯、醋酸
	无溶剂黏合剂	无排出

表 6.6 不同印刷工艺所选用油墨的干燥形式

印刷类型	挥发干燥	渗透干燥	氧化结膜干燥（固化）
胶印	轮转胶印油墨	轮转胶印油墨	单张纸胶印油墨
凸印	柔印版油墨	新闻油墨	书刊油墨
凹印	凹印油墨		
丝印	丝印油墨	丝印油墨	丝印油墨

方式，如表6.6所示。

（一）凹版印刷机能耗概况

卷筒料凹版印刷机包括放卷单元、牵引单元、印刷单元、收卷单元、干燥单元和控制单元等。凹版印刷是一种采用油性、溶剂性或水性油墨印刷的大型设备，主要用于卷筒料印刷，如装饰纸、包装纸、薄膜、转移印花纸等的多色套印凹版印刷。目前大部分凹版印刷机采用电、燃煤等作为印刷干燥的热源，也有采用燃油、植物作为锅炉燃料，利用锅炉加热导热油之后通过热交换的途径对承印物表面进行干燥，特别是大型装饰纸凹版印刷机采用水性油墨印刷，干燥温度要求高，存在较大的能耗问题；使用燃煤锅炉还会导致PM2.5值超标影响生态环境的问题。相对于燃煤，电能干燥是一种相对环保的干燥方式，在凹版印刷机烘箱中使用电热管作为加热发生器，采用通风热交换方式将电热管的热量变成热风进入印刷机烘箱干燥，热风吹在承印物表面，使油墨中的水分或溶剂挥发，从而将承印物油墨中的水分或溶剂挥发后与烘箱内部的空气混合形成湿热空气，湿热空气由风机抽走排放，同时送入新的空气，抽走的湿热空气含有非常高的热量，直接排放会造成热能流失，较好的措施是将该部分余热回收再利用。图6.4所示为国内凹版印刷机的环保干燥技术及装置专利分布情况。

（二）凹版印刷机的干燥传热方式

1. 热传导干燥

热能通过传热壁以热传导的方式传给物料，使其中的水份气化，所产生的蒸汽被干燥介质带走，称为导热干燥。由于该过程中物料与加热介质不接触，故又称为间

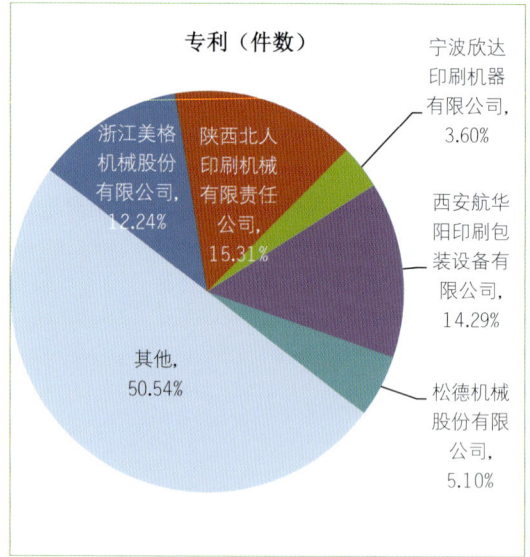

图6.4 国内环保干燥技术及装置专利分布情况

接加热干燥，该方法热能利用率较高，但与传热壁接触的物料在干燥时易局部过热而变形或变质。

2. 热辐射干燥

热能以电磁波的形式由辐射器发射至印刷品表面后，油墨中的不同分子吸收不同波长范围的光能后，将能量转化为分子振动使油墨升温促进树脂聚合，加速溶剂蒸发，达到干燥的目的。此种干燥方式要根据油墨的光谱吸收特性，也就是说油墨对哪段波长范围的光吸收效率高，则选择相应的辐射源。普通溶剂型或水溶性油墨连接料吸收中波段红外线，波长范围在3～30μm的红外线吸收效率比较高。长波红外线对水和溶剂有较强作用。

3. 热对流干燥

流体包括气体和液体，各部分之间发生相对位移时所引起的热量传递过程称为对流。对流仅能发生在流体中，且必然伴随热传导现象。对流导热是指流体流过另一物体

表面时所发生的热量交换现象。热风烘干油墨就是热风流过纸张表面将热量传导给油墨促进油墨干燥。

凹版印刷机使用的干燥部件有红外线灯管加热器和热风干燥两类。红外线灯管加热器的加热属于热辐射干燥类型。现在大部分凹印设备都采用热风干燥系统，这种干燥形式属于对流干燥的典型应用，当然也有热传导起作用。在热风干燥系统中，采用的热源多种多样，包括电加热、热油加热、蒸汽加热等，由于电加热的设备投资少，使用、维修都很方便，并且国内的电力供应也能保证，因此，使用电加热的凹版印刷机越来越多，如表6.7所示。

（三）凹版印刷机干燥原理

1. 锅炉导热油或蒸汽热源加热工作原理

印刷机使用时，锅炉工作将导热油加热并循环流动，吹吸风机工作将新风从新风进口吸入，通过空气预热通道进入热交换器内进行再加热后，送入烘箱内对承印物印刷面进行加热干燥。

2. 电能干燥技术及装置

电能干燥热源选用电加热，减少燃煤污染。电加热热源分为红外线电热管和石英电热管。凹版印刷机的烘箱中装有红外线电热管，工作时电热管表面温度达到700℃左右。为加快承印物印刷面的干燥，一般采用烘箱负压吹吸式送风的方式，即由一台送风机将冷风送入烘箱，在通过电热管表面时，由电热管表面的高温将冷风加热，然后通过烘箱中的风口吹向承印物的印刷面；在高温、高速的热风吹压下，承印物印刷面迅速干燥，并产生大量的蒸汽或潮气，再由另一台吸风机将该气体吸出机外，通过管道排向室外，一般吸风量略超过送风量，以造成烘箱负压，防止气体泄漏到室内。由烘箱排出的气体除了温度较高以外，还夹带着油墨蒸发干燥时的大量溶剂蒸汽或潮气，因此不能使这些蒸汽和潮气进入烘箱，否则将会影响承印物的烘干。利用石

表 6.7　凹版印刷各种干燥传热方式技术效能比较

传热方式\技术特征	热传导干燥	热辐射干燥	热对流干燥
能源类别	燃油、燃煤、电能	电能	燃油、燃煤、电能
换能装置	热交换器	红外线灯管、石英管	热管、电热管
热源	—	电加热	导热油、蒸汽热源
传热介质	热空气	红外线	热风
干燥温度范围	80～250℃	—	80～250℃
效能（同等条件下）	—	石英管节能10%	热管传热效率60%
余热回收装置	—	—	降低能耗约33%
减排（VOCs）	—	—	热风循环减排30%
应用范围	范围受限，应用少	—	应用普遍

（数据来源：陕西北人、浙江美格专利及报告）

表6.8　利用余热回收装置能耗对比测试数据

进风方式＼加热过程	进入前空气温度（室温）（℃）	余热回收装置加热（℃）	烘箱吹出热风温度（℃）	电热管每小时断电时间（min）	每小时降低耗能（kW）	降低能耗占比（%）
冷风直接进入烘箱	10	—	150～170	10	—	—
冷风经余热回收装置入烘箱	10	50～70	150～170	30	13.3	33%

（数据来源：数据来源：浙江美格公司测试数据，2013）

英管为加热管可以少约20%的灯管数量，能达到10%左右的节能效果。

（四）环保干燥技术及装置

1. 余热回收技术及装置

余热回收装置通过相互隔离的新风通道和排风管道进行热交换，将烘箱湿热气体中的热能回收到新风中进行再利用，湿热气体的余热回收率达到75%以上。再加上余热反复循环利用措施，可以大大减少能源浪费。烘箱电热管一般由智能温度表自动控制恒温，当温度达到设定温度时会自动断电；当温度下降后又会自动接通电源。根据凹版印刷工艺要求，烘箱吹出的热风一般为150～170℃，每组烘箱电热管功率为40kW，测试过程中室温为10℃。经应用测试，降低能耗约33%。利用余热回收装置前后能耗情况对比如表6.8所示。

在印刷机、复合机、涂布机等设备中，利用本系统热量回收装置可吸收利用排风热能60%以上。以保守计算，循环系统中30%热风直接回用，其余70%排风的热量中回收利用60%，这样整个系统的热量回收利用率可达到70%以上，不足的部分能量由系统中设置的电加热装置补充。这样系统运行时，整机的外部热输入功率大大降低，有效地降低了运行成本。

2. 干燥过程参数匹配智能控制技术

印刷厂用户每次换单后，风机和风门都不变，即按照最大油墨量设定，在这种情况下，能耗非常高，但是如果每次需要人工调整，很容易出现进风和排风风机、回风风门等与进风、排风和回风各个参数的不匹配问题，同时要求调整这些参数的人员对工艺非常熟悉，这对印刷企业来说是一个难题。风机转速与排风风门角度、风机的频率与测量风量之间的对应关系，进风与排风风机、进风、排风和回风风门等各个参数匹配及以上干燥过程参数的智能控制对于干燥过程能耗非常重要。

凹版印刷机节能温度控制系统实现了有效节能，同时完成印刷机温度控制的自动化和智能化，解决了凹版印刷机中存在的高耗能问题。节能温度控制系统，包括多套并行设置的系统控制执行机构、上位机和下位机组成。每套系统控制执行机构包括印刷单元热烘箱，烘箱与烘箱进风风门连接，烘箱进风风门与电加热器通过热风管路连接，电加热器上安装有热风机。人机界面通过以太网通信电缆连接，印刷单元热烘箱内设置有温度传感器，温度传感器通过电缆与温度控制模块连接。

用户在印刷订单更换后，只需人为地输

入少量参数，即可自动计算出系统所需要的风量，根据这些风量自动控制进风风机、排风风机、进风风门、排风风门、回风风门。进风风机还与进风变频器通过信号线缆连接，排风风机还与排风变频器通过信号线缆连接；进风变频器、排风变频器、进风风门、排风风门和回风风门均与PLC通过信号线缆连接，PLC还与HMI、进风风门电位器、排风风门电位器及回风风门电位器通过信号线缆连接。

3. 热管传热技术

热管技术以前被广泛应用在宇航、军工等行业，自从被引入散热器制造行业，人们改变了传统散热器的设计思路，摆脱了单纯依靠高风量电机获得更好散热效果的单一散热模式，采用热管技术使得散热器即便采用低转速、低风量电机，同样可以得到满意效果，使得困扰风冷散热的噪声问题得到较好解决，开辟了散热行业新领域。

热管换热器的工作原理：排风经过热管散热器的蒸发端，热管一端受热，毛细管中的介质液体迅速蒸发，蒸汽在微小的压力差下流向另外一端（冷凝端），新鲜风通过冷凝端时，热管中的介质蒸汽遇冷释放出热量，重新凝结成液体，液体则沿热管内部多孔材料靠毛细力的作用流回到蒸发端，如此循环不止，热量由热管一端传至另外一端。热管的传热原理依靠管内介质的相变进行，其传热效率可达到60%以上。

基于热管与热泵的干燥系统，包括并列设置的热风系统、热管和热泵，热泵包括冷凝器、蒸发器、压缩机组和节流阀；热管包括加热段和冷却段；将热风系统的进风管依次穿过冷凝器及加热段，热风系统的排风管穿过冷却段；冷凝器和蒸发器之间设置压缩机组和节流阀，蒸发器设置有与低温热源连通的管道，管道上设置有泵。

干燥系统运行时，新鲜热风进入烘干设备中，经过排风管排出，排风管处配置二次回风装置，一部分出风参与二次热能循环直接利用，另一部分作为安全排风量排向系统以外。作为安全排风的这一部分，采用热管散热器对其余热进行高效回收利用，对进入系统的新鲜风进行预热。

三、包装印刷废弃物处置管理落后

包装废弃物是一种污染源，但同时也是一种可利用的资源。对包装废弃物的回收处理，既有经济目的，使其变废为宝，也有保护生态平衡的目的。包装废弃物涉及金属、塑料、纸质、木材、玻璃陶瓷等多种，这里仅涉及与印刷相关的包装废弃物（简称包装印刷废弃物），分为如下五类：

（1）常用包装塑料材料及制品（部分与印刷相关）。

（2）常用包装金属材料及制品（部分与印刷相关）。

（3）常用包装纸质材料及制品（与印刷相关）。

（4）常用包装木材材料及制品（无关）。

（5）常用包装玻璃陶瓷材料及制品（部分与印刷相关）。

包装废弃物处置主要包括以下内容：①处理和利用通则；②评估方法和程序；③预先减少用量；④重复使用；⑤材料循环再生；⑥能量回收利用；⑦生物降解和堆肥。

包装废弃物的回收处理已经引起世界各国的重视，欧盟国家在此方面积累了不少成功经验。欧洲包装指令（94/62/EC）是基于环境与生命安全、能源与资源合理利用的要求，对全部的包装和包装材料、包装的管理、设计、生产、流通、使用和消费等所有环节提出相应的要求和应达到的目标。2004年修订的欧洲包装法令（94/62/EC）的目标是：到2008年底总体回收比例按重量计要达到60%，总体重新利用比例要达到55%。欧盟要求包装废弃物按重量的回收率为50%～65%，再生利用率为25%～40%。目前，欧盟成员国的旧包装实际回收率约为25%。

欧盟议会2014年通过的《包装与包装废弃物指令》（94/62/EC）修订案，对于产品包装有更为严格的规定。修订案要求欧盟各成员国以2010年的数据为基准，在2017年前减少50%的轻便型塑料袋（厚度为10～49μm的塑料袋），在2019年前减少80%的轻便型塑料袋。此外，特别要求在2019年之前将用于包裹水果、蔬菜和糕点糖果等食品的塑料袋替换为纸袋或可降解的袋子。法规中的"包装"定义为各类材质的，具有不同特性的，用于贮存、保护、携带、运输和展示物品（包括原材料和加工品）的产品。指令正式实施之后的两年内，将淘汰所有含有超过0.01%的致癌、致畸、有生殖毒性和致内分泌紊乱的物质的"包装"。

我国每年包装废弃物的数量在1600万吨左右，除啤酒瓶和塑料周转箱的回收情况较好外，其他包装废弃物的回收率相当低，包装产品的回收率还达不到包装产品总产量的20%。由此引发了自然资源大量消耗、废弃物的处置和管理压力增加及废弃物的环境影响等诸多方面问题。随着包装废弃物数量的增加，废弃物处理费用不断上升，加大对包装废弃物的循环再生力度是大势所趋。但在包装生产迅速发展的过程中，我国在对废弃物的管理、处置和回收利用等方面与发达国家尚存较大差距。

第二节　绿色印刷产业发展尚存在的主要问题

绿色印刷在可持续发展和循环经济中具有重要作用，已成为建设资源节约型、环境友好型、食品安全型城镇的重点和保障。绿色印刷环境包括节约能耗、降低噪声、减少废品产出、减少各种辐射与蒸发、保护操作人员安全与健康、回收与重复使用等方面。绿色印刷不仅涉及印刷环境和印刷品，还涉及印刷材料、工艺、设备与技术。研究和推广绿色印刷技术，有利于印刷企业节能减排、保护环境和资源，保障员工的身心健康。

实施绿色印刷四年多以来，已经在绿色发展理念、市场格局、实施途径、节能减排方面取得了初步进展，但与欧美及日本等发达国家已实施绿色印刷20年相比，仍存在较大差距，主要表现在绿色印刷实施的系统化，印刷车间的信息化、自动化与智能化水平，传统印刷行业的绿色化改造等方面。

一、绿色印刷要形成全产业链系统化工程

1. 国家环保战略在各部门及地方落实不平衡

作为行业主管部门，新闻出版广电总局主动贯彻国家环保战略，积极与环保部、发改委、教育部、工信部、财政部等沟通，解

决绿色印刷的产业政策、资金等问题。印刷相关协会也积极与政府配合，进行了培训、推广、服务等大量工作，但印刷产业链毕竟涉及面广，仍未形成各部门和地方从国家环保战略角度落实绿色印刷，推进工作进展不平衡。

2. 印刷企业作为产业链的中下游承担过大绿色化责任

大部分印刷企业积极响应绿色印刷倡议，践行绿色印刷。但绿色印刷涉及材料、装备、环保检测、出版等多种环节，印刷企业不仅承担了因环保增加的生产成本，而成为牵引上下游的载体，在认证过程中，需要各种材料检测报告，增加大量管理成本。驱动上下游提供符合环保要求的材料。上下游环保认证资质的获取问题，在绿色印刷企业认证的过程中需要提供各种原材料供应商的绿色资质，目前绿色认证已经逐渐形成系统化循环，并与产业链的其他链条环节有机关联。

3. 绿色印刷的标准体系要与国际标准接轨

国内制定的标准基本按产品或工艺类别制定。而专门为印刷行业制定的ISO标准实行在即，标准体系方面尚未与国际标准接轨。

4. 绿色印刷的绩效评价量化到全产业链

目前我国标准采用材料、装备及产品的过程及效果评价。印刷行业工业繁杂、产品种类多，难以涵盖整个产业。而欧洲以碳足迹为核心的认证体系，则实现了归一化，便于各行业、产业链各环节用同一标准评价及承担各自责任。发达国家及地区对印刷环保性的要求不仅局限于印刷生产过程，而是涉及印刷原材料采购及交付的全过程。如美国印刷企业必须对采购的原材料进行"尽职调查"，并尽可能采用经过环保认证的纸张、油墨等原材料，以减少印刷产业链全生产过程对环境的影响。美国和欧洲强调的碳平衡也重点强调印刷品从原材料采购、生产、分发到回收的全生命周期的碳排放量和中和措施。不能简单以绿色印刷认证企业数量作为绩效评价指标，而应综合考虑企业规模、业务构成等因素。

5. 重视印刷过程的数据化测定

由于绿色印刷生产过程对印刷设备、器材的环保性有严格要求，相关制造商要注重自身产品的能耗及排放问题，并以数据化的方式测定相关技术指标，提供给客户作为参考，并作为技术改进的基础。此外，要依靠第三方组织对印刷设备、器材的环保性能进行测试。

二、印刷行业过分依赖劳动力，生产效率低

我国印刷业仍处于劳动密集型行业，生产效率低，人工成本在企业生产成本构成中比例偏高。通过提高生产效率，达到节能降耗是实施绿色印刷的重要途径。

（1）随着社会发展，从业人员对从业环境及劳动强度提出需求，企业需改善工作环境，降低劳动强度。一些重复性工作由自动化机器承担。

（2）由于印刷品种类繁多，特别是包装印刷行业，大量纸板类搬运，工作繁重，要采用智能化机器人承担。

（3）面对网络媒体冲击，传统印刷需要借助网络印刷和企业内部的数字化工作流程等改造和优化生产流程。合版印刷等商业模

式需要信息技术支撑，"印刷+IT"的商业模式已经由少数印刷企业示范逐渐向具备条件的企业扩展。

（4）绝大部分企业设备仍处于单机或单生产线运行，较少企业实现了印刷车间资源的信息化管理，通过信息化建设解决加工单元的孤岛问题。从印刷企业内部生产工艺链来看，生产工艺仍处于分离状态，尽管有些采用了ERP系统、数字化工作流程等软件将生产各环节要素连接，但仅仅是通过信息传递连接，尚未实现生产全流程的软硬一体化连接。

（5）企业缺少印刷技术和IT技术相融合的研发复合人才。应对网络技术冲击，涉及网络印刷的企业应拥有掌握相应网络技术的研发人才。

三、中小型印刷企业面对绿色印刷的升级改造缺乏实力

我国印刷产业与欧美国家相比，90%以上的印刷企业为中小微企业，企业资产及规模较小。绿色印刷是一个系统工程，涉及印刷设备、器材和各种原辅材料，印刷企业生产环境和技术工艺。

1. 印刷装备绿色化改造

大量印刷设备达不到绿色环保要求，而处于微利的印刷企业不可能全部将所有设备更新为绿色装备。旧印刷装备的绿色化是达到行业绿色印刷目标的迫切问题和现实选择。在印刷装备再制造过程中，通过开发无水胶印系统单元、短墨路供墨单元、印刷机预置单元、无溶剂复合单元等，对传统印刷装备进行绿色化升级，提升整个行业印刷装备的环保性能，同时形成印刷装备再制造产业。

2. 印刷工程增值服务

印刷工程增值服务已经不同于简单维护、修理和耗材供应。而是主动了解印刷企业需求，通过为印刷企业提供盈利的增值印刷服务，成为产业链的重要环节。

3. 传统印刷设备的能效评价

能效评价是印刷装备绿色化改造技术，也是实现印刷车间能耗监测的基础工作。国内除个别企业外尚处于空白。

4. 提升印刷装备可靠性，降低生产过程损耗

印刷过程的非正常停机，不仅降低生产效率，且增大材料损耗。特别是包装印刷企业，设备的稳定可靠更加重要。

四、印刷产业链重构

经过多年的发展，我国印刷行业已经成为世界第二印刷大国，但不是印刷强国。

（1）从行业分布看，存在产业集成化程度不高、企业小而散的情况。

（2）从产业链看，产业各环节为单个孤岛，尚未构成无缝集成的产业体系。

（3）目前处于微利的印刷企业难以投入资金实施绿色印刷生产方式。

第三节
绿色印刷产业发展趋势

一、绿色印刷发展技术路线

绿色印刷共性关键技术包括环保印刷材料关键制备技术、印刷节能关键技术、印刷减排关键技术、印刷增效关键技术和实施绿色印刷环保体系等五个方面，其总体技术路线图如图6.5所示，印刷业各关键技术路线图

图 6.5　绿色印刷总体技术路线图

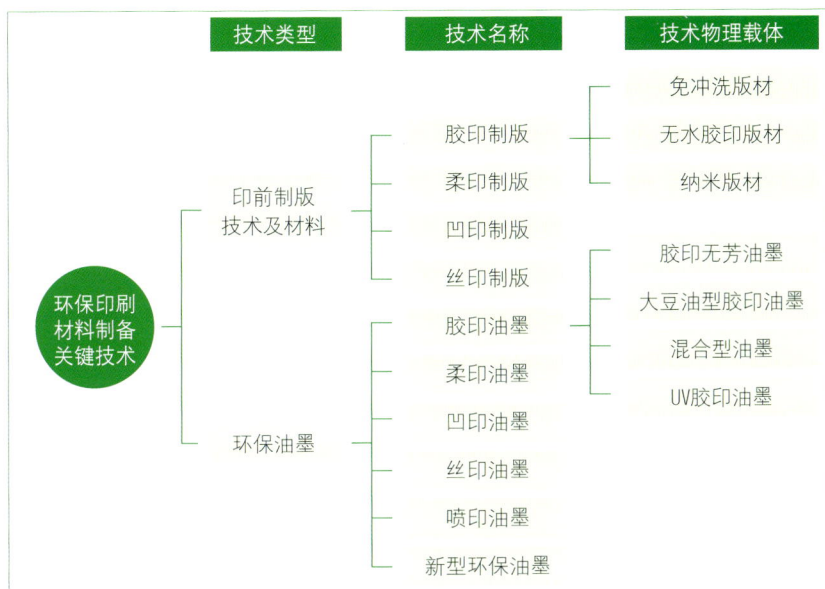

图 6.6　环保印刷材料制备关键技术路线图

图 6.7　印刷业节能关键共性技术路线图

技术类型	技术名称	技术物理载体	技术成熟度	主要供应商或典型用户
印刷业减排关键共性技术 — 专用技术	集中供墨技术	集中供墨系统	A	
	无水胶印技术	无水胶印机（单元）	B	日本东丽、东莞金杯
	柔性版印刷技术	柔性版印刷机（单元）	A	航天华阳、陕西北人等
	水性上光技术	水性上光机（单元）	B	
	水性覆膜技术	水性覆膜机	B	
	环保表面整饰技术	环保表面整饰设备	C	
	油墨污水回收再利用技术	印刷车间专用污水处理装置	C	
	溶剂回收技术	印刷车间溶剂回收装置	C	
	粉尘回收技术	印刷机粉尘回收装置	A	
	印刷车间降噪技术	印刷车间降噪装置	B	
	计算机直接制版（CTP）技术	CTP设备	A	杭州科雷
	印刷业碳足迹及补偿	碳计算器	C	

图 6.8　印刷业减排关键共性技术路线图

技术类型	技术名称	技术物理载体	技术成熟度	主要供应商或典型用户
印刷业增效关键共性技术 — 专用技术	数字化工作流程	数字化工作流程软件及CIP4接口	A	海德堡公司Prinect
	黑色遥控技术	黑色遥控系统	B	北京莫尼、上海华太
	自动清洗技术	自动清洗装置	A	
	印刷车间信息化	印刷信息化系统	C	
	智能印刷车间	智能印刷装置	C	
	基于网络的合版印刷	合版印刷系统	B	长荣健豪
	印刷服务工程	印刷服务系统	C	海德堡公司
	基于UVLED的环保印刷技术	环保材料及装备	C	
	轻量化包装印刷	包装印刷设计作品	C	

图 6.9　印刷业增效关键共性技术路线图

图 6.10 绿色印刷环保体系

分别如图6.6~图6.9所示。

绿色环保印刷体系如图6.10所示，我国绿色印刷产业发展线路如表6.9所示。

二、环保印刷材料制备技术

印刷过程涉及的原辅材料种类繁多，印刷所采用原材料的环保性不仅决定了印刷最终产品的环保性能，而且直接影响印刷生产过程的环境友好性。材料性能及使用方式是印刷加工过程中废水、废渣、废气排放与否，排放量大小的直接影响因素，是评价印刷是否绿色化的重要方面。以下将按照材料种类，对平版胶印、柔性版印刷、凹版印刷、丝网印刷和数字印刷中备受瞩目的重要原辅材料的使用现状与发展趋势进行分析。

（一）版材

面对现有胶印版材的污染问题，国内外企业和科研机构已经在深入研究，开创全新技术体系，不断减少或消除胶印版材生产及使用过程中的污染根源。在保证原有质量基础上，提高环保性成为主要开发需求。重点发展方向有免冲洗版材、无水胶印版材和纳

表 6.9　我国绿色印刷产业发展路线

阶段	初期阶段	快速发展阶段	平稳发展阶段
时间	2010 ~ 2015 年	2016 ~ 2020 年	2021 年 ~
市场发展	绿色印刷宣传、绿色印刷理念培养、消费市场培育	环保成为企业生存的必需选择，大城市的印刷企业发展的前提	绿色化是企业基本实力体现，经过绿色化升级的企业进入绿色印刷消费市场
核心技术	环保装备、材料引进，国产环保装备、制版、环保材料制备技术、VOCs处理技术攻关，现有印刷装备绿色化技术	凹版薄膜全色系水醇体系里印油墨、表印油墨研发成功，批量进入市场绿色装备、材料，技术产业链，绿色印刷环保体系快速建立	绿色印刷装备、技术、材料、工艺技术成熟，在规模以上企业普及
产业链	由材料供应链向成套环保装备供应、环保解决方案延伸	在企业转型的生态需求下，产业链快速初步形成；企业跨越环保与成本平衡点	绿色印刷产业链成为规模以上企业主体，整个产业链围绕绿色印刷组织
政策法规	由印刷行业主管部门主动引领行业响应国家环保战略，以标准形式强力推进绿色印刷转变	行业排放标准逐渐完善，地方性排放标准出台，VOCs排污收费全面展开，差别收费是共同选择	印刷环保政策进入常态化，符合生态要求又能满足印刷业正常发展的环保标准体系建立

米版材。

1. 胶印版材

（1）免冲洗版材。免冲洗版材的本质是免化学处理，版材在制版机上成像后上机印刷前也要经过显影处理，而这个处理过程不使用化学显影液，通过采用清水清洗、给印版过胶过程中或在印刷机上润版过程完成印版的显影。相对于传统概念的CTP版材，免化学冲洗版材节省了化学显影液，无需复杂昂贵的显影机，只需要简单的处理就可得到与传统感光CTP版一样性能的可上机印刷的印版。免化学处理版材还是会产生废液，但是废液生成量只有传统CTP版材的5%～10%。

目前国外已有很多厂家推出了自己的免化学处理CTP版材，在国内对于免化学处理CTP版材的研究也逐渐增多，国内已有厂家研发出免化学处理CTP版材。

（2）无水胶印版材。为了减少铝版基粗化过程中产生的污染，目前也有一些环保型版材采用了非金属基底，如聚酯和纸基版材等。使用非金属版基的一个重要领域就是无水胶印版材。无水胶印是一种平凹版印刷技术，印刷时不使用水或传统润版液，而是采用不亲墨的硅橡胶表面的印版、特殊油墨和一套控温系统。采用无水胶印版材印刷，不必采用传统胶印润版液等含有挥发性溶剂的化学药剂，不会向空气中排放挥发性有机物，减少了环境污染，也节约了水资源；此外还不必考虑水墨平衡，大大提高了版材的耐印率以及生产效率。无水胶印具有优异的印刷效果、印刷效率及环保等优点。

（3）纳米版材。基于纳米材料研究和应用的基础，我国自主开发了一种"非阳极氧化"的新型纳米材料喷墨制版技术。该技术引入喷墨作为版材图案化的实现手段，在制版过程中使用按需打印的加式生产方式取代了感光CTP版必须经过曝光显影形成图案化的减式生产方式。

不同于以上任何感光化学版材，纳米版

材是将新型功能性纳米涂层均匀涂布在未做砂目化处理的铝基版表面，实现普通版材所具备的高耐印力和保水性等印刷要求。它完全摒弃了传统版材电化学腐蚀的原理，省去了电解氧化等诸多繁琐工序，且成本低廉，将从根本上解决版材制备过程中的污染和资源浪费问题。因此，纳米喷墨制版技术不仅在制版过程中实现了免冲洗、零排放，而且在版材生产过程中由于无需对基材进行砂目化处理，从而彻底解决了版材生产的耗能和污染问题。

目前，纳米喷墨制版技术还处在产业化的初级阶段，制版精度有待进一步提高。

2. 柔印制版

目前柔印制版普遍还是采用感光胶片蒙版制版，仍然依赖感光胶片的使用。随着柔性版直接制版技术逐渐兴起，激光直接烧蚀型柔性版以其制版精度高、网点形状规则、大量印刷时网点一致性好、无胶片制版等优点，被越来越多地使用。使用3D打印的方式制造柔性版是逐渐兴起的技术开发方向，并实现免冲洗柔性版制版。

3. 凹印制版

凹版制版常用的有腐蚀制版和雕刻制版两种方法，其中腐蚀制版使用化学溶液和腐蚀处理技术，即要通过酸洗、镀铜、镀铬、三氯化铁腐蚀等过程，增加了化学物质的排放。雕刻制版虽然减少了三氯化铁的腐蚀，但是在制版前的加工和后加工中仍然还有酸洗、镀铜、镀铬的过程，同样造成了有害废液。对环境污染较大。

目前的凹版制版大多数采用电子雕刻与激光雕刻。激光凹版制版区别于电子雕刻的最大好处是雕刻制版不再受原来雕刻针限制，利于高速高精度控制，可以完美再现任意圆弧、倾斜线条等机械雕刻方式无法实现的图形和线条，质量和效率较电子雕刻有更大提高。雕刻制版的方式可减少化学品的使用，但并不能完全避免，因此加强有害废液的回收和无害化处理，减少排放是主要控制手段。

4. 丝网制版

丝网制版方式仍然采用感光制版法，常用的感光材料是重铬酸类感光材料，排出的废液中含有大量的六价的Cr离子，毒性很大，如果被人体接触到就会产生皮炎等疾病，同时废液的排放对环境造成严重影响。

国内丝网制版以感光胶片蒙版制版为主，部分领域应用喷墨技术制作胶片掩膜来代替感光胶片或采用直接喷墨制版，其优势在于方便大幅面丝网制版，但是制版精度和速度偏低。国外在丝网版直接制版（CTS）方面处于领先地位，由于丝网制版过程废水、废气排放严重，国外环保要求高，因此国外CTS产品已经形成集清洗、脱脂、涂布、干燥、晒版、脱膜、风干、干燥剂自动上下网框于一体的全流程自动化系统。未来

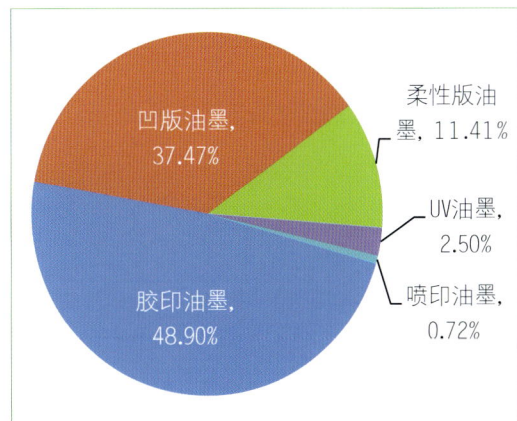

图 6.11　2013 年油墨总产量占比情况

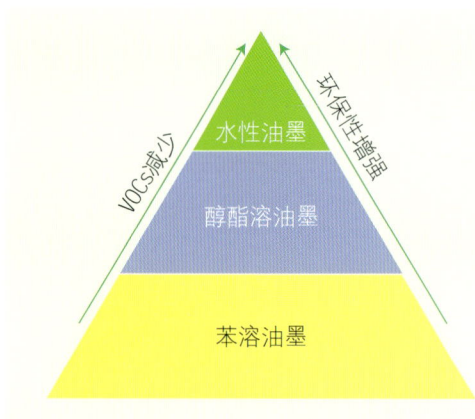

图6.12 油墨从材料角度划分的基本类型

对丝网制版全程自动化控制及废液有效回收和无害化处理将变得非常重要。

（二）油墨

印刷和制版方式不同，所使用油墨也有较大差距，2013年各种油墨产量占比情况如图6.11所示。油墨具有植物油化、水性化、能量固化三个主要的环保化发展方向，而其中由于UV存在光污染和VOCs排放问题，因此水性化是油墨环保化发展最为重要的方面。

要使油墨符合环保要求，首先应从油墨的基本成分改变入手，包括呈色剂、连接料及助剂，即采用环保型材料配制新型油墨，增加水性材料使用，如图6.12所示。

1. 胶印油墨

我国胶印油墨的生产和应用有着30多年的历史，技术上也比较成熟，高、中、低档产品齐全，基本上能满足国内印刷市场的需求，出口油墨中主要是胶印油墨。2013年胶印油墨的生产总量约占全国油墨总产量的48.90%，在印刷油墨中占有主要地位。随着油墨环保性能要求的提高，胶印油墨未来主要发展方向有以下四个方面：①胶印无芳油墨；②大豆油型胶印油墨；③混合型油墨技术；④UV胶印油墨。

2. 柔印油墨

柔印油墨近年发展较快，2013年柔印油墨在全部油墨产量中约占11%。我国的柔印油墨以水性油墨为主体，溶剂型柔印油墨市场占有率很小。虽然柔印技术发展速度相对较快，但所占比重不高，和美国等采用水性柔印油墨较多的国家相比，差距比较大。国内柔印油墨以中低档产品为主，高档产品较少。近年来不断高涨的环保呼声有助于促进柔印油墨的发展。

水性柔印油墨在环保方面最具优势，水性油墨中的颜料、连接料及产品质量有了大幅度提高，尤其在配方中水的用量越来越大，已达国际上对水性油墨标准。水性油墨在生产和使用上都很方便，可以用水任意比例地稀释和清洗油墨，其油墨品种不断增加，使用范围越来越广。水性油墨已从单一的纸箱墨向各种基材、多色套印方向发展。

3. 凹印油墨

由于我国包装印刷的高速发展，主要用于包装印刷的凹版印刷油墨市场需求持续旺盛，凹印油墨在全部油墨生产中的占比持续升高。2012年约占全部油墨的34%，2013年占比上升到37%。但凹印油墨生产和使用过程中有害溶剂大量挥发，除本身所含溶剂外，使用时根据黏度的需要还要加一倍左右溶剂稀释。凹印制品中也有很多有害残留物，对环境和人体健康都有非常不利影响。

国外凹印油墨，因包装要求不同，油墨体系差别较大，但所用油墨逐步由含苯油墨转向无苯类溶剂性油墨，氯化聚丙烯油墨体系已基本消失。

目前，醇溶性塑料凹版印刷油墨在国外

已经得到推广和普及，并且对醇溶性油墨中醇的含量做出了限制。因此，水性油墨发展已是大势。

对于凹印油墨的发展，溶剂环保化和水性化是其两个重要发展方向。由于凹印油墨主要是溶剂型（尤其是印刷速度比较高的），受环境保护的制约因素比较大。水性凹印油墨虽有工业应用，但其印刷速度还比较低，而紫外光固化油墨的较大规模生产应用还需要一个过程。

（1）溶剂型凹印油墨。针对苯类溶剂在食品塑料软包装上的残留和污染，顺应环境保护的要求，在塑料凹版印刷中，醇溶性凹版印刷油墨开始逐渐替代苯溶性氯化聚丙烯油墨。醇溶性凹版印刷油墨具有低气味、少含苯或不含苯，对环境污染小的特点。

国内近年推出的醇溶性塑料凹版表印油墨，以醇溶性聚酰胺为连接料，其中甲苯、二甲苯等溶剂的含量占油墨总溶剂的1%～10%，并能用于水性包装。为降低印刷品的苯类溶剂残留，该油墨的稀释剂中尽量不采用甲苯和二甲苯。凹版醇溶性油墨的应用必将为凹版印刷注入一定的活力。可预见我国软包装用塑料凹版油墨将逐渐由苯溶性塑料油墨向醇溶性塑料油墨过渡，醇溶性塑料油墨将成为塑料凹版印刷油墨由溶剂性转向水性化的中间产物。

（2）水性凹印油墨。水性凹印油墨作为一种环保油墨，广泛应用于食品、药品及烟酒类包装印刷领域，其无溶剂挥发、无溶剂残留的环保特性得到了业界的广泛认可，从而成为目前各种油墨中唯一无毒油墨。

用水性油墨取代溶剂型油墨是印刷业及油墨制造业具有深远意义的重大变革，也是社会发展的必然趋势，而且这种趋势已越来越紧迫。目前，水性凹印油墨正处于发展时期，国内一些油墨企业仍在进行产品质量和环保性技术改进试验。他们从油墨的上游产品——树脂连接料、颜料和助剂等原材料的选用试验入手，提高产品的技术含量和环保性能。伴随水性油墨在技术上不断改进，质量不断提高，成本不断下降，从醇体系塑料凹印油墨基本研制成功，获得印厂认可，已在部分产品上试用。

4. 丝网印刷油墨

丝网印刷油墨是近十几年来在我国很活跃而且发展很快的油墨种类，各种功能性油墨主要应用于丝网印刷，如导电油墨、阻焊油墨、射频识读标签（RFID标签）油墨、光盘印刷油墨等，具有发光、变色、发泡、导电、磁性、荧光、香味、阻焊、耐高温等特性，在包装、广告、陶瓷、纺织、电子、金属标牌、不干胶等行业有广阔的应用前景。

UV网印油墨是当今得以迅速发展的一种环保型油墨。由于丝网印刷适用面广，经常作为辅助印刷整饰方式使用，一般工厂规模相对偏小，设备简单，环保设施不到位，环境监督管理较弱。由于丝网印刷油墨种类繁多，部分油墨VOCs排放量较大，对操作人员劳动环境影响严重。应进一步加强环境治理，推广高效空气净化和处理装置。

5. 喷印油墨

随着数字印刷技术和喷绘产业的发展，喷墨油墨的需求也随之加大。目前喷墨印刷油墨国内生产商不少，但尚未形成规模，知名品牌少。2013年喷墨印刷专用油墨全年产量不到全部油墨产量的1%。但喷墨技术因其独特、灵活的实现方式和可用于广泛承印材质的特性，已在各行业改变着传统工艺方式，喷墨印刷油墨未来将会有一个较快的发展过程。

根据材料性质不同，喷印油墨主要有溶剂型、水性和UV墨水。根据承印材料和应用行业不同，喷印油墨可分为织物墨水、陶瓷墨水、导电墨水、数字印刷墨水、喷绘墨水、制版墨水和3D打印墨水等。随着印刷技术的迅速发展，喷印油墨的种类和适用范围将会更加广阔。其中水性墨水和UV墨水以其良好的环保性能将成为未来发展的主要方向。

6. 新型环保油墨

从油墨的固化机理方面来看，紫外光固化油墨（UV油墨）和电子束固化油墨（EB油墨）由于其VOCs排放量少、固化效率高等优点成为未来环保油墨的重要发展方向。尤其是EB油墨，由于它不用或者少用光引发剂，从而避免了因光引发剂及其反应残余物的迁移和散发出气味等问题，因而在食品和药品包装上很受欢迎。EB油墨是指在高能电子束的照射下能够迅速从液态转变为固态的油墨，也是新型环保油墨。EB油墨以无VOCs、对操作人员健康危害小、产品气味低、无须光引发剂、可联机作业等优点受到国外广大印刷用户的青睐。相对于UV油墨而言，EB油墨不需要光引发剂。固化速度更快、气味更小，大大扩展了EB油墨的应用和发展空间。

三、印刷业节能关键技术及设备

1. 智能控制节能技术及设备

干燥系统的风量智能控制，可以根据活件的难易程度、色彩数量来自动调节风力的大小强弱，从而减少能耗和噪声。水冷系统采用循环冷水降温，通过水的循环使用来减噪节能，大大优化了车间环境。

2. 环保干燥技术及设备

具有二次燃烧和余热回收的干燥装置，可以大大提高生产力，减少浪费，节约能源。采用滤短波、留长波的技术大幅提升红外干燥的效率。

3. 印刷装备能效评价、监测技术

由于现有技术条件所限，我国绿色印刷标准中，仅有印刷装备效能的定性描述及单元环保部件的配置评价指标，至于印刷装备的实际效能定量检测方法仍属于空白。德国在2010年底制定了单张纸胶印机的能效评价准则。印刷装备能量流指印刷机原动件输出的机械能沿运动链到达各个执行构件经过的路径。印刷装备综合能效评价及测试技术，将完善我国的绿色印刷标准，实现印刷全过程的环保性能客观评价。同时，为印刷企业、印刷装备制造业等产业链中的相关环节的技术升级提供支撑。

四、印刷业减排关键技术及设备

（一）油墨固化技术及设备

1. 油墨固化技术

根据工业协会RadTech定义，能量型固化包括使用电子束（EB）、紫外光（UV）或可见光使承印物上的单体或低聚物聚合。UV和EB材料包括油墨、黏合剂、光油或其他产品。能量固化技术具有环境友好的优点，几乎无VOCs排放。在使用UV-LED的情况下，节能，无汞，不会产生臭氧。三种固化方式特性比较如表6.10所示。

在欧洲，用于食品包装的UV固化油墨

表 6.10 UV-LED、普通 LED 和 EB 三种固化方式比较

特性＼种类	UV-LED	普通 LED	EB
辐射光	LED 发光二极管	高压汞灯	加速度器
辐射介质	—	紫外光	电子束
波长	>290nm	—	—
能量消耗	小（少 25%）	中（100%）	大
是否有 VOCs 排放	无	无	无
是否产生臭氧	无	有	无
是否含汞	无	有	无
节能效果	优	良	良
对油墨要求	高感光性	UV 油墨	EB 油墨
产生热量情况	少	多	少
应用领域	食品包装	食品包装	食品包装
是否需要喷粉	否	否	否
获得低迁移包装的难易程度	容易	中	易

须遵守EC1935/2004规定。无论印刷方法或固化工艺，要求与食品接触的材料不能将其成分迁移到食物中，迁移量不能危害人员健康，不允许以不可接受的方式改变食物组份或气味、味道。

UV印刷食品包装在美国和欧洲占有很大的比例。然而，EB印刷更容易获得低迁移，因为固化效果更有效。LED灯比传统灯消耗电力少25%，瞬间开关，发热低，固化输出稳定，低硬件维护，对操作者眼睛无伤害。UV-LED目前的市场占有率低于1%。寿命情况为：LED灯20000小时，传统汞灯2000小时。

2. UV-LED 固化原理及工艺

UV-LED固化指在紫外（UV）光谱区的发光二极管（LEDs）输出能量对涂布液、黏合剂、油墨和其他UV固化材料处理的技术。该能量由UV光触发聚合发硬，使湿的原材料硬化（或固化），如图6.13所示。UV-LED

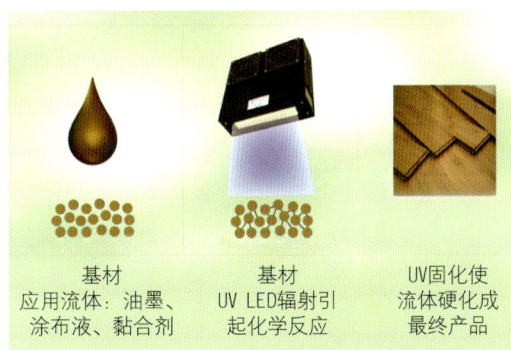

图 6.13 UV-LED 固化工艺过程

固化是一种环保的多功能制造工艺。

当电流通过时UV-LED使用基于LED的半导体发射紫外光。由于在红外波长范围没有任何输出，UV-LED相对于传统灯是一种冷光源。消除了复杂的冷却系统，可用于热敏基材。UV-LED的光电转化效率高，节约50%~75%的电能。此外，UV-LED更环保，不会产生臭氧且不含汞。

UV-LED光波输出范围窄，集中于特定

波长的±5.0nm。作为固态装置，可以制造成各种补偿，包括365nm、385nm、395nm、405nm、410nm，但不限于此。这与传统UV灯的输出波长范围不同，如图6.14所示。这种单一的分布要求新的材料结构以确保UV材料的正确固化。

UV印刷近几年在欧洲增长强劲，目前处于快速扩张期。由于运行成本降低，每年增长率呈倍数增长。由于UV固化能效变高，成本比以前降低。在减少现有UV固化技术能耗方面取得进展。尤其是基于LED系统的新低能耗技术是未来UV技术的转型。

UV-LED技术在印刷油墨固化领域的国际专利情况如图6.15与图6.16所示。

3. 降低能量消耗的UV-LED技术发展趋势

油墨制造商通过研发新型油墨对节能减排做出贡献，最大挑战是保持稳定的创新驱动以助于实现能效。

印刷油墨UV固化的低能耗趋势集中于通过引入小于290nm波长的滤波研制更清洁和更安全的工艺。这将消除印刷期间臭氧的产生，而不用使用有害于印刷操作人员健康的臭氧消除系统。

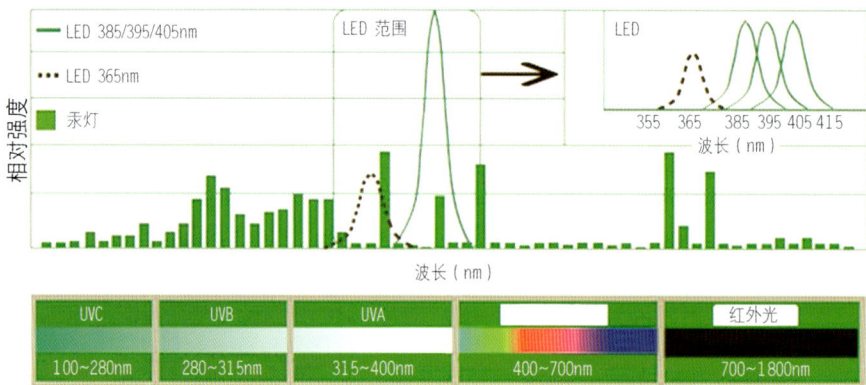

图 6.14 UV-LED 与传统 UV 的工作波长范围比较

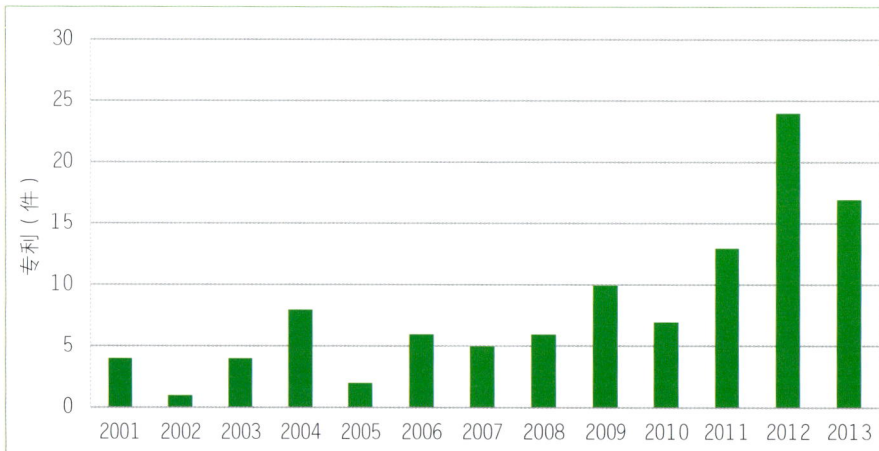

图 6.15 UV-LED 在印刷油墨固化领域国际专利分布（法国）

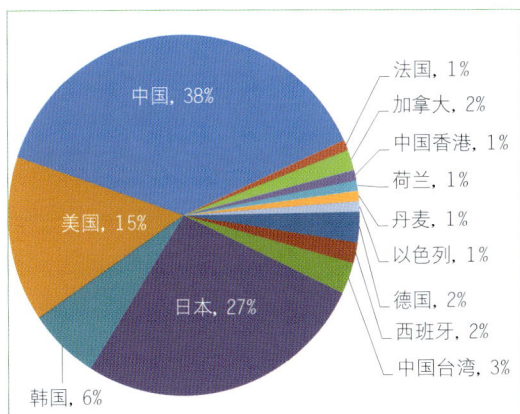

图6.16　UV-LED 印刷油墨固化国际专利主要国家（地区）占比

免臭氧固化为工艺增加了健康和安全的优点，可以为以少量或无任何VOCs排放的形式提供油墨和涂层带来益处。最终，UV印刷是印刷业者符合欧盟最严格VOCs排放控制的投入产出比高的业务，因为与印刷业者采用传统的溶剂型油墨和涂层不同，印刷业者不必重新投资捕获和焚化消除VOCs的设备。

UV灯输出更高波长的变化使它们在比干燥溶剂、热固性油墨或涂料消耗相对较少能源的情况下获得更高能效。另外，已经研制出的高反应型油墨有助于进一步减少能量消耗。有些具有再反射和动力控制单元的灯也有助于减少能量输出。

4．UV-LED 固化市场发展趋势

UV-LED灯是已有130余年历史的汞灯的替代品。汞灯在欧洲的未来前景不确定，不仅仅是因为新技术的出现，也因为欧盟的汞工业应用对环境和安全的限制法规。LED灯比汞灯效率更高，因为其光的放电可集中于光谱的更高波长。汞灯提供的辐射照度水平很容易达到10W/cm²的水平，超过表面固化的要求。LED灯趋向于提供该水平一半的照

度。据《Ink World Magazine》报道，印刷业者使用UV-LED的能耗比传统UV的能耗降低70%。而LED系统更引人之处是色彩明亮。英国Integration Technology公司的LED系统在395nm波长的输出功率为12W/cm²。高的辐射照度使得UV-LED固化功能多样化，适用于更广范围的承印物。这些承印物中许多不适合UV固化，因为汞灯的热量集中会造成承印物卷曲、收缩或燃烧。在丝网印刷中采用LED灯可以取代UV固化，如起包或收缩的超薄薄膜、箔、复合膜、塑料、纸板和玻璃。

承印物的种类越多，定制的UV-LED固化用途越多，油墨制造商研发与之匹配适合应用油墨的挑战越大。因此，UV-LED系统供应商与油墨制造商的工作联系更密切。有迹象表明，UV-LED在一些欧洲国家向更高容量发展，例如单张纸印刷，该技术能提供更高的色彩强度。

法国的Yole Development Lyons在最近的UV-LED研究中预言，由于低成本，设备的紧凑性和环境的友好性，全球UV-LED芯片和包装市场2012～2017年将增长6成，从4500万美元到27000万美元。相当于每年增长43%，比传统UV系统高4倍，2012年接近90%。

由于UV-LED系统小型化和便携化，整个新市场可以对UV固化开放，整个UV-LED市场的规模接近3亿美元。因为LED在三年内将占全球UV设备、附件和耗材市场的三分之一。在欧洲，由于该部分的潜力和低能耗需求，市场份额会更高。

（二）绿色印刷装备的环保性能定量化

为了高效生产，测量装置成为必要配置。密度（印刷品密度控制）仍是印刷机上唯一可靠的调整输墨以实现精确可重复结果

的参数。然而，色彩的视觉效果并没有办法由密度来确定。对于包装印刷常见的专色印刷的情况，只有色度分析才是可靠的。生态计除了表示能源效率、减少废气排放和节约资源外，还能对特定的印刷机配置提供生态评估，显示能够节省的二氧化碳排放量、能够节省的能源和材料成本。减少排放是在环境保护道路上迈出的重要一步，印刷过程可减少VOCs排放的环节如图6.17所示。

VOCs排放约占印刷业有毒物质总排放量的98%～99%。印刷业中VOCs排放的最大来源是墨斗内物质的蒸发（例如异丙醇和乙醇）和印刷车间使用的清洗溶液（例如有机溶剂）。

相当数量的VOCs排放可能产生于使用溶剂型光油的上光过程和使用溶剂型黏合剂的复合过程。其他VOCs来源包括装订、覆膜、上光和烘干工艺，以及清洗、油墨的储藏及混合、打样。VOCs可能产生于胶印的制版过程和凸版印刷的生产工艺，也可能来源于柔性版印刷中清洗感光性树脂版所使用的全氯乙烯和丝网印刷中的丝网清洗操作，以及凹版印刷滚筒蚀刻中的显影和烘干操作。

预防控制VOCs排放的措施如下：

（1）选择不含或者少量含VOCs产品的材料或加工工艺。

（2）使用水性油墨、植物油基油墨（例如大豆、亚麻籽和芥花籽）和紫外线固化油墨。使用含低浓度挥发性成分（比如苯浓度小于0.1%，甲苯和二甲苯浓度小于1%）的润版液、清洗液或者植物油基的清洗剂作为有机溶剂的替代品，以减少使用或者替代异丙基乙醇。

（3）采用无水胶印。

（4）必要时进行二次控制以处理残留排放。包括：活性炭吸附剂（不适用于轮转凹版印刷中的酮基油墨和使用不同混合溶剂的轮转凹版/柔性印刷设备）；使用热凝固加力燃烧器/可恢复的/可再生的热氧化剂（适用于耗能型以外的大部分凹版印刷和柔性版印刷油墨）；使用催化剂/可再生的催化氧化剂（适用于长期生产某具体项目产品的设备，

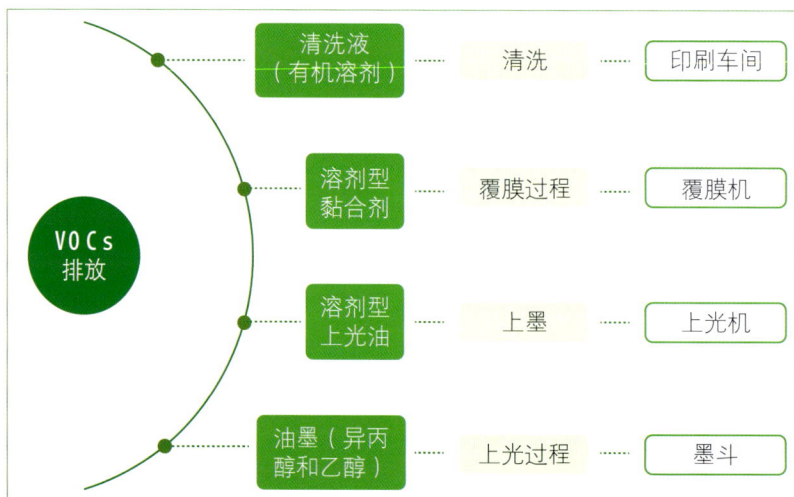

图 6.17　印刷过程可减少 VOCs 排放的环节

但不适用于某些含有氯化溶剂添加剂的油墨）；如果使用了溶剂型光油，废气须进行燃烧。

（三）印刷生产环境保护设备

根据ISO 14000环境管理体系的要求，必须对三大类环境污染源（即废水、废气、噪声）以及生产过程中产生的其他废物（如洗车污水、冲版污水、菲林等）进行严格处置，有时还需引进专门的处理装置。例如采用印刷机粉尘收集装置、车间防噪声装置、水循环过滤系统等多项国际先进装备。高效利用能源和降低资源消耗可以改进生态平衡。

（四）包装印刷废弃物处置及回收利用

1. 市场发展趋势

包装废弃物产量持续增长为循环再生提供了充足的生产资源。目前我国纸包装制品约为835万吨，塑料包装制品约为244万吨，玻璃包装制品约为444万吨，金属包装制品约为161万吨。同时这些制品每年还以12.5%～30%不等的速度增长。研究资料表明，1吨废纸可再生0.8吨新纸或者0.83吨纸板；1吨废塑料可再生0.75吨柴油或0.6吨无铅汽油。可见，循环再生的"原料"充足。

2. 技术发展趋势

包装废弃物按包装制品的材质基本可以分为纸质制品、塑料制品、玻璃制品和金属制品四大类，包装废弃物大都是可再生资源。包装材料的回收利用具有明显的经济效益和生态效益。废弃快餐盒回收后，可通过碎化和无害化处理与土壤或其他基质混合，用于无土或半土栽培。废塑料油化技术采用高性能的催化剂，将高密度聚乙烯或聚丙烯塑料"解聚"，能生产出符合国家标准的柴油和汽油，产油率达到75%以上。此外，用废旧塑料和填充混合物共同组成肥料包膜，包膜成本只比普通复合肥料增加300元/吨左右。该技术是一项变"白色污染"为"绿色肥料"的环保工程，可消纳大量的包装废弃物。

五、印刷业增效关键技术及装备

1. 数字化工作流程

数字化工作流程管理系统代表着印刷数字化和自动化的发展方向，它以CTP为基础，涵盖了印前、印刷、印后，甚至涵盖了印刷企业信息管理的整个过程。

2. 印刷服务工程

印刷服务工程是指以优质的印刷材料和完善的解决方案，帮助客户稳定生产、增加效率、维护机器高效能运转和减低损耗浪费，从而降低总体运营成本，以更高效益来扩展利润空间。

远程故障诊断技术服务和设备全生命周期绿色生产。印刷机一方面必须具备很高的利用率，而另一方面要通过优化整个工艺流程，而使生产率得到进一步的提高。

创新增值。企业要坚持品质精于细节，服务贴近用户的经营理念，不断拓展服务类产品，形成全方位的系统服务体系，无论是从印前、印刷到印后，还是从用户投资、设备安装、日常生产到机器折旧等阶段的整个设备生命周期，都将提供相应的配套服务。

3. 增值印刷

为确保印刷产品的高质量和降低纸张浪费率，罗兰公司采用联线检测系统和联线分拣装置；而联线冷烫装置和联线优化上光装置则在金属印刷和上光应用中制造出非同凡响的效果，大大增强了印品的性能。由此可见，增值印刷是印刷厂商们在瞬息万变的印刷市场中取得成功的关键所在。而印刷设备通过直接驱动、快速转换、联线加工、联机检测、联网加工等技术创新，以先进的设备系统、稳定的加工工艺、优异的印刷质量和超值的印刷效益，为企业实现增值印刷提供强有力的保障。

包装、标签、商业印刷活件都可以在冷烫印印刷单元以后的印刷单元通过金属图像联线叠印来进行产品整饰。这些图像从载体箔上分离，转印到印有黏性油墨的区域上，这样就消除了昂贵的烫印印版的成本和热烫印的工艺，这些都是额外进行的机外生产步骤。冷箔烫印可以联线处理，从而减少了工艺链的步骤，这就是说订单可以更快地交货。与烫金相比较，冷箔烫印可以复制和再现超细的线条和元素。

4. 印刷装备再制造及绿色化

应用成熟的环保技术提升现有印刷装备能效是印刷行业装备绿色化的一条经济途径。在对旧印刷装备进行性能失效分析及寿命评估的基础上，进行再制造工程设计。采用一系列相关的先进制造技术，使再制造印刷装备产品质量接近新品，包括旧印刷装备的综合性能和环保性能评价方法、再制造关键检测技术、印刷装备再制造体系、绿色化单元技术及装置开发。

目前国内使用的绝大多数印刷装备为普通装备，需要绿色化升级提升其环保性能。

六、绿色印刷产业链、绿色认证和管理

1. 绿色印刷产业链构建

绿色印刷企业认证的过程中需要提供各种原材料供应商的绿色资质。建立经认证的纸张、油墨、上光油、橡皮布、热熔胶、覆膜胶、喷粉、润版液、版材、预涂膜供应链及相应信息平台，以为印刷企业提供服务。

2. 绿色印刷认证和管理

（1）完善绿色印刷标准体系，提高适用性。绿色印刷标准体系要逐步地建立，为企业的绿色印刷提供量化参考实践标准，通过标准化的数据将各个绿色要求具体化，有章可循。

（2）优化绿色印刷检测服务体系。

（3）建立绿色印刷认证体系分星级制，以适应中小企业需求。

（4）加强绿色印刷技术研发平台建设。开发与推广绿色印刷适用的新技术、新材料、新工艺装备等。发挥规模以上印刷企业技术中心优势，通过产学研合作，实施绿色印刷技术开发，建立与完善环保技术和回收体系。

（5）绿色印刷培训体系需要拓展。建议教育部将绿色印刷纳入全国印刷院校本、专业教学内容，以便使未来的印刷管理者具备绿色印刷观念。同时，通过社会媒体，扩大对普通民众的绿色印刷观念宣传，使他们选择绿色印刷品。

（6）充分发挥绿色印刷认证企业的示范作用。通过绿色印刷教材补贴、政府采购等形式，使认证企业获得部分收益，将会更好发挥绿色印刷认证的示范作用。

第四节　VOCs 综合治理

一、概述

VOCs指挥发性的碳氢化合物及其衍生

物，它包括烃类、芳烃类、醇类、醛类、酮类、脂类、胺类和有机酸等。1989年，世界卫生组织（WHO）对VOCs的定义是熔点低于室温，沸点范围在50～260℃之间的挥发性有机化合物的总称。

（一）VOCs的来源

全世界在空气中检出的VOCs已经有150余种，其中有毒的80余种。人们关注的大气中的VOCs主要来自人为污染源，即生产工艺过程排放。这些工艺过程包括石化厂、炼油厂及在生产过程中大量使用有机溶剂的相关行业，如涂料生产、涂装、印刷、制药、皮革加工、树脂加工等。

（二）VOCs的危害

VOCs的危害主要有：（1）在阳光照射下，NO_x和大气中的VOCs发生光化学反应，生成臭氧、过氧硝基酰(PAN)、醛类等光化学烟雾，造成二次污染，刺激人的眼睛和呼吸系统，危害人的身体健康。这些污染物同时也会危害农作物的生长，甚至导致农作物的死亡。（2）大多数VOCs有毒、有恶臭，使人容易染上积累性呼吸道疾病。在高浓度突然作用下，有时会造成急性中毒，甚至死亡。（3）大多数VOCs都易燃易爆，在高浓度排放时易酿成爆炸。（4）部分VOCs可破坏臭氧层。

（三）国家及各地相关制度建设

2012年10月29日国家环保部、发改委、财政部联合印发了《重点区域大气污染防治"十二五"规划》（以下简称为《规划》）。《规划》中特别提出要开展重点行业治理，完善挥发性有机物污染防治体系，针对石化、包装印刷等重点行业，开展挥发性有机物排放调查工作，制定分行业挥发性

有机物排放系数，编制重点行业排放清单，摸清挥发性有机物行业和地区分布特征，筛选重点排放源，建立挥发性有机物重点监管企业名录。《规划》中特别指出包装印刷业必须使用符合环保要求的油墨，同时开展挥发性有机物收集与净化处理。

2013年9月10日，国务院发布《大气污染防治行动计划》（以下简称为《行动计划》）。《行动计划》明确指出在石化、有机化工、表面涂装、包装印刷等行业实施挥发性有机物综合整治。完善涂料、胶粘剂等产品挥发性有机物限值标准，推广使用水性涂料，鼓励生产、销售和使用低毒、低挥发性有机溶剂。

2015年6月18日，财政部、国家发展改革委、环境保护部联合印发了财税[2015]71号：关于印发《挥发性有机物排污收费试点办法》的通知，明确将包装印刷行业列为收费试点行业。截至2016年10月全国已有17个省市公布《挥发性有机物排污收费试点办法》实施细则或开展VOCs专项整治工作。全国包装印刷行业VOCs专项整治工作正式进入实施阶段。

全国人大常委会对《中华人民共和国环境保护法》《中华人民共和国大气污染防治法》进行了全面修订，目前已经实施。VOCs控制与防治入法规范，细化严谨，违法处罚严厉，将对全国包装印刷行业VOCs产生重大影响。

除以上法律法规和政策规定的制定和落实，VOCs排放的标准也在陆续修订和出台，现行相关排放标准主要有《大气污染物综合排放标准》（GB 16297—1996），最高允许排放浓度为120mg/m³（1997.1.1后批准

项目）；新的国家标准正在修订中。天津地方标准《工业企业挥发性有机物排放控制标准》（DB 12/524—2014）包装印刷业最高允许排放浓度为50mg/m³（2016.1.1全面执行）。广东地方标准《印刷行业挥发性有机化合物》（DB 44/815—2010）排放标准平版印刷（不含以金属、陶瓷、玻璃为承印物的平版印刷）、柔性版印刷为80mg/m³，凹版印刷、凸版印刷、丝网印刷、平版印刷（以金属、陶瓷、玻璃为承印物的平版印刷）为120mg/m³。上海地方标准《印刷业大气污染物排放标准》（DB 31/872—2015）最高允许排放浓度为50mg/m³（2016.7.1全面执行）。北京地方标准《印刷业挥发性有机物排放标准》（DB 11/1201—2015）已于2015年7月1日实施，最高允许排放浓度为30mg/m³，为全国最严标准。

"十三五"期间各地将陆续修订挥发性有机物的排放标准和出台地方性大气污染防治条例。国家法律手段（法律法规）、技术手段（排放标准）、经济手段（排污收费）、行政手段（排污许可）并用，将形成对VOCs全面综合治理的体制机制。包装印刷行业VOCs势在必行，是行业落实习总书记五大发展新理念，绿色发展的首要任务。

二、包装印刷业 VOCs 排放

（一）包装印刷业概况及其排放量

2015年中国印刷业总产值达到11432.95亿元，同比增长5.3%。全国印刷企业约有10.5万家，从业人员339.4万人，全行业资产总额11763亿元。2014年规模以上（营业额2000万以上）印刷企业4950家，主营业务收入6579.52亿元；年产值5000万元以上重点企业3125家。包装印刷是印刷业的一个重要分支，全国从事包装印刷的企业4万余家，占全国印刷企业总数的43%左右，2015年营业收入9375.02亿元，同比增长7.45%；2014年规模以上包装装潢印刷企业3837家，主营业务收入5025亿元。年产值同比增长12.7%。

印刷企业在生产过程中会产生含挥发性有机物的废气。据相关资料估算，印刷业VOCs排放总量超过200万吨。包装印刷行业的VOCs排放主要集中在印刷、烘干、复合和清洗等生产工艺过程中，主要来源于油墨、黏合剂、涂布液、润版液、洗车水、各类溶剂等含VOCs的物料的自然挥发和烘干挥发。

以凹印为主的塑料彩印复合软包装行业是包装印刷业VOCs排放的主力军，排放量占包装印刷业的80%以上。为实现产品效果，生产过程中其凹版印刷、干法复合两道主要工序需要使用油墨、胶黏剂及有机溶剂，主要是乙酸乙酯、甲苯、丁酮、异丙醇等，排放量非常大，据业内估算不低于120万吨/年。

（二）包装印刷业 VOCs 排放分析

1. 印前加工中的 VOCs 排放源

印前使用的材料中，含有VOCs的化学物品包括：胶片冲洗处理、彩色打样、印版冲洗处理和凹印版滚筒制版等工艺中用到的化学药品，以及印前准备中清洁准备工作中用到的化学药品。这些化学药品可能含有VOCs物质，但这些VOCs，例如印版显影剂含有的VOCs不易挥发，因此，这些材料并没有被认为是VOCs的排放源。其他化学物品，如清洗溶剂，就可能含有VOCs，且容易挥发到空气中，这样的化学物品就属于VOCs排放源。

2. 印刷过程中的VOCs排放源

印刷过程中的VOCs排放源包括油墨、稀释剂、润版液、清洗剂等。虽然现在的耗材转向替代型产品，例如从矿物油油墨或溶剂型油墨转向植物油油墨或水性墨，实际上这些新型耗材仍含有少量VOCs。

各种油墨及其VOCs排放对比如表6.11所示。

清洗剂：印刷机的部件必须经常清洗，以防积聚干涸的油墨和纸尘。常用的清洗剂包括汽油、煤油、乙二醇醚、醇类、甲苯、己烷和特别配制的混合剂（洗车水）。由于印刷工价偏低原因，现在仍然有许多印刷企业还在使用汽油、煤油作为油墨清洁剂，以此降低生产成本。一般印刷机之橡皮布／滚轮以抹布沾清洗剂擦拭清洗时，清洗剂中的溶剂会挥发至空气中，而随着厂房的通风系统逸散至大气中，或被收集至废气控制系统加以处理。印刷机清洗剂是印刷工艺中挥发VOCs的主要源头之一，现有部分印刷厂已渐使用环保洗车水替代。用汽油、煤油作清洗剂，会对周围环境造成相当大的危害。有的企业无循环处理设备，员工将清洗过墨辊、橡皮布、墨斗等肮脏的汽、煤油乱倒、乱放，不仅造成VOCs的排放，并且还会污染土壤和水体。另外，操作人员长期通过呼吸或身体接触，都会对健康造成一定的伤害（四乙铅中毒）。

洗车水：洗车水是专门用于清洗油墨的清洗剂，质量合格的洗车水与汽油、煤油相比，清洗效果好，安全性能高，并且对人体及环境的危害小，但是价格比较高。虽然相对于汽油、煤油而言，洗车水既安全，污染又小，但并不等于洗车水是完美无缺的。处于即用状态的洗车水一般是90%以上的水和洗车水原液配制的，洗车水原液的主要成分仍然是VOCs，这部分VOCs在使用过程中将全部挥发到空气中，由于企业每年的洗车水用量很大，所以洗车水造成的VOCs排放是印刷企业主要的VOCs排放源之一

润版液：平版的印版需要以润版液润湿，使非印纹部分具有抗油性。润版液是

表 6.11 各种油墨及其 VOCs 排放对比

印刷方式	油墨	VOCs 排放
平版胶印	轮转胶印油墨	有排放
	单张纸胶印油墨	少量排放
凹版印刷	溶剂型油墨	多排放
	水性凹印油墨	少量排放
柔性版印刷	溶剂型柔印油墨	有排放
	水性柔印油墨	少量排放
丝网印刷	溶剂型丝印油墨	有排放
	RC 型（UV/EB）丝印油墨	微量排放
数码印刷	打印色剂（Toner）	微量排放
	喷绘墨	有排放

VOCs的来源之一，目前胶印印刷机上普遍采用的是酒精润版系统，主要成分是异丙醇（工业酒精，IPA）及磷酸，异丙醇可减少水的表面张力，相对于传统的普通润版液来说，这种润版方式可以大大减少水的用量，从而避免了由于水量较大引起的纸张变形和油墨的过量乳化。并且可以加快印版中水的挥发，大大提升了印刷效果，使得鲜艳色彩得以轻松实现。但是，由于异丙醇挥发后产生的气体会对人体造成有害的影响，是一种对环境、对人体均有害的化学品，因此减少异丙醇用量是一种必然的趋势。一些国家已通过立法来限制异丙醇的使用，近期生产的卷筒纸印刷机中，基本上已经杜绝了异丙醇。润版液中异丙醇的含量越高，则越多VOCs挥发至空气中。为减低润版液的VOCs挥发量，部分印刷厂尝试使用低/无酒精润版液，效果满意。

3. 印后加工中VOCs的排放源

（1）上光油。上光可以使印刷品的外观看起来更漂亮，同时也增加了印刷品的强度并起到了良好的保护作用，但对环境会造成影响。印刷企业一般使用的是溶剂型上光油，使用过程中会有VOCs挥发。溶剂型上光材料使用的稀释剂主要是甲苯，而甲苯是有毒的挥发性物质，人体吸入一定量的甲苯会导致呼吸系统和血液系统发生病变，因此，溶剂性上光工艺不符合环境保护要求，尤其是药品、食品等商品的包装物和儿童玩具、儿童书籍等更不宜使用油性上光工艺。

新型的水性上光油和UV上光油不含溶剂，可以广泛使用。特别是在包装印刷领域，水性光油由于不会对人体造成危害，目前已在烟标、酒标、食品包装袋等产品的包装上得到广泛应用。

水性上光工艺采用红外线干燥设备，避免了UV上光必须采用一定波长的紫外线干燥而产生臭氧，以及溶剂型上光油中含有大量有害物质挥发或残留在印刷品上对环境和人体造成危害的弊端。水性上光设备可直接用清水清洗，所产生的废料和使用后的产品均可经生物降解与再生回收。水性上光工艺可以与胶、柔印和凹印等联机操作，生产效益高。覆膜工艺由于环保问题而被逐步淘汰后上光作为唯一可达到覆膜质感的工艺而已成为我国纸品印后整饰的重要手段，成为比较常用的一种上光方式，尤其是烟包装。UV上光的印刷品废弃物可以回收重新造纸，但目前UV上光油如需达到很高的光泽效果，会对环境造成一定的影响，在国际上受到一定限制。

（2）胶黏剂。胶黏剂主要用于在印后加工整理阶段把印刷品连接起来。一般而言，胶黏剂所含的VOCs来源包括：食品包装和书本钉装夹层用的胶黏剂所含的异氰酸酯、一些特殊胶黏剂所含的环氧有机物及一些钉装用胶黏剂所含的松香。胶黏剂又可分为水性和溶剂型，水性胶黏剂所产生的VOCs排放较少。

（3）覆膜工艺。为了美观及保护书刊，出版物的封面及其他印刷品都要覆膜。

在覆膜的过程中含有的大量苯类、醇类等有机溶剂具有很强的挥发性强，且这些稀释剂都是易燃易爆危险品，容易损害工作人员的健康。并且产品在覆膜后，依然存留着一些苯类、醇类等化学物质。伴有残留物质的产品传递到消费者手中，损害消费者的健康。

印刷厂覆膜废气是典型的挥发性有机废气，其主要有害成分为甲苯（TL）和乙酸乙酯（EA），其中甲苯的质量分数为15%～25%，乙酸乙酯的质量分数为30%～40%。

（4）复合工艺。所谓复合工艺是指在软包装印刷中将不同特性的基材通过胶黏剂或类似方法黏接到一起而组成一个新的功能性材料的工艺。通常是把黏合剂涂布到一层薄膜上，经过烘箱干燥，再与另一层薄膜热压贴合成复合薄膜。它适用于各种基材薄膜，基材选择自由度高，可生产出各种优异性能的复合膜，如耐热、耐油、高阻隔、耐化学性薄膜等。

在所有的印刷工艺中，塑料软包装印刷（通常是凹版印刷）工艺的VOCs排放量最大（约占全部VOCs排放的80%）。而在软包装印刷中，复合工艺和凹版印刷工艺的VOCs排放量各占约50%，因此，复合工艺是印刷行业中VOCs排放的一个主要环节。软包装复合工序需要使用大量的复合胶，复合胶一般为溶剂型胶黏剂，其中含有大量的挥发性有机物（主要为乙酸乙酯），是包装印刷行业VOCs排放的主要污染源之一。

从以上的分析可以看出，包装印刷行业的各个工艺过程均会产生VOCs的排放问题。其中排放量最大的是凹版印刷工艺和复合膜工艺，在该行业的含VOCs废气治理中需要引起特别的重视。其他工艺过程虽然也会涉及VOCs的排放问题，但在一般情况下VOCs的排放量都较少，排放浓度较低，在不能达到排放标准要求时也需要进行治理。

图6.18显示了包装印刷行业VOCs排放的主要环节。

图6.19显示了典型的塑料软包装工艺的VOCs排放环节。

图6.20显示了凹版印刷车间的VOCs排放途径，主要为烘干箱排放、设备低位排风排放、车间通风系统排放、非密闭车间挥发性无组织排放。

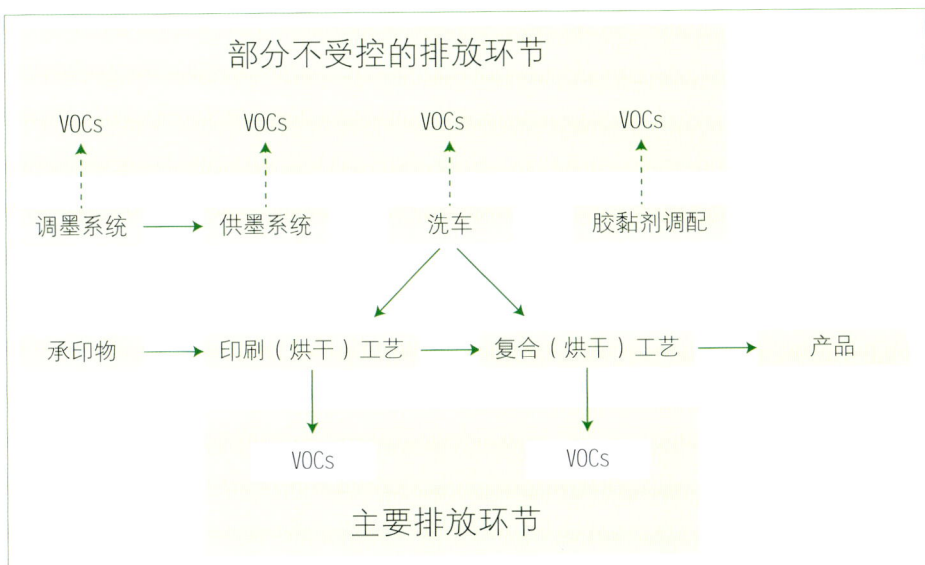

图 6.18 包装印刷行业 VOCs 排放的主要环节

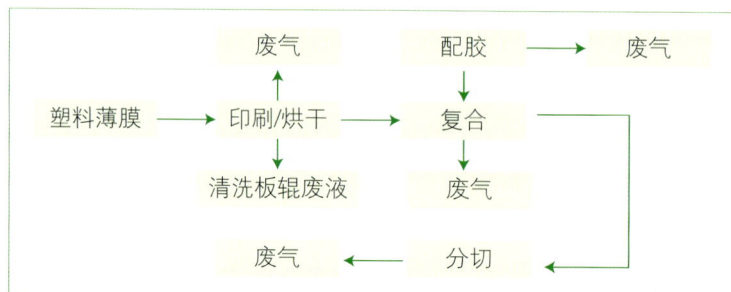

图 6.19 塑料软包装工艺的 VOCs 排放环节

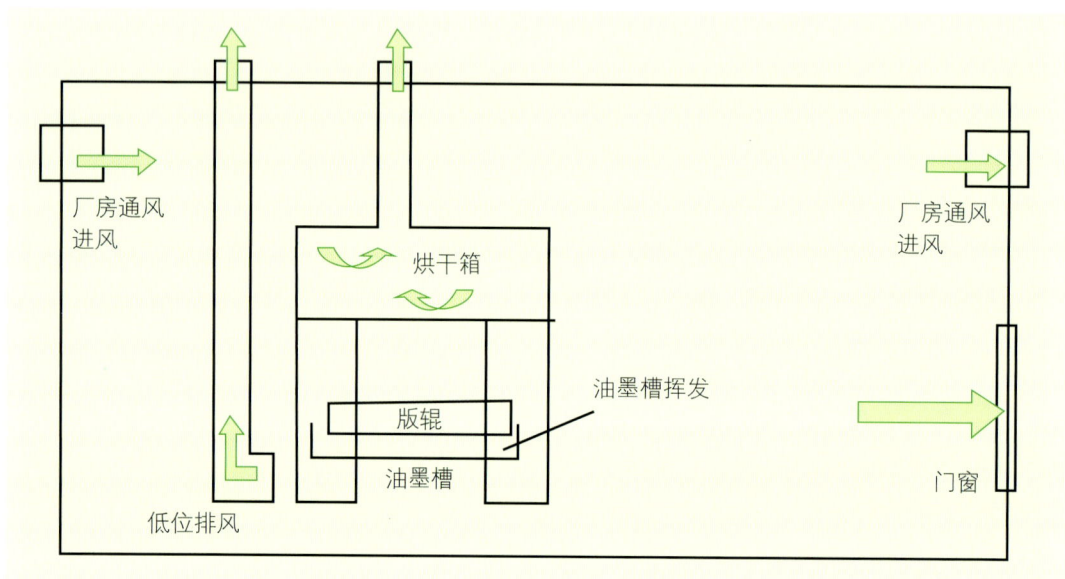

图 6.20 凹版印刷车间的 VOCs 排放途径

三、包装印刷业 VOCs 治理技术

（一）VOCs 源头控制技术

源头控制旨在推行低VOCs或无VOCs的环保油墨、胶黏剂以及清洗剂、润版液等原辅材料使用和生产工艺，即从工艺的开端减少原辅材料VOCs的含量，从而达到VOCs减排目的。油墨和胶黏剂作为印刷行业VOCs的重要来源，降低其VOCs含量具有重要的减排意义。目前环保型原辅材料主要有以下几种：

（1）辐射固化油墨，如UV固化油墨和EB油墨。此类油墨有机溶剂含量极低，使用过程几乎不排放VOCs。UV固化油墨可用于平版印刷、凸版印刷、凹版印刷、孔版印刷以及喷墨印刷的各个领域，适用的承印物有纸张、塑胶、电路板、铝箔等。

（2）水性油墨：指以水为主要溶剂的油墨，主要应用于柔版印刷与凹版印刷。目前我国出版领域凹版印刷基本采用水性油墨，但软包装领域仍然大量使用溶剂型油墨。

（3）植物基油墨：以植物油代替石油系

溶剂型油墨中的矿物油，目前使用最多的是大豆油墨，广泛用于平版印刷。

（4）水性胶黏剂：以水为主要溶剂的胶黏剂，可用于除蒸煮袋之外的食品、烟、酒及药品包装的复合工艺，目前已在国内少数企业得到应用。

（5）无溶剂复合胶：适用于无溶剂复合工艺而产生的一种胶水，生产过程中无需烘干环节即可实现复合工艺VOCs趋零排放，目前在普通软包装产品上已开始广泛使用。

此外，采用适用于高速轮转平版印刷机的无醇或低醇润版液、专用油墨清洗剂（W/O乳液型），也可降低印刷行业VOCs排放量。

（二）VOCs治理过程控制技术

过程控制技术旨在减少VOCs的自然挥发、逸散、无组织排放；优化调整VOCs废气的风量浓度，以达到用户期望的排放条件。主要通过对生产过程中的工艺、设备、管理体系等进行改造和控制，从而达到减少末端VOCs排放。主要控制技术如下：

（1）密封原料供应系统：采用密闭容器和管道调配、输送原料，减少原料贮存、配制及供应过程VOCs逸散。

（2）建立VOCs废气收集系统：建立印刷、烘干和复合工序废气收集系统，增加VOCs废气的捕集率，减少无组织排放。集气设施应考虑科学设计，不应一味加大排风量。单张印刷企业应将车间密封，轮转印刷企业、金属印刷企业和凹印印刷企业应在所有VOCs排放点设立废气收集装置，保证VOCs废气捕集率不低于95%。

（3）优化VOCs废气的风量浓度：LEL控制技术、循环风回用技术、中间废气二次利用技术、ESO综合废气控制系统等。

（三）VOCs末端治理技术

末端治理技术包含两类：第一类是回收技术，该技术是使用非破坏性方法，即采用物理方法将VOCs回收；第二类是销毁技术，该技术是通过生化反应将VOCs氧化分解为无毒或低毒物质的破坏性方法。常用的技术如图6.21所示。

1. 回收技术

对于高浓度（>5000mg/m³）或比较昂贵的

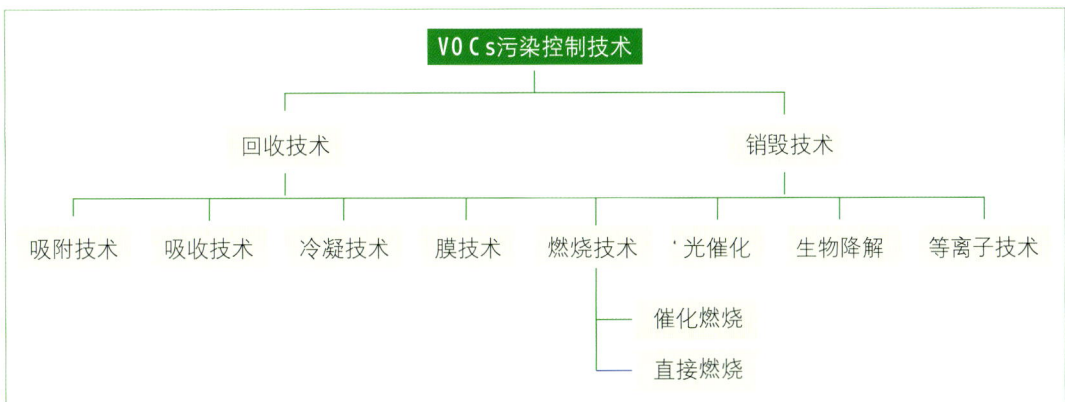

图6.21　VOCs治理技术示意图

VOCs，宜采用回收技术加以循环利用。常用的回收技术主要有吸附、吸收、冷凝、膜技术等。

（1）吸附技术。吸附法是目前使用最广泛的VOCs回收法。它属于干法工艺，是通过具有较大比表面积的吸附剂对废气中所含的VOCs进行吸附，将净化后的气体排入大气。常见的的吸附剂有粒状活性炭、活性炭纤维、沸石、分子筛、多孔黏土矿石、活性氧化铝、硅胶和高聚物吸附树脂等。活性炭吸附法最适合于处理VOCs浓度为300～5000ppm的有机废气，主要用于吸附回收脂肪和芳香族碳氢化合物、大部分含氯溶剂、常用醇类、部分酮类和酯类等；活性炭纤维吸附低浓度以至痕量的吸附质时更有效，可用于回收苯乙烯和丙烯腈等，但费用较活性炭吸附法高。该法已广泛用于喷漆行业的苯、乙醇和醋酸乙酯，制鞋行业的三苯（苯、甲苯、二甲苯）和丙酮，印刷行业的异丙醇、醋酸乙酯和甲苯，电子行业的二氯甲烷和三氯乙烷的吸附回收。

（2）吸收技术。吸收法是利用液体吸收液从气流中吸收气态VOCs的一种方法，常用于处理高湿度>(50%)VOCs气流。该法的处理浓度范围为500～5000ppm，效率高达95%~98%，但投资较大，设计困难，应用较少。其常用方式有填料塔和喷淋塔两种吸收法，吸收效果主要取决于吸收剂的吸收性能和吸收设备的结构特征。该法对吸收剂和吸收设备有较高的要求，而且需要定期更换吸收剂，过程较复杂，费用较高。

（3）冷凝技术。冷凝法是利用物质在不同温度下具有不同饱和蒸汽压这一性质，采用降低温度、提高系统的压力或者既降低温度又提高压力的方法，使处于蒸汽状态的VOCs冷凝并从废气中分离出来的过程。冷凝法特别适用于处理VOCs浓度在10000ppm以上的较高浓度的有机蒸气，VOCs的去除率与其初始浓度和冷却温度有关。在给定的温度下，VOCs的初始浓度越大，VOCs的去除率越高。冷凝法在理论上可达到很高的净化程度，但是当浓度低于几ppm时，须采取进一步的冷冻措施，使运行成本大大提高，所以冷凝法不适宜处理低浓度的有机气体，而常作为其他方法（如吸附法、焚烧法和使用溶剂吸收）净化高浓度废气的前处理，以降低有机负荷，回收有机物。

（4）膜技术。该法是一种新型高效分离技术，装置的中心部分为膜元件，常用的膜元件为平板膜、中空纤维膜和卷式膜，又可分为气体分离膜和液体分离膜等。气体膜分离技术利用有机蒸气与空气透过膜的能力不同，使二者分开。该法已成功地应用于许多领域，用其他方法难以回收的有机物，用该法可有效地解决。用该法回收有机废气中的丙酮、四氢呋喃、甲醇、乙腈、甲苯等（浓度为50%以下），回收率可达97%以上。膜分离法最适合于处理VOCs浓度较高的物流，对大多数间歇过程，因温度、压力、流量和VOCs浓度会在一定范围内变化，所以要求回收设备有较强的适应性，膜系统正可以满足这一要求。近几年来，国外的实验室研究分离VOCs使用得最多的膜分离材料是聚二甲基硅氧烷PDMS。它从结构上看属半无机、半有机结构的高分子，具有许多独特性能，是目前发现的气体渗透性能较好的高分子膜材料之一。研究人员大多是采用聚枫PS、聚偏氟乙烯(PVDF)、聚间苯二甲酸乙二酯PEI等材料作为支撑层，使用PDMS涂层堵孔，作为选择性分离层，选择性分离VOCs/N2或空气体系，都取得了理想的实验结果。目前，我国采用膜分离法回收VOCs的工作刚刚开始研究，离实现工业化应用还有一段距离。

2. 销毁技术

对于中等浓度或者低浓度（<1000mg/m³）的VOCs采用一定的技术将其降解。销毁是较好的治理办法。常用的销毁技术包括燃烧技术、光催化技术、生物降解技术、等离子体技术等。

（1）燃烧技术。热破坏是目前应用比较广泛也是研究较多的有机废气治理方法，特别是对低浓度有机废气。有机化合物的热破坏可分为直接火焰燃烧和催化燃烧。燃烧时所发生的化学作用主要是燃烧氧化作用及高温下的热分解。因此，这种方法只能适用于净化那些可燃的或在高温情况下可以分解的有害物质。对化工、喷漆、绝缘材料等行业的生产装置中所排出的有机废气，广泛采用了燃烧净化的手段。由于VOCs燃烧氧化的最终产物是CO_2、H_2O等，因而使用这种方法不能回收到有用的物质，但由于燃烧时放出大量的热，使排气的温度很高，所以可以回收热量。

① 直接燃烧法。直接燃烧也称为直接火焰燃烧，它是把废气中可燃的有害组分当作燃料直接燃烧。因此，该方法只适用于净化可燃有害组分浓度较高的废气，或者是用于净化有害组分燃烧时热值较高的废气，因为只有燃烧时放出的热量能够补偿散向环境中的热量时，才能保持燃烧区的温度，维持燃烧的持续。直接燃烧的温度一般需在1100℃

左右，燃烧的最终产物是CO_2、H_2O等。

② 催化燃烧法。催化燃烧实际上为完全的催化氧化，即在催化剂作用下，使废气中的有害可燃组分完全氧化为CO_2和H_2O等。由于绝大部分有机物均具有可燃烧性，因此催化燃烧法已成为净化含碳氢化合物废气的有效手段之一。又由于很大一部分有机化合物具有不同程度的恶臭，因此催化燃烧法也是消除恶臭气体的有效手段之一。与其他种类的燃烧法相比，催化燃烧法具有如下特点：催化燃烧为无火焰燃烧，安全性好；要求的燃烧温度低，大部分烃类和CO在300～450℃之间即可完成反应，故辅助燃料消耗少；对可燃组分浓度和热值限制较小；为使催化剂延长使用寿命，不允许废气中含有尘粒和雾滴。

优点：一般情况下去除率均在95%以上。

缺点：①燃烧法适合于处理浓度较高的VOCs废气。②直接燃烧法运行费用较低，但容易在燃烧过程中发生爆炸，并且浪费热能，同时易产生二次污染；催化燃烧法降低了燃烧费用，但催化剂容易中毒，对进气成分要求极为严格，同时催化剂需要定期更换，废弃的催化剂如何处理还有待进一步研究，而且一种催化剂一般只对某一特定类型的有机物有效，如果处理混合型的VOCs废气，则需要多种不同类型的催化剂，此外由于催化剂成本很高，使得该法处理费用大大提高。③废气中的VOCs不完全燃烧，有可能产生比初始气体更有害的污染物，如乙醛、呋喃等。

（2）光催化技术。该法主要是利用催化剂(如TiO_2)的光催化性，氧化吸附在催化剂表面的VOCs，最终产生CO_2和H_2O。其利用光照射半导体光催化剂，使半导体的电子充满的价带跃迁到空的导带，而在价带留下带正电的空穴。光致空穴具有很强的氧化性，可夺取半导体颗粒表面吸附的有机物或溶剂中的电子，使原本不吸收光而无法被光子直接氧化的物质，通过光催化剂被活化氧化。光致电子还具有很强的还原性，使得半导体表面的电子受体被还原。

VOCs光催化降解的速率主要受吸附效率和光催化反应速率的影响，具有较高吸附性能的VOCs不一定有较快的降解速率，因此选择光催化剂至关重要。常见的光催化剂主要是金属氧化物和金属硫化物，由于TiO_2有较高的化学稳定性和催化活性，且价廉无毒，所以TiO_2是目前最常用的光催化剂之一。由于该技术还没有很完备的理论，在光催化TiO_2的产物上一直存在争论，不能确定中间产物是否会造成二次污染。而且，光催化氧化法存在着催化剂的失活、催化剂难以固定，且催化剂固定后催化效率降低的缺点，因此该技术目前尚未商业化。

（3）生物降解技术。生物降解技术最早应用于脱臭，近年来逐渐发展成为VOCs的新型污染控制技术。该技术中，含有VOCs的废气由湿度控制器进行加湿后通过生物滤床的布气板，沿滤料均匀向上移动，在停留时间内，气相物质通过平流效应、扩散效应、吸附等综合作用，进入包围在滤料表面的活性生物层，与生物层内的微生物发生好氧反应，进行生物降解，最终生成CO_2和H_2O。生物降解法设备简单，运行维护费用低，无二次污染，尤其在处理低浓度、生物可降解性好的气态污染物时更显其经济性。体积大和停留时间长是生物法的主要问题，同时该

法对成分复杂的废气或难以降解的VOCs去除效果较差。

（4）等离子体技术。等离子体被称为物质的第四种形态，由电子、离子、自由基和中性粒子组成，是导电性流体，总体上保持电中性。发展前景比较广阔的等离子体技术是电晕放电技术，用其处理VOCs具有效率高、能量利用率高、设备维护简单、费用低等优点。电晕放电是指在非均匀电场中，用较高的电场强度使气体产生"电子雪崩"，出现大量的自由电子，这些电子在电场力的作用下做加速运动并获得能量。当这些电子具有的能量与C—H、C=C或C—C键的键能相同或相近时，就可以打破这些键，从而破坏有机物的结构。电晕放电可以产生以臭氧为代表的具有强氧化能力的物质，可以氧化有机物。所以电晕法处理VOCs理论上是上述两种机理共同作用的结果。

电晕放电技术对VOCs的处理效率很高，应用范围广，基本上各类VOCs都能有效处理，对低浓度VOCs处理效果显著。运行工艺简单，维护方便、能耗低，比传统方法更经济有效。存在的问题是，该技术还处于实验室研究阶段，处理量较小；该技术对电源的要求很高，在分解VOCs分子的同时，还有一些有害副产物产生，如NOx、CO、O_3等。因此如何在低能耗的前提条件下，提高反应条件如电场强度、停留时间等，并消除副产物的影响，是改进电晕放电技术的研究方向。

由于VOCs的成分复杂，各种污染物的特性不同，因此任何单一的VOCs控制方法均受其去除性能、投资运行费用和适用范围的影响。治理VOCs还需优化各种控制技术和开发

不同控制方法的组合技术，以达到提高去除率、降低成本和减少二次污染的目的，这是目前去除VOCs的主要发展方向。

四、包装印刷业 VOCs 治理现状及问题
（一）包装印刷业 VOCs 治理现状

包装印刷业VOCs治理近两年才开始受到企业的关注，在北京、上海、广东等地区由于环保要求相对严格，这些区域的企业相对重视一些。

多数平版印刷企业以直接排放为主，个别企业安装了活性炭吸附箱，但由于维护成本高，企业无法承受，没有做到定期更换吸附材料。

以凹版印刷和干法复合为主的塑料软包企业，由于排放量较大，一些大企业已开始行动进行治理。已有大企业上了末端治理设施，主要是对复合工序排放的VOCs进行回收。当前凹版印刷工序的治理，小微企业的治理是难点。

也有一些企业在源头治理方面积极推进，水性油墨、黏合剂、无溶剂复合均有所进展，特别是在中国印刷及设备器材工业协会VOCs治理委员会的组织和推动下，在塑料凹印水性油墨研发与应用上取得重要突破，全色系水醇体系凹版薄膜里印油墨研发成功，并已批量生产。

图6.22为相关协会在2014年开展的塑料彩印复合软包装行业百家企业（469条生产线）VOCs末端治理现状调研结果，本次调研成果具有一定的典型性与代表性，在一定程度上反映了塑料彩印复合软包装行业VOCs末端治理的实际状况，整体看企业对治理的认识不高，行动迟缓，相当多的企业在等待、观望。

（二）包装印刷业 VOCs 治理当前主要问题

1. 企业对 VOCs 治理研究不够，底数不清

很多企业刚刚开始接触VOCs治理问题，大多停留在感性认识和判断上，对于企业内

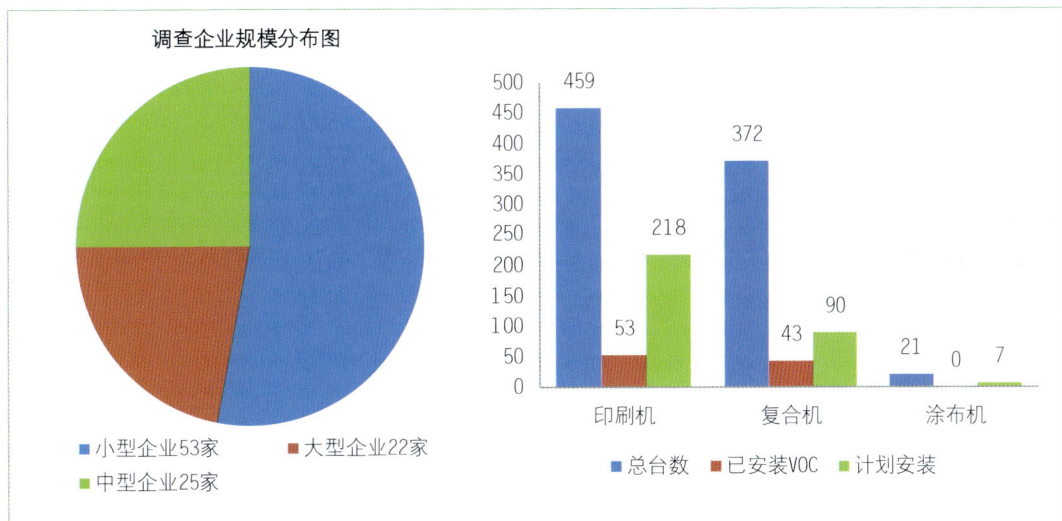

图 6.22　2014 年塑料彩印复合软包装行业百家企业 VOCs 末端治理现状

表 6.12 包装印刷行业不同排放浓度适用技术对照

治理技术	单套装置适用气体流量范围（m³/h）	适用 VOCs 浓度范围（mg/m³）	适宜废气温度范围（℃）	适用生产工艺
吸附法	1000-60000	< 200	0-45	各类印刷工艺
蓄热式直接焚烧法	< 40000	1000~1/4LEL	< 700	各类印刷工艺和使用溶剂型胶粘剂的复合工艺
吸附 - 冷凝回收法	10000-150000	1000-66250	0-45	使用溶剂型胶粘剂的复合工艺
吸附 - 催化燃烧法	10000-180000	100-2000	0-45	各类印刷工艺和使用溶剂型胶粘剂的复合工艺
低温等离子体法	1000-60000	< 500	< 80	各类印刷工艺
光催化氧化法	1000-80000	< 1000	< 90	各类印刷工艺

备注：LEL——VOCs组分的爆炸极限下限

部的VOCs排放情况并没有做过专业的分析和系统性的监测，缺乏直接的、科学的数据支撑，当然，也就难以作出准确的技术判断和选择，表6.12为包装印刷行业不同排放浓度适用技术对照。

2. 企业存在 VOCs 治理技术选择困难症

各企业排放状况差异较大、情况也各有不同，治理技术的选择和方案不能简单复制，应从企业自身实际出发统筹考虑。VOCs治理技术理论五花八门，一些治理厂家在没有充分了解包装印刷企业情况下就拍胸脯、大包大揽，造成投资后治理效果不佳，目前，有示范性的成功案例少之又少。由于包装印刷企业和治理厂家都没有做足"功课"，企业在选择治理技术时难以做出准确的判断，确定经济适用的治理技术方案。再加上出现的失败案例影响（不能达标排放、回收不能回用、耗材寿命短、运行成本高昂

等），使得企业不易选择决策。

3. 重末端轻源头忽略过程

许多企业一提到VOCs治理，就想到如何在排放口安装相关的治理设施，忽略自身在原辅材料、生产工艺甚至是生产管理等方面的工作，例如，车间和设备集气装置、排放管道、排风量的科学优化等。许多企业为了改善车间异味，一味地加大排风量而不知优化排风工艺，导致处理设施处理量无必要的放大。

五、对策与措施

（一）包装印刷业 VOCs 治理方针

目前，源头削减、过程控制和末端治理技术都在研发、应用、推广中，都有所进展，同时，也都有亟待解决的问题。而综合比较分析，下一步治理的方针应该是：以源头削减和过程控制为重点，兼顾末端治理。

（二）包装印刷业 VOCs 治理路线图及

治理思路及技术路线图

1. 主要思路

（1）达标排放第一要务。采用技术和制订方案必须保证达标排放，避免技术缺陷或未来标准提高增加二次投资。

（2）排放分析深入细化。深入细致分析每个排放源，做好各种工况监测，为过程优化打好基础。

（3）投资运行综合考量。投资成本和运行成本要综合考量，不要一味图初始投资小。

（4）源头替代去除根本。转变观念，坚定使用水性油墨的决心，从源头削减VOCs排放是根本措施。

（5）过程控制减风浓缩。尽可能对排风系统进行优化，争取节约投资和运行成本。

（6）末端治理适用为上。选择适合本企业条件的治理技术，不盲目效仿。

（7）系统解决不留后账。选择系统解决方案，不要为了少花钱而留后遗症。

2. 源头削减

包装印刷业污染突出的是凹版印刷工序和塑料复合工序，因此本行业开展源头削减最主要的是要在凹版环保油墨和无溶剂复合的研发和应用上下功夫。

（1）在软包装行业大力推广水性油墨。全色系凹版薄膜水醇体系里印油墨经过油墨制造厂、制版厂、凹印机制造厂以及印刷厂联合攻关，经过小试、中试、大试取得重要进展，印刷质量以及各项技术指标得到印刷厂以及上游客户的认可，现场无异味，VOCs排放强度大幅度下降，目前已批量生产，预计2017年将会逐步在全行业推广应用。

（2）无溶剂复合设备及技术工艺在一般类软包产品应用上已经成熟，关键在于推广。如在全行业应用尽用，预计可覆盖软包装产品产量的70%左右，可在全行业减排35%左右，既可减排又可降低生产成本，同时，推广资金成本、时间成本也不高。政府应制订政策，明确导向，行业协会要通过组织专题交流、展会展示、现场演示、技术培训等措施，在全国全行业大力推广。在京津冀、珠三角、长三角地区率先推广无溶剂复合技术。

（3）在其他包装印刷业要组织专家进行调研，分别梳理和制定各个工艺的VOCs控制技术指南，并支持行业协会进行宣贯和推广。

（4）在政府环保部门支持下，加大对绿色原辅材料的引进、吸收、消化、自主创新开发，在京津冀、长三角、珠三角等重点区域选择重点企业进行定点示范，取得经验，以点带面、典型引领、逐步推广。

3. 过程控制

（1）对凹印机进行优化改造。为满足水性油墨高速印刷的需要，对凹印机从干燥系统、除湿系统、整机张力控制系统以及保障水性油墨状态稳定的相关结构进行升级改造。

（2）建立起水性油墨生产工艺体系，制定工艺标准，总结制定出水性油墨最佳印刷适性的工艺流程及作业指导书。

4. 末端治理

（1）当前末端治理重在理清思路、完善技术、经济适用。随着水性油墨、无溶剂复合的推广，软包装企业生产设备的配置将发生变化，对末端治理设施的需求也会发生变化，单台机小型化的需求会大幅增加，治理设施厂家要适应变化的需求。完善技术：一是干法复合回收溶剂的回用问题还没有完全解决好，对回收技术、设施需要进一步完善；二是印刷工序围绕解决既能达标排放，又能降低投资和运行成本上进行技术完善，例如，吸附+脱附+燃烧+热能利用，转轮浓缩+燃烧+热能利用，减风量+燃烧+热能利用；三是满足未来干法复合回收治理设施单台机小型化的技术措施；四是其他排放较少的工艺和企业，如胶印企业可采用等离子、光催化等技术；五是在条件成熟的地区可扶持第三方环保治理公司推广活性炭循环吸附模式，由环保治理第三方企业为各需要进行末端治理的企业进行定期更换活性炭，保障治理企业环保排放达标，回收的活性炭集中脱附后再循环二次利用。这样可极大地降低这些企业在末端治理上的投资成本和运行成本，同时第三方公司集中处置可以对脱附回收的物质形成一定的规模效应，从而产生一定的经济效益。

（2）提高企业对末端治理设施的运行管理水平：治理设施的管理应纳入生产管理中，配备专业管理人员和技术人员，并对其进行培训，使管理和运行人员掌握治理设备及其他附属设施的具体操作和应急情况下的处理措施。企业应根据实际生产情况和治理设施的设计标准，建立相关的各项规章制度以及运行、维护和操作规程，明确耗材的更换周期和设施的检查周期，建立主要设备运行状况的台账制度，保证设施正常运行。企业应建立治理工程运行状况、设施维护等的记录制度，主要维护记录内容包括：治理装置的启动、停止时间；吸附剂、吸收剂、过滤材料、催化剂等的质量分析数据、采购量、使用量及更换时间；治理装置运行工艺控制参数，至少包括治理设备进出口浓度和吸附装置内温度；主要设备维修情况；运行事故及维修情况；定期检验、评价及评估情况；吸附回收工艺中的危险废物、污水及副产物处置情况。由于紧急事故或设备维修等原因造成治理设备停止运行时，应立即报告

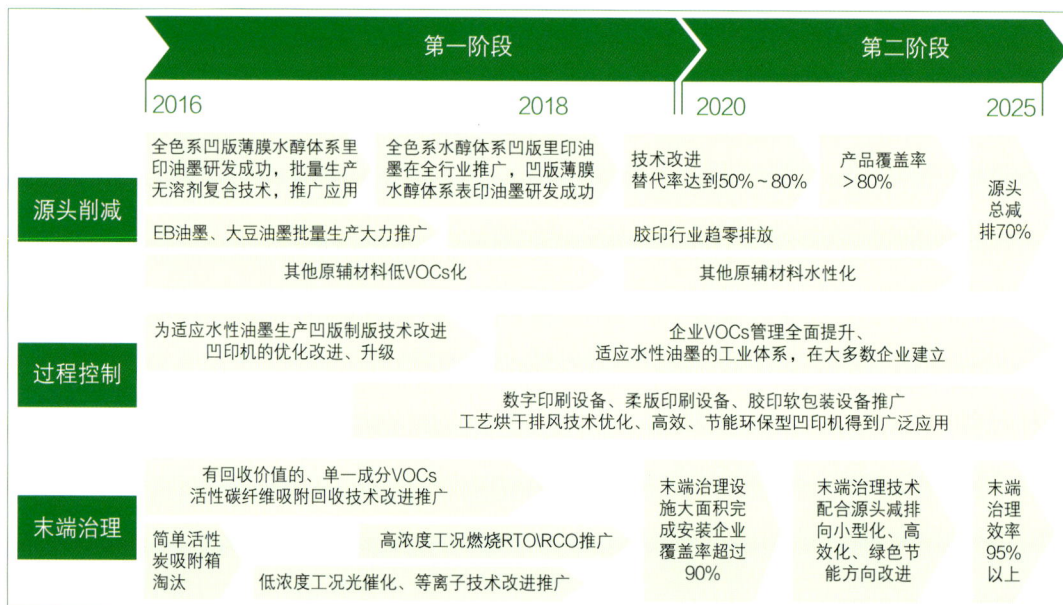

图 6.23　包装印刷业 VOCs 治理路线图

当地环境保护行政主管部门。

包装印刷业VOCs治理路线路如图6.23所示。

(三)政策建议

建议政府部门抓好重点行业、重点工艺的治理工作,特别是包装印刷行业中的凹印工艺、干法复合工艺。对于胶印为主的出版印刷企业,由于排放量较小,做好环保达标排放即可。

建议针对重点行业、重点工艺,制定导向性、可行性强的政策,严格执法、科学监管,对于推动塑料彩印复合软包装行业VOCs治理至关重要。

为此,提出如下具体政策建议:

(1)专项支持企业水性油墨、无溶剂复合等绿色材料、工艺、设备的研发和推广应用。

(2)制定涂料、油墨、胶粘剂、清洗剂等有机溶剂产品VOCs含量限值及强制性环保标准。

(3)制定科学、严格、客观、可行的VOCs排放标准,限期治理达标。

(4)建立绿色采购制度,设置定点采购准入门槛,对政府定点招标采购企业,强制要求使用低挥发性原辅材料。

(5)加强对VOCs排放监测、监控能力建设。

(6)建立健全VOCs管理体系,强化科技支撑与培训工作。

(7)出台奖励补贴政策,鼓励企业自动自行治理。

(8)推进实施VOCs治理自律公约。

(9)加强实施信息化公开与公众参与。

第七章　印刷装备及器材产业

印刷装备及器材产业是我国制造业的重要组成部分，是支撑印刷工业发展的基础和脊梁。在我国印刷产业发展过程中，20世纪80年代提出了"自动照排、电子分色、多色胶印、装订联动"十六字方针，20世纪90年代提出了"印前数字网络化、印刷多色高效化、印后多样自动化、器材高质系列化"二十八字方针，为推动我国印刷产业快速发展发挥了重要指导作用。这一时期，印刷产业的关键技术有了显著进步，制造能力大幅提高，质量品牌不断被市场认同，产品配套能力逐步提升，基本上可以围绕全产业链提供装备和配套器材，为印刷产业发展和建成印刷大国作出了不可磨灭的贡献。

当前，我国印刷装备及器材产业正处于发展转型的关键期，需要聚焦产业发展中面临的主要问题。一方面需要坚持立足印刷行业，深入研究分析印刷产业发展的实际情况、特殊性等个性化问题，另一方面需要充分融入到我国制造业发展的大背景、大的产业政策中，全面了解全球范围内制造业总的发展趋势，以及我国在全球制造业竞争格局中所处的位置和未来发展战略布局等共性问题。同时，需要客观分析国内印刷装备与器材的实际市场变迁与需求演进，与我国印刷装备与器材产业实际供给能力二者之间的偏差问题。

第一节　我国印刷装备产业

近年来，我国经济发展进入新常态，印刷装备及器材产业也进入增长速度不断下滑与产业结构调整阵痛交织阶段，普遍面临传统市场需求增速回落，生产及人工成本上升，人口红利效应下降，引进技术壁垒增高，技术竞争加剧，技术与产品生命周期缩短，技术交叉、融合、集成度提高，环保压力不断加大等多种发展压力。

在这种形势面前，我国印刷装备制造业不断改革，积极进取，使印刷装备及器材产业的结构得到进一步调整，产业集中度有所上升，自主创新有了新的突破，一批数字化、智能化、环保化的高端印刷装备及器材研发成功并推向市场，标志着我国高端印刷装备已实现了多项自主创新成果并完成产业链拓展、研发、批量生产所需的技术和工艺积累，这对于打破国外垄断，构成我国印刷装备完整的产品线体系，补齐高端装备短板，推动印刷工业结构调整和转型升级，提升效率、技术水平和产品质量，降低能源消耗，以及实现绿色发展都具有重要意义。特别是胶印设备、卫星式柔版印刷设备、环保型凹版印刷设备、印后设备、计算机直接制版（CTP）设备、胶印版材、柔性版版材及环保油墨等领域，技术进步明显，部分产品技术指标已达到或接近国际先进水平，已在国内外市场上占据了重要地位。同时，一些企业通过国际兼并收购，实现了对国外先进技术的消化、吸收和再创新，完成了由原来主要服务于国内中、低端市场的制造商向服务于国内、国际高端市场制造商的转型升级；一些企业从传统印机制造转向数字化、智能化印机制造；从生产型制造向服务型制造转变，开始关注产业价值链高端市场；实现从印刷设备制造商到提供印刷整体解决方案的服务商转变，满足个性化定制需求，拓展增值服务，并把云服务作为企业未来新的服务业态，有效提高企业核心竞争力。

在取得成绩的同时，我们也应看到多年制约行业发展的主要问题仍未从根本上解决。

1. 产品结构问题

结构不合理的问题仍未解决，中、低端设备生产能力过剩，高端设备尚存技术瓶颈，不能满足国内市场需求，依赖进口的状况仍未得到根本转变。在全球印刷装备产业价值链中处于中、低端水平。

2. 技术创新能力弱

企业自主创新能力弱，技术开发投入不足，这与我国印刷装备制造产业集中度低，以及其产品具有品种多、技术复杂、研发成本高、风险大的特点不无关系，我们在自主研发、系统配套，以及设备的稳定性、可靠性方面与国外存在差距，特别是高端装备中关键核心辅机、零部件、原材料发展滞后，国产印刷高端装备中的一些关键核心技术我们还没有掌握，高端装备主机国产化率有待提高，在这方面我们还要受制于人。

3. 产业基础比较薄弱

关键零部件、系统配套问题：基础加工装配、基础材料及外购配套件均是影响产品质量稳定性、可靠性的重要因素，而我们智能制造装备工具工装、检测设备少，标准低或缺少统一标准，导致加工装配精度不稳定，一致性差，与发达国家相比差距较大。

在这种形势下，技术集成度最高的胶印机产业由于全行业处于亏损而出现分化，书刊卷筒纸、报刊卷筒纸印刷机，四开、对开多色单张纸胶印机制造产业，除少数企业凭借其企业实力及其产品质量水平、性价比可与进口机抗衡外，多数企业处于举步维艰状态。而凹印机、柔印机、模切机、烫金机以及无线胶订设备、CTP制版设备由于性价比突出，整体水平虽与国际一流产品尚有差距，但无论质量还是稳定性上都可以满足市场的需求，因此在国内市场及国外市场一些有实力的企业都有很好的业绩。总之，胶印机虽处于被动发展局面，但仍有很多书刊、报刊企业积极选择的产品，为我国书报刊发展做出重要贡献。由于民族品牌的存在，在打破市场垄断、平抑市场价格方面仍发挥重要作用，而其他系列产品不但挡住大部分进口产品，而且出口至国外市场，并逐渐缩短与国外产品差距，这对振兴民族品牌，在印刷大国基础上进而实现印刷强国的战略目标无疑具有重要意义。

一、单张纸胶印机

胶印机按输纸方式分为单张纸胶印机和卷筒纸胶印机两种。多色高速胶印机是一种集机、电、气、液、激光、化学、网络等技术于一体，且结构复杂的精密机电产品，具有技术难度大、管理复杂程度高的特点，因此，多色高速胶印机某种程度上体现了一个国家尖端制造的实力和水平。多色高速印刷由于在印品质量、生产效率等方面有显著优势，是目前应用最为广泛的印刷方式，具有在许多领域不可取代的地位。

多色高速胶印机主要面向出版、商业和包装印刷三个领域。由于纸媒体印刷质量好、成本低、产量大、便携、易读、柔性等特点，未来仍然是主流的印刷技术，数码印刷及电子媒体与胶印工艺相比，更多地表现

为一种互补关系。

（一）发展现状

2015年全球印刷设备市场的规模为249亿美元。预计未来五年，全球印刷设备市场规模会以每年1%的速度增长。传统印刷设备中，卷筒胶印机、凹印机、丝印机和印前设备的销售将出现萎缩，数字印刷设备，特别是喷墨印刷设备销售的年平均增长率将会达到7.2%。单张胶印机的年销售总额将会保持在一个相对稳定的水平。

表7.1呈现了2010～2020年全球印刷设备市场预测数据。

由表7.1可以看出，2016年全球胶印机械市场总体规模约62亿美元，其中单张纸平版印刷机约53亿美元，占84%。国内的多色高速胶印机市场总量约80亿元人民币（不含二手机），其中进口机每年约65亿元人民币（10亿美金左右），国产多色高速胶印机约

表 7.1　2010～2020 年全球印刷设备市场预测（单位：亿美元）

印刷设备	2010 年	2014 年	2015 年	2010～2015 年平均增长率	2016 年	2020 年	2015～2020 年平均增长率
单张胶印机	61	53	53	−2.90%	53	53	0.20%
卷筒胶印机（热固）	9	5	5	−13.10%	5	4	−5%
卷筒胶印机（冷固）	10	5	4	−14.30%	4	3	−4.90%
凹印机	9	11	10	2.80%	10	9	−3.80%
柔印机	23	23	28	3.80%	27	27	−0.60%
丝印机	6	5	5	−6.70%	4	4	−2.80%
印前设备	16	10	10	−8.90%	9	8	−3.90%
印后加工设备	17	18	18	0.40%	18	18	0.80%
数字印刷设备	39	57	58	8.30%	65	73	4.60%
激光数码印刷机	18	24	24	5.70%	25	27	0.30%
喷墨印刷设备	21	33	34	10.50%	40	49	7.20%
全球印刷设备市场规模	229	244	249	0.00%	260	275	0.90%

15亿元人民币。尤其是"十二五"以来，进口和国产多色高速胶印机的销售情况分析表明：

（1）中国多色高速胶印机市场空间大，但被进口胶印机占据绝大部分市场份额；中低端市场基本由国产胶印机制造商占据，单台价格较低，销售金额仅有15亿元人民币左右，相对规模较小。

（2）从2011年起高端机进口的幅面结构也发生较大变化。大中幅面需求呈上升趋势，四开以下幅面需求呈下降趋势，并且四色以上的高端机进口数额增幅大于四色标准型。

（3）国产机的售价与进口机相比有较明显的价格优势。以对开规格为例，在日元和欧元大幅贬值的背景下，国产机售价仅为同等规格进口机的65%左右，对进口机价格有显著抑制作用，但需要在技术能级和质量的稳定性和可靠性方面进一步提升。

印刷工业已经进入数字、网络和信息技术以及多媒体技术为基础的数字时代，印刷工业也面临着产业结构调整和转型。

在数字技术改造传统印刷产业过程中，各种印刷工艺技术将各展所长，充分显示其特点和优势，印刷工艺将更丰富多彩。中国印刷工业总体上保持增长，结构更加多元化。在未来十年内，胶印在各类印刷工艺中仍将占有主流地位，凹印、柔印、网印、数字印刷等各类印刷工艺比重相对有所提高，特别是喷墨印刷设备的市场将会有大的增长。

（二）技术发展趋势

多色高速胶印机在未来较长时期内仍然是主流的印刷设备，智能化、数字化、网络化是多色高速胶印机发展的重要方向。多色高速胶印机将有以下主要发展趋势。

1. 向高速度、高效率、高精度、高自动化、数字化方向发展

胶印技术在保持其传统优势的高精度、高品质印刷基础上，进一步向更高生产效率和更高自动化程度方向发展。各种有助于减少印刷辅助时间和降低劳动强度的自动化技术将进一步提高，数字化流程在印刷全过程中的应用更加普遍和深入，更加强调面向各种印刷的系统解决方案。

2. 向高度智能化方向发展

在数字化和自动化的基础上，新一代平版印刷机将不断向智能化方向发展。实现高端多色平版印刷机"一键通"操作，印刷作业可以按照需要设定好参数和要求后，所有动作由机器完成。印刷作业时根据印刷品质量控制要求，利用各类传感器采集印刷机工作的各种信号，输入到中央控制计算机进行处理、分析和判断，并发出相应的控制、调节信号，印刷机实现自动调整、自主管理、自主故障诊断、故障修复乃至故障预测，平版印刷机被赋予了更多的人类的"智慧"，变得更加智能化。

3. 加速向网络化方向发展

网络印刷即"Web-to-Print"，是在网络服务器支持下，通过电子商务在线产生个性化的印刷文档，在线完成下订单、通知印刷、出货物流、结账等商业处理。网络印刷把数字内容与商业印刷用网络连接在一起，这种印刷营销与生产改变了传统印刷传播的价值链。名片、信封信纸、宣传资料，甚至书籍，顾客可直接网上阅览样本、制作文稿式样、校对、上传到印刷厂印制。网络印刷将会为未来印刷市场带来新的曙光。网络印

刷在印刷厂更多地是通过合版印刷方式来实现的，该方式可以很好地满足个性化、短版印刷需求，进一步降低印刷成本，增强市场竞争力。

4. 向可扩展和与其他印刷工艺结合方向发展

平版印刷机作为主流印刷装备，近年来在与其他印刷工艺结合方面表现出了旺盛的生命力。如平版印刷机和数码印刷、上光、模切以及印后加工生产设备相结合，可更好地满足市场的实际需求。

5. 向与信息化技术深度融合方向发展

印刷工业信息化是印刷产业未来的一个主要发展方向，其信息化主要包括以下三个层面。第一、印刷全产业链信息化。基于网络和移动互联，实现网络印刷以及集成化数据管理及信息共享功能，解决印刷生产资源优化配置能力缺乏、印刷生产和物流成本高等问题。第二、印刷全生产流程信息化。基于印刷作业的标准化，实现全生产流程设备自动调节的数据化和联机生产的无间隙化。如采用CIP3/CIP4标准，解决印刷联机生产乃至无人值守作业问题。第三、印刷经营管理信息化。实现印刷企业生产调度、经营管理和业务管理信息化，自动进行资源优化配置，提供管理效率，降低生产运营成本。

6. 绿色印刷将成为印刷业发展的必然趋势

各种环保技术，比如环保油墨、环保纸张、LED-UV、无酒精印刷、无水印刷、润版液循环使用、减少废张产生、合理使用油墨量、减少粉尘排放、减少噪声和节能等技术将在平版印刷机上得到广泛应用。

表7.2为国产单张纸、卷筒纸多色平版印

刷机技术现状及未来五年发展预测。

（三）技术上存在的主要问题

1. 胶印机发展面临的主要技术难题

表7.3列出了单张纸胶印机在基础结构技术、自动功能、加工制造和安装服务等方面共20多个关键技术难题，作为研发方向和技术路线调试图的确定依据。

2. 产业发展的其他制约因素

（1）高端装备需要一流的机械设计和工业设计、一流的制造与装配、一流的电气控制、一流的网络接口和接入能力等技术因素，需要拥有一支满足上述要求的多领域、专业化、高层次人才队伍。

长期以来，我国主要单张纸平版印刷机生产企业各自为战，缺乏协同，缺乏原始创新，缺乏基础研究，缺乏市场预测，信息化进程太慢。主要表现为同质化、低水平恶性竞争；在产品的标准化、模块化和专业化方面程度不够高，配套产业无法有效支持行业发展；企业体量普遍较小，经营举步维艰，无暇顾及和承担科研创新，更加缺乏基础研究；缺乏专业的市场预测人员和预测方法，发展带有很大的盲目性，应对市场变化能力严重不足；信息化技术在技术、市场、服务领域的应用不够等。以上都是制约单张纸多色平版印刷机产业发展的主要因素。

（2）竞争日益激烈的市场环境。近年来国产的单张纸多色平版印刷机虽然取得不小进步，特别是高端单张纸多色平版印刷机实现了从无到有，但仍处于幼苗期，许多问题亟需解决，尚需要大力培育，整个产业仍然十分脆弱。在欧元、日元大幅度贬值的大背景下，进口印刷机价格连续大幅下降，进口二手机泛滥成灾，使得国产机的价格优势不

表 7.2　国产单张纸、卷筒纸多色平版印刷机技术现状及未来五年发展预测

技术特征	2014 年		2020 年	
	对开幅面	全张幅面	对开幅面	全张幅面
最高印刷速度（单位：张 / 小时）	15000~18000	8000~12000	16000~18000	11000~13000
输纸精密度（单位：mm）	0.015~0.022	0.02~0.030	0.01~0.015	0.015~0.025
传纸精密度（单位：mm）	0.15~0.020	0.02~0.028	0.008~0.015	0.015~0.020
压印均匀性	< 10%	< 12%	<8%~9%	<8%~10%
压印稳定性	<0.04	<0.04	<0.025~0.035	<0.025~0.035
网点增大值	<20%	<20%	<15%~18%	<15%~18%
过版纸数量	50 张左右		20~30 张	
换版时间（4 色平均）	8~10min	10~15min	3~5min	8~12min
功能特征	2014 年		2020 年	
换版技术	快速版夹 / 半自动换版		全自动换版	
在线色彩扫描与反馈	离线 / 非实时		在线 / 实时	
数字化流程	CIP3/CIP4		创意、印前、印刷、印后、交付全流程数字化	
网络化	无		物联网 + 移动终端应用	
缺陷检测	无		在线印品缺陷检测	
烘干 / 光固	IR、UV		IR、HUV、LED–UV	
远程诊断与维护	初步具备		完全实现基于 Internet 的在线远程诊断与维护	
可变数据印刷	不具备		与数字印刷融合，实现在线可变数据印刷	

表 7.3　单张纸胶印机面临的主要技术难题

类别	主要技术	涉及的技术
基础结构技术	高速分离头	流体力学、薄膜状物体搬运
	负压变速输纸	变速机构、流体控制
	气动侧拉规	真空技术、薄膜状物体控制
	特殊的收纸牙排	流体力学、薄膜状物体控制
	共轭凸轮控制的摆动器	运动仿真、凸轮设计与加工
	高精度的滚筒轴承	轴承
	纸张变形控制及补偿	防扇形扩展、机械、电气控制
自动功能	云印刷管理系统	云技术、网络技术
	高速处理的控制系统	网络、计算机、检测技术
	智能的水墨平衡控制	物理、化学、人工智能
	墨量预置与色彩闭环控制	数字化工作流程、色彩管理、色彩扫描及在线反馈控制
	连线可变数据	数字印刷技术
	全自动换版技术	气动、传感
	压印和橡皮滚筒的自动清洗	
加工制造	墙板、基座、滚筒的加工	高精密机床、加工工艺
	滚筒齿轮的加工与检测	3级以上高精度齿轮加工与检测
	关键凸轮的加工	材料、热处理、加工工艺、设备
	关键弹簧的疲劳寿命	材料、热处理
	牙片和牙垫的寿命	材料、热处理
	装配对印品的影响控制	装配工艺
	装配对设备可靠性、耐久性影响	装配工艺
调试与安装服务	调试对设备和印品的影响	印刷调试的规范性、印刷工艺
	安装、服务对设备使用的影响	安装、服务的规范与标准

断削弱，生存环境不断恶化。

二、卷筒纸平版印刷机

卷筒纸平版印刷机，是一种采用胶印印刷方式，以卷筒纸为承印物的印刷设备。由于应用领域的不同，分为报纸、书刊和商业等几大类型；根据走纸方式不同，分为水平走纸的机组式印刷机和立式走纸的塔式印刷机；根据压印方式的不同，分为上下胶皮滚筒接触印刷的B—B式印刷机和若干色组共用压印滚筒的卫星式或半卫星式印刷机；根据印刷速度的不同，可分为高速印刷机和中低速印刷机等。

卷筒纸平版印刷机制造是一项集中了金属成型加工、热处理、钣金、橡胶业、自动化控制、气动业、工业化学、工业美学和光学等于一身的综合技术。卷筒纸胶印机由于印刷速度高、印刷适用范围广以及带有印后折页功能等特点，相对于单张纸胶印机具有生产效率高、加工工序少、省人工等明显优势。近年来，由于人工成本的逐年上升，越来越多的印刷厂纷纷扩大卷筒纸印刷机的使用范围，原来1万印~5万印的中短版印品大多使用单张纸印刷机印刷，现已普遍使用卷筒纸胶版印刷机来完成。同时，由于采用胶印技术，具有印刷质量高、制版成本低的特点，卷筒纸平版印刷机与同样采用连续走纸方式的柔性版和凹版印刷机和数字化印刷机相比，具有更广泛的市场前景。

多年以来，通过国内印刷制造企业的不断创新，卷筒纸胶版印刷机在印刷速度、自动化控制方式以及无轴驱动等新技术采用和水墨控制技术的应用等方面已经取得长足进步。现在，国产的中小型报纸印刷机和卷筒

纸书刊印刷机以性价比高、售后服务及时、能最大限度满足用户的特殊需求等优势占据了国内大部分市场。在商业印刷机方面，则从整机稳定印刷速度印刷质量、整机自动化程度、故障率等方面还与国外的先进水平存在较大的差距。

（一）发展现状

1. 国内外技术现状分析

在国际上，主要的卷筒纸印刷机供应商以德国的曼罗兰（MAN ROLAND）、高宝（KBA）、高斯国际（GOSS）为代表，日本的东京机械（TKS）、小森（KOMORI）、西研（SEIKEN）和瑞典的桑纳（SOLNA）等公司同样占有一部分市场。

多年以来，国外的卷筒纸平版印刷机制造产业以起步早、技术先进、自动化程度高在市场上占有很大优势，尤其是在20世纪末和21世纪初的几年，进口印刷机占领了大部分中国市场。在印刷速度方面，由于有些制造商采用了无缝胶皮技术、三圈轴承技术和高速折页技术等，最高印刷速度可达对开8万份/小时。另外，进口机在工艺过程中的数字化、智能化、集中化、规范化和快捷化程度方面相对国产印刷机也具备较大优势。近年来，受印刷行业市场的变化，同时国内在卷筒纸胶印机尤其是印报机的制造水平方面也得到提高，印刷速度达到7.5万份/小时，机器性能稳定性和自动化程度也大幅度提升，使国家的免税政策得到调整，从而挡住了进口势头。但目前为止，一些高端的卷筒纸商业印刷机仍然是进口机占有主导地位，这一原因的产生，首先是国内的生产制造商在金属材料、机械结构、零件加工、技术应用和总体制造能力方面还有一定差距。另外，卷

筒纸商业机所采用的张力控制系统、伺服驱动系统、墨色遥控装置、自动套印系统，燃气烘干装置、高端轴承等核心部件和配套装置国内还不能独立制造，大多依靠进口，使得整机成本与国外同行相比不具备明显优势。因此，国内的卷筒纸印刷机的现状是，中低端的书刊印刷机和中小型印报机等机型国产机具有较大的竞争优势，而国产设备在高端的商业印刷机制造领域还不能够形成市场规模。

2. 国内外市场现状分析

目前国外印刷机制造企业的市场竞争比较激烈。国产印刷机目前虽很难进入发达国家市场，但在东南亚、非洲及拉美地区，国产的印刷设备具备较强的市场竞争力。

（1）市场竞争环境不断变化，伴随着国产设备在性能指标方面的稳步提升，进口设备的总量受到较大缩减。有些国外的制造商也调整了竞争方式，采取压低价格、国内建厂、合资生产等手段占领市场份额。国内印刷机制造业在技术储备、机械结构和产品性能质量等各方面不占有优势，因此，国产设备除了需要价格和售后服务等方面的优势外，还需不断地提升产品整体性能和制造质量，才能进一步扩大竞争优势，从而提高市场占有率。

（2）客户的需求更加多样化和个性化。如随着人们的成本意识越来越强，卷筒纸印刷机的规格发生着潜移默化的变化。在裁切长度方面，卷筒纸印刷机原来大多采用正度550（546）、大度630等尺寸规格。但从成书尺寸来看，正度16开为185×260，大度16开为210×297，32开书为148×210，无用部分需要进行裁边。为尽量减少裁边尺寸，国内外供应商在规格方面开动脑筋，在裁切规格方面推出了542、624（625）等裁切尺寸的机型，同时为满足用户的个性化需求，还有508、578、598等不同规格的机型。裁边长度的缩减，一台机器每年可为用户减少几十万甚至上百万的纸张费用，大幅度降低了印刷企业的成本。另外，产品的配置也呈现多样化、个性化的形式，如有用户选用双折页印刷机，可用于半幅纸张的分别出帖，可代替后序的手工分帖，减少工序和人工成本，也可以提高生产效率。

（3）产品性能的提高更加围绕用户的实际需求。除印刷速度和成品质量外，进一步减少辅助时间和降低开机废纸率，也是检验卷筒纸胶版印刷机性能的一个重要指标。减少废纸率的一个关键条件是，开机后机器能否迅速达到水墨平衡，并在套准精度、墨色均匀性等方面达到合格品的要求。所以，在机器控制方式、可操控性和新技术应用等方面的技术提升至关重要。有些用户，宁愿适当地增加购机成本，也要实现更完善的整机功能。如近年来在报纸和书刊印刷机上普遍采用的伺服电机无轴驱动方式的应用，可使各机组同时进行装版及油墨清洗等印前准备工作，大大提高工作效率。在墨色遥控系统中采用CIP3/CIP4接口，可通过工业以太网将制版信息输入印刷机的控制系统，实现墨色预置，可使墨色迅速调整到位。自动套印系统以及喷水润湿装置的应用，对缩减印刷开机准备时间、提高生产效率和减少纸张油墨的浪费具有明显的效果。

（4）随着印刷行业用户需求的变化，原来卷筒纸印刷机的功能不断扩展，适用范围不断提高，也使卷筒纸胶印机的分类界线越来越模糊。如卷筒纸报纸印刷机，常规配置是只出8开，现很多用户购机时要求在折页部分增加16开和32开功能，这样，一台机器除具备报纸印刷的功能外，还可用于彩色书刊杂志的印刷。而卷筒纸书刊印刷机，在进行了墨路改造和增加了烘干冷却等装置后，也可用于商业或半商业印品的印刷。另外，有些机型在纸路上增加分切装置及翻转杠等，可使折页开本除具备8开、16开、32开的开本功能外，还可出12开、24开、64开的折帖。用户的多样化需求，催生了许多新的功能，也相应提高了行业的竞争优势。

总之，随着时代的发展，国产卷筒纸胶版印刷机在印刷速度、印刷质量、自动化程度等方面不断提高，在人性化、个性化和可操控性方面也在不断完善，为市场巩固和提升打下了坚实基础。

（二）技术发展趋势

1. 国内外市场需求分析

随着时代发展，数字化、网络化和智能化已成为印刷工业的发展趋势。整个印刷行业，正在构造一种全新的生产环境和技术基础。"云印刷"方式方兴未艾。印刷行业利用互联网的云服务模式，实现印刷的在线设计、自主报价、自主下单、快速生产等业务。"云印刷"商业模式伴随着"云计算"时代给印刷行业带来新的变革。

云印刷的主要特点是网络接单+合版印刷，是IT和印刷设备的有机结合。在这种环境下，印刷厂所承担的业务也趋向于短版活增加；印刷品种多样化和个性化程度增高。因此，对印刷设备的多样性和灵活性以及数字化、网络化和智能化的要求更高。

可以预计，今后十年，新闻出版印刷及商业印刷将是卷筒胶印、单张胶印以及数码印刷等多种方式共存，而分工越来越趋于精细化的形势。而包装行业也是胶印、柔印、凹印、丝网印刷等各得其所的局面。

2. 国内外技术发展趋势

进一步巩固卷筒纸胶印机在市场上的占有率，提高卷筒纸胶印刷机的生产效率，提高在高速印刷条件下的性能稳定性和可操控性，减少劳动强度和印刷生产成本，将是相当长一段时间的发展趋势和努力目标。随着印刷产业向数字化、网络化、智能化方向和绿色环保方面的发展，卷筒纸印刷机产业也将以此为重点，确立自己的发展方向。预计卷筒纸胶版印刷机的发展趋势如下：

（1）工艺过程向数字化、网络化和智能化发展。随着互联网技术的提升以及CTP制版方式的普遍使用，印刷机所使用的图文信息已经实现数字化模式。而利用互联网的云计算平台，信息的传输也在逐步实现网络化。这就要求印刷设备在信息共享和信息输入方式上进行变革，以适应这种趋势，整机控制方式由原来的经验管理模式向数字化方向进行转变，并通过联网实现与前后工序的信息共享，实现制版、物料准备、印刷、成品打包搬运、印后处理等工序的一体化解决方案，使产品的智能化水平得以提升。

（2）操作调节向智能化、规范化、集中化方向发展。随着科学技术的不断提升，卷筒纸印刷机的调节更加智能化。CIP3/CIP4接口和工业以太网技术为前提的墨色预置功能和基于互联网技术的远程故障诊断功能，通过信息传输实现常规控制外的印刷张力预置、自动穿纸路线预置、墨色套准预置、折页机方式预置等，可以最大限度地满足卷筒纸印刷机自动化控制要求。以数字化为基础的印刷生产管理，将会最大限度地降低人工干预因素，实现管理的规范化。而网络技术的应用，将会使原先的单机管理集中到中央控制台统一管理，最大限度地发挥设备的性能。

（3）向适用范围不断扩展方向发展。卷筒纸胶印刷机，由于采用连续走纸印刷方式，印品长度受印刷滚筒周长制约，成品尺寸单一。今后的发展方向，将逐步突破这一瓶颈，通过更换不同直径尺寸的滚筒，达到成品规格可变的需求。这样，卷筒纸印刷机的适用范围就可以向包装、票据、标签等领域扩展。而与喷墨打印方式相组合，则可在传统印刷的基础上溶入可变数据印刷，实现产品的个性化和多样化。

（4）向绿色印刷方向发展。为加快实施绿色印刷战略，2010年开始，国家提出实施推行绿色印刷战略，对印刷行业实行环境标志认证（十环认证）。没有绿色环境标准的企业，将没有资格再印制中小学教材和参与政府采购的项目。印刷行业的主攻方向和格局也随之发生微妙的变化。

目前，环保无有害气体排放的EB油墨印刷方式在国外的胶印设备上逐渐被采用，其环保性可使胶印方式打入食品包装领域。EB为高能加速电子束能量固化的一种能量形式，耗能仅相当于UV干燥的15%，基本不产生有机挥发物。这种方式由于种种条件的限制，在国内还没有形成规模市场，随着技术的成熟和油墨成本的降低，在卷筒纸印刷机上应用将会是一个很好的发展方向。

3. 卷筒纸胶版印刷机产业的发展目标

（1）以数字化、网络化和智能化为依托提高产业的整体技术水平。目前国产卷筒纸胶版印刷机在技术水平方面与国际先进水平还有一定差距，在今后10年，在产品开发和生产制造环节要持续改进，稳步提高，在机械性能和自动化程度方面达到或接近同类机型的国际水平。

数字化、网络化和智能化技术的应用，可降低对人的依赖，提高产品的一致性和准确性，使产品质量管理更加规范化。因此，开发数字化流程的高速、高自动化程度的卷筒纸胶版印刷机，除能满足用户的需求外，对产业整体水平的提升也具有重要意义。

（2）以绿色环保为宗旨提升产品的人性化程度。开发绿色环保型卷筒纸胶印机，减少重金属、芳香羟、VOCs等有毒有害物质在印品上的残留和对环境的污染，也是今后的一个重要目标。今后印刷机的发展目标，在做到低噪声、低能耗的同时，在无害清洗、VOCs回收和使用新型油墨等方面也要有所作为。

（3）实现卷筒纸胶印机目标的要素分析。

实现卷筒纸胶印机目标的要素分析（按要素重要程度依次排序）如下：

① 提高产品的设计理念，推进设计过程的标准化和规范化，加大平台型产品研发力度，保障机构的先进性、合理性和稳定性。

② 提高产品的制造水平和工艺保障能力，保证零件和整机制造加工的整体水平。

③ 提高产品的人性化程度，缩短辅助时间，降低劳动强度。

④ 完善产业分工和功能模块的开发力度，促使行业和相关配套产业健康有序发展。

⑤ 加强互联网和云技术应用，推动行业运行模式转换。

⑥ 联合上下游协同发展，融合各种新工艺、新技术，满足个性化需要。

⑦ 应用环保技术，降低噪声，降低能耗，降低有害物质排放。

⑧ 建立科学服务体系，提高售后服务的及时性和准确性。

（三）技术上存在的主要问题

（1）面临的主要技术难题。卷筒纸胶印刷机由放卷及张力控制、印刷机组、折页机组、烘干装置、冷却装置、上光装置、高速堆积打捆装置、操作系统、驱动系统等功能模块构成，产品的基础结构技术、加工制造技术、自动化功能技术共分为20多个技术难点，作为研发方向和技术路线图的确立依据具体内容参考表7.3。

（2）人才结构对产业发展的制约因素。卷筒纸胶印机制造技术是一项专业性较强，并涉及多领域、多学科的综合技术，不同于通用机械类产品，其领域专业性较强，从业人员和受众群也比较单一。为适应企业转型的需求，需要对人员结构进行优化，还要大力引进或培养一批既掌握信息技术，又熟悉机械制造的复合型人才。

（3）基础工程研究对产业发展的制约因素。目前，卷筒纸胶印刷机所用的电气、气动、高端轴承、特种材料等基础元器件产业在国内有些还是空白，有些发展水平与国际先进水平具有很大差距，严重制约产业水平的发展。一些专业性较强的基础配套模块，如烘干、清洗、环保处理等装置，在国内也是空白或刚刚起步，达不到产业化的程度。这样，国产设备在核心技术掌握和制造成本

方面形不成优势，在激烈的市场竞争中处于被动。

三、凹版印刷机

凹版印刷主要用于包装印刷以及特种印刷（木纹装饰、皮革材料等）领域。凹版印刷以其印刷速度快、印刷幅面宽、墨层厚实、网点再现性好、层次丰富、颜色鲜艳、印版辊耐印率高、印品质量稳定、有一定防伪性等一系列独特优势，在包装印刷及图文出版领域占据极其重要的地位，已成为仅次于平版印刷的第二大印刷方式，在软包装印刷领域占据绝对主导地位。

（一）发展现状

凹版印刷主要用于食品、饮料、医药、日用品、化妆品、家电、烟酒、化工、装饰装潢等行业塑料、纸张、复合材料类软质包装材料的印刷。随着国民经济的持续快速发展，商品对包装的需求越来越大，质量要求越来越高，尤其是食品和医药的软包装，对承印材料和印制工艺以及包装全过程的环保、质量安全等方面提出了更高的标准。因此，顺应"低碳环保"和"绿色包装"要求，具有环保节能特性的高速凹版印刷机有着良好的市场前景。

国际上凹版印刷机生产领域技术较先进的有德国、意大利、日本等国家。国外先进机型印速最常见的是300～400m/min（最高可达600～1000m/min），幅宽1000～1500 mm，均采用无轴传动的机组式结构。从整体上讲，在整机结构、自动化控制水平以及满足环保、安全、节能、人性化等方面高于国产设备水平。

经过不断的努力与技术创新，国产凹

版印刷机研发制造技术亦获得了全面进步：设备从以适应软包装印刷为主发展到适应装饰纸、厚纸张印刷以及纸塑两用印刷；产品印刷幅宽从700~1250mm扩展到1500~2500mm，适用各种承印材料（薄膜、纸张、复合材料等软质材料）；印刷速度从120~200m/min发展到目前的最高印刷速度300~400m/min，印刷色组最多达15色，产品功能不断完善，自动化程度不断提高。

（二）技术发展趋势

随着包装印刷的发展以及对印品质量要求的进一步提高，市场对凹版印刷设备提出了更高的要求。总体来看，高速、多色、智能化、联动化、环保节能宽幅卷筒料机组式凹版印刷机已成为国际凹版印刷机的发展趋势。

1. 多品种、多功能

根据市场需要形成多品种凹版印刷机，如兼容机、双收双放机型、印刷复合联线设备等。多功能印刷机，如纸、塑兼容印刷机，纸、铝箔兼容印刷机，纸、塑、铝箔兼容印刷机；双收双放多色机组式凹版印刷机，可任意组合成一台或两台独立使用的机组式凹版印刷机；印刷复合联线设备，既可作为凹印机单独使用，又可作为干式复合机单独使用，还可以两种机型同时使用。

凹印机与其他辅助装置联机实现多种可切换的功能，如印刷涂布联线、印刷复合联线、印刷模切联线等。随着数码印刷技术的发展，数码印刷与传统的凹印设备联机成为可能。

2. 节能环保

适应环保型油墨印刷要求的环保节能型多色凹版印刷机，是国际凹版印刷设备的发展趋势。新型干燥方式、对残留溶剂控制、噪声控制、节能模块、LEL（最低爆炸浓度）控制、VOCs处理与应用等一系列环保节能安全方面的新技术、新装置会越来越多地应用在国产凹版印刷机上。

3. 自动化、智能化、网络化

中高端凹版印刷机会配置远程诊断系统、语音控制系统、在线品质检测系统、生产管理系统以及辅助作业的工业机器人等智能化、自动化新技术系统。通过应用马达、编码器及数字控制（NC）、运动负载控制，采用PLC、PCC等高精度控制器来完成机构运动高精度化。具有高科技特征的功能模块，如"抽屉式封闭印刷单元""印品在线检测""张力摆辊轴""平衡式收放料单元""定期润滑导轨支承""高效节能烘箱""整机封闭机型"，应用无轴传动技术、微波干燥技术等。

依托智能控制技术的发展，以凹版印刷机为核心集合印前、印后装备技术为包装印刷企业提供一体化技术解决方案也是高速凹版印刷机未来发展的重要趋势。

基于现代互联网技术的大数据云服务平台将会在凹印装备上得到成熟应用，以此改变传统的技术支持与售后服务模式甚至企业的经营模式。

（三）技术上存在的主要问题

国内缺乏相关的理论研究基础，设备整体性能仍然与发达国家存在一定的差距，主要性能指标对比如表7.4所示。

四、柔版印刷机

在包装印刷技术中，由于柔性版印刷的承印载体广泛，能满足各类用户对包装印刷品的要求，高速、高精度、高成品率是柔性

表 7.4　凹印机主要性能指标对比

对比项目	国内水平	国际先进水平
印刷速度	常规：180～300 m/min 最高：400 m/min	常规：250～400 m/min 最高：800～1000 m/min
印刷幅宽	1000～2000 mm 最大：2500 mm（纸张）	1000～2000 mm 最大：2500 mm（纸张）
印刷色组	13色（根据用户需要选）	13色（根据用户需要选）
套印精度	≤±0.05mm	≤±0.05mm
印刷适应性	BOPP、PET、PE、PVC 以及纸张等软质卷筒料材料；满足具有环保特性的脂溶性或醇溶性油墨的印刷	BOPP、PET、PE、PVC、纸张以及其他复合材料等软质卷筒料材料。满足具有环保特性的脂溶性、醇溶性油墨以及水性油墨（在纸张方面）的印刷
驱动方式	机械轴传动为主；电子轴驱动在中高端机型上逐步应用	电子轴驱动全面应用
结构特点	采用全自动上下卷装置、墨槽一键复位装置、刮刀一键复位装置、套筒式胶辊、快换刮刀、上墨小车以及版辊在线清洗装置、封闭刮刀、"零速对接"机构、ESA 装置、新型裁刀等	设备具有多种可切换组合的功能，如印刷涂布连线，印刷复合连线，印刷、模切、横切、压痕连线等；采用封闭刮刀、胶辊快速更换装置、凹印小推车、套筒式压印滚筒、抽屉式封闭印刷单元、平衡式收放料单元、定期润滑导轨支承等新机构新装置
控制特点	采用国产数字电气控制系统、数字化张力控制技术，配备远程诊断与技术支持系统、印刷生产管理系统及语言控制等；采用基于现代互联网技术的云服务平台	除一般常规控制技术之外，配备在线品质检测系统、机器故障自诊断系统、料膜状态电气控制的自适应系统、生产管理系统以及辅助作业的工业机器人等一系列新技术、新装置；成熟应用基于现代互联网技术的云服务平台
环保节能技术	新型热泵加热技术、基于 LEL 的全自动干燥系统、VOCs 回收装置等	整机采用更利于环保的封闭机型，采用高效节能烘箱、微波干燥技术等新型加热方式、残留溶剂控制、LEL（最低爆炸浓度）控制、VOCs 处理与应用等最新技术
安全技术	应用了二氧化碳灭火、电器柜防爆、风道风压检测、设备安全防护等一系列符合 CE 认证要求的安全技术	产品完全符合 CE 认证的要求
噪音控制	≤85dB	高于国产设备标准
可靠性与稳定性	较好	很好

版印刷设备制造业一直追求的目标，近年来，随着"发展低碳经济"新思路的提出及人们对"绿色环保安全"意识的增强，节能、绿色环保、安全已成为印刷设备的重要考虑因素和新的追求目标。

柔性版印刷设备制造业的产业目标主要包括提高设备的稳定性、可靠性及运行效率；降低能耗；提高产品设计与制造能力和水平；完善服务体系，提高产业人员素质；提高工艺过程的自动化、智能化水平；缩短辅助时间，降低劳动强度；提高配套产品、装置的同步发展；提高行业设备的标准化程度。

对于卫星式柔性版印刷机，其产业目标是2015年高速宽幅卫星式柔性版印机的主要设备综合性能接近或达到21世纪初的国际先进水平，部分设备达到现在的国际先进水平；2020年达到现在的国际先进水平、主要设备达到当时的国际先进水平；2020年国产高速宽幅卫星式柔性版印机国内市场占有率达到65%。

对于机组式柔性版印刷机，2015年机组式柔性版印机的主要设备综合性能接近或达到21世纪初的国际先进水平，部分设备达到现在的国际先进水平；2020年达到现在的国际先进水平、主要设备达到当时的国际先进水平；2020年国产机组式柔性版印机国内市场占有率达到95%。

（一）发展现状

柔性版印刷是世界范围内增长速度最快的一种印刷方式。在欧洲，柔性版印刷占包装印刷市场的50%～60%；在美国，柔性版印刷占包装印刷市场的70%～80%，与人们生活密切相关的日用品的包装几乎全部采用柔性版方式印刷，所有报刊、商业广告均采用柔性版方式印刷，柔性版印刷装机量已达8000台左右，美国已成为世界上使用柔性版印刷机最多的国家，成为世界柔性版印刷发展的中心。目前，国际上柔性版印刷机生产领域技术领先国家有德国、意大利、西班牙等。

1. 国内发展缓慢

柔性版印刷方式在国内发展已有30年的历史，但由于传统观念、设备制造以及印刷工艺技术等方面因素的影响，柔性版印刷方式在国内发展很慢。近年来，随着国家推出一系列环保政策，柔性版印刷得以快速发展。目前，我国已能生产印刷速度在300m/min、幅宽在2200mm的多色柔印机。但是，与国际先进水平相比，国产柔印机差距主要体现在以下四个方面。

（1）速度低，效率低。国内目前生产的卫星式柔性版印刷机最高速度能够达到300m/min，国际最高速度已达到1000m/min。

（2）自动化及智能化程度差。国际高端设备显著特点是自动化、智能化程度高，国内限于设计水平和成本因素等，自动化和智能化方面差距较大。

（3）稳定性差。国际先进设备制造精细，稳定性好，国内设备故障率高，维修频率高，影响正常生产。

（4）可操作性及人性化差。国内设备较少考虑人员的操作性，许多设计不符合人体工程学，极少考虑安全性和操作人员健康性。

2. 印刷质量与胶印、凹印比还有差距

由于审美标准的不同，中国客户用胶印、凹印的质量标准来要求柔印，而欧美对一次性包装物的印刷质量并不要求与胶印质量比较，因此在欧美能接受的柔版印刷的质量反而在中国不被接受。

3. 成本高于胶印和凹印

只有在足够大的批量下成本才能为一般客户接受，因此柔性版的推进还有一定过程。但由于环保的要求，柔性版有很大的市场发展空间。

总体来看，柔性版印刷机在引进设备的基础上，通过消化吸收、仿制和自主开发，已取得了很大进步，但由于国内缺乏相关的理论研究基础，设备整体性能仍然与发达国家存在一定的差距。

（二）技术发展趋势

依据目前消费者对产品包装的质量要求，各国法规政策对环保要求以及市场需求现状，分析预测柔性版印刷行业的发展趋势如下。

1. 绿色环保的要求将促进柔印的发展

随着各国对环保问题的重视和人们环保意识的增强，这种"绿色印刷"会更加环保，主要体现在以下两方面。

（1）印刷耗材的绿色化：柔版印刷采用水溶性油墨和醇溶性油墨，满足食品、药品、烟酒、化妆品等商品包装要求，符合环保要求；柔版印刷采用短墨路系统和封闭式双刮墨刀输墨系统，保证了清洁生产，适合无毒、无污染的绿色包装，有利于食品药品包装安全。

（2）生产产品绿色化：柔性版印刷产品没有溶剂残留，生产过程无溶剂排放，符合国家对溶剂残留量及排放量强制性标准，产品属绿色产品。

2. 多功能、高性能、低成本的自动化智能型产品是未来柔版印刷市场的发展方向

随着数字化进程发展，广泛应用计算机技术、网络技术、数控技术和智能元器件，提高柔印设备的自动化、智能化水平，以降低设备的人工成本和体力劳动强度，实现包括柔印的印刷衔接联线化是未来柔印市场的发展方向。

（三）技术上存在的主要问题

总体来看，柔性版印刷机在引进设备的基础上，通过消化吸收、仿制和自主开发，已取得了很大进步，但由于国内缺乏相关的理论研究基础，设备整体性能仍然与发达国家存在一定的差距。主要性能指标对比如表7.5所示。

1. 关键技术

概括来讲，影响柔性版印刷设备发展的关键技术包括制造技术方面、控制技术方面和配套技术方面。

（1）关键制造技术方面。国产设备制造技术不足造成柔性版印刷设备精度及可靠性与国际先进设备差距较大。目前，国产卫星式柔性版印刷机制造的最大瓶颈是中心滚筒制造技术、套筒式网纹辊制造技术、套筒式印版辊制造技术、印版过桥套筒制造技术以及无接缝印版的制造技术，涉及此类技术的产品全部依赖进口，这些因素使得国产设备不仅成本高昂而且极大地制约了国产卫星式柔性版印刷机的发展。

（2）控制技术方面。目前国产柔性版印刷机采用自动控制技术，但整套控制装置硬件几乎全部国外进口，造成国产设备利润很低。

（3）配套技术方面。国内柔性版印刷配套技术的不足（版材、油墨、操作水平等）制约了柔性版印刷技术的推广。目前国内使用的高品质的版材几乎全部来自进口，使用

表 7.5　国内外柔性版印刷机主要性能指标对比表

对比项目	国内水平	国际先进水平
适印范围	广泛应用于报纸印刷和食品、化妆品、肠衣、药品等包装用薄膜、纸张（纸板）、镀铝膜等承印材料，对于很薄的薄膜，印刷优势更明显	广泛应用于报纸印刷和食品、化妆品、肠衣、药品等包装用薄膜、镀铝膜、纸张、复合材料等软质卷筒料的印刷；对厚度很薄的软质材料的印刷具有独特的优势
印刷色组	8 ~ 10 色（根据用户需要色组可选）	一般在 8 ~ 10 色（最多可达到 12 色）
印刷速度	350 ~ 400 m/min（根据订单可选择）	一般在 300 ~ 600m/min
印刷幅宽	1050 ~ 2000mm（根据用户需要幅宽可选）	1050 ~ 2000mm（个别厂家也有接近 3m 的）
套印精度	≤ ±0.1mm	≤ ±0.1mm
干燥方式	电加热或蒸汽加热	电加热或蒸汽加热
主要结构及控制特点	采用套筒式印版滚筒和网纹辊结构、快速换版装置、全封闭式双刮刀输墨系统、不停机换卷装置、新型热风干燥系统等新机构和新装置。印刷单元采用全伺服无轴控制系统、整机采用新型低张力控制系统。整机采用模块化、智能化控制管理系统	采用无齿轮传动技术、套筒技术，并且强调不停机更换和人性化操作理念，实现了印版滚筒的纵、横向自动套印，调整时间短，耗材少；先进机型配有自动化较高的在线印版辊、网纹辊清洗系统，并应用远程诊断和远程控制技术。柔印机的智能化控制程度、稳定性和可靠性等方面也都远远高于国产设备

的油墨价格比凹印油墨价格高出一倍，而国外版材、油墨、制版价格等相对其他印刷形式成本较低。

2. 关键技术难点分析

根据未来的市场需求，结合柔性版印刷机技术现状和发展方向，发展高速柔性版印刷机需要解决的主要技术难点如表7.6所示。

五、模切烫金机

模切压痕是印后加工的一项重要生产工艺，主要用于对各类印刷品表面的整饰加工。

（一）发展现状

我国模切机产品的技术和产业化已经达到较高的水平，主要表现在以下几个方面：一是模切机的进口额下降，出口额在不断提

高；二是模切机的品种基本满足国内印刷包装业的生产需求；三是产业规模迅速增长，制造全自动和半自动模切机的企业已经达到数十家。

与世界先进机型相比，国产产品还有较大差距，主要表现在以下几个方面。

1. 速度和精度水平尚有差距，但水平差距日益缩小

作为模切机行业的领头羊，瑞士BOBST公司早在2004就推出了最高速度为12000张/小时的自动全清废模切机，欧洲和日本的主流模切设备时速都在9000张/小时，模切精度通常为±0.06mm；在烫印设备产品方面，国外产品的的最高速度为8000张/小时，烫印精度通常为±0.05 ~ ±0.15mm。相比而言，国

表 7.6　发展高速柔性版印刷机需要解决的主要技术难点

类别	主要技术	涉及的技术
基础结构技术	放料难点技术	不停机换卷装置技术
		高速不停机对接技术
	输墨技术	刮刀自动调节及数据记忆、复位技术
		油墨黏度自动控制系统技术
		印刷过程中封闭式量化输墨系统技术
		印刷过程中油墨色相自动控制系统技术
	压印技术	套筒胶辊技术
		新型套筒式印版滚筒和网纹辊技术
		印刷压力自动调节技术
	干燥技术	烘箱结构优化及温度均匀度技术
		新型节能热风干燥系统技术
	走料系统技术	料膜静电消除技术
		料膜除尘技术
控制技术	张力系统	高精度张力系统的开发
	套准技术	高速套准系统（光电眼）开发
	驱动技术	数字传动（直接驱动）技术的开发
	质量控制技术	在线检测装置开发
	设备远程监控技术	设备远程在线监控技术
		远程网络故障报警、故障诊断技术（云服务）
		基于大数据的云网络查询、培训技术
加工技术	制造技术	中心压印滚筒制造技术（国产化）
		套筒式印版辊制造技术
		套筒式网纹辊制造技术
		新型导辊材料的研究（如碳纤维）
		工艺装备能力的提升
		关键零部件检测手段与方法的改进
		整机装配工艺的规范以及产品的一致性
		整机装配方式与检测手段的改善

产自动平压平模切机最高速度为8500张/小时，精度在±0.075mm，烫金机最高速度为6000张/小时，精度在±0.10～±0.30mm之间，仍处于中档水平。

2. 稳定性有待提高

国产模切烫印设备，受国内机械基础行业制约，如材料、热处理工艺、机加工、检验手段等条件，使零部件的精度离散化大，批令与批令之间甚至同个批令内产品间的质量都不一样，造成出厂的产品稳定性差。另一方面，产品的耐用性相对于进口高档模切烫印设备来说还有不小的差距，主要表现在套准精度在使用一段时间后会发生变化。

2006年国产首台套机组式模切烫印机开发成功并推向市场，该设备属于国际首创机型，整体技术水平达到了国际先进水平。

3. 自动化水平有待进一步提高

印后设备自动化水平已经提高，但活件的更换还需要手工调整和操作，影响了生产效率的进一步提高。

由于模切烫印设备结构的特殊性，其关键技术与其他印刷包装机械有较大的区别。制约和影响国产模切烫印产品精度和速度的关键技术是未来一段时间需要加强研究的方向。牙排的间歇运动驱动机构、共轭凸轮驱动活动平台机构、光电前规侧规定位装置、定位技术、在线检测功能、烫印控制系统等关键技术值得深入研究。

（二）技术发展趋势

模切烫金技术正向着高速度、高精度、自动化、联机化、智能化和数字化方向发展，同时，多功能化也在不断完善，将模切烫金与数字化技术放在一起进行，也是未来模切烫金技术的发展方向之一。

1. 组合印刷模切技术

将模切机组或装置与印刷、烫印、压纹等生产工艺组合在一起进行生产，其特点是速度快，精确度高，可以大大提高生产效率，自动化程度比较高。组合印刷模切还包括联机印刷模切、卷筒纸模切和柔性版印刷模切等。

组合印刷模切将模压机构和印刷机连成一条自动生产线，由四个主要部分组成，即进料部分、印刷部分、模切部分、送出部分等。进料部分间歇地将纸板输入到印刷部分，可根据不同的用料形式、尺寸、种类等方便、准确地进行调整。印刷部分可由4～8色印刷单元组成，可采用凹版、胶版、柔性版等不同方法。这部分具有较先进的印刷功能，并配备有各自的自动干燥系统。模切部分可以是平压模压机，也可以是圆压模压机，且都备有清废装置，可自动排除模切后产生的边角废料。输送部分是将模压加工完成后的产品收集整理并送出，从而保证进料部分、印刷部分和模切部分能够顺利地实现高速连续化作业。

2. 数字模切烫金技术

在数码印刷渐入佳境的同时，模切烫金也跨入了数字化领域，采用计算机技术、数字技术、微电子技术、无轴传动等高新技术，由印前系统的图文数据直接控制切割头，对印张进行模切烫金。数字模切烫金分模切和烫金两部分进行，数字模切采用的切割有两种形式，一种是激光蚀刻，一种是机械式雕刻头模切。数字模切技术不需要模切版，不存在模切工具的磨损；模切速度快，操作简便；材料浪费极少；确保了印刷到模切的精确套准。图文数据控制激光或雕刻头的走向和能量强度（深度），可实现不同形状和不同深度的模切。数字模切的应用主要集中在标签和少量的纸品（纸盒）打样、印刷方面。数字烫金技术采用多层烫金膜工艺、热熔胶技术和压敏胶技术完成印品的烫金工艺，模切方面采用数字模切技术完成。

3. 模切烫金技术智能化、网络化、数字化

模切烫金技术在与网络技术、信息技术、智能控制技术、新技术、新工艺结合后，出现了一些新的发展趋势。

（1）向高度智能化方向发展。智能化程度在未来比现在更为发达，模切烫金作业可以按照需要设定好参数和要求后，所有动作全部由机器完成，印刷模切烫金作业时根据产品质量控制要求，利用各类传感器可以采集到机械工作的各种信号，输入到中央控制计算机进行处理、分析和判断，并发出相应的控制、调节信号，模切烫金机实现自动调整、自主管理、自主故障诊断、故障修复乃至故障预测，变得更加智能化。

（2）向网络化方向发展。在网络服务器支持下，通过电子商务在线产生个性化的产品文档，在线完成下订单、印刷模切、出货物流、结账等商业处理。

（3）向与数字信息化技术深度融合方向发展。印刷工业信息化是印刷产业未来的一个主要发展方向，作为包装印刷印后加工的一个重要环节，模切烫金信息化必然是模切烫金设备的一个发展方向。

（三）技术上存在的主要问题

表7.7分基础结构技术、自动功能、加工制造和装配等四个方面分析存在的主要技术难点，作为模切研发方向和技术路线图的确立依据。

六、胶装联动线

无线胶装所用设备主要有胶装单机和胶装联动线。经过30多年的发展，我国无线胶装设备取得了长足的进步和发展，无线胶装工艺从简单的无线胶装单机发展到当今复杂的无线胶装联动线，已成为书籍平装的主要设备，伴随着数码印刷技术的快速发展，对应的数码胶装解决方案需求也越来越强烈，成为无线胶装发展的一个新方向。

（一）发展现状

（1）胶装联动发展到今天大致经历了四代，从简单胶订装置到无线胶订联动线，主要涉及自动化技术、无轴传动技术、伺服控制技术、检测技术、变频调速控制技术、可编程控制技术、温度控制技术等，机器的自动化程度越来越高，灵活性越来越大，操作也越来越简单。国内胶装联动线技术起步较晚，但发展迅速，据不完全统计，目前我国已有各种无线胶装联动线1500余条，主要占据我国大部分图书装订市场。

整体来看，国内胶装联动线技术发展很快，主要技术指标达到国际同类产品的先进水平，胶装速度已达到12000册/小时，已批量投放市场，使用情况良好。但在智能化、数字化上以及功能上与国际先进水平还有一定差距。

（2）数码胶装解决方案主要包括书芯加工成型系统和数码胶装生产线。书芯加工成型系统主要是纸张在数码印刷机印刷完成后的折页、裁切、堆积等过程，书芯加工成型后进入数码胶装生产线，形成最终成品。在数字印刷发展初期，其主要应用于"超小批量"，从几本到几十本，多则数百本，印后处理主要依赖于手工或传统的印后设备。现

表 7.7　存在的主要技术难点

类别	主要技术	涉及的技术
基础结构技术	牙排的间歇运动驱动技术	运动仿真、凸轮加工
	无级纸堆上升技术	无轴传动
	共轭凸轮驱动活动平台技术	运动仿真、凸轮加工
	定位技术	图像检测、计算机技术
	在线检测技术	网络技术、计算机技术
	烫印控制系统技术	自动控制技术
	高速处理的控制系统技术	网络技术、计算机技术
	特殊的控制线路板技术	线路板设计
自动功能	连线冷烫	冷烫印技术、无轴传动技术
	连线可变数据	喷墨技术、数字技术、激光技术
	在线色彩检测	CCD 图像技术
	自动物流	自动控制技术
加工制造	机械部件的刚度	有限元分析
	模切平台的精度与检测	加工技术、测量技术
	关键凸轮的加工精度	精密曲线磨削技术
	关键弹簧的疲劳寿命	疲劳试验
	牙片和牙垫的寿命	材料及热处理技术、咬牙力测试技术
	线路板的稳定程度	老化试验、测试技术
装配	装配的一致性控制	过程控制技术
	装配精度对产品的影响控制	工装及工艺标准

在，数字印刷已然朝着高速化、工业化的方向发展，这就要求其数码胶装解决方案也同样能够有工业化的水准。

（二）技术发展趋势

1. 无线胶装联动线

（1）稳定性、可靠性加强。稳定可靠是胶装联动线核心要求，随着国内加工制造水平和企业设计水平的提高，胶装联动线的可靠性、稳定性将进一步提高，故障率大幅降低。

（2）自动化程度越来越高。提高设备自动化程度，降低作业准备时间，缩短印刷品加工周期，提高生产效率，解决由于操作人员差异带来的装订质量等问题。

（3）配置个性化，灵活性更强。个性化配置将成为胶装联动线未来竞争强有力的手段，根据用户的需要进行选配，可达到灵活生产、满足客户个性化的需求。

（4）节能、环保，柔性化生产。降低胶装联动线运行噪声和废气污染，加大胶装PUR技术应用，实现绿色胶装；各单机有效联动相互配合的同时也可以独立运作，节约能耗减少机器磨损，实现柔性化生产。

（5）数字化、智能化、网络化水平更高。采用计算机控制和网络技术，配置质量监控系统，设备调整和控制可依靠计算机控制系统自动完成，或通过设备接口转换，借助于网络，直接把印前、印刷的相关信息作为指令进行调整，实现印刷全过程的数字化，提高生产效率，同时也有利于进行良好的生产过程控制，保证产品质量。

（6）更加人性化，安全性能更高。考虑人体工程学、生态学和美学等因素，外观美丽，操作简单、灵活方便，安全性高，实现更加人性化。

2. 数码胶装解决方案

为适应不同客户群体、不同批量的生产需求，数码胶装解决方案将呈现以下发展趋势。

（1）从离线、近线向连线生产方向发展。数码胶装解决方案的作用在于和数码印刷机连线生产，组成按需印刷生产线。通过CIP4数字化工作流程，实现集中控制，最大化减少人工，实现按需印刷生产，这将成为未来数码胶装解决方案的一大发展趋势。

（2）数字化、智能化、网络化。通过计算机控制并配置质量监控装置，设备的调整和控制都可依靠计算机控制系统自动完成；或通过网络接口，直接将印刷的相关信息传输至设备上，作为指令对设备进行调整。设备的智能化均达到了前所未有的高度，实现傻瓜式操作，无需人工干预。未来的数码印刷工厂，不仅是一条数码印刷生产线，更是一个物联网络。不同生产效率和功能的数码印刷机，通过输送线和不同效率、功能的数码胶装设备连接起来，组成一个物与物之间

的网络。通过互联网获取的全部生产订单汇集到一起，通过生产管理软件进行生产的优化，自动分配到不同的数码印刷机，匹配到相应的数码印后生产线，完成装订成书，最终通过物流系统送到消费者手中。

（3）生产速度更高。目前，数码印刷机的生产速度在不断提高，尤其是高速喷墨轮转印刷机的推出更是让数字印刷的生产速度有了前所未有的突破，如柯达Prosper6000喷墨轮转印刷机最快可达300m/min，这必然对数码胶装解决方案的生产速度提出更高要求。

（三）技术上存在的主要问题

（1）胶装联动线的关键技术难点如表7.8所示。

（2）数码胶装的关键技术难点如表7.9所示。

七、高精度成像制版设备

印版是连接印前与印刷的关键环节。高精度成像制版设备内涵丰富、类型众多，主要包含用于平版胶印、柔版印刷、凹版印刷、网版印刷等的直接制版设备，具体按版材分类情况如下。

（1）胶印制版设备：热敏直接（Computer To Plate，CTP）制版设备、UV-CTP制版（CTcP）设备、紫激光CTP制版设备、喷墨制版设备。

（2）柔性版计算机直接制版设备。

（3）凹版计算机直接制版设备。

（4）网版计算机直接（Computer To Screen，CTS）制版设备。

其中，用于制作平版胶印的高精度成像制版设备（简称CTP制版机）和用于制作柔性版制版的设备是发展的主流技术。

表 7.8 胶装联动线的关键技术难点

类别	主要技术	涉及的技术
基础结构技术	高速 (12000 张 / 小时以上) 叼页机构	运动仿真、凸轮加工、流体控制
	辊式配页主轴的动平衡	动力仿真、动平衡
	配页机书帖加速装置	
	书芯加工及其刀具的使用寿命	机械切削、特种材料
	胶锅装置及上胶控制	流体力学、液压技术、热工学
	高速封面分离与压痕机构	
	高速定位准确的封面包本成型机构	
	适应范围广的快速堆积机构	
	自动柔性压书千斤	气动技术、电子技术
	对成品表面无影响的三面切书本进出输送机构	
	切刀裁切运行与空刀间歇机构	运动仿真、凸轮齿轮加工、气动技术、电子技术
	三面切自动换刀装置	
自动功能	特殊的控制线路板	线路板设计与制造
	书帖书本厚薄模拟量检测	电子技术
	高速图文识别错帖检测	
	胶锅温度自动控制	自动控制技术
	故障预警与安全监控	
	一键式规格预置自动调整	网络技术、计算机技术
	在线可变数据	自动控制技术
	在线自动纠偏纠错	自动控制技术、检测技术
加工制造	关键凸轮、齿轮的加工精度与耐用度	
	关键弹簧的性能与疲劳寿命	
	铸件质量与变形	
	线路板的稳定	

表 7.9　数码胶装的关键技术难点

类别	主要技术	涉及的技术
基础结构	可变在线折页系统	
	可变封面供给系统	
	自动柔性压书千斤	气动技术、电子技术
	对成品表面无影响的三面切书本进出输送机构	
	切刀裁切运行与空刀间歇机构	运动仿真、凸轮齿轮加工
	气动技术、电子技术	
	三面切自动换刀装置	
自动功能	特殊的控制线路板	线路板设计与制造
	故障检测和自动修复功能	电子技术
	图文识别错帖检测	
	一键式规格预置自动调整	网络技术、计算机技术
	在线可变数据	自动控制技术
	在线自动纠偏纠错	自动控制技术、检测技术
加工制造	关键凸轮、齿轮的加工精度与耐用度	
	关键弹簧的性能与疲劳寿命	
	铸件质量与变形	
	线路板的稳定	

除数字印刷技术以外，目前仍有近99%的印刷业务需要通过印版转印实现，印版是将数字信息重新转化为模拟信息的关键环节，印版质量直接决定了印刷品质量，因此高精度成像制版技术和设备在印刷系统中具有重要地位。

高精度制版设备的发展重点是朝着绿色、环保、数字、高效的方向发展。版材朝着免处理方向发展；设备朝着大幅面、超大幅面、高速、高精度的方向发展，以满足更多细分市场的需求。

（一）发展现状

经过近十年的发展，我国CTP技术和产业已达到了较高水平，主要表现在以下几个

方面：一是CTP进口额下降，出口额不断提高，已出口到欧美等发达国家；二是产品系列化，已基本满足国内印刷市场需求；三是已形成自动化制版生产系统。然而，与世界先进的CTP系统比较，我国产品还是有较大差距，在喷墨直接制版技术方面处于世界领先地位，主要表现在以下几个方面。

1. 感光体系CTP占市场主流趋势

首先，在制版速度方面，国外先进机型可输出68张/小时（2400dpi，1030mm）商业版，报版可输出300张/小时（1270dpi，343mm）；国产主流设备，商业版只能到48张/小时，报版到85张/小时，新型喷墨制版设备虽可达到180张/小时（1200dpi，

940mm），但产品仍有待完善。速度方面主要是国外先进机型采用了GLV技术，可实现1024路扫描；而国产的主流CTP设备均采用独立的光纤模块，最高路数也只能是128路扫描。

其次，在制版幅面方面，国外有多款机型能制作大于2000mm的版材，最大可达到2900mm，而国产CTP最大的幅面只有1850mm，还不能满足部分细分市场发展的需求。

第三，在自动化方面，国外先进的CTP制版设备已经基本实现了智能化、绿色化、一体化，近年来我国CTP制版设备在智能化与自动化上有了长足进步，国产CTP系统已包含自动供版机、联线打孔机等辅助设备，自动化程度有了提高，但相比之下，在系统性、成熟度方面还有待进一步提高。

2. 喷墨直接制版技术研发成功并推向市场

除感光体系外，随着喷墨技术的高速发展，喷墨直接制版技术在胶印、丝印、柔印制版领域逐渐活跃，无论是以喷墨形成光掩膜形式还是用喷墨的增材特点形成图文区的形式，国际和国内都有相关技术推出。从国际专利覆盖情况和产品开发情况分析，目前我国喷墨数字直接制版技术处于世界领先地位，产品种类丰富，正在向不同制版应用领域发展。但是制约喷墨制版技术发展的核心器件——喷头的国产化还尚未实现，高精密喷头只能依赖少数国家的进口，这将成为喷墨数字直接制版技术发展的最大瓶颈。

（二）技术发展趋势

高精度制版技术的发展重点是绿色、环保、数字、高效，版材实现免处理，设备实现大幅面、高速度、高精度。采用的重要方法首先是引进、吸收、再创造，最终达到国际顶尖水平；其次是借助新技术和新材料的发展，实现体系性创新，另辟蹊径。通过将传统印刷与数字化相结合，精细化管理，从而提高生产效率、降低生产成本、提高产品质量。

1. 推进绿色环保新技术应用

印前制版系统的环保化发展，主要有以下几条途径：

首先，推动免处理CTP技术的发展和应用，本着源头控制的原则，从装备和材料方面共同实现技术升级，如无需显影的感光免处理版材的开发和免处理喷墨CTP技术的应用。尤其以增材制造为特点的喷墨制版技术，已经成为区别于感光成像的全新制版技术体系。随着喷墨技术的高速发展，喷墨制版以环保和低成本优势在胶印制版方面已经有所突破，在丝网制版方面已经发挥一定作用，在柔印制版方面也出现了全新尝试，高精度喷墨技术还为各种特殊材料的功能性应用创造了机会。

其次，本着末端治理的原则，加强感光版材显影废液浓缩处理及回收再利用设备的推广使用，减少显影液使用量，减少废弃排出物，严格控制印前水资源污染问题也是有效的环保解决办法，共同推动顺应环保、低碳、绿色印刷的发展潮流。

2. 利用数字化系统实现高质高效

基于强大的印刷数字化流程，通过印刷全流程质量数据传递，加强传统印刷数字化应用程度。充分应用CIP3、CIP4、JDF高效连接印前、印刷和印后，提高生产效率；深化各环节色彩管理，结合国际印刷质量标准，提高质量一致性；结合企业ERP管理，引入精益生产的管理理念，加强人才培养，实现物料和生产节奏的严密控制；未来与互联网、物联网技术结合，满足客户设计、印刷、存储、查询、再版等多方面需求，打造高质高效印刷服务生态圈。

3. 提高装备水平

智能化：通过计算机联网，使CTP制版机、全自动多版盒自动供版机、多向连线打孔过桥、制版管理软件、智能冲版控制系统等链接起来，成为一个工作组，实现无人值守的CTP制版系统，通过云端控制，完成针对多台印刷机不同需求的制版任务和远程服务。有效解决印刷企业在制版环节精度需求高、工序繁复、成本高、印刷机孔位要求不同的难题。

全能型：开发多精度制版系统，使CTP制版设备具有不同的制版精度，以满足不同企业的市场需求，通过精度调节满足不同的制版需求，提高CTP制版设备的效率。

多品类：根据不同细分市场需求，开发大幅面、超大幅面、高速、高精度的制版设备，以适合更多细分市场的精准定位。

八、数字化精准供墨系统

（一）供墨技术发展现状

完美的色彩还原和再现是胶印机印刷质量评价的一项重要指标，达到这一指标除了对印刷设备、纸张和油墨有一定要求外，精准供墨也是极其关键的一项技术。胶印机的供墨系统主要有两种类型，一是自动供墨装置，即以控制墨键与出墨辊间隙大小及出墨辊转速（或转角）大小进行自动供墨的装置，可采用印前采集的供墨数据，如

CIP3/CIP4的PPF/JDF墨量数据、印版图文阅读机的扫描数据、上次印刷的最佳墨色记录数据，控制墨量；二是无墨键供墨装置，根据印刷品所需墨量，更换不同网穴的网纹辊和调整网纹辊的温度，即可得到所需的供墨量。

当前，中高档胶印机的油墨供给比较普遍地采用了墨色遥控技术，该技术结合闭环调节和控制技术已经可以很好地解决这一问题，但精准墨量控制问题仍然是印刷装备的共性和关键技术问题。传统墨色遥控装置是通过自动调节墨刀片和出墨辊间隙控制墨量大小，根据控制机构的结构特点可分为分段墨斗刀片型（如图7.1所示）及整体墨斗刀片型两大类。这种采用遥控墨斗的供墨方法，有CIP3/CIP4的PPF/JDF数据和墨控软件辅助墨键预置功能之后，仍需要操作人员的技术性干预，并且需要很高的专业技能、知识和经验，需要首先获得印刷样品做品质评测，然后通过闭环控制调节墨键开闭大小，该调节过程需要耗费时间、纸张和油墨，而且整个生产过程需重复做闭环调整的工作，以确保产品色彩的一致性。

这种供墨方式在实际使用过程中存在一些不足和缺陷，一是在机械制造方面对墨道

图 7.1　墨色遥控装置实物照片

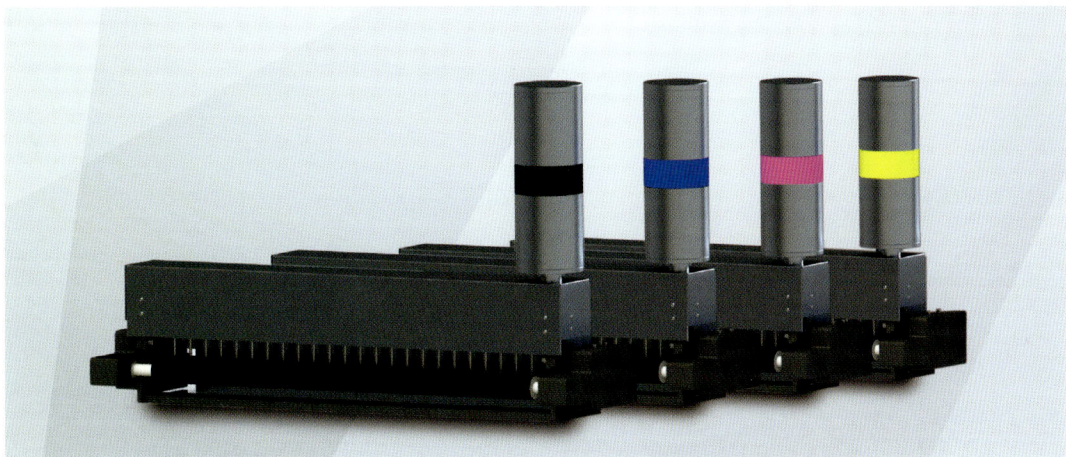

图 7.2 一种新型的数字化精准供墨装置示意图

的加工精度要求非常高；二是油墨在墨槽中敞开放置容易挥发和结皮；三是墨刀在闭合时容易"舔食"墨棍，损毁墨辊；四是油墨在墨区中通过若干墨辊传递到印版，容易引起传墨误差，难以实现精准供墨；五是在预放墨、预收墨和墨量随动印刷作业实现精准跟踪方面由于机械动作响应的延迟，影响墨量高精度供给，造成印刷品废品率高等问题。

（二）一种新型的数字化精准供墨系统

国内外对高精度供墨技术方面的研究并未停止，一些新的产品和技术不断涌现并得到一定程度的推广应用。目前，杭州科雷机电工业有限公司多年围绕这个课题展开创新性研究和产品开发，已开发出一种新型的数字化精准供墨系统，如图7.2所示。该系统的全数字化墨斗用于替换传统瀑布式墨斗，分别安装于传统印刷机原有墨斗的相应位置和空间。

该系统通过专家数据库和复合因素的算法计算出每个墨区每一次印刷的油墨消耗量，实现油墨全封闭单方向主动输送、直

接把油墨注入墨路的各个墨区，在印刷过程中依照印刷数量施放精确剂量的油墨量，与印刷速度同步，保持墨路从上到下、从供应到消耗的平衡稳定，从而保证印刷品色彩的稳定。该系统取消了传统墨色遥控系统的墨键，也不再需要闭环调整颜色，上版后即可实现精准供墨，系统自动根据实际的印刷条件和图像数据决定供墨量和供墨速度。该系统配置无人值守CTP制版设备能自动化制版，整个印前和印中流程大幅度简化，完成一个印刷任务的操作工作，以装纸、换版和收纸为主，同时印刷品质仍然能轻松达到ISO标准并保持稳定。如图7.3所示，该系统把印前流程和印版制作有效地集成在一个系统和操作过程之内，实现印前与印中的数据共享和交换，保证印刷品质的稳定可控，做到原机真实打样，甚至直接生产印刷，无需人工干预调整墨色。

该系统的终极目标是实现智能印刷，有效削减印前准备时间和材料消耗，让传统印刷机向数码印刷机的生产方式靠拢，从图像文件直接印刷产品，同时增强传统印刷机的

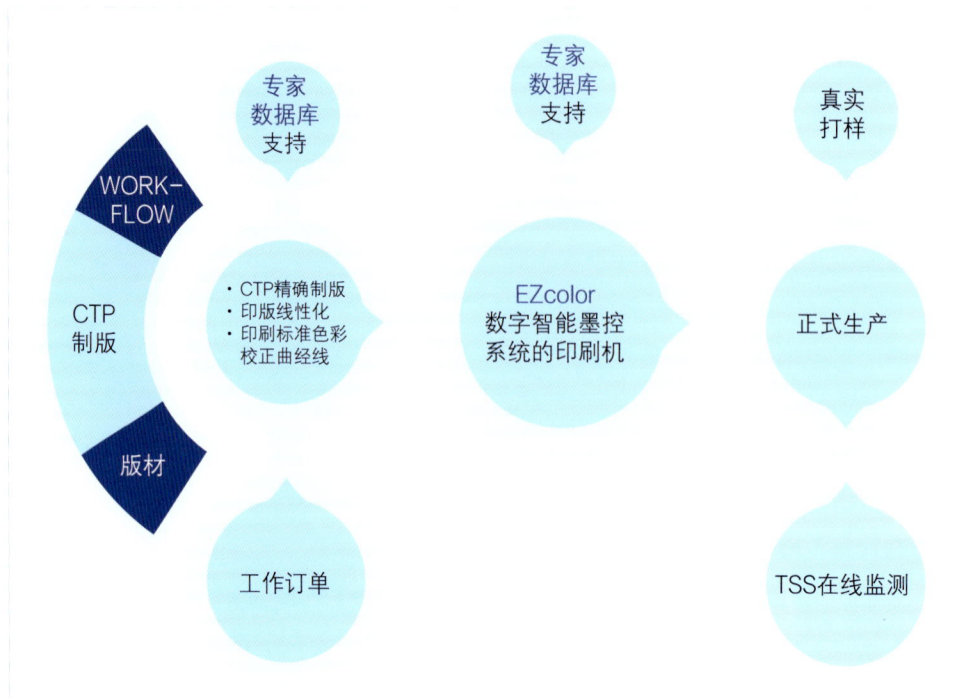

图 7.3　一种新型的数字化精准供墨系统框图

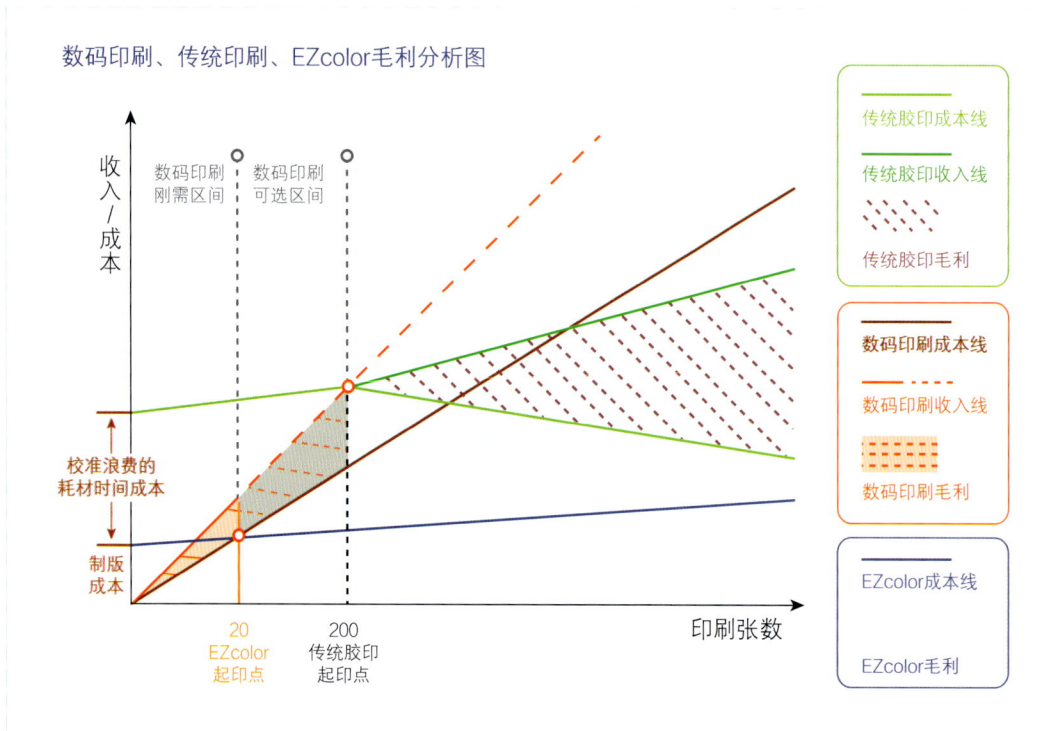

图 7.4　数字化精准供墨系统与数码印刷系统在费用、销售价格和盈利能力方面的对比分析

市场竞争力。图7.4以图形化的方式分析了在典型案例之下，该系统与A3幅面的数码印刷机在费用、销售价格和盈利能力方面的对比分析结果。

该系统的实现与推广可以显著提高生产效率，减少材料消耗，降低废品率，降低成本，全封闭式的油墨输送方式避免油墨结皮、减少VOC排放污染，经济效益和社会效益显著。

目前，全球印刷工业界和学术界还没有类似的研究和成果报道，我国在这方面的创新性研究成果具有超前和领先优势。

九、自动化视觉质量检测系统

视觉技术从20世纪50年代开始提出概念，随着80年代CPU、DSP和CCD等硬件技术的成熟而步入高速发展。在国外，视觉技术已经在包括印刷行业在内的很多行业得到成熟应用，成为企业发展不可或缺的重要支撑。目前在全球已经达到70亿美元的市场规模，并且每年还以8.8%的速度在增长。

（一）发展现状

世界范围内领先的视觉检测仪厂商是以色列AVT公司，德国BST公司，以色列ISRA公司，日本FUTEC公司、DAC公司等。

以色列AVT是印刷外观检测仪厂商，其在北美市场占领60%～70%的份额，全球客户超过1000家，销量超过2500套；以色列ISRA公司是外观检测仪厂商，主要检测对象是印刷品、布匹，2011年产值7515.4万欧元，最新推出了具有三维检测能力的3D形状匹配测试机；德国BST公司主要产品包括自动纠偏系统、自动套准系统、印刷品监控系统、印刷质量自动检测系统等，其PREMIUS

Digital系列产品兼容静止画面、条码检测、色彩监控、缺陷检测和套准控制，功能强大，Shark1000、Shark4000系列产品在国际市场得到广泛的应用和用户认可；日本FUTEC公司主要提供印刷品、薄膜检测设备，其主流设备EasyMax.MC型号产品从2001年至今全球已经销售约1300台。

目前，国外厂商凭借进入市场较早、设计理念先进、技术积累比较雄厚的优势，占据着主要的质量检测仪高端市场。同国内厂家的产品相比，在检测能力、功能、可靠性、易用性、外观、自动化、全流程质量管理解决方案等方面具有一定的优势。

但与此同时，国内机器视觉设备厂商也在印品质量检测领域不断取得进步，比如北京凌云公司在人民币、标签和软包质量检测领域，天津长荣公司在单张纸印品质量检测领域都取得了长足的发展，在业内也获得了较高的知名度，为推动印刷行业质量管理水平的提高贡献越来越多的价值。

（二）技术发展趋势

视觉印品质量检测仪的发展趋势主要是：高精度、高速度、智能化、易用性、高可靠性、科学的颜色检测和闭环控制、全流程质量管理能力的建立、数字化质量管理系统。

1. 高精度和高速度

2005年印品质量检测仪精度0.3mm、速度在100m/min左右即可满足主流机器要求，到2009年这一指标分别为0.2mm、150m/min，发展到2012年行业需求已经达到0.1mm、200m/min的水平，未来3～5年将突破0.05mm、300m/min甚至更高的水平。

2. 智能化

借助多相机信息融合技术、基于知识的

智能化分析算法、多通道信息融合的缺陷分类和抗干扰识别算法等先进技术，检测系统能够用接近人脑思维模式进行图像分析和缺陷分类，比如能够准确区分和定量测量诸如脏点、蚊虫、漏白、套印不良、色差、刀丝、文字残缺等缺陷。

3. 易用性

易用性强调产品的人性化设计，普通工人经过简单培训就能进行有效操作；在检查系统操作方面，可快速对检测品进行模板建立；可快速查看印刷缺陷类型和分布。

4. 高可靠性

产品的MTBF（平均无故障时间）应高于印刷机械的MTBF，每年故障次数应小于等于两次，同时具有快速恢复、远程维护和远程升级的能力。

5. 科学的颜色检查和闭环控制

随着多光谱相机的性能的提升，可采用多光谱视觉方案提升对颜色偏差的识别精度，在检测到颜色偏差后，可以生成调整信号，指令油墨控制台进行墨层厚度的调节和补偿，保证印刷色彩的稳定性，构成颜色闭环控制系统。

6. 全流程质量管理，实现100%产品全检

全流程质量管理就是全面对各个生产工艺进行监测、保证出厂产品进行100%检测，主要特性如下：

（1）在印前阶段，引入PDF格式设计文件，与样张进行对比，及早发现印版内容错误或者印刷位置偏移。

（2）在印中阶段，引入在线检测系统监控印刷生产中的印品变化和印刷瑕疵。

（3）在印后阶段，根据印中检测出来的缺陷信息将废品剔除或者在复卷机上执行出货前最终检测。

7. 数字化质量管理系统，实现100%产品质量可追溯

基于大数据、宽带网、可变信息（条码、二维码、字符串）识别和网络互联技术，开发成套的数字化质量管理系统，为提升企业管理效能、降低运营成本、树立品牌形象等提供有力支持。该系统应具有如下几方面特性。

（1）印前由质量管理人员（QA）基于PDF文件和相关质量文件进行检测标准设置，保证同类产品在不同产线上按照统一的质量标准进行检测。

（2）生产过程中能自动接收ERP系统下发的生产任务信息，识别或者自动生成当前产品批号，并依据此批号将生产相关数据进行储存。

（3）实时将产品生产相关数据（包括产品原始图像、缺陷信息、设备状态、设备编号、订单信息、生产日期、操作日志、操作人员等）进行数字化并进行存储，基于大容量高速磁盘阵列，数据应能根据需要保存1～2年或者更长时间，以便于后期回溯和进一步利用。

（4）能够实时对各个生产线的质量检测设备运行状态进行监控和管理，对质量检测结果进行查询、分析，及时对检测设备进行调整。

（5）能够与相关印后设备配合，将检测出来的废品剔除，实现无缺陷出货。

（6）能够独立或者协助ERP系统对存储的数据进行查询、分析、统计、报表输出，进而为工厂改进管理、改进工艺、设备维护、人员考核、产能统计、成本估算、产

品和缺陷数据100％回溯等提供有效的数据支撑。

（7）能够通过平板电脑或者智能手机远程访问质量检测数据或者产品相关信息，便于管理人员随时了解生产状况，提高管理信息化程度，保障产品信息100％追溯方式的多元化。

未来3~5年，随着视觉检测技术和视觉系统设计水平的不断提高，尤其是具有自主知识产权的新一代高速度、高精度、低价格的核心成像器件的诞生，国内印品质量检测设备将逐步接近并最终赶超国外先进水平，为推动印刷行业的顺利转型和我国由印刷大国向印刷强国迈进做出更大的贡献。

总之，推动我国印刷行业顺利实现由劳动密集型向技术密集型转型和由印刷大国向印刷强国迈进，使命神圣、前景光明，必须大力发展基于机器视觉技术的自动化质量管理设备和全面质量管理系统，才能保证这一战略目标能够早日实现。

十、印刷装备生产存在的共性问题

（1）印刷装备制造业在基础结构技术、自动控制技术、加工制造技术方面与发达国家制造业相比还有一定差距，产业基础相对薄弱，装备智能化水平有待进一步提高。

（2）与国际水平接轨的标准化体系尚未完全建立。

（3）缺乏创新型人才及具有国际化视野的管理人才。

（4）产业政策研究不够，对共性关键问题未能集中行业力量研究解决。

（5）印刷装备制造业加速实现数字化、网络化、智能化是印刷行业发展的必然要求。

十一、对策与措施

1. 基础能力的提升

现阶段国产设备的智能化与国际先进水平相比仍有一段差距，其中一个重要的原因就是机电配套元器件以及关键件的材料选择及加工装配水平，这是影响到整机稳定性与可靠性的关键。目前高档设备中的伺服电机、精密气缸、轴承、检测元器件、控制系统等配套件大多依赖进口。因此，我国基础工业制造技术水平的全面提升对促进印刷装备智能化发展有着重大意义。

应着力加快推进高端芯片、新型传感器、智能仪表和控制系统、工业软件、机器人等职能装置的开发和应用，提升工业软、硬件产品的自主可控能力，力争至2020年，实现30％的核心基础零部件、关键基础材料自主保障，至2025年，实现50％的核心基础零部件、关键基础材料自主保障。

2. 集成水平的提升

集成是实现装备制造智能化的重点，也是难点。智能制造装备正向技术集成、系统集成的方向发展，主要体现在生产工艺技术、硬件、软件与应用技术的集成及设备的成套。同时还体现在纳米技术、新能源、新材料等跨学科高技术的集成，从而使装备得到不断提升和升级。

（1）从研发、设计、试制、生产到销售、售后服务产业链集成。通过整合、优化产业结构，全面提升具有自主创新能力的制造企业全产业链的集成能力。

（2）整体解决方案的各个环节，产品到产品，端到端的集成。印刷企业整体解决方案可根据企业实际情况分为四个阶段：一是自动化改造阶段；二是数字化车间阶段；三是智能制造阶段；四是智能工厂阶段。可融合贯通印前、印刷、印后、物流、生产管理、资源管理全流程覆盖。

智能工厂将无处不在的传感器、嵌入式终端系统、智能控制系统、通信设施通过CPS形成一个智能网络，使人与人、人与机器、机器与机器以及服务与服务之间能够互联，从而实现横向、纵向和端对端的高度集成。打破传统工厂孤岛式的生产方式，向基于端（印刷工厂、印刷设备）、网（工业互联网、物联网）、云（云服务平台）架构下的生产、服务、技术创新、资源配置模式转型。

3. 建立智能创新中心，形成智能制造技术研究基地

以集聚创新人才、服务产业发展为目标，建立新型智能创新中心，形成智能制造技术研究基地。搭建智能制造技术创新平台，成为智能制造产业发展的引擎。致力于印刷产业智能装备，新材料及制造工艺、新能源与节能技术和智能信息技术等关键技术的研究。

4. 搭建智能制造网络系统平台

通过工业互联网联盟，将智能设备、人、客户、市场、网络数据连接起来，并以智能的方式利用这些交换的数据，在更深层面进行大数据分析及利用是智能制造应用的重要手段。

5. 建立协同创新机制，促进"政、产、学、研、用"一体化发展

印刷设备制造业要想从模仿组装全面转向自主创新阶段，除了要重视创新人才的培养外，还要有强大的外部支撑，发挥好政府、行业协会、企业、科研机构、大专院校的作用，围绕技术发展做好协同创新，充分利用好行业资源及政府资源，为创新技术发展创造好的机制，争取到有利的环境和政策，缩短新产品新技术进入市场的周期。

第二节　我国印刷器材产业

我国是全球主要印刷器材产品（油墨、版材、辅材及辅料等）产销大国。近几年来，受全球经济环境和相关新技术发展的共同作用，印刷器材产业发展受到明显影响。一方面，受全球经济危机影响，印刷行业受到较大冲击，主要发达经济体如欧美日等印刷业出现滞长甚至负增长，我国印刷业的增长速度也出现了明显减速，近两年回落至个位数；另一方面，受移动互联网技术快速发展的影响，新媒体对传统印刷业的冲击也逐年加大，对印刷器材产业影响也日益显现，2013年胶印版材全国产销量与2012年同比下降约6.94%。同时，受互联网+、电子商务和现代物流业发展的影响，传统印刷器材行业的市场竞争更加激烈，行业的盈利空间大大压缩，不少企业举步维艰，这影响到企业技术投入和自身竞争力的提升，影响行业的持续发展。

面对机遇和挑战，印刷器材产业必须根据印刷行业整体发展趋势，结合自身特点，围绕"高质高效，绿色环保，系列配套，国际先进"的目标，针对产业现状、市场和技术需求、制约性问题及发展瓶颈，强化战略分析和制定，探索创新，推动我国印刷器材产业发展。

一、印刷版材

印刷版材产业与印刷方式变化发展密切相关，印刷方式的市场份额决定了相应印刷版材的市场份额，同时印刷版材的技术进步会推动不同印刷方式的市场竞争变化。目前主要印刷方式有胶印印刷、柔性版印刷、凹版印刷、数字印刷、丝网及其他印刷。

根据不同印刷实现方式，印刷版材分为胶印版材、柔印版材、凹印版材、树脂凸版、丝网版材。

胶印印刷仍是目前最主要的印刷方式之一，综合相关数据分析，2013年胶印占全球印刷市场的40%以上，占我国印刷市场的50%以上，因此胶印版材的技术进步和质量提升对我国印刷业的发展至关重要；柔版印刷是近年来国内增长势头较好的印刷方式之一，2013年全球市场占有率约为20%，国内市场占有率低于国际平均水平，但增速仅次于数字印刷。

凹印版材的主要形式是电雕滚筒，其作为凹印印刷机的一部分，在此不再做描述；固（液）体树脂凸版主要用在标签印刷，广义上讲和柔性版都属于树脂版（弹性版）的范畴，将在柔印一节进行描述；丝网版大多为即涂即用型，主要产品为网和丝网胶。

近年来印刷版材向满足数字化制版需求、绿色环保要求、便捷高效要求发展的趋势明显，我国在普通CTP版材、柔性树脂版新世纪取得突破并产业化的基础上，免处理CTP版材、数字化柔性版也开发成功，目前正在推进实现产业化。

二、印刷油墨

印刷油墨是印刷工业的重要原材料之一，其产品质量、技术进步和绿色环保化对印刷业的发展都起着至关重要的作用。

据国家统计局统计，近年来，世界油墨年产量430万～450万吨，其中北美年产量为125万～135万吨，欧洲为120万～130万吨，亚洲为140万～150万吨，南美为30万～35万吨，全世界油墨产量的年增长率为1%～3%，其中油墨发达地区的欧美、日本地区年增长率＜2%，而中国在近二十几年中一直保持高速增长，平均增长率＞10%，而且随着我国国民经济持续稳定发展以及印刷出版包装的增长，油墨的消耗总量也在逐年增长，2015年约消耗68万吨。

近十年来，我国油墨生产种类、品种、花色不断增加，由平版、凸版、凹版为主的

表 7.10 2010～2020 年全球印刷版材市场预测（单位：百万平方米）

		2010 年	2014 年	2015 年	2010～2015 年平均增长率	2016 年	2020 年	2015～2020 年平均增长率
金属版材		651	636	640	−0.30%	639	628	−0.40%
胶印版材	CTP 版	547	583	597	1.80%	603	613	0.60%
	PS 版	104	52	44	−15.90%	36	15	−19.10%
纸基和涤纶基版材		36	32	32	−2.70%	31	26	−4.10%
柔性版材		4.9	5.2	5.4	1.80%	5.5	6.2	2.80%

产品结构增加到包括柔版、丝网版、数字喷墨、无版印刷油墨等多种类型，并开发了UV系列、水性系列、醇水型及各种特种油墨，油墨生产领域不断拓宽。油墨品质也在不断提高，逐步满足了我国印刷市场的需求，各类油墨产品技术质量达到行业和国家标准，主要产品质量基本接近或达到国际先进水平。除了满足国内印刷行业的需要，我国油墨产品现已出口到多个国家和地区。

从油墨产品结构上看，近几年变化不大，传统胶印油墨仍占主流，但继续沿着下行通道缓慢下降，由于凹印在包装印刷中占据主要地位，且凹版印刷油墨消耗量大，因此凹印油墨产量仅次于胶印油墨。随着包装印刷的发展，包装市场用凹印油墨、柔印油墨所占比重有一定幅度的上升；数字喷墨印刷机市场今后将持续增长，因此数字喷墨（水性油墨、UV墨）需求量将持续加大；凸印油墨进入产品衰退阶段，网印与UV油墨等有上升势头，其中又以环保油墨、水性柔油墨和UV油墨上升比重最大。

三、胶印器材

胶印器材主要包括胶印版材、胶印油墨、橡皮布和其他配套材料。

（一）胶印版材及发展趋势

胶印版材是目前应用最广、用量最大的印刷版材，广泛应用于包装、商业与出版物等印刷领域。2010～2020年全球印刷版材市场预测如表7.10所示。

目前全球胶印版材消耗量估计在6.5亿～7.0亿平方米。经过近40年的发展，特别是最近10年的快速发展，我国已经成为胶印版材的产销大国，胶印版材产量约占全球总消耗量的50%。

伴随着市场应用的发展，我国CTP版材产品技术、质量水平和稳定性也得到了很大提升，产品系列化开发取得成功，热敏CTP版、UV-CTP版、紫激光CTP版、喷墨CTP版均形成系列化，较好地满足了市场需求。主要产品质量达到了国际先进水平，但在免处理CTP版等前沿产品研发方面仍然落后于国际领先水平。

我国目前已形成技术开发、装备制造、产业化成龙配套的胶印版材技术开发体系。2013年底我国拥有连续卷筒胶印版材生产线80多条（不含再生版线），产能超过4.5亿平方米。

受近几年全球经济形势持续低迷、国内经济发展速度放缓、业内部分厂商盲目跟风上线等影响，胶印版材产能过剩的矛盾日益凸显。

1. 市场发展趋势

整体看，目前占印刷方式主导地位的胶印市场，在未来5年全球需求总量将基本保持稳定，市场占比会缓慢下降，主流品牌性能差异化不再明显，市场竞争将更加激烈。胶印版材上下游产业链条利润空间缩小。

随着国内胶印版材产能的扩大，各品牌CTP质量不断提升，国际品牌进入国内市场，竞争加剧，胶印版材的产业和市场整合也将成为必然。

从市场和商业模式看，传统的代理销售、自营销售模式受到电子商务模式的冲击越来越大，对行业企业的转型发展影响日益明显。

2. 技术发展趋势

随着市场对印刷环保的要求越来越高，对版材生产和使用过程中的排放、耗能要求也越来越高，胶印版材向数字化和绿色环保化方向发展的趋势会更加明显。一方面PS版占有率会继续下降，CTP版的市场占有率会进一步增长，国内胶印版材的产量变化如图7.5所示。另一方面各类CTP版材会加速向低化学处理、免化学处理、无处理方向发展。无水胶印版材尽管具有一定环保优势，但由于其技术难度等原因，其市场占有不到1%，现有胶印版材占据绝对市场地位的格局，一定时期内不会被打破。

从细分产品看，经过近十年的竞合发展，热敏CTP版的主流地位将得到进一步巩固，2013年热敏CTP版占我国CTP版产量约64%；UV-CTP近几年来发展较快，占28%左右；紫激光CTP近年来呈滞长趋势，约占7%左右；喷墨CTP版属于新兴技术，目前市场量较小。

我国主流胶印版材主要性能指标与国际知名品牌基本一致，但在批次稳定性上有一定差距；部分前沿产品如免处理CTP版上有

较大差距。随着中国胶印版材走向全球，以提升技术水平、环保化水平、稳定质量和操作便利等为基础的中国品牌必将成为国际品牌。

（二）胶印油墨及发展趋势

近十年，油墨行业在报业、出版、包装印刷行业的带动下发展较快，随着大量进口和国产印刷设备的引入、新型印刷承印物的采用、印刷和印后新工艺、绿色环保印刷及印刷品逐步向个性化、多样化和高档化方向发展，印刷企业不断向油墨生产商提出了新要求。在"高速、多色、低污染、高效率"印刷新需求的带动下，国内胶印油墨生产企业通过自主研发，引进和消化吸收国外油墨新技术、新工艺，开发印刷行业适销对路的新产品，改进老产品，产品种类日趋增多。胶印油墨产品总览图中的胶印单张纸油墨、胶印轮转油墨、胶印紫外线固化油墨等各大类系列产品，国内主要油墨生产商均可生产，质量也逐步接近国外先进水平，初步可满足国内印刷工业的需要。

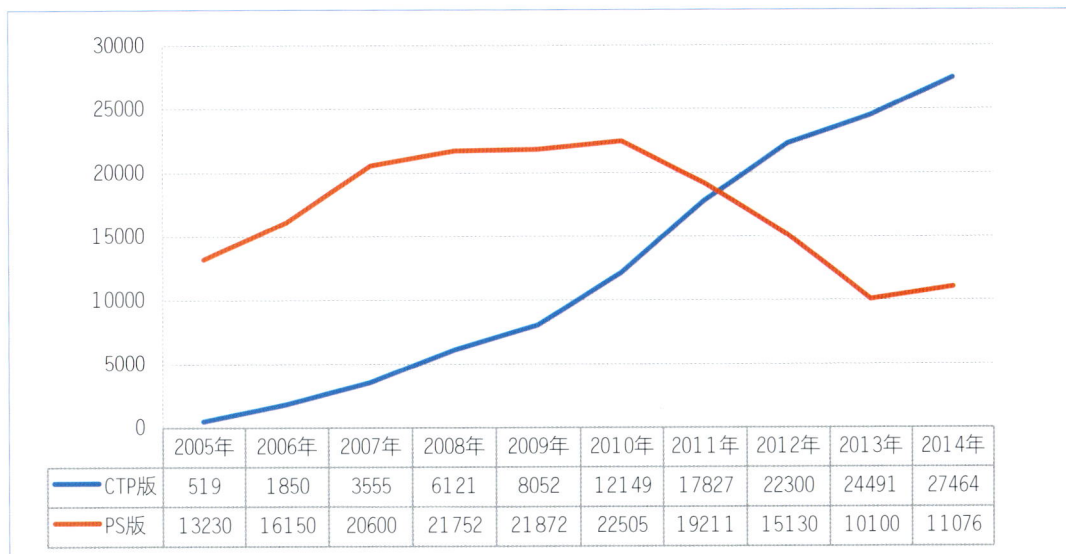

	2005年	2006年	2007年	2008年	2009年	2010年	2011年	2012年	2013年	2014年
CTP版	519	1850	3555	6121	8052	12149	17827	22300	24491	27464
PS版	13230	16150	20600	21752	21872	22505	19211	15130	10100	11076

图7.5　国内胶印版材的产量变化（单位：平方米）

目前随着国内绿色印刷的推广和实施，国内植物油基胶印油墨、UV胶印油墨产品所占比重逐步扩大，产品质量水平和环保性能已接近日本和欧美国家同类产品水平，预计符合国家环境标志产品技术要求的环保型胶印油墨系列产品将在3～5年内成为市场的主流产品。但是，在低能固化油墨方面，UV LED、H-UV等系列产品在日本、欧美已经市场化，国内开发推广方面还有很大空间。

用于精品印刷的高浓度、高透明性、适应高速套印的高档胶印亮光快干四色油墨产品目前还未完全达到日本、欧美等国家同类产品质量水平，该类油墨市场用量不大，主要依靠进口。预计在今后5年内，随着国内油墨原材料质量的不断提高，油墨质量不断完善，此类国产油墨将逐步满足市场需求。

无水胶印油墨、全植物油胶印油墨、广色域胶印油墨在日本和欧美印刷市场已经应用多年，国内由于印刷厂需求量很小，目前无水胶印油墨、全植物油胶印油墨生产量不多，主要用于出口，广色域胶印油墨国内生产为空白，国内印刷用户主要依靠进口油墨，此类国产油墨预计在今后5～10年内生产量将逐步增加。

1. 市场发展趋势

2012～2014年在报业、出版印刷领域明显回落，包装印刷领域有所增长的背景下，胶印油墨整体发展稳定。伴随国家对绿色印刷法律、法规的相继出台，国内油墨企业正在加快胶印单张纸油墨、胶印轮转油墨向低VOCs的植物油基胶印油墨的升级转型；UV油墨应用市场趋势明显增强，低气味、低迁移、低能固化等节能和环保的UV油墨产品将受到市场青睐，随着国产自主研发的UV油墨

用原料的不断推出，降低成本也是一个趋势。

2. 技术发展趋势

胶印油墨生产工艺及生产设备向自动、高效化（基墨化、连续化、大批量）生产转换。

胶印油墨产品性能向高速、快干、色彩标准、适性优良的方向发展。

胶印环保油墨除了产品本身采用国际、国内环保油墨技术标准之外，生产企业还应自觉管控整个生产环节，包括对原材料供应商环保性管控，以便加快现有胶印油墨产品环保性升级。

推广、扩大胶印UV油墨、无水胶印油墨、全植物油基油墨、广色域胶印油墨、UV LED、H-UV油墨等新产品在国内的生产和使用量。

油墨生产企业应努力做到，生产工艺实现低单位能耗，一方面实现能源残热的充分利用，降低生产的能耗需求，同时减少废弃物排放，增加副产物的再利用比率。

（三）胶印橡皮布及发展趋势

1. 行业现状

目前，国际橡皮布制造存在五大板块，分别是美国、瑞典、德国、日本和中国。这其中，欧美三大板块是单一企业，而日本和中国则是由多家企业组成的"国家队"。上述五大板块在总产量上基本处于旗鼓相当的地位，但是在产品方面则各有不同。美国公司主攻卷筒纸胶印橡皮布，德国公司则是单张纸橡皮布中最高水平的代表，日本和中国以单张纸橡皮布为主导。

我国拥有印刷橡皮布制造企业9家，现在均可以生产气垫橡皮布。从生产工艺看，生产主流程均采用涂布法，各家企业的差距主要体现在生产设备的速度、产能、精度、自

动化程度和环保等方面；而在炼胶、硫化、表面加工等工序上，各家采用了不同的生产工艺，各种生产工艺各有千秋。

与国外先进企业相比，我国印刷橡皮布制造的差距主要体现在设备的自动化程度、产品的精益生产和质量稳定性方面，另外在印刷橡皮布的深入研究方面，中国企业和国际先进水平尚有差距。

2. 发展趋势

1）传统橡皮布制造技术的发展方向

对于印刷橡皮布来说，传统工艺未来的发展重点，一是精益生产，二是清洁生产。

（1）精益生产。与国外先进水平相比，国内印刷橡皮布制造企业在生产工艺控制、清洁生产、质量监控、操作自动化等方面，与国外先进水平还有很大差距。在这方面，国内代表性的橡皮布制造企业提出了"技术数据化、操作智能自动化、节能减耗环保化、安全卫生绿色化、工艺监察系统化、提速增效科学化"的发展战略，力争在2~3年的时间里，实现生产车间的全封闭管理，车间环境内部的无尘化、恒温恒湿控制，操作岗位的全程视频监控与记录，工艺参数的全程自动记录，同时逐步推动生产设备的自动化、智能化改造，杜绝人为因素对产品质量的影响，在印刷橡皮布的质量和稳定性上，

实现新的飞跃。

（2）清洁生产。国内橡皮布生产的环保化程度还有待进一步提升。在严格控制生产工厂废气排放，实现溶剂、固体废弃物回收再利用，推行精益生产，采用清洁能源、节能降耗等方面，国内橡皮布制造企业未来可以改善的项目还很多。而最为重要的，还是要集中精力研制发展压延生产工艺，只有这样才能将由于溶剂造成的污染，从印刷橡皮布的生产工艺中彻底剔除。

2）压延技术发展前景

（1）压延生产工艺。压延生产工艺是未来一个时期国内印刷橡皮布制造的主要攻关方向。压延工艺是直接将橡胶压延成薄片，并与基布复合，生产过程中完全不用溶剂，因此也就不存在溶剂污染问题。德国在10年前已经开始进行压延工艺的研究，现在已经正式投入生产。其他国外企业和部分国内企业也正在研制相关工艺。涂布工艺与压延工艺的对比如图7.6所示。

（2）压延生产工艺的优势：绿色环保，彻底实现生产过程无VOCs排放；节约溶剂，实现降耗减排；工艺流程更简单，据分析，可减少用工20%。

（3）压延工艺的难点：

①杂质去除问题。无论是橡胶生胶还是

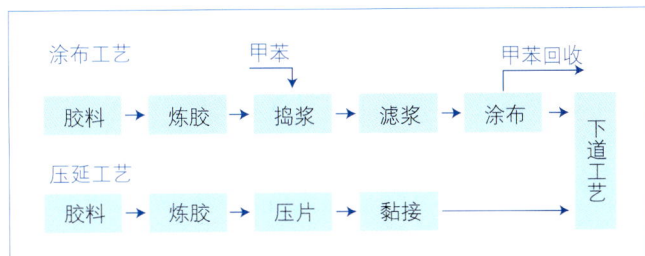

图 7.6 涂布工艺与压延工艺的对比

添加剂中，都可能存在各种杂质，这些杂质的存在严重影响印刷橡皮布的质量，在印刷橡皮布的生产过程中必须将之去除。如果采用涂布工艺生产橡皮布，橡胶及添加剂中的杂质可以在制浆完成后，通过对胶浆过滤实现去除。但是，压延工艺并不把橡胶溶解成胶浆，要想去除其中的杂质，就要对固体生胶进行过滤。目前，能够满足压延工艺要求的200目固体过滤系统国内没有，需要通过引进购买，而其费用非常高昂。

②橡胶均质化问题。橡胶生产需要将各种添加剂均匀地加入到炼制胶当中，在传统涂布工艺中，制浆过程可以承担部分均质化的工艺要求，但是对于压延工艺来说，添加剂在橡胶中的分散，完全依靠炼胶来完成，这对炼胶工艺提出了更高的要求。

③压延设备问题。目前国内市面上能够见到的压延设备，要么精度足够但是设备较小，幅宽、速度、压力等均无法满足大规模生产的需要；要么是规格够大但是精度不足。要实现印刷橡皮布精细生产的需要，就必须有合适的压延设备，这同样需要从国外进口。经与中国橡胶行业以及北京化工大学专家讨论，根据我国的机械电子加工水平，采用压延工艺替代涂布工艺制造印刷橡皮布，在技术上是可行的。

四、凹印器材

凹印版材的主要形式是电雕滚筒，其作为凹印印刷机的一部分，故此不再做描述。

凹版油墨应用领域主要有三个方面：一是包装印刷领域；二是工业品（建材品）印刷领域；三是出版印刷领域。在我国凹版印刷油墨主要以包装印刷领域为主，占75%～80%；工业品印刷领域占10%～15%；出版印刷领域很少，占2%～5%。

凹版油墨根据印刷方式可分为表面印刷油墨和复合包装里印油墨两大类。就整个市场而言，凹版油墨年生产量在35～40万吨，其中表印油墨占30%～35%；里印占65%～70%。表印油墨主要是用于薄膜（PE、OPP、PET、珠光膜等）印刷和纸张印刷及铝箔印刷三种。复合里印油墨主要用于复合包装印刷（OPP/PE，OPP/CPP，PET/PE，PET/AL/CPP等）。

凹印油墨在2010年前后已实现无甲苯无酮化升级改造，部分已直接实现水性化，主要应用在纸凹印上，目前塑料凹印油墨主要是溶剂型油墨，成分主要为树脂、颜料、溶剂和助剂四部分。

目前国家要集中治理的VOCs主要来自油墨中的溶剂组份，包含苯类、酮类、酯类、醇类等有机溶剂，大约在配方中占到70%~80%，加上后期印刷过程中添加的溶剂，总的溶剂用量要占到油墨总量的150%，这些溶剂将全部以VOCs形式排入大气中。

按照国家对VOCs治理的总要求，鼓励源头控制，前端治理。而水醇体系油墨是减少VOCs排放的有效解决方案，优点概括如下：

（1）用无毒害的水和食用酒精代替传统的苯类、酮类、脂类、醚类溶剂，实现了油墨无毒害、无刺激性气味，解决了印刷厂的工作环境及大气污染问题，保证了印刷工的身体健康，保证了包装产品的无毒害，拒绝了氯碳化合物的应用，避免了包装的二次污染，这是一个对行业有深远影响的突破。

（2）总VOCs排放量在无回收装置情况至少减少50%以上。

（3）具备回收条件的企业，VOCs含量可再降低20%以上，同时回收的食用酒精可直接应用，降低了成本。

（4）油墨由于水的存在，在印刷过程中不易引起静电发生，减少火灾隐患。

（5）油墨使用溶剂改为使用酒精和水，印刷厂添加稀释剂的量大大减少，总成本低于现行溶剂油墨。

按照现有的两种印刷方式，解决方案如下。

1. 塑料凹印油墨

水醇体系油墨+无溶剂复合技术。

2. 纸张凹印油墨

水醇体系油墨+水性UV光油。

普通UV上光油气味大，初始黏度高，目前无法在凹印上顺利完成。如果应用水性UV凹版上光油，印品光泽度高、耐热性、耐摩擦性好，适于烟草、酒类、盒类包装新技术。

五、柔印器材

柔性版印刷因使用绿色环保的水墨、醇墨、UV油墨等印刷油墨，有效减少了印刷过程中的VOCs排放，墨层中几乎不含重金属，健康安全。柔性版一般用于包装印刷，特别适用于日化、食品、药品、化妆品等关系生命健康安全的包装印刷，同时用于防伪、转印、证券和电子元器件等特种印刷。柔性版耐印力高，印机简单易组合，生产周期短，劳动效率高，符合国家绿色印刷政策和产业发展政策。

柔性树脂版分为固体树脂版和液体树脂版。按版材厚度不同分为厚版（3.94～7.00mm）和薄版(1.14～2.84mm)等。按技术方式不同分普通版、数字化柔版、热敏柔性版、激光雕刻版、无接缝套筒版等。目前，全球主要发达国家数字化柔版占柔印版材总消耗量的近60%以上，国内占比20%左右。

我国柔性树脂版的研发早在20世纪80年代已开始，上海印刷技术研究所和乐凯华光印刷科技有限公司先后投入研发，但由于柔性树脂版制造涉及材料、配方、工艺及装备等系统工程，国外专利封锁，技术难度很大，因此直到2009年国产柔性树脂版实现产业化突破，可连续大规模生产，填补了国内空白，使我国成为第四个拥有柔版全套生产技术的国家，到2014年我国柔版产销量超过35万平方米，有力推动了我国绿色环保柔版印刷的发展。

六、数字印刷器材

数字印刷作为未来印刷行业新的技术和市场增长点已被业界广泛认同，基于喷墨和静电技术的数字印刷在未来5～10年将高速发展，部分取代和补充原有印刷方式以开拓新的应用和市场，因此墨水、墨粉、电子油墨作为数字印刷的主要耗材具有广阔的发展空间。随着国产数字印刷设备的快速发展以及面对进口耗材成本高昂的现实必将引发国内第三方耗材的开发热潮。

数字印刷中喷墨技术发展尤为迅速。由于具有广泛的墨水材料和承印材料的适用范围，喷墨技术成为新兴制造业的发展基础，通过不同类型材料的引入，使喷墨技术在印刷行业得到了全新应用并大放异彩。水性油墨广泛应用于数字喷墨印刷机，已成为主流，UV油墨广泛应用在包装、标签领域。

纳米颜料墨水，它是将水性墨水中的颜料颗粒做成几十纳米的粒径，扩大颜料粒子比表面积，扩大了墨层的光谱吸收，从而提高油墨的色纯度、颜色密度，在提高呈色质量的同时使得墨水的用量更加节省。

其次，用于喷墨制版技术的纳米转印墨水是利用墨水的亲油性和版材的亲水性，构筑了从本源上实现环保的加法式制版体系，掺杂的纳米颗粒又起到了提高耐印力的复合增强特性。

再如发展迅速的数码上光技术，是将紫外光固化材料做成墨水，实现对多种类介质材料的喷墨式局部上光功能，并可以通过各种辅助材料的使用，灵活地制造出诸如反光、磨砂等特殊整饰效果。

新型的光子晶体材料亦可制成喷墨墨水，通过墨水中光晶材料自组装形成具有流光溢彩的类似珠宝光泽的墨层来实现对高档包装品的颜色加工，亦可作为新型纳米油墨，在高端防伪产品中应用。

近年来3D打印技术发展迅速，其中数码喷墨的直写方式是一个重要分支，它是一种通过计算机操控喷头移动、喷头沉积墨水、墨水固化获得具有一定形貌三维结构的技术。基于直写技术的墨水对浓度、流变性、粘弹性、固化速度等性能参数具有一定要求。满足以上条件的材料，如聚合物、金属、陶瓷等，都可以通过配制成墨水用于3D打印。3D打印在异形印刷、立体印刷装饰方面将有更多应用。

随着国家对环保性能要求的提高，墨水材料逐渐从溶剂型向UV体系和水性体系发展，而其中UV喷墨材料由于仍然存在空气污染、光污染和产生臭氧的影响，因此水溶性材料及相关固化方式的开发成为重要趋势。相关新技术的发展，各种印刷方式将竞争发展，相应印刷器材市场整体将稳定增长，份额将此消彼长，决定其增长空间的因素主要在于技术领先优势及国际化发展水平，即在高质高效、绿色环保、系列配套等方面各种印刷方式的比较优势。

目前占主导地位的胶印器材市场未来3～5年全球需求总量将基本保持稳定，占比将随着数字印刷技术的快速发展而缓慢下降。国内胶印器材市场竞争将更加激烈，主流品牌性能差异化不再明显，电子商务的发展将使产业链条利润空间进一步缩小。随着数字化的普及应用，胶印器材向绿色环保化发展的趋势将更加明显。国际市场，随着国内品牌CTP版质量的不断提升，国内竞争国际化的趋势将更加明显。

柔版印刷由于其绿色环保等特点，未来5～10年全球需求总量将继续增长，其市场份额也将有一定增长，尤其是在中国市场，未来5年将保持较快增长。

凹版印刷受国家对VOCs排放政策等影响，对器材改进升级的压力很大，水醇体系油墨的开发成功使VOCs治理从源头得到解决，但要想成功应用于全行业，尚需对现有凹印机干燥系统、版材及回收装置进行改造。做到用整体解决方案，实行全过程控制。经过几年努力，凹版印刷将彻底摆脱VOCs排放困扰，凹印技术将继续发挥它的效率高、印品质量好、速度快的特点，步入可持续发展轨道。

数字印刷应用未来将得到快速发展，其应用领域将进一步拓宽，数字印刷器材市场呈现快速增长，将部分增补凹印、胶印等市场下降的份额。

从印刷行业技术走向看，满足数字化、

表 7.11　印刷器材路线图

印刷器材		2016年	2017年	2018年	2019年	2020年	2021年	2022年	2023年	2024年	2025年
胶印版材	CTP版（单位:亿平方米）	4.9/2.3	5.0/2.4	5.1/2.5	5.1/2.6	5.1/2.7	5.1/2.7	5.0/2.7	4.9/2.7	4.7/2.7	4.6/2.7
	PS版（单位:亿平方米）	1.6/1.0	1.4/0.9	1.2/0.8	1.0/0.6	0.9/0.5	0.8/0.4	0.7/0.3	0.5/0.3	0.4/0.2	0.2/0.1
	胶印橡皮布（单位:万平方米）	165	165	180	200	220	250	250	250	250	250
油墨（单位:万吨）	胶印油墨	38	40	43	45	48					
	凹印油墨	30	32	37	40	43					
	柔印油墨	12	16	20	23	27					
	数码印刷墨水	20	25	30	34	40					
	特种印刷油墨	2	2.5	2.7	3	3.2					

CTP版说明：

- （2016—2017年）热敏CTP、UV CTP用量增加，紫激光CTP用量减少，免化学处理热敏CTP版、低化学处理紫激光CTP版开始进入市场，免冲洗纳米喷墨CTP版
- （2018—2019年）UV 低化学或免处理版进入市场应用，免砂目纳米喷墨CTP进入市场
- （2020—2021年）采用无电/化学处理版基的CTP进入市场
- （2022—2023年）各类免处理/化学处理CTP版材市场应用进入快速增长，适用于水性油墨的胶印纳米喷墨CTP版进入市场
- （2024—2025年）各类免处理/低化学处理免版基处理的CTP版材市场占比50%以上

柔印版材（含凸版）说明：

- （2016—2017年）子弹头数码版。全球柔版量680万~700万平方米（其中数码版460万~480万平方米），中国大陆柔版70万~78万平方米（其中数码版15万~18万平方米，凸版17万~20万平方米）
- （2018—2019年）平顶网点版、金属基柔版、数码水洗凸版。全球柔版量720万~740万平方米（其中数码版500万~520万平方米），中国大陆柔版85万~93万平方米（其中数码版20万~25万平方米，凸版20万~18万平方米）
- （2020年）平顶网点版、金属基柔版持续增长（其中数码版上升、凸版下降）
- （2021年）平顶网点版持续上升、激光雕刻平版、热显影柔版推向市场（其中数码版上升、凸版持续下降）
- （2022—2023年）平顶网点版、激光雕刻平版、热显影柔版持续上升、凸版持续下降、激光雕刻无接缝套筒推向市场
- （2024—2025年）激光直接成像柔版推向市场、全球柔版量持续上升（其中数码版上升、凸版持续下降）

油墨说明（2021—2025年）： 从油墨产品结构分析，以新闻、出版为主的平版油墨虽然仍占主流，但继续缓慢下降；而包装印刷品需求的增长，推动了数码印刷油墨、凹版油墨所占比重却有一定幅度的上升。个性化印刷品需求的增长，推动了数码印刷油墨和水性油墨的快速发展。环保程度更高的油墨（如UV油墨、全植物油基胶印油墨等）成为今后油墨行业的发展方向。"十三五"期间，我国油墨行业的工业增加值平均年年递增约为5%~6%

网络化和绿色环保化等印刷新需求的印刷器材将成为今后的主流。我国印刷器材制造业只有向印刷新技术和高端产品转型，才能实现持续健康发展。

印刷器材路线图如表7.11所示。

第三节
印刷装备及器材产业路线图

我国印刷装备及器材产业属于制造业的重要组成部分，按照《中国制造2025》战略规划为指引，立足国情和行业产业发展的实际情况，科学制定产业技术发展路线图。

一、遵循智能制造要义，统领产业转型和升级

《中国制造2025》为我国制造业规划了未来三十年三个阶段的发展蓝图，指引我国制造业从传统产业形态向智能制造产业发展。智能制造是我国印刷装备及器材产业转型和技术升级的必由之路。因此，必须深入领悟并遵行智能制造的基本要义。

理解智能制造的基本要义，可以通过其技术特点、技术水平和技术要素，以及实现智能制造，促进产业转型发展的有利和不利因素等方面进行。

（一）技术特点

智能制造整个产业涵盖从关键智能共性基础技术（如高档传感器、液压件等关键零部件、元器件）到测控装置和部件（如智能仪表、高端自控系统、数控系统等），再到智能制造成套设备几个方面。

在关键智能基础共性技术方面，行业的特点主要体现在高精细化、高准确性、高精

密度、高可靠性、高耐受性等方面，不同的零部件可能会有不同的侧重要求。在生产上就体现出需要高精度的加工设备、采用符合高要求的原材料、采用新型工艺、掌握关键的基础技术原理等特点。

在智能测控装置和部件方面，感知系统、自动控制系统、机器人、智能仪表等分别属于完成感知、决策、执行功能的核心部件。行业的特点是：大量采用新原理、新效应、新材料；技术上体现信息化、集成化，采用软硬件结合的方式完成系统控制；采用光机电一体化的技术完成检测工作；采用高速精密传动技术与部件、高端液压部件、伺服系统等保证系统的可靠性、灵敏性；采用不同类型的工业机器人准确、高效完成专业工作等，涉及的技术极为广泛。

在复杂智能制造成套设备方面，行业最明显的特点是整体化的设计、多系统协同与高度集成化，全面应用关键智能基础共性技术、测控装置和部件，通过整体集成技术来完成感知、决策、执行一体化的工作，并根据在不同行业内的应用而体现巨大的差异化特性。

（二）技术水平

国际上智能制造技术优势主要体现在三个方面：一是拥有为制造装备和制造过程提供智能化技术支撑的一批共性、基础性关键智能技术的优势，包括新型传感原理和工艺、高精度运动控制、高可靠智能控制、工业通信网络安全、健康维护诊断等；二是拥有机器人、感知系统、智能仪表等典型的智能测控装置和部件的技术优势；三是具备重大智能制造成套装备的技术优势。

我国智能制造产业较为薄弱，在关键的共性、基础智能技术方面，智能制造装备

整机和成套设备配套的关键零部件、元器件仍大量依靠进口。在重大智能制造成套设备方面，国内整体技术水平、设计与集成能力等方面都逊于发达国家先进企业。近年来部分国内企业坚持自主创新，着力提高研发技术水平，并与国外先进企业积极合作，在采购国外核心基础部件、测控装置的基础上，成套设备开发生产水平提高较快，并在一些领域内的智能制造成套设备方面取得了重大突破。

综合而言，我国的智能制造产业初步形成了以新型传感器、智能控制系统、工业机器人、自动化成套生产线为代表的产业体系，整体产业还处于发展初期，未来发展空间巨大，同时面临国际竞争的巨大挑战。

（三）技术要素

1. 智能化

产品的智能化主要体现在全自动运行管理、复杂工况处理、系统自检、控制系统的适应能力等几个方面。通过采用 PLC、计算机、通讯网络和各种高效、准确、可靠、可视的检测、监控、控制装备，配合自主研制、开发的 PLC、HMI 和计算机软件，实现整套系统的智能化控制；通过采用机器视觉技术实现了对复杂工况的感知、判断与处理决策；具有故障自检测功能，出现故障时能够及时发出报警并保护设备处于安全状态；控制系统具有自适应功能，能适应上游生产线输送过来的多种规格产品。

2. 模块化

模块化是根据不同独立单元的功能，依据不同用户的需求可进行灵活多变的组合，满足不同的生产需求。从设计上把系统的各个功能单元进行规划，综合各种使用条件下的功能分布情况，按最优化性能指标进行功能划分、整合，创建各功能独立存在方式及接口方式，进行模块化设计。不但满足客户的不同需求，同时在成本上进行合理的控制。

3. 高协同性

智能制造成套装备的高协同性主要体现在两个方面：一个方面是产品的协同性，每一套产品都是根据客户的特性、需求、客户产品特点、不同的上游生产设施以及相关环境资源的影响进行配置、设计、生产，达成客户整体生产系统的协同性运作；另一方面是数据的协同性，通过产品的上位机软件能完美地集成到工厂的 ERP 系统中，实现工厂产品数据的统一管理，并通过对工厂产品数据的处理实现了数据的二次开发，能及时发现生产的异常情况。

4. 立体维护模式

通过系统自检测系统的报警、现场生产管理人员的监测、公司技术人员通过互联网对系统实施远程诊断、技术人员现场维护等多种方式保障设备的正常运转，配合系统本身的高稳定性、高可靠性共同实现对客户系统的运行稳定性保障。

（四）有利因素

1. 国家政策的大力支持

国家在振兴装备制造业、发展高端制造业、发展战略性新兴产业等方面密集出台了诸多政策和配套措施，在国民经济"十二五"发展规划中也清晰规划了重点发展的领域，智能制造装备产业作为高端制造业的一个重点领域，其发展得到了国家和地方层面的大力支持。

2. 全球产业变革的大势所趋

智能制造的概念于20世纪 90 年代首先

由美国提出，其后各发达国家纷纷将智能制造装备产业列为国家级计划并着力发展，美国、德国、日本等国经过多年的发展积累了巨大的技术优势，全球多数国家也在努力促进国内智能制造装备产业的发展。我国相关产业起步较晚，但在国家政策的大力推动下，许多企业加大了在智能制造装备方面的研发、生产投资，并产生了一些国内的优势企业，以新型传感器、智能控制系统、工业机器人、自动化成套生产线为代表的智能制造装备产业体系初步形成。

3. 产业应用需求快速上升

智能制造装备是具有感知、决策、执行功能的各类制造装备的统称，是信息化与工业化深度融合的重要体现，大力培育和发展智能制造装备产业对于加快制造业转型升级，提升生产效率、技术水平和产品质量，降低能源资源消耗，实现制造过程的智能化、精密化和绿色化发展具有重要意义。智能制造装备业贯穿于国民经济的多个行业，各行业的技术升级、精细化发展、落后产能的淘汰等均为智能制造装备创造了巨大的应用空间。

（五）不利因素

1. 与发达国家相比还有较大差距

作为一个正在培育和成长的新兴产业，我国智能制造装备产业技术创新能力薄弱，新型传感、先进控制等核心技术受制于人，在新技术与新产品的研发上，多数仍是跟随国外先进企业的技术发展，技术上仍存一定的差距。工业发达国家在智能装备产业发展方面起步较早，经过数十年的发展，积累了巨大的技术优势，国内企业在这种差距下发展，难度较大。

2. 企业规模小，竞争力弱

智能制造装备产业在我国起步晚，国内的优势企业数量少，产业组织结构小，竞争力弱，缺乏具有国际竞争力的骨干企业。少数企业发展到一定实力，在国内市场已能面对国际大企业的直接竞争，但跨入国际市场竞争的企业仍较为少见。国内智能制造装备产业的发展还需要时日。

3. 产业基础薄弱，缺乏行业内的配套支持

我国制造业已有多年位居全球制造业前茅，然而尚不能克服产业粗放型发展的格局，诸多核心技术仍落后于国际先进水平。智能制造装备产业同样如此，产业基础薄弱，行业内的配套企业整体实力较弱。一些优势企业在系统整体技术与集成能力上有所突破，但一些核心部件的制造仍缺乏国内企业的配套支持，仍受制于国外企业。

二、数字化、网络化、智能化、绿色化是印刷装备制造技术发展的根本途径

实施印刷装备及器材产业"四化"主要是基于新一轮信息技术、新材料和绿色节能环保技术，着力解决目前严重制约产业发展的瓶颈问题，解决中低端产能过剩、创新程度不够和意识不强、存在污染和高耗能等严重问题，实现在互联网环境下印刷装备制造产业发展平台、数据、资源的最大化利用，全数字化的生产、管理、物流、服务和全生命周期的产品管理，以及绿色、高效、节能、环保的可持续发展。

实施印刷装备及器材产业向智能制造转型发展的典型技术特征是数字化、网络化、智能化和绿色化，如图7.7所示。其中，数字

化主要指数字印刷技术和数字化印刷流程，网络化主要指云按需出版、网络印刷服务，智能化主要指印刷生产和印刷装备及器材制造过程智能化，绿色化主要指印刷资源可回收、可重复利用和节能环保。支撑"四化"技术发展的共性关键技术主要有物联网、大数据、云计算和先进制造技术、新材料与新工艺，以及印刷装备及器材的基础条件（如材料、工艺和机床等）。

（一）开发智能产品和自主可控的智能装置

主要内容包括：印刷单元各部分的数字化改造，个性化功能模块的开发、整机功能的扩展。亟需提高原有设备自动化水平的用户，可以采用更新部套模块的方法，提高设备的使用效率，达到减人增效的目的。对如图7.8所示的书刊印刷装备，进行如图7.9所示的数字化改造后，成为图7.10所示的数字化印刷装备，全面提升书刊机自动化程度。

对有业务扩展需求，需要提高整条生产线功能水平的客户，可以采用增加功能模块的方法，提高设备的利用率和适用范围。从图7.11中选择一些个性化的功能模块进行功能模块扩展，可成为图7.12所示的两种具有不同扩展功能的印刷机。

图 7.7　智能印刷装备技术特征

图 7.8　改造前的现有印刷装备

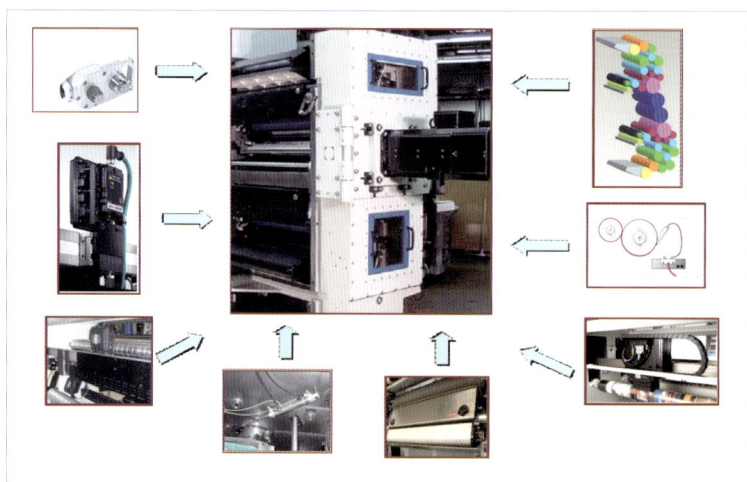

图 7.9　印刷单元各部分的数字化改造

图 7.10　改造后的数字化印刷装备

(a)双折页模块　　(b)十六开折页模块　　(c)进、出纸张力模块

(d)翻转杠模块　　(e)裁单张机组　　(f)冷却机组

图 7.11　个性化功能模块

图 7.12　具有扩展功能模块的两种印刷机

（二）建设智能印刷工厂

以"四化"技术为核心，建设智能印刷工厂系统，该系统主要由智能物流系统、企业管理软件、生产信息采集系统、智能生产设备四大部分组成。通过各系统协同工作，构建功能完备、具有高度自动化的可实施智能生产现代引述工厂，图7.13所示给出了新兴智能印刷工厂的模型。

（三）云印刷服务

由于受到资金、场地和工艺的限制，在当前业务量下降的情况下，大规模设备改造存在困难。但是印刷企业一直都在工艺优化、减少用工方面进行改进尝试，特别是印后处理各个环节，一直是企业提高生产效率的瓶颈。以信息物理生产系统（CPS）为核心，基于云印刷服务平台和云信息安全平台，构建由印前设备、印刷设备、印后设备构成的基于网络环境下的智能制造平台。CPS在印刷生产中的应用可集成色彩控制、在线质量检测技术、智能印后流程技术、可变裁切规格、个性功能模块等

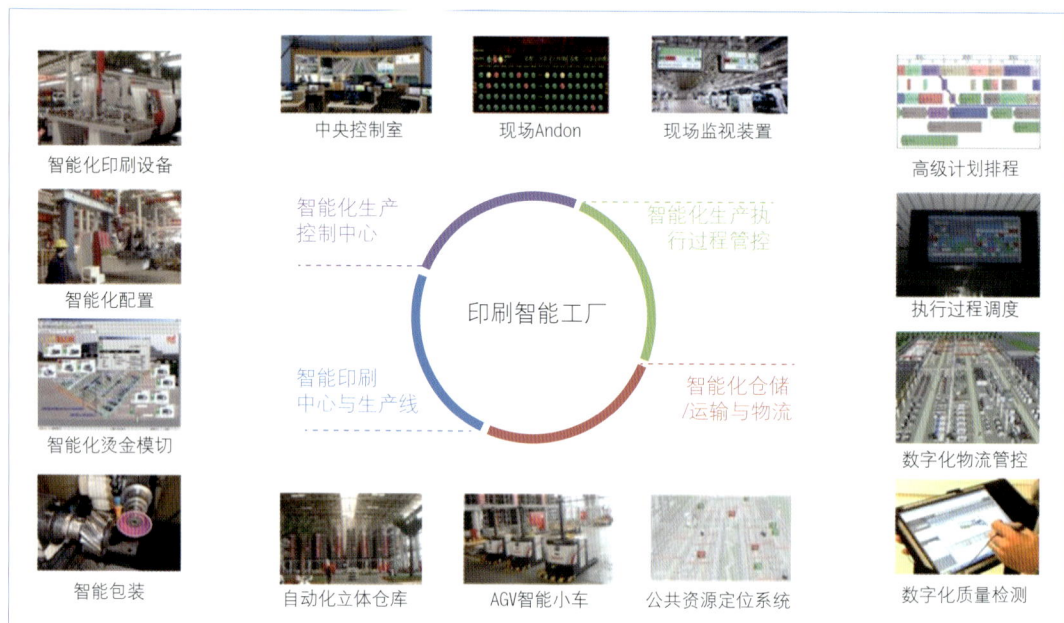

图 7.13　印刷智能工厂模型图

技术实现印刷智能化、数字化；通过绿色环保水箱、数字化供墨、VOCs控制及回收管理、能源管理等技术实现绿色环保印刷；通过数字印刷与印后设备、自动化物料供应与工序周转、生产流程管理、云服务平台等技术实现出版按需解决方案。

基于CPS的印刷机远程服务诊断系统通过Web网络及移动终端与印刷机连接，实现信息采集、故障诊断及远程售后技术支持。某印刷设备生产企业售后服务系统如图7.14所示。利用互联网技术，建立客户设备与设备生产企业的互动联系，如图7.15所示。

某书刊印刷设备制造企业的云服务平台框图如图7.16所示。

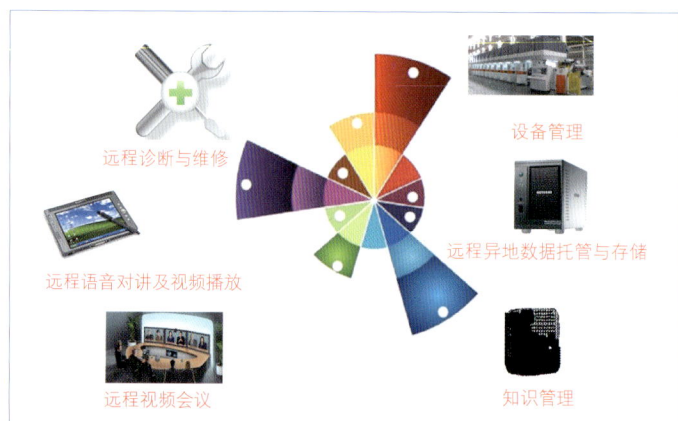

图 7.14　印刷设备生产企业售后服务系统

某包装印刷设备制造企业的云服务平台示意图如图7.17所示。通过云服务平台，实现设备信息管理、设备维护保养、设备故障诊断处理、客户管理等功能，形成完整的远程服务系统。

某印刷工厂的企业管理软件系统如图7.18所示。

（四）智能印后

对于印厂来说，实际上面临的挑战就是要去不断改善印后操作流程，扫清制约印厂生产效率提高的障碍，在大多数情况下，印后仍是瓶颈，是制约传统印刷转为数字印刷的

图 7.15　客户设备与设备生产企业的互动联系

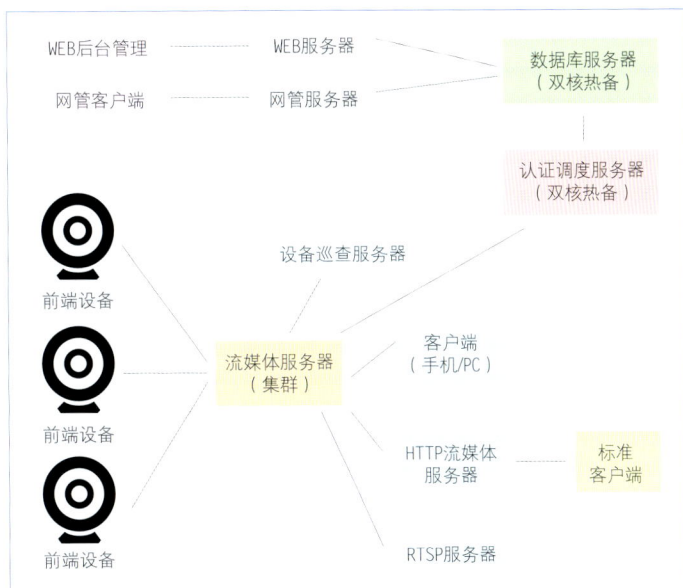

图 7.16　云服务平台框图

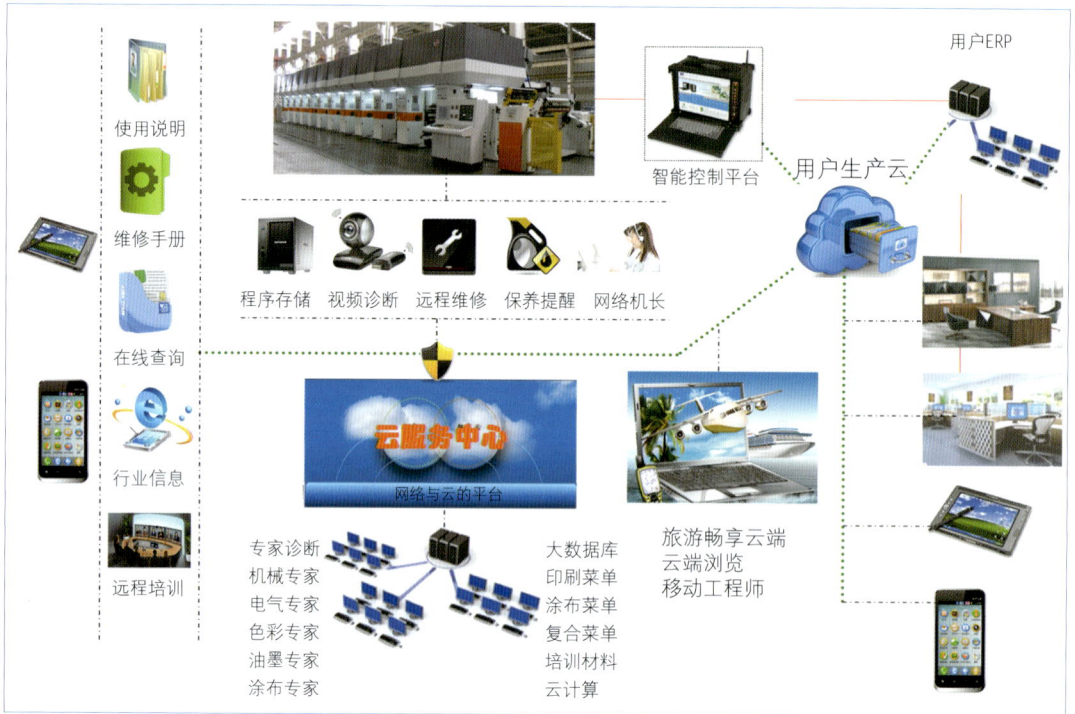

图 7.17　云服务平台示意图

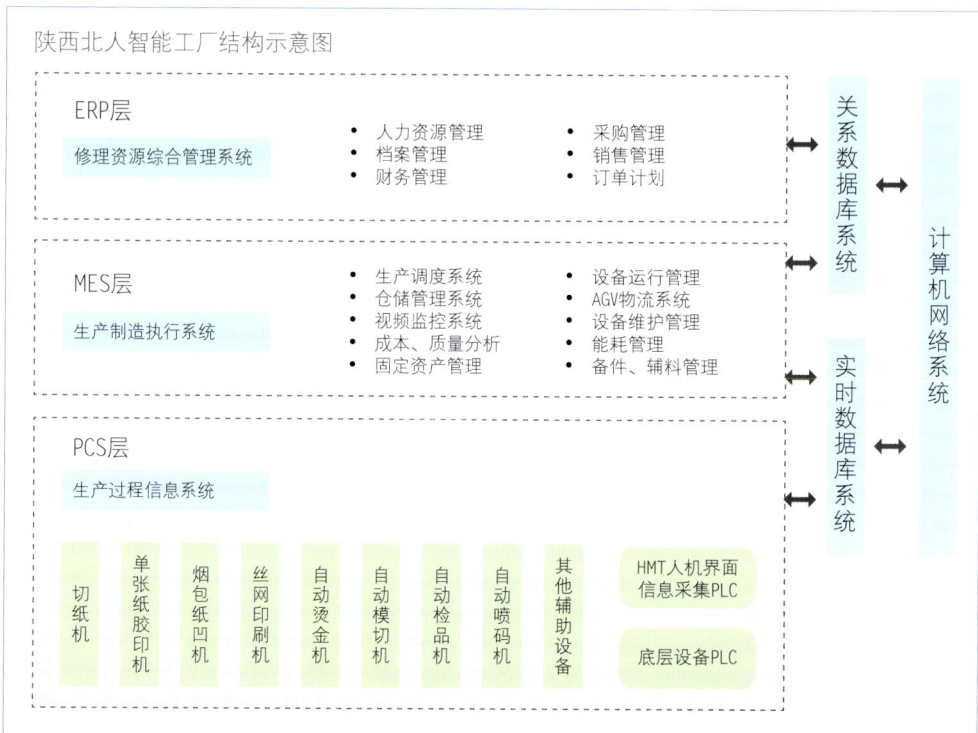

陕西北人智能工厂结构示意图

ERP层

修理资源综合管理系统

- 人力资源管理
- 档案管理
- 财务管理

- 采购管理
- 销售管理
- 订单计划

MES层

生产制造执行系统

- 生产调度系统
- 仓储管理系统
- 视频监控系统
- 成本、质量分析
- 固定资产管理

- 设备运行管理
- AGV物流系统
- 设备维护管理
- 能耗管理
- 备件、辅料管理

PCS层

生产过程信息系统

切纸机　单张纸胶印机　烟包纸凹机　丝网印刷机　自动烫金机　自动模切机　自动检品机　自动喷码机　其他辅助设备

HMT人机界面信息采集PLC

底层设备PLC

关系数据库系统

实时数据库系统

计算机网络系统

图 7.18　智能印厂企业管理软件系统图

最后一环，印后有充分的上升空间和机会。

某书刊印刷企业全系列印后智能管理生产线如图7.19所示。自动化工序中转系统由智能传送带、堆积打孔一体机、收卷系统、堆积机、堆垛机器人、物料罐体系统组成。图7.20为自动化工序中转系统。用户可以根据企业具体情况分模块、分阶段进行后续生产线改造。装订车间的智能化物料运输管理系统如图7.21所示。

在包装领域，为小批量、一次性印制及中长版印刷任务提升效率提供联线或近线的镭射模切、喷涂、上光、烫金、数字浮雕、创新裁切等高级印后处理方式，使印刷品呈现特殊的效果，可为印刷提升整体价值。

（五）智能物流系统

新型印刷工厂的物流系统主要是控制物料在相同区域内部及不同区域之间按照印刷流程有序运输。某新型印刷工厂的物流系统示意图如图7.22所示，购买的物料需要在三楼的智能仓储区登记入库。根据ERP下达的生产订单有序出库后通过物流电梯运输到一楼的印刷车间，然后依据印刷工序被有序输送到相应生产工序完成印刷，接下来将印好的半成品通过物流电梯输送到二楼的印后车间完成相应的印后加工并将成品装箱，最后将印刷成品装车发货。

智能化、自动化的仓储管理系统是智能工厂物流的主要构成部分之一。某书刊印刷厂智

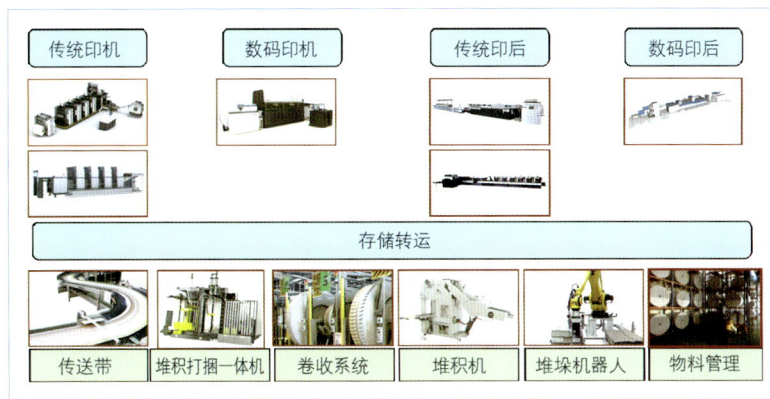

图 7.19　印后智能管理生产线

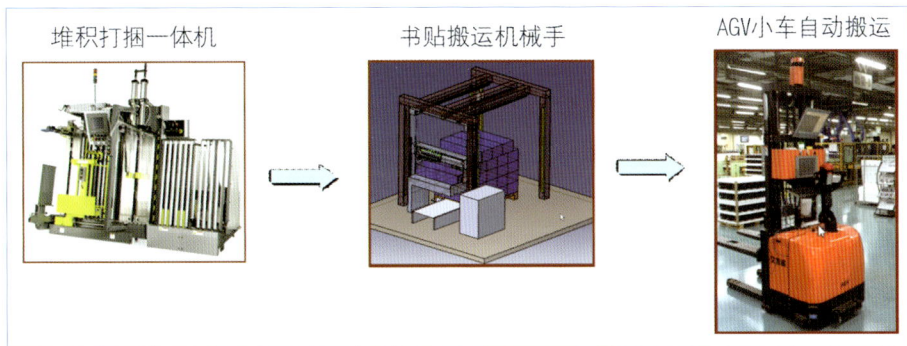

图 7.20　自动化工序中转系统

图 7.21
智能化物料运
输管理系统

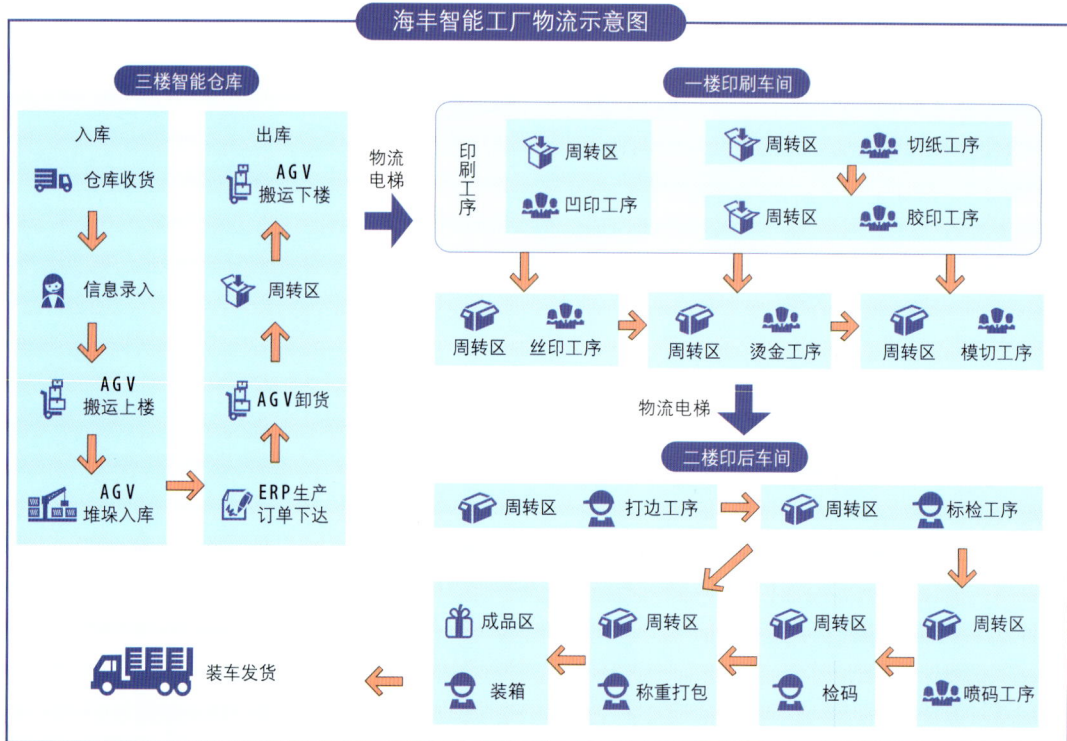

图 7.22　智能工厂物流系统示意图

能纸库存储及上纸管理系统的平面图如图7.23所示。按照智能化、自动化的纸库管理系统平面图进行智能化纸库改造，通过纸库存储方式、给纸机上纸方式改造及纸库存储及上纸智能管理系统，可实现按需求自动取纸、自动拨纸皮、按需求送达给纸机位置。

某智能仓储区的库房如图7.24所示，分为办公区、功能区、周转区及各种材料存放区。材料存放区包括卷筒纸库区、垛纸库区、印版库区、油墨库区。

新型印刷工厂的智能仓储采用超高频RFID读写器作为门禁读写器，如图7.25所示。

新型印刷工厂智能物料运输管理系统框图如图7.26所示。智能运输平面示意图如图7.27所示。

三、蕴育智慧印刷产业生态圈

印刷装备的智能化发展是为印刷企业转型升级服务的，本节综合行业的科研成果并结合实例比较，翔实地介绍了智慧印刷工厂的建设及智慧印刷产业生态圈的建设。

（一）智慧印刷产业要义

智慧印刷产业是以数字化智能制造为基础，以互联网和物联网为两翼，把产品、设备、资源和人有机地联系在一起，如图7.28所示。基于智能化设备和高度灵活的信息系统，改造印刷生产流程，通过印刷品全生命周期和全制造流程的数字化，各环节共享数据，推动生产方式向定制化、柔性化、绿色化、网络化方向发展，建设信息驱动下的智慧印刷工厂，从而提高生产服务效率，扩大服务半径，丰富服务内容，降低经营成本，

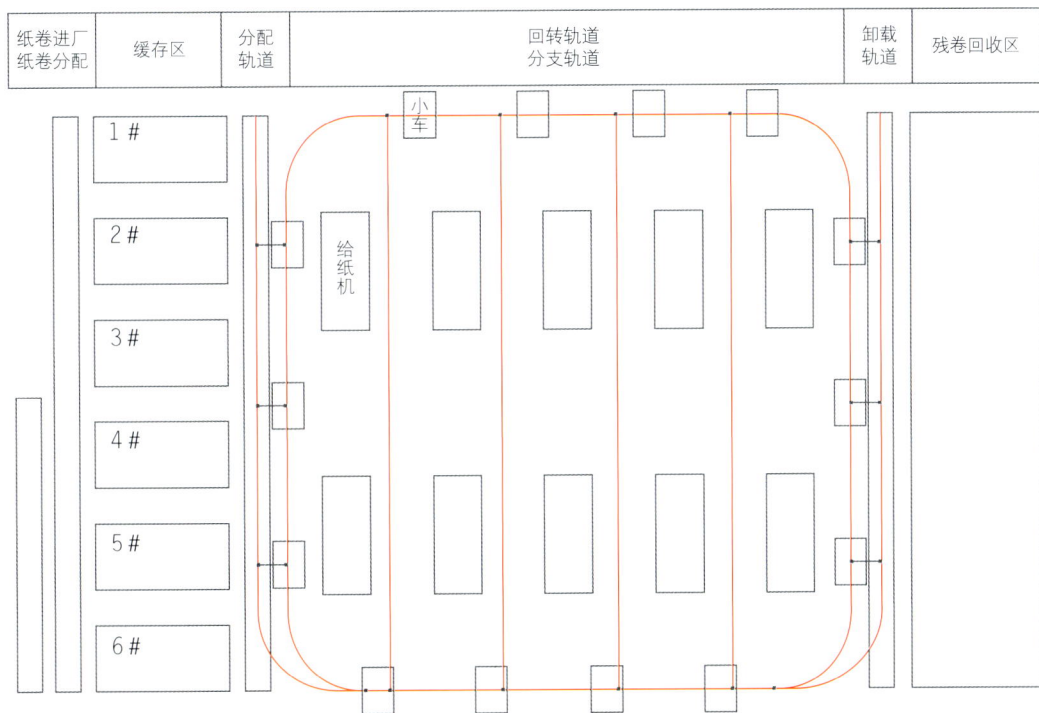

图 7.23　智能化、自动化纸库管理系统

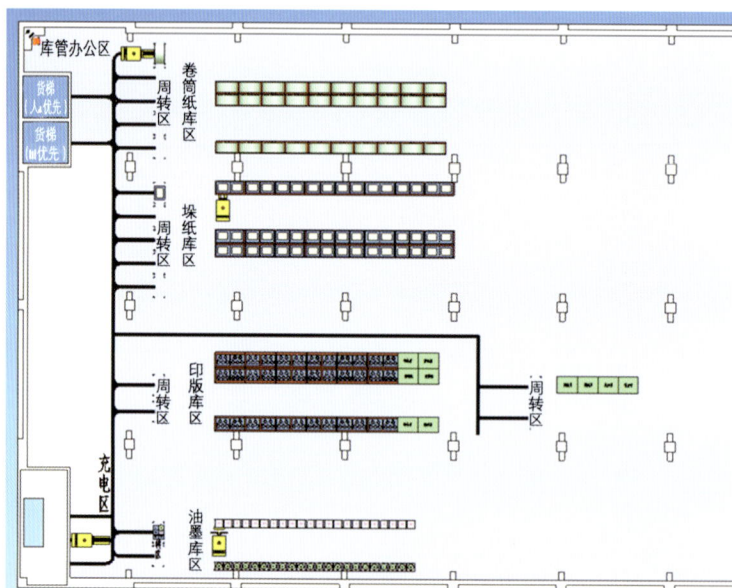

图 7.24   智能仓储区的库房

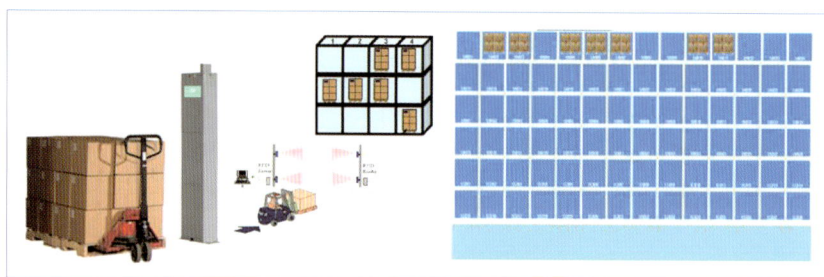

图 7.25   RFID 门禁读写器

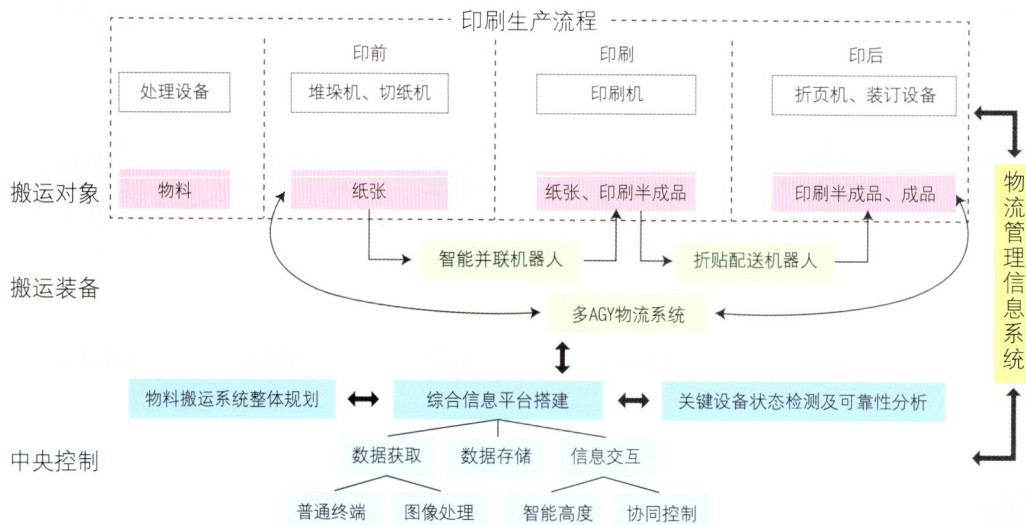

图 7.26   智能物料运输管理系统框图

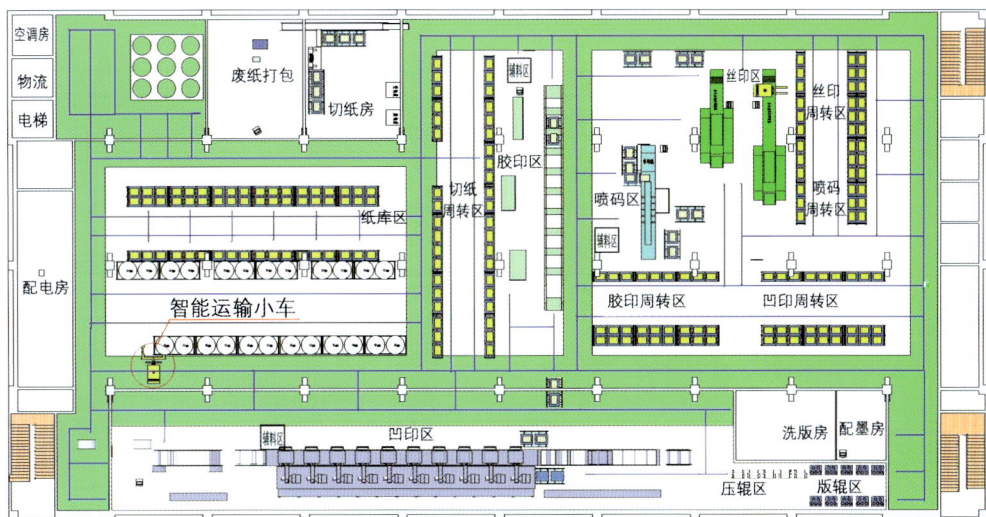

图 7.27 智能运输平面示意图

图 7.28 智慧印刷产业模式

让生产更敏捷，企业效益更好，拓展印刷服务空间，延伸服务内容，实现智慧型印刷方式。

在智慧印刷模式中，印刷产业通过全产业链的互联，重构用户、印刷企业、供应商以及销售商的服务模式和业务形态，将物联网、云计算、移动互联网新一代信息化技术和先进的生产自动化技术深度融合，运用到印刷的业务管理、生产管理、印刷过程控制等印刷品制造全周期中。如图7.29所示，通过业务网络化、生产智能

化、制程标准化和管理信息化，客户可以参与、监督产品的设计、研发与制造过程，实现可视化、透明化、一体化，拉近生产环节和用户之间的距离；在生产过程中，人只是生产指令的组织者和计划变更的协调者，由软件系统和自动化的装置来执行生产任务，将人从繁琐的工作中解放出来，降低成本，并实现高效生产。

（二）蕴育互联、合作、共赢的印刷产业生态圈

智慧印刷作为新的产业模式，将聚集众

图 7.29   智慧印刷的技术路径

多相互依存、相互协作的印刷产业主体，按照在产业链中所起作用形成不同的维度的集合，构建具备可持续发展特征的印刷产业多维网络体系，形成全新印刷产业生态圈。

1. 印刷产业生态圈的构成

新一代的印刷产业生态圈由印刷客户维、印刷生产维、印刷服务维和公共服务维组成立体式的产业结构，如图7.30所示。

（1）印刷客户维。印刷客户通过网络云印刷平台发布印刷需求，提出服务要求，在大数据分析基础上，完成解决方案的选择、

图 7.30   产业多维的印刷产业生态圈

印刷品的设计、制造及交付等全周期活动，是印刷生产中最终服务对象。在智慧印刷模式中，客户可以通过工业信息化技术参与印刷品的生产过程，了解制程，监督质量，保证工艺。

（2）印刷生产维。印刷生产企业对外通过各类互联网平台联系印刷产业链上下游，提供完整印刷品生产解决方案，对内通过信息化系统和智能化装备完成印刷品的智能生产，是印刷制造体系的基础和核心环节。

（3）印刷服务维。具体分为三类：为印刷品的生产制造提供各类印刷生产装备以及纸张、油墨等器材服务企业；为印刷生产提供色彩管理、质量控制、物流配送、金融信贷等解决方案的公司；提供网络印刷平台、电商推广平台及ERP、MES等信息化建设专业服务型企业。在新的产业模式中，通过电商平台响应印刷企业的生产方案，完成印刷生产中的物质供应、方案支持和技术服务；在新的产业模式中，将从传统的供销模式升级为全生产周期内的技术服务方案支持，技术服务与器材销售融合，作为新兴的产业单元的信息服务公司，为印刷产业提供方便快捷的市场和信息服务，在新一代的印刷产业中将发挥越来越大的作用。

（4）公共服务维。各级政府主管下的印刷行业主管部门、印刷行业协会组织、科研院所等，为行业提供发展产业政策、制定行业法规及标准、引导新兴产业方向的培育和发展、新技术的研发等服务，维护印刷产业生态圈良好的发展环境和秩序。

智慧印刷产业圈还会根据产品类别形成细分的次生态圈，如图7.31所示，如商业印刷生态圈、包装印刷生态圈及标签印刷生态

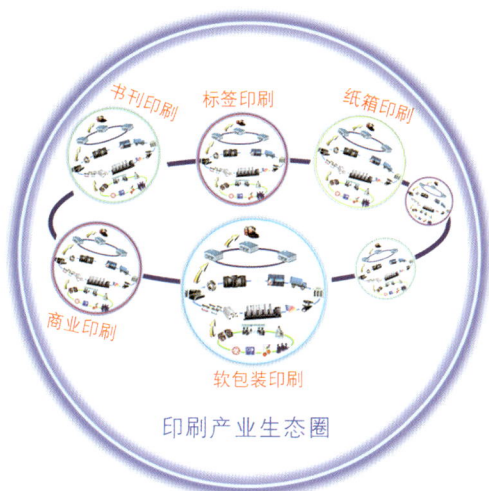

图 7.31 多层次的印刷生态圈

圈等，每个小的生态圈的组成要素、特征和整体产业生态圈一致，能够独立完成相应印刷品的生产，各生态圈又存在相互联系，能够合作完成复合印刷业务需求。

2. 印刷产业生态圈的特征

智慧印刷产业生态圈具有"互联、合作、共赢"的产业特征。通过互联网技术连接终端客户、设计公司、印刷企业、印刷设备制造企业、印刷器材供应商、工艺管理方案解决商、融资金融机构、印刷院校、行业协会等产业主体，同时要求各主体以互联网的思维参与印刷生态圈的活动，根据订单的构成，合理确定分工组建科学、高效的业务链条，提供满足最终客户印刷需求的服务。

与自然界的生态圈相似，由全产业链形成的印刷产业生态圈中，各个主体之间以及所依存的印刷产业环境之间遵循开放、有序、合作、共赢的原则，存在物料循环、能量流动和信息交换的相互作用，是一个存在的不可分割的交融体。印刷产业根据多条不

同的价值链以及合作主体多样化，依赖更加科学、合理、公平的利益分配，创造合作共赢的经营模式，保证生态圈的良性运作、长久高效运转和欣欣向荣发展，构建和谐共赢的产业生态圈。

印刷产业生态圈将借助信息网络，建立跨技术孤岛的信息平台，实现产业链信息共享和跨地域的合作，推动产业链模式上协调、配合，实现各环节有机黏合。通过创造更好的生态环境，让生态圈内各组成要素共存共荣，最终实现各印刷产业链及整个印刷产业的和谐发展。

（三）互联网＋印刷

随着电子商务平台和模式的成熟，新的印刷产业也将更依赖于互联网完成面向印刷客户的网络业务以及面向印刷生产的印刷器材供应相关商务活动，适应个性定制、小批量多批次的业务模式，以及分布式服务和制造的生产形态，缩短印刷产业链各环节之间的距离，改变印刷产业服务模式和内容，发挥大数据下生产资源的优化分配，打造基于"互联网＋"的服务型印刷产业链。

印刷产业各主体通过互联网完成与印刷相关的商务活动，将由大数据实现资源的合理分配。如图7.32所示，以智慧印刷工厂为连接中枢，根据参与印刷产业链的形式和内容，印刷电子商务通过各类网络云印刷平台，面向终端客户的印刷业务互联网化，实现网上接单、在线设计、在线报价、在线服务、在线印刷与交易；通过印刷电商，实现面向印刷企业的印刷器材及其他印刷服务方案交易网络化。

1. 网络云印刷服务

印刷企业通过公共网络印刷平台或企业

图 7.32　印刷产业的电子商务模式

门户网站进行企业宣传、服务信息介绍、营销推广。如图7.33所示，客户网络化将实现包括在线方案设计、在线报价、在线交易、制程查询、在线支付等更多印刷交易活动；连接工厂ERP后，客户直接可通过移动端关注订单进程、生产进度、付款状态、配送物流等，掌握订单的动态信息。

此外，新型印刷企业还可以通过提供富媒体营销、大数据存储与分析、精准市场营

销分析、物流追溯与防伪等增值服务，实现印刷服务业务的延伸。

图7.34所示网络云印刷服务流程中，再加工的原稿需要在网络印刷平台选择相应模板，提供再加工原稿资料以及产品要求，设计师参与设计，经过与客户的沟通，最终得到客户满意的设计方案；不需要再加工的原稿直接通过网络印刷平台，生成标准化的PDF文件，被传送到印刷企业进行指导生

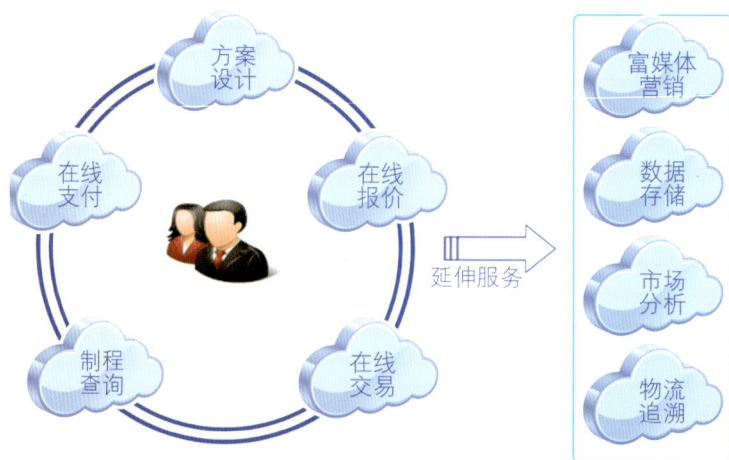

图 7.33　网络云印刷服务

图7.34　网络云印刷文件处理流程

产；通过网络印刷平台实现在线下单、支付；生成标准化的PDF文件会自动输送到印刷数字工作流程中进行后续的生产。

2. 印刷电商服务

借助面向印刷企业的垂直B2B、B2C、O2O等电商模式，印刷器材商将与互联网结合，互联网成为线下交易的平台，线上跨区域交易，线下本地化服务，专业快捷；通过网络的快速响应，与印刷企业紧密结合，为企业提供更好的服务，从而促进企业的业务发展。

如图7.35所示，在新的生产服务模式中，客户直接通过网络云印刷平台客户端发布印刷服务需求，印刷工厂由网络获取订单信息，通过电商平台整合器材供应商等印刷产业链资源，获得跨地域的产业链上下游响应，提供各自的解决方案；发挥大数据对于生产资源的支配作用，对供应商的品质能力、团队服务能力、成本领先能力、技术能力、交货供应、市场评价能力进行综合评估，协助印刷企业对比服务方案，择优选取

供应商，完成设计、工艺、报价等全周期的解决方案；同样，印刷客户也是在大数据分析的支持下，完成解决方案的选择，满足个性化订制服务需求。

目前，印刷企业可以通过印刷电子商务平台实现印刷器材的购销；在电子商务平台关联印刷生产过程中，印刷企业内部的ERP、MES系统与电子商务平台的互联，实现供应商与企业内部生产信息的共享，如图7.36所示。印刷产业链服务模式将进一步延伸，衍生增值服务，从印刷器材供应商转变为服务方案和解决方案提供者。

在新的商业模式中，油墨供应商将及时获得生产订单及工艺要求信息，依据油墨工艺知识向印刷企业提供最优的调墨方案以及生产环境温湿度控制等信息，使印品质量得到保证。

纸张供应商，则根据订单加工信息以及设备信息、油墨信息，提供最合适的纸张方案，并且根据不同纸张特性，在满足生产需求的前提下，制定最优的纸张搭配方案。

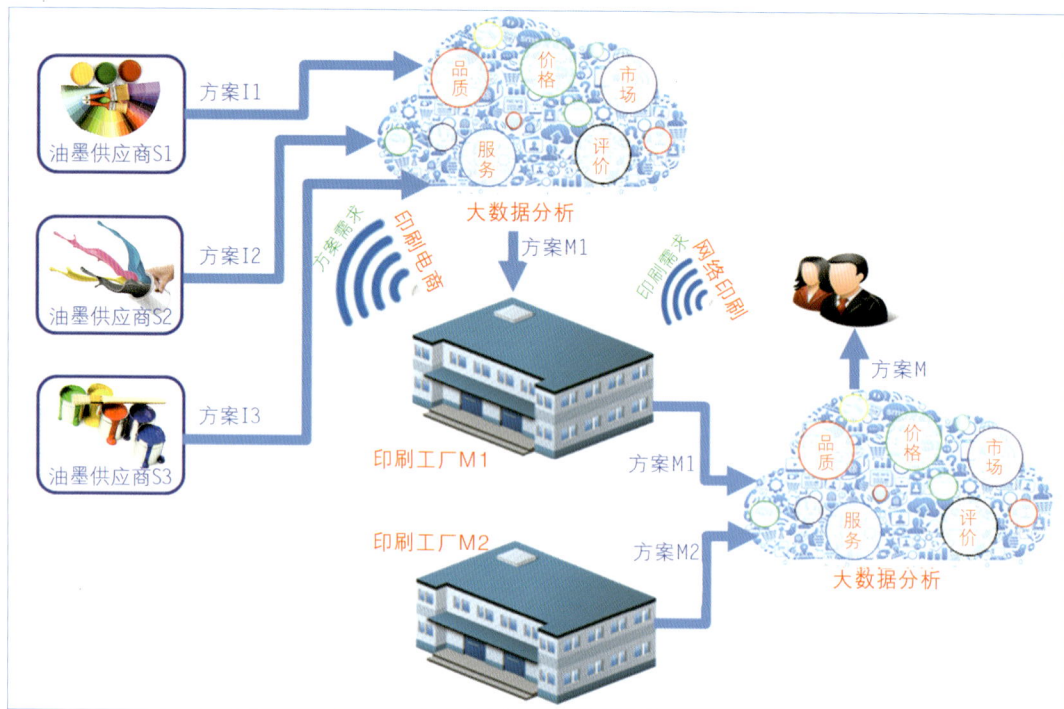

图 7.35　印刷解决方案的选择

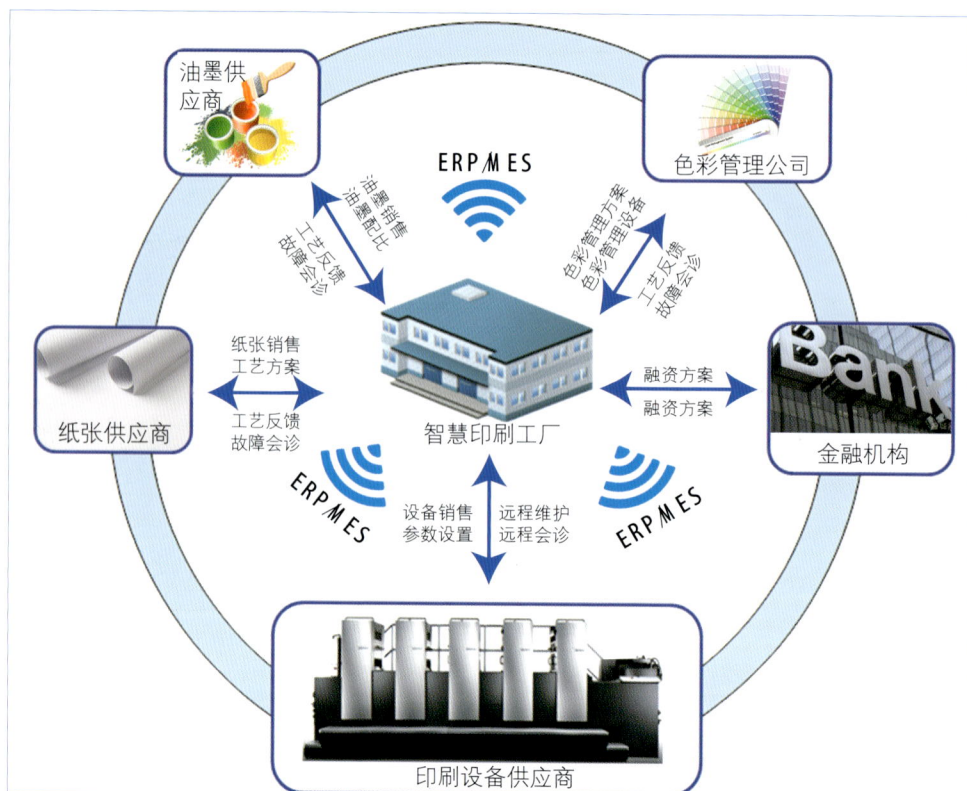

图 7.36　印刷器材服务的延伸

设备制造商不再是单纯的销售设备，而是为开展不同业务类型的、不同发展水平的印刷企业量身定制印刷设备及生产参数方案，并通过远程诊断，实时监测设备的状态，给印刷企业推送设备维护以及维修方案。

在生产过程中，器材供应商在获取了印刷企业的需求信息之后，提供自身信息参与竞争，接单并且通过物流进行及时送货，能够实现印刷企业的零库存；在线提供服务为印刷企业提供良好的服务体验，并及时获取印刷过程相关生产信息数据，通过数据发掘积累服务知识，支持提供更优服务。

智慧生产模式下的印刷工业通过建立供应商、印刷制造企业、物流中心、电子商务平台、客户网络生态圈，实现整个印刷链的互联，减少了交易环节，提高了企业生产效率，达到供应链上的信息共享，实现业务响应敏捷、信息对称、原材料来源清晰、产品加工透明、物流运输可追踪，有利于印刷企业获得需求个性化、小批量的长尾蓝海市场，进一步扩大印刷企业的市场。

四、构建智慧印刷工厂

智慧印刷工厂的建设基础是设备智能化、生产流程智能化的实现。对于印刷设备制造商来说，需要运用当前最先进的机械制造技术、人工智能技术、物联网技术结合印刷产品加工工艺，制造出满足印刷企业生产个性化、多样化产品的自动化智能化生产加工设备。印刷设备具有更多的开放接口，实现设备与设备之间，设备与企业内部软件系统之间的互联。

对于印刷生产企业来说，应从生产力、购买力、新旧设备衔接方面综合考虑自身规划、近期和远期业务发展方向，引进自动化、智能化设备。可以预见，未来劳动力市场会越来越紧张，用工成本会持续增加，印刷工业实现机器换人也是必然趋势，在购买力允许的情况下，尽可能购买智能化程度高、稳定性能更好的品牌设备；同时，根据企业现阶段以及未来业务需要，淘汰不适用的设备，或对现有设备进行改造以使之适应新的发展需求，或者新购自动化、智能化设备开展企业新的业务。

对于信息化水平不高的印刷企业，应尽早树立企业信息化建设意识，结合企业的业务需要以及目前的信息化水平，积极引进信息化管理系统。从单个部门出发，初步实现部门级的信息化，提高企业生产、管理、运营效率，增强企业竞争力。

对于有一定信息化基础的印刷企业，则重点应放在打破企业信息化孤岛，注重信息化系统之间的互联。不仅实现从订单生成到生产订单的自动下达，再到生产一条链的信息化，还要实现企业、客户、供应商之间信息化的互通，使客户在网络印刷平台下单的同时、印刷企业进行生产的准备工作、供应商根据客户订单以及印刷企业原材料库存现状及时供应所需物料。实现原材料供应及时、订单生产及时、成品送货及时，进一步实现准时生产管理思想。

国家加快推进信息技术在工业生产中的应用，制造业的发展将迈上新的台阶。作为制造业的印刷工业，在信息技术不断融入到生产制造过程中，印刷工业的发展将呈现新的模式，在产品全生命周期满足客户个性化需求，柔性化定制化的生产线实现多品种产品生产的动态资源配置，提高能源利用效率，使工业生产绿色环保。

智慧印刷产业将呈现如下的发展趋势：

（1）产品生产制造方面，数字化、智能化技术和设备贯穿产品全生命周期。随着信息技术发展进步与普及应用，数字技术、计算机网络技术、信息通信技术、人工智能技术等将渗入到产品研发设计、生产制造、物流配送整个流程；先进信息技术、印刷技术的深入应用，将大大缩短产品设计与生产制造之间的周转时间，极大地降低新产品进入市场的时间成本。工业机器人以及智能生产线等将在印刷生产中广泛应用，"机器换人"成为企业提高生产效率、降低人工成本的重要手段。物联网、云计算等新技术和新平台不断涌现，行业产业链、价值链的运转更为高效，异地设计、本地生产的协同化生产模式已被企业广泛接受和采用。

（2）发展模式上，绿色化、服务化日渐成为印刷业转型发展新趋势。生态环境与生产制造的矛盾日益激化，推动了全球工业设计理念的革新和传统技术的改造升级，以实现资源能源的高效利用和对生态环境破坏的最小化；而低能耗、低污染的产品也逐步显示出其强大的市场竞争力。服务化也将成为引领印刷产业升级和保持可持续发展的重要力量，是印刷业走向高级化的重要标志之一，印刷业的生产将从提供传统产品制造向提供产品与服务整体解决方案转变，生产、制造与研发、设计、售后的边界已经越来越模糊。

（3）组织方式上，内部组织扁平化和资源配置整体化成为培育竞争优势新途径。企业内部管理方面，传统的工业化思维以层级结构管理企业的内部运行，以串联结构与上游

下游企业共同形成产业链条，强调管理组织等级分明，强调企业业务"大而全"，难于适应市场和产品的多样化需求。当前的互联网思维强调开放、协作与分享，要求减少企业管理的内部层级结构，在产业分工中注重专业化与精细化，企业的生产组织更富有柔性和创造性。在企业资源配置方面，受信息技术影响，制造业全球化的步伐加快，生产和流通方式、贸易领域发生了巨大变化，企业通过网络将价值链与生产过程分解到不同国家和地区，技术研发、生产以及销售的多地区协作日趋加强。

在智慧印刷制造体系中，印刷厂既是印刷品制造的执行中心，又是印刷产业链的信息连接中枢以及印刷智能制造体系的核心，基于智能生产的新型印刷工厂是实现智慧印刷的基础。

智慧印刷厂外部通过物联网、移动互联网、大数据、电子商务平台、网络印刷平台实现印刷产业链客户、供应商及关联企业的互联；企业内部将通过企业信息化与设备的智能化实现企业内部资源、智能设备、信息系统、人的互联；最后通过内部与外部的互联，演变成"智慧印刷工厂"，如图7.37所示。

智慧印刷工厂从客户需求开始，将客户订单拆解到具体工序以及加工指令，通过ERP、MES、SCM之间的集成，实现个性化定制生产；最后将客户、印刷企业、设备及耗材供应商、物流配送等整个价值链上的资源整合起来。所有制造资源的共享，将大大提高效率，降低成本，反应速度也将更快。在数据信息充分共享的情况下，印刷产业链的运作模式也将发生改变，从而达到设计数字化、生产自动化、装备智能化、营销服务

图 7.37　智慧印刷工厂模型

网络化、管理现代化，以智能制造引领印刷产业跨越式发展，推动生产方式向定制化、柔性化、绿色化、网络化方向发展。

此外，智慧印刷工厂信息化把产品研发、制造、采购、服务等产业链打通，通过流程优化与信息化的手段增加对客户和市场的洞察，实现流程信息化。一方面可以把产业链做得更敏捷、更高效、成本更低，另一方面产品同质化导致市场压力增加，企业之间比拼的还是差异化的竞争力，能更好地满足客户需求的企业将赢得更多市场。

（一）全数字化印刷生产流程

基于印刷数字化工作流程，新一代的印刷工厂通过信息系统控制智能印刷设备、智能机器人、AGV智能小车等，实现全自动化的印刷生产。如图7.38所示，印前中心通过对订单以及客户文件进行分析处理，转换为生产指令信息；信息系统接收生产指令，作分析判断后指导控制智能设备启动生产。智能设备通过信息提示智能机器人，使之完成

初始材料的搬运以及上料生产。

1. 印前流程全数字化

印前处理将从半智能到全智能化的建设，即客户文件从进入到数字化工作流程中，系统自动执行操作工序，智能切换处理环节，自动进行信息传递，最终完成产品的加工，人员的参与只是起到生产监控的作用。全数字化印前处理流程如图7.39所示。

客户稿件、网络DIY文件以及设计文件通过网络印刷平台，传送到全自动数据处理平台服务器，服务器自动生成标准化的PDF文件以及包含所有订单ERP数据，PDF文件以及ERP数据被一起传送到数字工作流程中。全自动数据处理平台中的智能识别器根据订单判定该订单所采用的印刷方式，自动完成PDF文件的精炼、色彩的自动校正以及自动拼版。采用数字印刷则将文件直接输送到数字印刷机进行输出；识别为传统的印刷方式，则将文件输送到CTP制版设备进行制版输出。

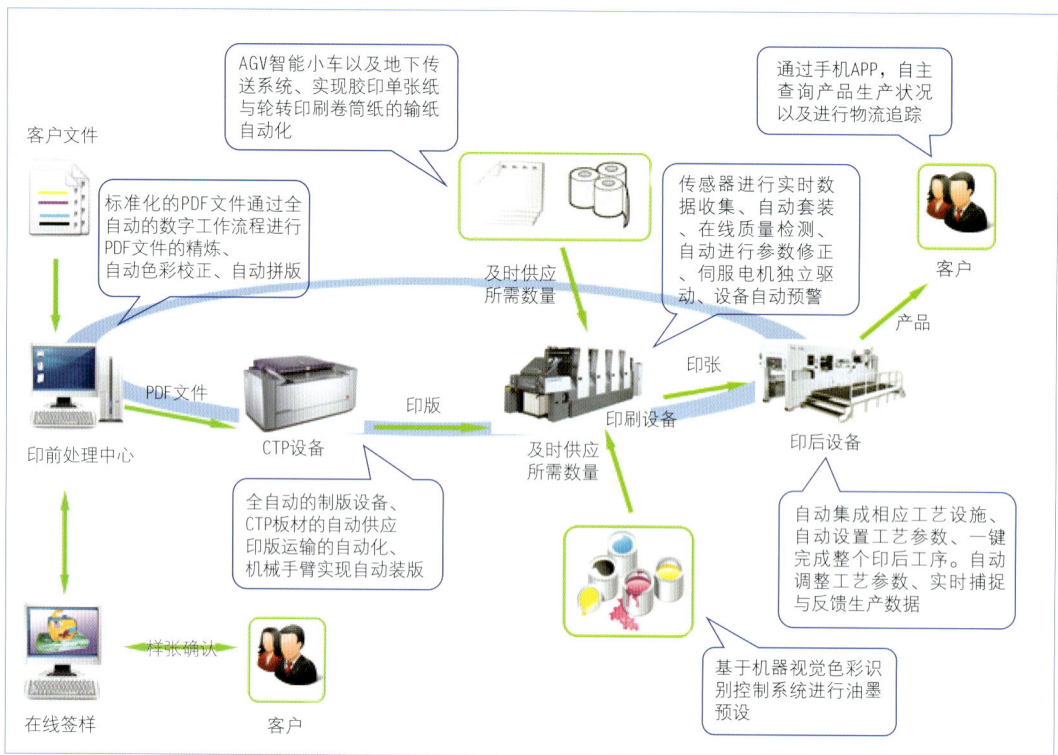

图 7.38　全数字化印刷生产流程

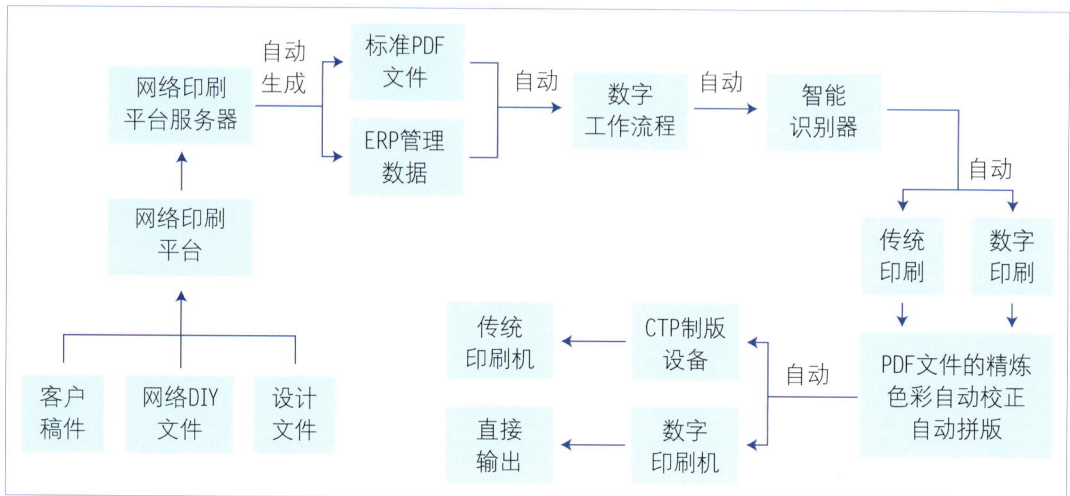

图 7.39　全数字化印前处理流程

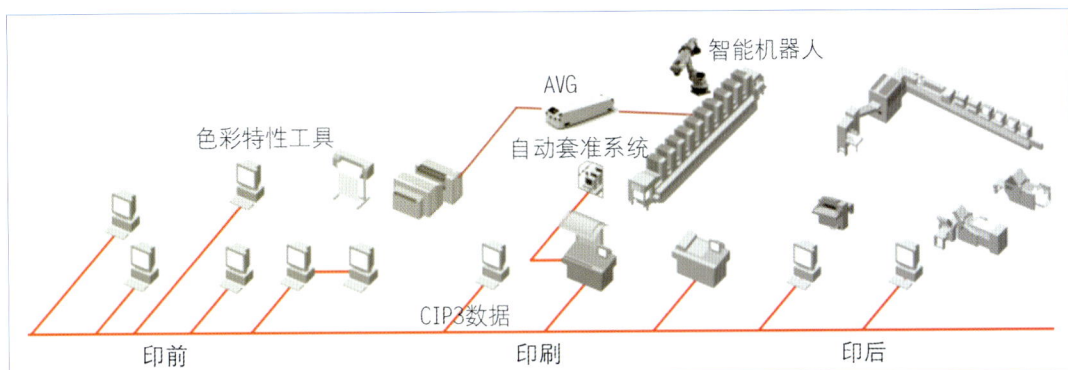

图 7.40　全数字化生产流程

随着印刷技术工艺流程和设备制造的不断发展，通过智能化技术改造现有设备及工艺，印刷设备向自动化、智能化、功能模块化发展。如图7.40所示，硬件设备的标准化开放接口和对JDF文件兼容，印前数字工作流程中的数据将直接控制印刷设备进行生产，为各种管理系统与设备之间进行信息传递架起了桥梁，衔接传统印刷流程中的"孤岛"，重塑生产流程，实现印前、印刷以及印后设备之间智能联线生产。

2. 印后生产全数字化

智能印后设备能根据程序指令自动选择相关工艺并设置参数，自动配置集成相应生产设施，实现一键完成整个印后加工工序。当更换活件时，设备能通过伺服电机智能调整设备相关参数，缩短活件更换时间。同时，自动捕捉和反馈生产数据，为管理者提供决策依据。

全数字化的物料管理系统与ERP、MES系统连接，如图7.41所示，地面传送系统或智能物料移动机器人（AVG）实现连续的物料控制。例如在印前制版环节，通过AGV实现CTP板材的自动补料，协同印前数字工作流程实现制版的自动化，制好的CTP印版通过印刷物流系统自动传送到印刷机滚筒处，交接给换版系统的机械臂，最终实现全自动的CTP直接制版输出管理。

在印刷生产过程中应用二维码技术实现原材料出入库、半成品入库、成品入库以及成品出库标识；应用射频识别技术实现半成品与加工设备之间的交互、物流追踪、原材料检索与校核、库存管理。如图7.42所示，通过企业内部物流的自动化、智能化，实现机器人、设备、人之间的协同合作，实现生产的全数字化流程。

（二）智能印刷设备

在智慧印刷工厂中，印刷设备的信息化

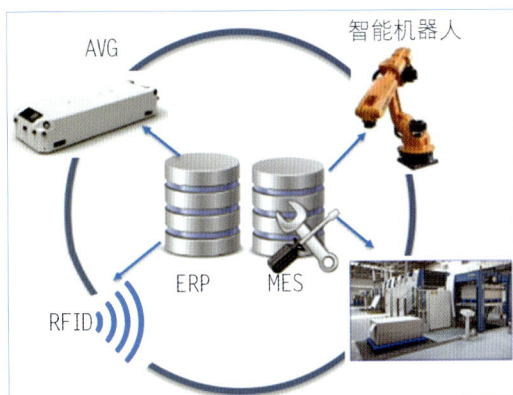

图 7.41　物料全数字化控制

图 7.42　全数字化控制车间场景

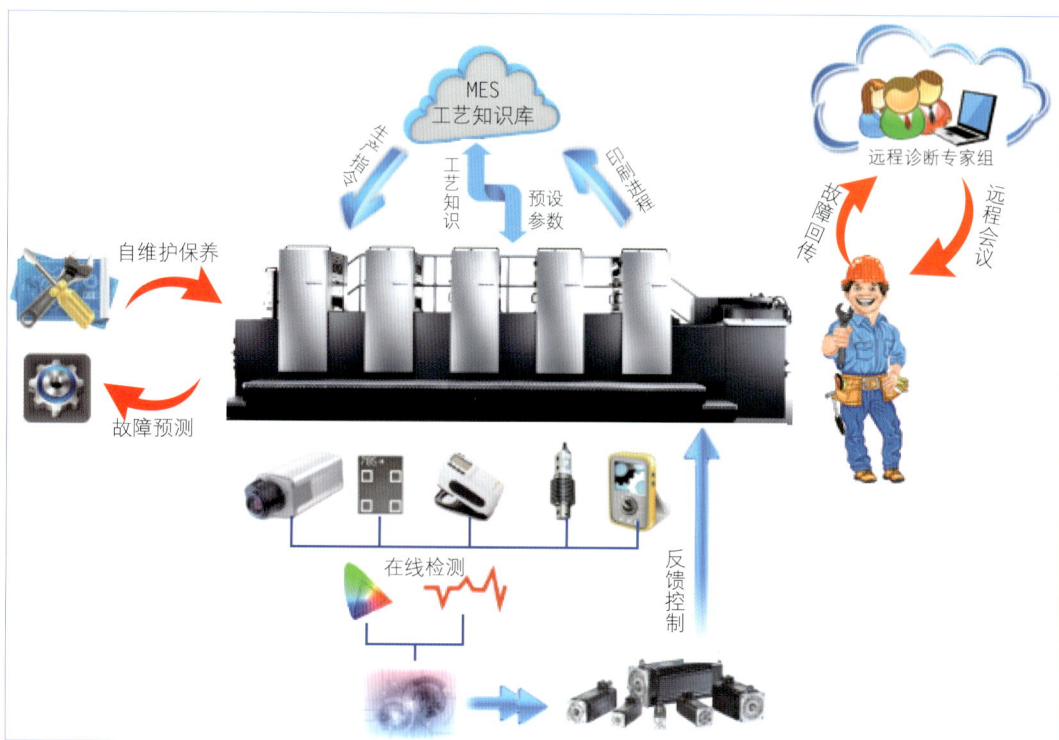

图 7.43　智能印刷设备

和智能化程度将不断加强。如图7.43所示，通过在印刷机上集成智能化控制系统，对各种生产信息进行储存、分析、处理、判断、调节、优化、控制，基于智能传感器和色彩管理技术实现在线质量检测、闭环色彩控制、远程控制、智能维护维修，控制印刷整个过程，监控、诊断和修正在印刷过程中出现的各类偏差，为生产的最优化提供方案。

1. 智能生产

智能化印刷设备将实现在线接收MES系统发布的生产指令，通过大数据分析生产工艺要求，对比历史订单，搜索存储在云端的生产数据信息和工艺参数，预判工艺方案；远程将存储在云服务器中的相关数据传回客户印刷机的控制系统，完成印刷设备的工艺参数预设；实时监控设备运行状态，适时反馈印刷进程，准确地了解机台的稼动率，提高制造现场管理能力与效率；分析生产过程信息，优化工艺方案，通过数据挖掘，总结工艺知识存储在云端，减少对操作人员经验技能的依赖。

2. 智能控制

智能传感器在线检测输纸、传纸、印刷、烘干、收纸等印刷过程中各类生产数据信息，准确地获取纸张传递、油墨供给、颜色套准、缺陷检测等各类工况，系统智能分析、处理检测数据，优化工艺指令，自行采取应对措施来保证最优化的印刷，实现自适应控制；控制系统判定色彩或套准发生偏差时，墨路单元和套准电机会接收到控制中心的调整指令，自动进行修正，达到智能化闭环反馈印刷全过程、自动控制印刷质量的目的。

3. 智能诊断

通过远程监控以及数据采集、分析，智能印刷设备能够实现设备自身的故障预测与诊断，在MIS系统支持下，实现印刷设备的自我维护和维修；借助云服务视频器的远程视频诊断功能，将印刷机故障现场视频实时传回设备厂商云服务中心，由设备制造企业的专业技术服务人员通过视频诊断，可以远程指导客户排除故障，恢复正常生产。

（三）信息集成的智慧印刷市场

智能信息化时代，伴随多品种、小批量、碎片化印刷业务订单，印刷生产过程中加工材料品种、规格愈加庞杂，生产过程中半成品、成品加工工艺管理也更复杂，新型的印刷工厂需要各层级数据指导印刷生产过程，通过不同生产环节数据信息的收集、分析、处理指导做出正确的生产决策，通过制造过程中实时反馈数据对生产过程进行在线检测、评估、控制，通过数据信息的共享实现整个产业链的优化。因此，在智慧生产中，印刷产品数据的实时采集、存储、使用显得至关重要。

基于智能标签和信息技术，印刷生产过程中印刷品在不同环节形态发生改变，如图7.44

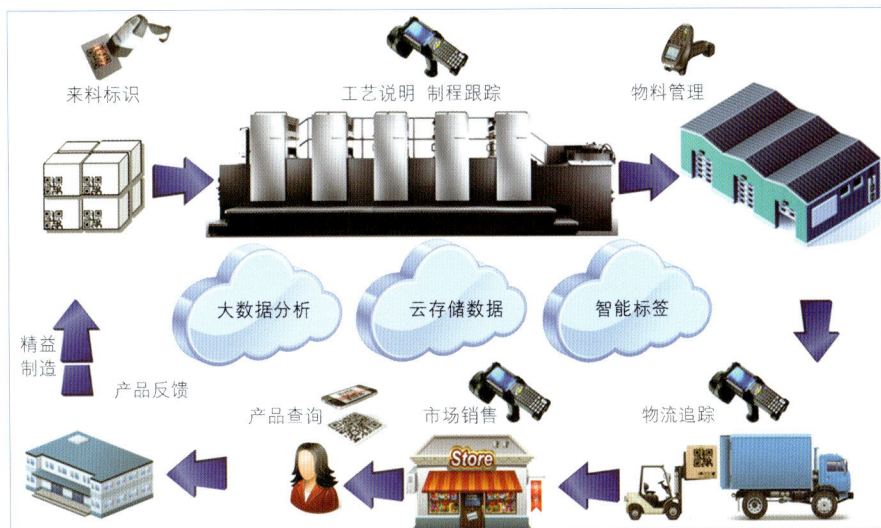

图 7.44　信息集成的智慧印刷生产

所示，实现从原材料开始，到半成品、成品生产制造全信息的记录、查阅、追溯；随着一物一码技术的应用，印刷品信息会结合依附的商品，将进入流通、销售等环节，结合大数据分析，实现全生命周期内印刷产品生产制造信息的智能管理，支持精益化生产制造。

1. 智慧物料管理

在印刷物料进入成品库前贴RFID等智能标签如图7.45所示，在产成品的入库、出库点布设识读设备，实现自动获取物料数据信息，生产管理人员可以借助智能终端通过中央控制系统进行查询、标记操作。通过对出入库物料的标签识别、信息读取，采集的信息经过上层备品、备件智能管理系统的处理实现自动出库、自动入库和清盘库的检验和校核，及时给出备品的存有量、使用量及使用状况的统计分析，最终实现原材料入库、半成品入库、成品入库、原材料领用出库、

成品出库等的智能物料管理。

2. 智慧制程跟踪

从原材料开始，同批次产品的制造信息通过在具有"大脑"功能的智能芯片或地址存储，跟踪印刷制造过程，及时了解和掌握印刷品的加工状态，如图7.46所示。可标识的印刷原辅料、半成品可以提前"告知"印刷设备生产工艺要求，如印刷颜色、模切形状以及后道工序等；在生产过程中，信息系统根据生产指令自动配置生产工艺，指导相应的设备提前做生产准备工作；生产过程中的半成品被标识后，通过信息系统自动控制的地板链和输送带，准确进入到下一生产工序，保证产品加工过程的时间准时性、空间上的准确性、实物形态的精确性和生产环境状况的一致性，在指定的时间内完成所要求的产品，提高生产效能。

3. 智慧物流追溯

带有加工制造信息的智能印刷产品，可

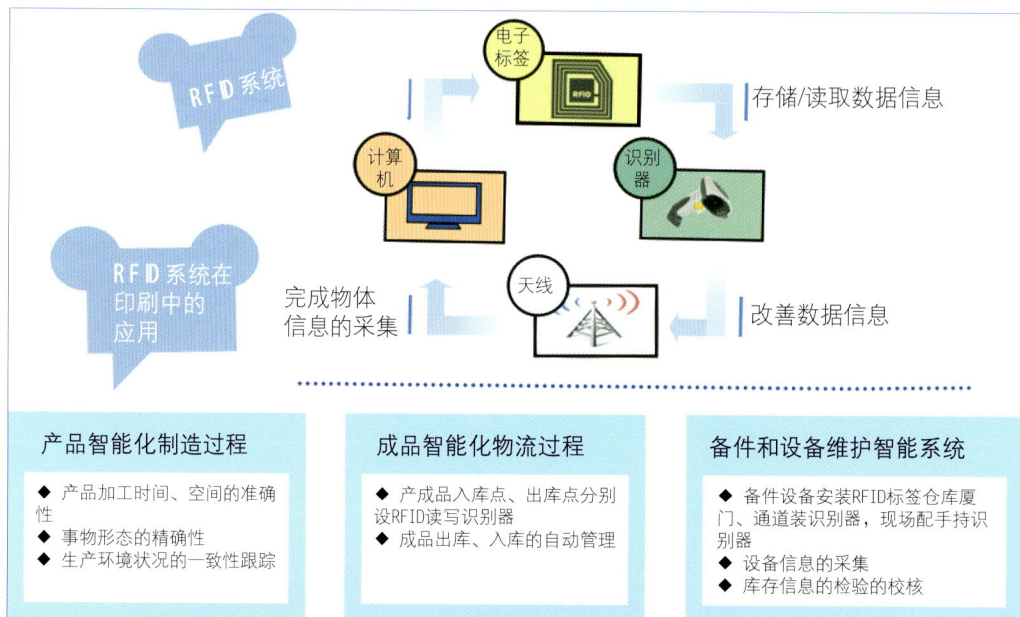

图 7.45　RFID 智能标签应用

供应商通过二维码技术或者射频识别技术对原材料进行标识。

印刷企业通过智能仓库管理系统对智能原料进行管理。

携带客户个性化定制信息的半成品通过AGV智能机器人以及自动化传送带在集成化、智能化设备生产线上流通。

智能半成品通过射频识别以及二维码扫描指导印刷设备进行自动化生产，如印刷颜色、模切工艺、后道工序等。

生产完成的产品包含生产所需要的全部信息。

通过智能物流系统及时送达客户智能化生产线。

客户可进行产品物流追踪。

智能原料 　智能半成品 　智能产品

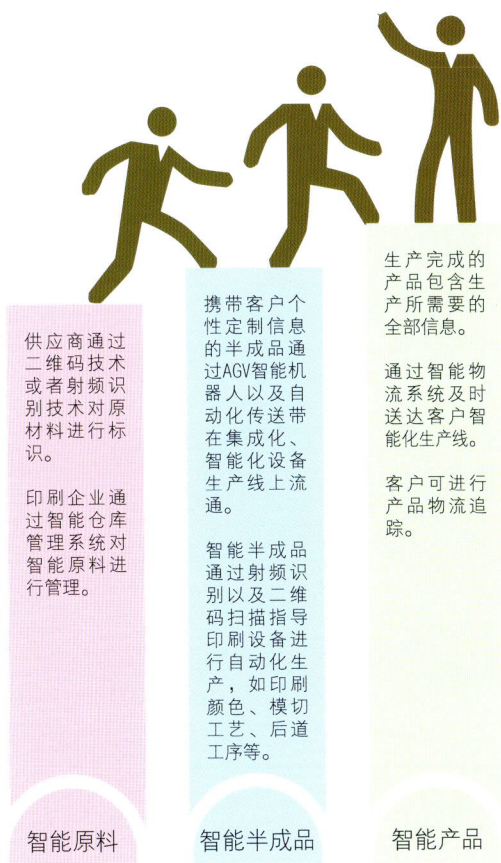

图 7.46　智能制程跟踪

以通过互联网及物联网配送进入物流、销售环节，基于智能追溯获取产品的流通时间、区域分布和使用数量等数据信息，通过大数据分析及时反馈的信息到印刷企业指导生产计划，企业根据具有代表性的产品集成配置相应的自动化、智能化生产线，达到设备的最大利用率，实现精益生产。

通过在印刷品生产全过程中应用产品信息管理技术，促进印刷企业管理模式从传统的依靠经验管理转变为依靠精确的数字分析管理，从事后管理转变为事中管理、实时监控库存量管理，加速了资金周转，提高了供应链响应速度，保证了企业的经营模式高效

运行，增强了印刷企业的整体竞争能力。

（四）大数据驱动的智慧印刷信息管理

数字化、信息化是智能化的前提，新一代印刷工业的智能生产不仅依靠自动化生产流程、智能化设备，还依赖于新一代管理信息技术的支撑，印刷企业需要在大数据驱动下完成智能化的信息管理，实现物理世界与虚拟世界互联。

在大数据技术推动下，具有制造业特点的印刷企业加强管理信息化建设，利用信息通信技术、计算机技术、网络技术，实现生产过程中物流、资金流、工作流、信息流的全面管理。

如图7.47所示为新型印刷厂生产管理信息系统模型，ERP系统实现对整个印刷企业内部的资源配置与优化；PLM系统则从产品生产过程角度实现对产品的整个生产周期进行管理；CRM系统实现对已有客户的管理以及开发新客户；SCM是对整个供应链的管理；MES则重点在于管理产品的生产制造过程。

在智慧印刷工厂中，外部通过实现客户与印刷企业以及供应商与客户的互联实现印刷企业外部资源的互联；最终实现内外部互联、信息共享，内部通过信息系统的应用与互联，实现印刷厂内部的信息共享。如图7.48所示，ERP信息系统将与电子商务平台互联，ERP与MES系统的互联，MES系统与印刷生产设备互联，印刷设备同时连入到同一网络，机台之间互联，实现智能化生产。

以制造企业生产过程执行管理系统（MES）的信息管理为例，如图7.49所示，其包含设备运行信息、库存信息、生产环境信息、操作人员信息等。图7.50显示了MES

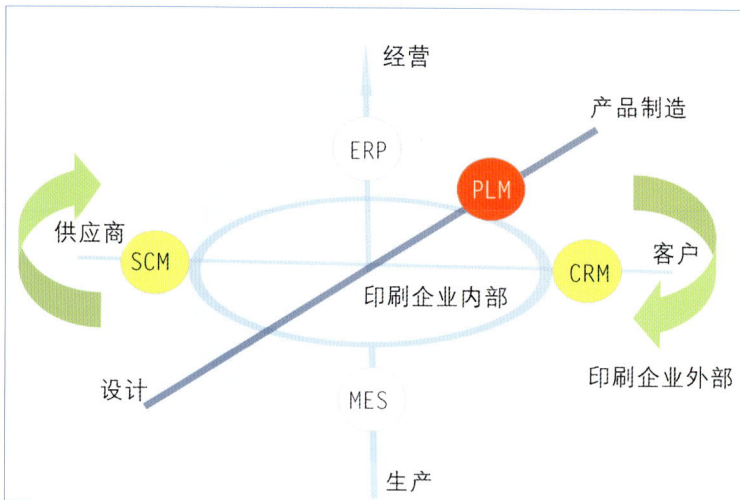

图 7.47
智慧印刷生产管理信息系统
模型

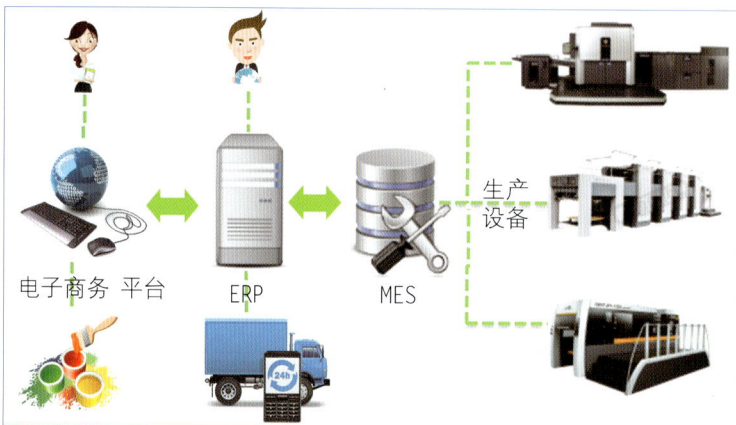

图 7.48　管理信息系统的互联

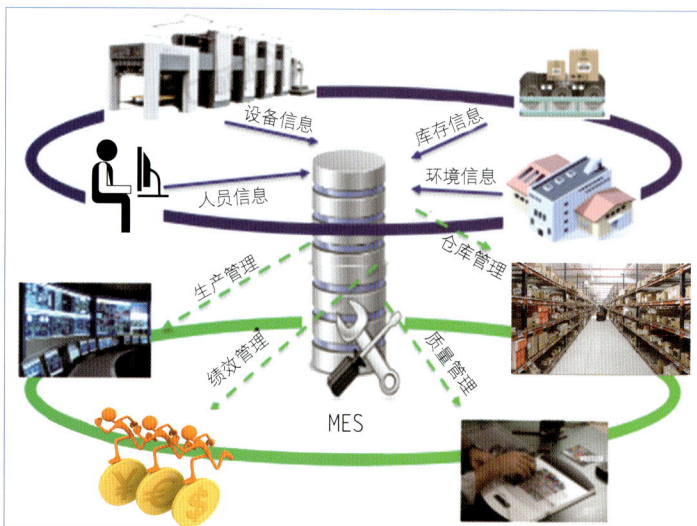

图 7.49　MES 信息管理系统模型

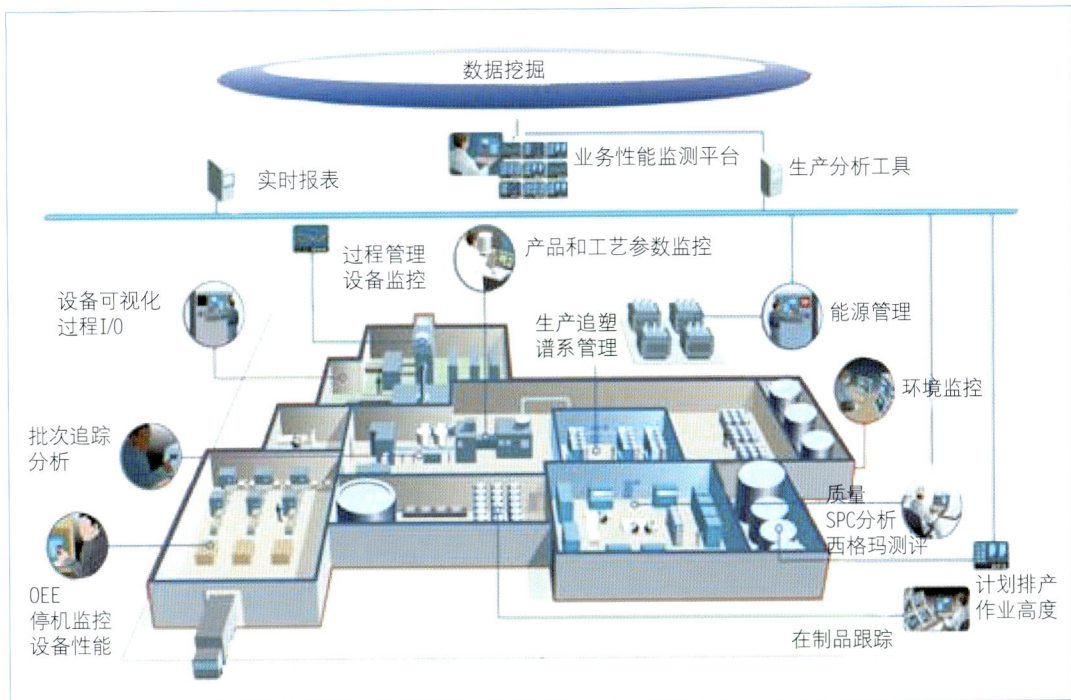

图 7.50　MES 信息管理车间

管理系统车间的模型。

1. 运行信息

印刷设备运行信息记录了生产中某时刻印刷设备运转状态,需要反馈给MES系统,用于协调生产,完成生产计划。机台可以将生产的完成情况及时上报给MES系统,以便在最短的时间实现下一生产任务的切换,缩短了生产周期,并且方便生产管理人员对实时生产任务进度的全面把握。由于设备与MES系统是互联的,可以实时监控和反馈设备生产状态,出现故障能及时得到解决。

设备的硬件平台可以支持运行类似于Android简单的操作系统,MES系统的客户端APP独立安装在机台上,控制机台的作业,并且将数据实时传送至MES服务器端;MES 服务器端再将数据记录至数据库,形成

报表;操作系统提供API 接口给各种类型的MES 系统进行调用,通过MES 对机台进行操作,联网记录生产数据。车间操作人员以及管理人员通过在手机或平板电脑上安装对应的APP,实现远程对MES进行操作。

2. 库存信息

每道工序必须完成上料扫描,信息反馈回MES系统,半成品完成一道工序后,由扫描头扫描RFID标签,记录工序完成情况,计数器统计合格率,反馈回MES系统。AGV小车运输至下道工序周转区,扫描天线记录库位信息和半成品标签对应情况,方便取料。信息系统的互联保证库存情况在MES系统内实时更新。

3. 生产环境信息

调控室的工作人员必须对生产车间内环境信息有必要的了解,生产环境信息采集通过智

能车间附属系统进行采集，并反馈至MES系统方便工作人员进行相应操作，提高了生产效率，产品质量的一致性得到了保障。

4. 操作人员信息

员工配备身份识别卡，卡片上印有员工照片、姓名、工号、岗位和存储该信息的二维码，员工信息应存储在MES系统后台，随时可以读取；员工上班后，扫描身份卡后开机执行生产程序，扫描获得的信息可以反馈至MES系统或者员工绩效考核系统。

（五）智慧化的生产管理

先进的信息技术协同信息管理系统实现印刷企业的跨越式发展，实现订单流程、研发流程、供应流程、制造流程的高效协同，企业利用大数据的可视化分析以及数据挖掘算法对收集到的数据信息进行分析，将海量的数据信息转为智能指令，为企业领导者以及生产管理者做决策提供依据。如图7.51所示，在智慧印刷工厂中，在信息技术支撑下

企业管理组织形式更扁平化，决策机制更大地发挥大数据的作用。

如图7.52所示，智能系统根据收集的自企业外部印刷产业链各单元服务供求信息，以及内部ERP管理信息、MES的生产信息，通过强大的数据计算处理功能向决策者提供最优决策方案，减少决策的环节，提高响应速度，提高了决策的公正性；由生产管理层

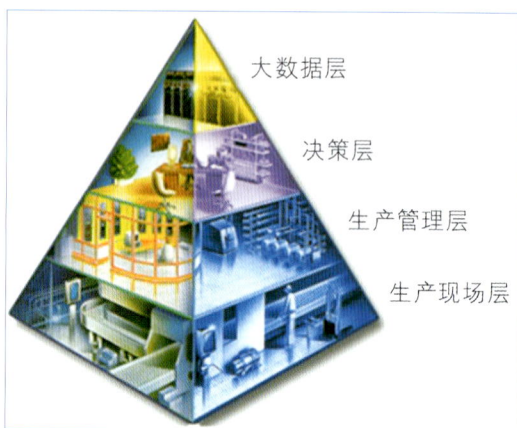

图 7.51　智慧印刷工厂的管理结构

图 7.52　智慧印刷生产车间

下达到生产现场，生产现场只有少量人员进行生产监管，减少了信息传递环节，避免了信息传播误差，减少人为参与，提高效率。

第四节　转型发展条件需求及政策建议

一、条件需求

（一）技术能力

印刷装备及器材产业转型发展是集高端机电一体化开发设计、大型工程设计、智能自动化控制、计算机信息化管理和 IT 网络技术、工业机器人应用技术、高端设备加工、装配、调试、远程服务等一系列技术于一身，而这些核心技术还需要不断地实践、积累、深化和传承，绝非一朝一夕就能够拥有，需要多年的技术、产品、项目集成等多方面的积累。另外，与技术先进企业相竞争，尤其是与国际上长期占据技术与管理领先优势的企业直接竞争，还需要配合以适宜的技术研发创新体制、先进的管理技术和理念。

（二）人才队伍

印刷装备及器材产业发展所需的学科和领域非常广，需要把工艺、机械、自控、计算机、机器人、企业管理等各个专业的高素质人才有效地集成起来，才能完成从产品开发、项目管理、系统设计，到系统设备制造、安装、调试、售后服务等系统性的复杂工程。专业人才队伍并非在短时间内可以造就，需要伴随着企业技术的积累与创新、产品的开发与升级、项目的设计与集成、设备的运行与改进等过程不断学习、成长与提升，并逐步形成企业自身的核心人才优势。拥有一支稳定的掌握先进技术、具有较强创

新能力、拥有丰富实践经验的专业人才队伍，是智能制造装备企业立足于市场并不断发展壮大的重要保障。

（三）资金基础

印刷装备及器材产业涵盖研发、设计、生产、安装、调试以及客户验收等多个阶段，项目实施周期一般较长，一般产品生产周期短则几个月，长则超过一年，而新开发产品的周期更长。在业务结算方面，智能制造装备企业标准零部件采购中，主要采取货到全额现款结清方式，而销售客户一般采取分期付款的方式，包括预付款、发货款、验收款、质保金等，货款回收周期较长。因此该行业企业一般均面临较大的资金压力，而且越是在业务快速发展阶段，企业面临的资金压力越大。资金规模与实力是该行业的重要壁垒之一。

（四）设计开发与集成能力

印刷装备及器材产业发展系统集成越来越个性化，需要根据客户实际需求定制解决方案，这就要求企业能够配合客户不同的要求、协调连接不同类型、规格的设备对产品进行设计开发，从而最终达成一体化的整体生产程序。这要求企业在结合客户现场的设计、差异化的生产、现场的实施等方面具备很强的能力。

（五）快速反应与保障能力

印刷装备及器材产业对设备运行的平顺性、安全性、可靠性要求很高。设备在运行中出现任何故障，均要求供应商能够迅速反应，通过远程指导、远程诊断与现场处理等多种手段来快速解决设备问题，同时要求供应商能够保证备品备件的供应，通过客户备件与厂商备件的双重保险来保证问题得以快

速、彻底解决。该售后服务环节的快速反应与保障能力，是供应商在反应机制、技术水平、人员素质、备件储备与配送等多方面的综合实力反应，也是进入市场的一个壁垒。

二、政策建议

发展印刷装备及器材产业是我国迈进世界印刷强国的根本之举。当前和今后一个时期，要紧紧抓住新一轮科技和产业革命带来的历史性机遇，高度重视印刷产业实体经济发展，从战略和战术两个层面加快推进印刷产业转型和技术升级。

（一）制定产业发展战略，完成既定战略目标

1. 组织实施智能制造工程

至2020年完成至少2家示范企业，至2025年完成10家。实施的主要内容包括：开发智能产品和自主可控的智能装置；示范推广智能制造生产模式，建立智能制造标准体系和信息安全保障系统；搭建智能制造网络系统平台；在行业建设和推广智慧工厂。至2020年，试点示范项目运营成本下降30%，产品生产周期下降30%，不良品率下降30%以上。

2. 组织推广绿色制造工程

2020～2025年，软包装塑凹企业VOCs减排达标。根据印刷工业的特点，开展绿色印刷从源头抓起，组织实施环保油墨、耗材及器材的创新研发并使之产业化应用。组织实施对传统制造业的专项技术改造及节能环保产品的研发生产及推广应用。开展绿色、低碳产业化示范，在包装印刷领域减少VOCs排放，至2020年包装印刷主要污染物排放强度下降50%以上，至2025年，主要污染物排放强度下降70%以上。

3. 提升集成创新水平

（1）从研发、设计、试制、生产到销售、服务产业链集成。

（2）从整体解决方案的各个环节，产品到产品、端到端的集成。

4. 建立智能制造创新中心，形成智能制造技术研究基地

至2020年，至少2家创新中心达标。

5. 建立协同创新机制

通过工业互联网联盟，将智能设备、人、客户、网络数据连接起来，并以智能的方式利用这些交换的数据，在更深层面进行大数据分析及应用。

（二）争取资金和政策扶持

印刷装备及器材产业转型已经到了非转不可的时刻。在转型发展过程中，仅靠企业自身力量很难解决根本问题，需要从服务国家经济建设、服务文化和文化创意产业、服务文化产业安全高度，一方面，需要国家和地方各级政府对印刷装备及器材产业发展给予政策和资金扶持；另一方面，需要要创新投融资模式，鼓励社会资本以股权、债券等形式参与先进制造业发展，拓宽先进制造业融资渠道。鼓励金融机构优先支持先进制造业发展，对中小企业发展给予更多的资金支持，特别是要加大金融资本对技术研发的支持。积极探索多种担保方式，完善担保机制与功能，努力改变中小企业融资难的现状。

（三）实施创新驱动战略

新型、新兴印刷装备及器材产业中创新要素聚集、成果应用迅速、技术竞争激烈的领域。要建立以企业为主体的创新体系，引导创新资源聚集聚合，推进产学研用一体

化，加快高校和科研院所创新成果的有序转化。依托企业打造技术创新平台，建立科研资源条件平台共享机制，降低先进制造业创新成本。

（四）加强信息技术应用

提高"两化"融合水平。新一代信息技术特别是互联网技术的发展和应用正在加速改变产业竞争模式。要推进信息化和工业化深度融合，深化信息技术集成应用和融合创新，提高企业全产业链的信息化水平，推动智能制造生产模式的集成应用，发展网络制造等新型生产方式，推进数字化、网络化、智能化、服务化制造。加强支撑服务能力建设，突破应用电子、工业软件、三维图形等关键技术，形成全流程产品配套能力。鼓励信息技术服务商业模式创新，开展物联网运营服务，为企业远程服务、位置服务等新型业务提供技术支撑。

（五）加强人才队伍建设

加快培养制造业创新人才。围绕产业发展的需求，建立企业、高校、科研院所相互融合的人才培养模式，在培养创新人才的同时关注技术人才的培养。以企业需求为导向，创新产学研合作机制，建立校企结合的人才综合培训和实践基地，加快形成服务产业技术创新领军人才和高水平团队。重视职业教育和技能培训，大力培养掌握先进制造业技术技能的劳动者，扭转企业和劳动力市场中技术技能劳动者短缺局面。

参 考 文 献

国家统计局．2014．中国经济统计年鉴2014[M]．北京：中国统计出版社．

国家新闻出版广电总局规划发展司．2014．中国新闻出版统计资料汇编[M]．北京：中国书籍出版社．

郝振省．2014．中国出版蓝皮书（2009-2014年）[M]．北京：中国书籍出版社．

刘奇葆．加快推动传统媒体和新兴媒体融合发展[N]．光明日报，2014-4-23(4)．

沈忠康，等．绿色印刷产业发展研究报告[R]．2013．

史密瑟·派勒．未来全球印刷2020[R]．未来全球包装，2015．

吴鸣，王丽．Eprint技术专利分析报告：国际专利及竞争对手分析[R]．中国科学院文献情报中心，2014．

新闻出版广电总局印刷发行司．实施绿色印刷成果报告[R]．2012，2013，2014．

中国太阳能光伏顾问委员会和中国光伏产业联盟．中国光伏产业发展报告[R]，2013．

中国机械工程学会．2011．中国机械工程技术路线图[M]．北京：中国科学技术出版社．

中国印刷技术协会．2014．中国印刷年鉴（2013-2014）[M]．北京：印刷工业出版社．

KatsuakiSuganuma.Introduction to Printed Electronics[M]. Springer,2014.

Sean Smyth.Print and Publishing Technology Forecast to 2020[R]. SmithersPira, 2010.

Sean Smyth.The Future of Industrial Decoration and Printing to 2018[R]. SmithersPira, 2013.

Global printed Electronics Market － Analyzing the True Potential[R].FROST&SULLIVAN,2012．

International Technology Roadmap for Photovoltaic (ITRPV) 2013 Results[R].www.itrpv.net,2014.

Wendy Kneissl. 3D Printing 2014 － 2025: Technologies, Martkets, Players. IDTechEx, 2014.

Wendy Kneissl.3D Printing Materials 2014 － 2025: Status, Opportunities, Market Forescasts. IDTechEx, 2014.